▲圖一 大衛・薩勒 瓦解壓皺的一片 1984 油彩、壓克力、織物、木片、畫布
（文見51頁）

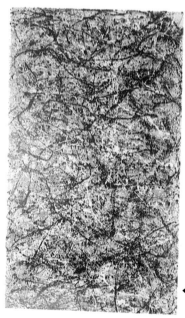

◀圖二 波洛克 一（局部） 1950 油彩、畫布
紐約現代美術館 （文見55頁）

▲圖三　羅斯科　橙黃橙（Orange Yellow Orange）1969

（文見57頁）

▲圖四　瓊斯　三面旗　1958　（文見60頁）

▼圖五　史考利　墨非　1984　油彩、畫布　（文見63頁）

▼圖六 李德 所羅門王的公正裁判 1982－83 油彩、畫布 （文見65頁）

◀圖七 克勞夫 關係不定 1983－84 油彩、畫布 ·Pam Adler畫廊 （文見66頁）

▲圖八 杜勒 憂鬱症 1514
銅版 （文見73頁）

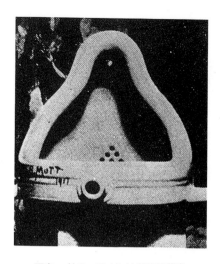

▲圖九 杜尚 R. Mutt所造的噴泉
1917 （文見74頁）

▲圖十 隆哥 壓力 1982－83 混合材料
（文見82頁）

▲圖十一 穆立肯 無題(圖表)
1984 油彩、畫布
（文見84頁）

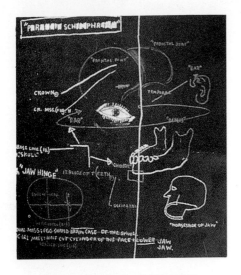

▲圖十二　巴斯居葉　共濟會招待所
　1983　壓克力、油彩、蠟筆、畫布
　（文見85頁）

▲圖十三　巴斯居葉　克勞斯貝街　1984
　壓克力、油彩、畫布　（文見86頁）

◀
圖十四　繆樂　每一個人都去　1984
壓克力、畫布　（文見88頁）

▶圖十五 麥克葛溫 你可以想像 1984
噴漆、石板瓦、麗光板 (文見91頁)

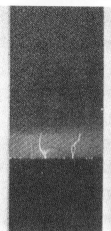

▶圖十六 葛德斯坦 無題 1984
壓克力、畫布 三屏式
(文見93頁)

◀圖十九 馬瑞阿尼 獅子星座(羅馬畫派)
1980—81 油彩、畫布 (文見117頁)

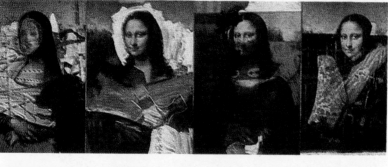

▲
圖十七　羅欣伯　得了肺炎的麗

1982　高溫瓷　（文見108頁）

▲
圖十八　嘎忽斯貼　草地上的午餐　1982　油彩、畫布

（文見110頁）

什麼是
後現代主義

羅青／著

臺灣學生書局印行

修訂版序

　　《什麼是後現代主義》於一九八九年十月由五四書店初版，讀者
反應甚佳，兩個月內便又印了一次。當時因為時間促迫，來不及修訂。
後來五四書店停擺，我又因獲傅爾布萊德國際交換教授獎，赴美聖路
易華盛頓大學客座，公私兩忙，無暇顧及此書，修訂的事，便拖了下
來。在華大客座期間，我應邀在比較文學研究所開後現代主義課程，
與各系師生相互砌磋，時得新義，獲益良多；因此，得空在不更動全
書太多的範圍下，做了一些局部的修訂。回國後，得知學生書局有意
重版此書，特此簡略敍述始末，是為序。

癸酉夏末，　　羅　青　於小石園

目錄

卷第四

哲學篇｜後現代狀況／李歐塔著·羅青譯

導言

卷第一

後現代主義
研究綱要

● 羅青

導言：研究綱要

(一)歐美各國的研究概況

　　後現代主義(Postmodernism)此一名詞，最早出現於 1930 年代，到了 1960 年代左右，開始有文學批評家以較嚴肅的態度使用此一術語。例如艾文豪(Irving Howe)便在 1959 年的《黨同雜誌》(*Partisan Review*)發表"大眾社會與後現代小說"(Mass Society and Postmodern Fiction)一文。到了 1975 年左右，討論有關於後現代主義特色的專書，開始出現。在 1980 年代左右，後現代主義一詞，開始全面性的受到歐美批評家的重視，評論辯難的文章，不斷出現，研討會、學報、專書也相繼問世。尤其是最近兩年，這方面的新書更是大量出籠，已成為近代學術文化中的顯學。

　　在文學討論方面，美國學者哈山(Ihab Hassan)是後現代主義研究的先驅者。他自 1971 年就出版專書《奧非斯之解體》(*The Dismemberment of Orpheus*)由牛津大學出版社出版。同年秋天，他在《新文學史》(*New Literary History*, Vol.3, No.1)發表論文(POST modern ISM：A Paracritical Bibliography)"後現代主義：超批評書目"，並在 1975 年把他這一系列文章結集成書，名之謂《超批評學：對當代種種的七種觀察》(*Paracriticisms: Seven Speculations of the Times*)，由依利諾州立大學出版部印行。1983 年哈山與莎莉(Sally)合編《革新／翻新：人文學的新透視》(*Innovation/Renovation: New Perspectives on the Humanities*)由威斯康辛大學出版部印行，成為

研究後現代主義最重要的選集之一。1987年，他又把過去寫的文章及新發表的論文結集成《後現代傾向》(*The Postmodern Turn*)一書，由俄亥俄大學出版，正好迎上了世界性的討論後現代主義的熱潮。

1984年法國巴黎大學維西尼校區哲學教授李歐塔的名著《後現代狀況：一份有關知識的研究報告》由詹明信做序，班寧頓及麥蘇米英譯，明尼蘇達大學出版部印行（法文原本於1979年出版），引起廣泛的廻響，有關後現代主義在哲學上的探討，一時大盛。此書附錄的一篇重要論文"回答此一問題：什麼是後現代主義"(Answering the Question : What is Postmodernism?)便被哈山編選入他的《革新／翻新》一書之中。同年，詹明信在《新左派評論》(*New Left Review*)中，發表"後現代主義：晚期資本主義的文化邏輯"(Postmodernism, or the Cultural Logic of Late Capitalism.)對後現代文化現象有深刻的反省與批判。在藝術方面，紐約藝術史家莫道夫也在1985年發表他有關「後現代繪畫」的講稿，深入淺出，十分生動。該文，因為有圖片的配合，更能夠讓我們瞭解到後現代主義在其他部門中的發展。

此後，有關後現代主義的各種專書，便如雨後春筍，接連不斷。截至目前為止其中最全面最完善的一本，要算1986年所出版的《後現代階段：當代各種藝術革新手冊》(*The Postmodern Moment : A Hand Book of Contemporary Innovation in the Arts*)，此書由屈琴堡(Stanley Trachtenberg)主編。該書最後一部份，是一個長達二十九頁的"後現代階段大事年表1960～1984"，除了羅列文藝大事外，同時也記錄政軍、經社、科技等重要事件，對西方後現代狀況之瞭解及研究，很有幫助。

六〇年代是世界史上的多事之秋。二次大戰後，所形成的東西方政治結構上的對立，面臨了解構的命運。古巴危機、越南戰爭、中東戰爭，使以美國為首的西方開始解構，美國不再能以一元化的方式，領導世界。而中俄共分裂、文化大革命爆發，中共越共之戰，也造成了共黨集團的解構。美國與中共建交，第三世界勢力的形成，不結盟

國家之興起，更是世界政治走向多元化的象徵。在經濟方面，太平洋
地區經濟力量的崛起，日本迅速成爲世界經濟强國，改變了世界經濟
的面貌。在科技方面，核子技術的擴散、太空科技的突破、電腦的快
速發展、美國登陸月球成功，使得人類的世界觀及宇宙觀有了相當大
的調整。而個人電腦問市及流行，更使得人類累積知識的方式，有了
革命性的變化。於是所謂的「後工業社會」、「資訊社會」等等名
稱，便即時宣告誕生了。在美國，不斷擴張的黑人運動，使白種人
（高加索人）的神話開始解構；而有色人種在世界各地的地位，也開
始轉變。女權運動的勃興，使傳統的父系社會，發生了解構式的變
化。凡此種種，都影響到藝術創作的發展與藝術理論的革新。以往一
元式的封閉系統，以及所謂的「理體中心主義」（logocentrism），遭到
了巨大的挑戰。社會文化，一切的一切，都在資訊的大量交互流通
裏，產生了新的關係。年表中除了羅列建築、藝術、舞蹈、文學、音
樂、劇場等科目外，還特別列出攝影，以顯示藝術領域之不斷擴展及
多元化的傾向。以我目前所蒐集到的資料而言，該年表在世界大事上
的選錄，是太過偏重於美國。不過在目前尚無其他年表可以參考時，
這份資料還是相當有用的。

　　近年來，國內討論「後現代主義」的文章日益增多，然後現代主
義所牽涉到的範圍，非常之廣，這些文章至多只能做到一鱗半爪的提
示而已，無法讓讀者有一個較全面的通觀。不過，話又說回來了，有
關於後現代主義的研究可謂方興未艾，而後現代狀況也正在發展當
中，因此，我們實在很難找到一篇能提綱挈領的論文，中肯的綜述一
切。在這樣的情況下，讀一些精挑細選的專書或論文，再參考幾份製
作嚴謹的「後現代狀況」年表，也許不失爲一種瞭解後現代主義的簡
便的方法。這樣做，可以使我們在最短的時間內，瞭解到後現代藝術
各部門的發展狀況及重要作品，然後再按圖索驥，細選書目，研讀下
去，必有所得。

㈡歐美研究後現代主義的重要學者與創作者

屈琴堡年表中所採編的科目，大體上說來，尚稱完備。只是缺少哲學一項，令人覺得有些美中不足。哈山在他的《奧非斯之解體》修訂版（1982 年改由威斯康辛大學出版部印行）中寫了一篇 "後序1982：後現代主義觀念初探"，其中羅列了一些這方面的重要學者及作家，大體上與屈琴堡在年表上所列的相去不遠，但有些地方，例如人選方面，也有相當大的差異。不過，這應是「後現代」的特色，讀者可以在參考他們的意見後，提出自己的看法。我在此綜合二者之長加上自己的意見，分門別類的把這些重要人物介紹一番，或可使讀者在閱讀年表時省些力氣。

哲學：德希達（Jacques Derrida）、李歐塔（Jean-Francois Lyotard）、塞瑞斯（Michael Serres）

史學：傅寇（Michel Foucault, 1912～1984）、懷特（Hayden White）

心理分析：拉崗（Jacques Lacan）、德勒茲（Gilles Deleuze）、郎恩（R. D. Laing）、布朗（Norman O. Brown）

科學哲學：庫恩（Thomas Kuhn）、費拉邊（Paul Feyerabend）

政治‧社會學：圖藍（Alain Touraine）、紐曼（Charles Newman）、馬庫色（Herbert Marcuse）、哈伯瑪斯（Jügen Habermas）、波德瑞拉（Jean Baudrillard）、貝爾（Daniel Bell）

文論：巴特（Roland Barthes）、克利絲提娃（Julia Kristeva）、艾澀（Wolfgang Iser）、耶魯批評家（The Yale Critics）：德曼（Paul de Man）、彌勒（J. Hillis Miller）、布魯姆（Harold Bloom）、哈特曼（Geoffey Hartman）

戲劇：品特（Harold Pinter）、謝帕德（Sam Shepard）、史塔巴德（Tom Stopard）

舞蹈：柴爾茲（Lucinda Childs）、布朗（Trisha Brown）、蒙克（Meredith Monk）

音樂：凱吉（John Cage）、史托豪森（Karlheinz Stockhausen）、布雷茲（Pierre Boulez）

電影：傑可布（Ken Jacobs）、沃侯（Andy Warhel）、庫克斯（Alex Cox）

藝術：羅遜伯格（Robert Rauschenberg）、丁格里（Jean Tinguely）、布衣斯（Joseph Beuys）、施那伯（Julian Schnabel）

攝影：里昂（Danny Lyon）、賈拉漢（Harry Callahan）、魏斯頓（Edward Weston）、扎柯斯基（John Starkwski）

建築：范塗理（Robert Venturi）、堅克斯（Charles Jencks）、包林（Brent Bolin）、摩爾（Charles Moore）、葛瑞夫（Michael Graves）、波菲爾（Ricardo Bofill）、磯崎新（Isozaki）

文學：歐洲：尤乃斯柯（Eugène Ionesco）、波赫士（Jorge Luis Borges）、班斯（Max Bense）、納布可夫（Vladimir Nabokov）、強森（B. S. Johnson）、海品史托（Rayner Heppenstall）、布魯克—羅斯（Christine Brooke-Rose）、海森比陀（Helmut Heissenbüttel）、貝克（Jürgen Becker）、韓克（Peter Handke）、伯恩哈特（Thomas Bernhardt）、堅朵（Ernst Gandl）、馬奎茲（Gabriel Garcia Marquez）、寇塔撒（Julio Cortazar）、侯布格利葉（Alain Robbe-Grillet）、比特（Michel Butor）、霍謝（Maurice Roche）、叟樂（Philippe Sollers）

美國：巴斯（John Barth）、柏洛格（William Burroughe）、品尚（Thomas Pynchon）、巴撒爾姆（Donald Barthelme）、亞必希（Walter Abish）、愛施伯瑞（John Ashbery）、安亭（David Antin）、謝帕德（Sam Shepard）、威爾森（Robert Wilson）、馮內果（Kurt Vonnegut）、霍克斯（John Hawkes）

名單的開列，年表的編寫及書目的蒐羅，只是做研究時的初步努力。如果能根據年表做更進一步的探討，使研究對象的特質，能充分的顯露出來，才是更艱巨更重要的工作。希望這一份年表能夠在大家研究「後現代狀況」的路途上，扮演地圖的角色，希望大家能夠按圖索驥之餘，進而能達到修正地圖本身，從而繪製出更精確的路線圖來。

㈢台灣地區的研究概況

二次世界大戰以後，因為電腦科技的興起，使西方社會產生了重大的變化。在 1960 年代末，這種變化，由美國太空人登陸月球，而突顯了出來。因此許多學者紛紛開始著手研究反省，是不是一個新的時代已經來到。起先，大家還以為只要拿出「太空時代」的標籤一貼，便可輕而易舉的完事。然而等到深入研究之後，才發現，他們所面對的時代，在各個方面，都空前的複雜，絕非貼一兩個標籤，就可了事。表面上，戰後歐美社會，是延續十八世紀末期（1750─1860）所發展出來的工商社會，改變不大；而骨子裏，電腦的出現，革新了工商社會傳統的生產工具、生產力及生產方式，必然會造成人類生活型態的重大改變。這使得歐美社會，既與戰前的傳統工商社會相連，又自行發展出一種脫離傳統工商社會的新模式，大步走向一個全新的時代。經過將近十年的探討，在八十年代的初期，許多學者紛紛同意使用「後工業社會」這個名稱，來描述標示二次大戰以後的歐美社會。

英文 Post「後」這個字，是表示在一個時代結束之後所出現的新時代，因為特色太多，無法用一個名稱加以概括，因此只好用「後」字，表示此一時代，與前一個時代，已完全不同，但卻還沒有

找到一個足以涵蓋此一時代全部特色的名稱。就好像「吃飯」與「吃飯以後」的關係一樣。我們在「吃飯」時，其組成的因素，如菜、飯、筷子、桌子、椅子、碗、吃飯的人等等，都是固定的，形成一個完整的結構，缺一不可，特色鮮明。可是「吃飯以後」這一段時間則不然。人們可以打球、讀書、看電影……等等，從事各種活動。因此，我們無法把「吃飯以後」這段時間，稱為「打球時代」或「電影時代」。因為，無論如何稱呼，都只是描述部分，無法涵蓋整體。因此，只好稱之為「後吃飯時代」，因為「吃飯以後」的活動，多元化了。兩段時間的關係，只是「飯」在從事各種活動的人的「肚子」裏的關係。這也就是說，「現代工商社會」為「後工業社會」提供了許多「飯」，許多養料，而由於這些養料，「後工業社會」如虎添翼，功力大增，幾乎變成了一個無所不能的「超人」。因此，「後」字也包涵了與「以前」完全不一樣的意思。如「後漢」已不再是「漢」；「後唐」、「後周」，更是與「周朝」、「唐朝」無涉了。

這種不斷對自己所處的社會加以反省並定義的態度與做法，是西方在社會工業化之後，所產生的現象。工業社會的特色是以新的「複製」方法及工具，使生產力巨幅增加。傳統農業社會的複製方法，是以人力、獸力、鐵器工具為主；工業社會則以機械及資本為主。機械的特色是單一、合理、有效率、專業化。汽車、火車、輪胎、飛機、電燈等，都能不斷複製時間空間，並能以大量複製出來的速度，改變了時間與空間的關係。凡此種種，全是依靠科學的原理及原則，來運作進行的。而所謂「分工專業化」，正是科學方法的重要特色。萬事萬物，只要以分工專業化的原則，掌握其運作的「公理」或「公式」，便可鑑往知來，掌握其全部的發展過程，並加以複製。通過不斷的實驗、改進，複製，其結果便會愈來愈精良，而其效能也會愈來愈高。

西方社會人文學者在十八世紀末吸收了科學的分類方法，開始分門別類的撰寫各種學科的歷史，以便研究人類社會文化的發展。於是

社會史、文學史、藝術史、哲學史、經濟史、心理學史……等等，紛紛在十九世紀出籠。而黑格爾（George Wilhelm Hegel 1770－1831），孔德（Auguste Comte 1798－1857），達爾文（1809－1882），及馬克斯（1818－1883），更紛紛提出歷史演進的原則或法則，也就是歷史演進的「公式」或「公理」，希望能進一步掌握並主導社會文化的發展。於是學者並起學說紛云，不斷的回顧過去，並為各個時代，貼上不同的標籤，以明歷史發展的各個階段。

例如「文藝復興時代」（The Renaissance）這個名詞，就是一個相當晚近的發明。第一個提出「文藝復興時代」的人，是十九世紀德國學者伯格哈德（Jakob Burckhardt 1818－1897）他在 1860 年出版鉅著《文藝復興時代的義大利文明》（*The Civilization of the Renaissance in Italy*）為文化研究的典範之作，一直到 1945 年還不斷的被重印研讀。以後「啟蒙時代」（或「理性時代」）、「浪漫時代」、「維多利亞時代」……等等，各種名稱不斷出現，而每一個時代都有其相應合的文化狀況。這種反省定義自家文化社會發展的風氣，到了二十世紀更是方興未艾。西方工業社會到了中期或晚期，發展的速度愈來愈快，幾乎每隔十五、二十年，便有一個大的變化。因此新的時代標籤也就層出不窮。當學者們剛剛把反映工業社會的文化定名為「現代主義文化」時，便有人開始把反映後工業社會的文化定名為「後現代主義文化」了。

中國社會在 1840 年「鴉片戰爭」之後，才開始邁向工業化的道路，比西方整整遲了一百年，從 1898 年「百日維新」至今一百年間，中國社會中的種種發展，有相當大的部份，是在模擬或重複西方社會的經驗。因此中國學者往往因取材的方便，常常借用西方所發展出來的詮釋方式，來觀察解釋中國的本土經驗，引進了各式各樣的思想、主義及方法。此一過程可說是利弊互見的，而其中以引進「馬克思主義」所造成的災難弊害最為巨大，幾乎抵消了「利」的部分。

中國引進西方主義而造成消化不良的原因有很多，除了中產階級

及其經濟、生活模式欠發達外，其中最重要的原因之一是科學研究及教育與一般國民日常生活的關係不夠密切。我們知道西方的許多主義思想，都是以科學的研究爲後盾的。「實證主義」造成了文學上的「寫實主義」，「進化論」與「自然主義」有密切的關係，「馬克思主義」與「社會主義寫實主義」的發展，「光譜的發現」與「印象派繪畫」的連繫，「心理學」的研究與文學「意識流技巧」及繪畫的「超現實主義」、「抽象表現主義」、「達達主義」……等，都有千絲萬縷的關係。如果我們繼續把社會人文科學的研究繼續孤立在自然科學的研究之外，而不把二者連繫起來，那引進西方主義思想的弊端，仍然會隨時發生。

近二十年來台灣在自然科學的教育及應用上，有了可喜的進展，整個社會也由工業社會朝向了後工業社會的道路邁進，學者們在引進西方主義思想之餘，也開始有建立自家「詮釋系統」的呼聲。在西方，人文詮釋系統常常是跟在科學詮釋系統（或「科學說法」）之後。每當科學上有了重大的突破，改變了人們的宇宙觀、人生觀，「人文說法」便也隨之改變，鼓動了新的風潮。由此可見，如何使「科學說法」的發展與「人文說法」的發展相輔相成，確實是當前的重要課題之一。

台灣從 1975 年開始發展微電腦的生產，到了 1988 年，台灣已經有能力獨立開發世界上最新型的三十二位元個人電腦，其進步不可謂不快。假以時日，台灣科技發展在各方面都出現領先世界的突破，許多新的「人文說法」，當然也會應運而生。

以目前而言，我們在介紹引進西方流行說法時，應該仔細探索其源頭，徹底瞭解其說法形成的社會背景。在引進新的詮釋說法時，最好能羅列提供與此一思想相關的本土發展，以具體資料及數據，做爲引進解說的根據。同時，也應該根據本土的實際情況，對新引進的理論及說法做一番修正，產生自家的看法或變奏。

此外，在工業時代中的現代主義時期，科學說法常被認爲是唯一

的最終的眞理。然自從一次世界大戰之後，「科學史」的興起與「科學哲學」的探討，使我們認識到，「歷來」一連串所謂科學的眞理，都有其「時代」的限制，與「人文說法」一樣，只不過是一種說法而已。兩百年前的「科學眞理」，有些現在已經過時。而如果我們從兩百年後回顧今天，說不定也有許多「科學眞理」，只不過是一家之言而已。因此，我們在探索「人文說法」之際，一定要注意到其與「科學說法」之間的互動關係。許多問題的提出與研究，要視其與當代環境的「上下文」而定，在「語用學」的原則下，提出新的說法，方能配合或引導當前的需要。目前國府所提出的「彈性外交」（1989年）的說法，便是後現代式「語用學」的具體運作。在這個「意識型態」宣告終結的時代，爲了配合各方面快速的發展，不斷的提出新而符合實際需要的說法，似乎是勢在必行，不得不面對的事實了。

台灣大約在 1980 年左右，開始引進「後現代主義」式的說法。最顯著的標竿是當年出版的《第三波》（托佛勒著，黃木林譯）。托佛勒（Alvin Toffler）是美國研究社會學及未來學的學者，他以深入淺出的文筆，把七十年代美國學術界研究後工業社會的成果，用大眾化的方式介紹了出來，轟動非常，引起了廣泛的討論；中譯本不但在台灣十分暢銷，在大陸上，從 1982 年開始，亦風行一時，甚至還有錄影帶配合上市，影響巨大。此後，有關後現代主義的詩歌、建築、繪畫……等等討論，亦相繼出現，在 1986 年左右達到高峯。該年，美國方面研究後現代文化的重要學者如詹明信及哈山，先後多次來台北訪問講學。使學術界對後現代主義的理念及問題，有了更進一步的瞭解。而在此之前，詹明信也早已應中共之邀到大陸去講過學了。

不過，一種新思想的引進，難免遭到抗拒或批評。民國五十年代的「中西文化論戰」，是現代主義者與國粹保守主義相對抗的局面。當時國內對外資訊的管道，並不暢通。大家對西方現代主義的經典作品與理論，也瞭解不多。研究現代主義的西方重要學者，也沒有機會來華交流，與二十年後的今天，簡直不可同日而語。目前反對後現代

主義的看法，有些是從「工業社會」的觀點出發，有些則還停留在「農業社會」的觀點上。這正好反映了台灣目前的狀況。台灣在過去四十年間，從小農爲主的經濟，發展到以工業爲主的經濟，不過用了二十多年的時間，最近又快速朝向後工業社會前進。因爲發展過份快速，造成農業、工業、後工業三者混雜並存的狀況。堅持以農業經驗爲判斷原則的人，對工業或後工業的發展，總是抱著懷疑觀望的態度。他們還停留在中國是「以農立國」的立場上，把農民當做一個孤立的階層來思考，沒有認識到農民也只不過是一種生產銷售農產品的工人或商人而已。農民要想在目前這個世界經濟體系中生存，便一定要設法認識世界，提高效率，使自己有更強的競爭能力，一味要求政府保護，不斷向大衆推銷「弱者形象」的消極做法，是不夠的。

　　工業社會看法中，最強而有力的就是馬克斯式的結構性預設觀念。然這種看法在二次世界大戰後，因爲新科技及新社會狀況的出現，已經慢慢被修正、改變、推翻、翻新，造成了「意識型態」之瓦解。這一點，貝爾早在 1961 年，便出版了《意識型態之終結》(*The End of Ideology*)，做了詳細的說明。以前，馬克斯主義者認爲「資本主義社會」的生產工具是「資本」；掌握在大資本家手中。到了「後工業社會」裏，生產工具成了「知識」，在各個階層可以通過電腦自由的流通；社會大衆，則因商品經濟的高度發達，使生產者也都變成了消費者，大家的身份也相互流通，無法再做嚴格的劃分。例如農民，便可藉吸收新知識的方法，不再困於與工人商人對立的封閉結構之內，從而「解構」了出來。

　　在台灣，上述種種現象，於短短的四十年間，都出現了。因此產生了許多混合或混亂的現象。例如有些人從事的行業是資訊電腦，經營的方式卻是工業初期的家族企業，回到家裏所欣賞的，則是反映農業社會的傳統山水畫。這種混合又混亂的現象，出現在台灣社會傳統文化的各個方面，從交通到出版，從教育到外交，從工業到農業，從整個的社會到單一的個人，凡此種種，我們無法苛責，只有盡最大的

努力，去建立新的準則與規範，以求安然渡過此一混亂的過渡時期。每一個人的科技能力增強，複製能力增加，當然有助於老舊問題的解決，但同時也會帶來了更新更複雜的問題。因此，我們在信任人類能善用「知識」，發揮「智慧」的同時，更應該時時保持警惕，不要過分樂觀，以免走上樂極生悲的道路。

老實說，「後現代主義」也不過是一種配合時代發展的詮釋方法與態度而已。正如同工業社會發展了現代主義的看法，後工業社會，自然也就順理成章的發展出屬於自己時代的詮釋觀點。因為舊有的那一套實在無法應付各種層出不窮的新情況了。

目前，我們利用後現代式的思考模式，不但可以順利解釋許多在七十年代之後所發生的社會文化現象，同時也可為「解嚴」以後的社會文化脫序情形做更深一層的分析與認識。如果我們以「後現代」的觀點回顧中國歷史文化，同樣的，也可以發現新的詮釋角度，豐富了我們對中國歷史文化的認識。

例如以資訊的觀點來看，中國文化的發展便可分為㈠、倉頡造字時期，㈡、唐末宋初印刷術發達時期，㈢、二十世紀八十年代個人電腦風行等三個時期。北宋時活字印刷的發達使私人藏書的風氣大盛，知識分子在藏書樓中，可輕易的翻閱儒釋道三教的大量經典，檢查超過個人記憶容量的大量資訊，這就好像置身於一個功能不太強的小型電腦之內。因此，上述的分期，或可幫助我們解釋為何儒釋道三教，一直要到宋朝以後，方才能融合成一氣，產生了光輝燦爛的理學。

以記號學的觀點來看，中國文字記號及圖案記號的模擬複製，開始得很早。例如中國書法在唐太宗時，便出現了「晉右將軍王羲之書大唐三藏聖教序」這樣的作品。這是唐僧沙門懷仁把當時公私收藏的王羲之書法，先加以複製，再用剪刀將之解構成個別的單字，然後重組成一篇新的文章。此後出現的畫譜及彩色套印箋譜，都是利用這種複製、分裂、重組的模式來製作的。明朝出現的城市造園，也充分的利用了此一記號學式的模擬複製手法，把三度空間及二度空間中的各

種資訊單元，複製重組，形成了中國最早期的後現代式建築風格。台北板橋「林家花園」，便為後現代建築提供了一個具體又生動的例子。

　　如此這般，我們用後現代的觀點回顧過去，解釋現在，並對未來做建議性而非武斷強制性的預測，大大的豐富了我們對自己目前處境的瞭解。我們不再武斷的把農業社會及工業社會做完全結構性的對立。我們發現多元融合、多元選擇的可能。

　　中國一直是一個主張多元融合、多元選擇的民族，這不但從我們的社會、生活、習慣中可以看出，從我們的文學藝術裏也可以體會到。例如唐宋以來的「集句詩」，明清以來的繪畫（畫譜傳統）……等等，都是例子。因此對中國的讀者及學者而言，研究探討後現代狀況，便不只是介紹一種外來的思想而已，其中還有相當深刻的本土因素，等待我們去分析研討。

㈣台灣地區研究後現代主義的重要學者與創作者

　　目前國內從事後現代主義探討的人相當得多，他們或翻譯或評介，或創作或反省，在各方面都顯示出蓬勃的活力，下面就我個人所知，片斷的舉一些例子以供讀者參考。

哲學：沈清松、李英明。
社會：詹宏志、黃瑞祺、張家銘、黃明堅、廖立文、葉新雲、程樹德、王道還、傅大為。
文論：姚一葦、鄭樹森、蔡源煌、廖炳惠、高天恩、孟樊。
戲劇：賴聲川、鍾明德、李永萍、金士傑、李國修。
舞蹈：陶馥蘭。

電影：王菲林、齊隆壬、楊德昌。

藝術：于彭、羅青、陸蓉之、吳天章、謝東山、連德成、倪再沁、邱
　　　亞才、鄭在東、洪根深、李振明、張建富。

攝影：郎靜山、黃明川、張美陵。

建築：李祖原、張世儫、孫全文、王弄極、蔣紹叕、鄧琨艷

文學：夏宇、黃智溶、林耀德、鴻鴻、歐團圓、羅任玲、西西、黃
　　　凡、張大春、白靈、羅青、林羣盛、陳裕盛。

　　上面這份名單，雖不完備，但已大致鈎劃出台灣目前研究後現代
主義的狀況，希望這份名單，在不久的將來，能夠不斷的修訂擴大，
變得更具有參考價值。

卷第二

文學篇

後現代主義
觀念初探

◉哈山著／羅青譯

譯者前言

　　哈山 1925 年出生於埃及開羅，十五歲赴美讀書，後定居美國，鑽研美國文學。他的成名作爲《極端天眞》(*Radical Innocence*)，出版於 1961 年，討論二次大戰後到 1960 年爲主的美國小說特質，認爲此一時期的小說主角常在個人內在的「純眞」與殘酷的外在「現實」之間掙扎，造成了一種「存在困境」。1967 年，他出版《靜默的文學》(*The Literature of Silence*)，認爲現代文學在不斷創新的要求下，已走到自我解構的無言境地。此書開啓了他研究文學中後現代因素的大門。1971 年，他出版《奧菲斯之解體》(*The Dismemberment of Orpheus*)，開始爲後現代主義文學之理論與源頭定位。此書於 1982 年出修訂二版，他在書名後加上「後現代文學初探」字樣，並在書後加印一篇新寫的長文 "後序 1982：後現代主義觀念初探"，總結他多年來研究提倡後現代主義的看法。1987 年哈山把他所有有關後現代主義的文章結集成書，名之曰《後現代傾向》(*The Postmodern Turn*)，其中又收錄了這篇文章，可見他對此文的重視。「後」文對「現代主義」及「後現代主義」的區別，有要言不繁的說明，論點清晰，資料豐富，是研究瞭解後現代主義的最佳入門指導，特此譯出，以供讀者參考。

【註】

　　本卷譯自 Ihab Hassan《*The Postmodern Turn, Essays in Postmodern Theory and Culture*》(The Ohio State University Press, 1987)；本文第一次出現在 Hassan 的《*The Dismemberment of Orpheus, Toward a Postmod-*

ern Literature〉second edition（Madison, Wisconsin：The University of Wisconsin Press, 1982。

後現代主義觀念初探

我曾爲文指出，從沙德(Sade)到貝克特(Beckett)，已形成一系列無言式的寫作筆法，表現了語言、文化與意識之間錯綜複雜的關係。上述因素，不但自我調整改變，同時也相互競爭。這種情形有如一曲怪誕的音樂，說不定會產生出一種後現代主義式的經驗或直覺，但却還無法形成確切的觀念或定義。或許我能以提出問題的方式，試著爲上述種種現象建立一個觀念。首先，最明顯的是：在一般西方社會裏，尤其是在文學中，我們是否能察覺到有一種與現代主義不同的現象出現了，而此一現象是否應該加以另行命名？如果是，此處暫定的名稱：「後現代主義」是否合用？如果合用，那麼，我們能否——甚或應不應該——從此一現象之中，建構某種認證體系，兼顧縱的歷史與橫的型類，並能解釋其在藝術上、知識上及社會上各式各樣的潮流和反潮流？此外，這種現象——我們且稱之爲「後現代主義」——究竟與以前的文化變遷模式，如發生於十九、二十世紀之間的前衞派(avant-garde)或二十年代的全盛現代主義(high modernism)，有何關係？最後，在此一嘗試性、開發性的研究計劃中，也就是本文在下定義的過程之中，我們無可避免的會遇到哪些困難？

我無法確定，我是否能夠回答我自己所提出來的這些問題。但我可以試着提供一些答案，以便讓更重大的問題，顯現定位。我認爲，歷史的發展是既連續又不連續的，所以，今天「後現代主義」的流行，如果眞的在流行的話，並不意謂過往的觀念制度已經停止產生影響，或不再塑造當今的觀念或制度。相反的，傳統繼續在發展，甚至

於定型的事物也會發生重大的轉變。達爾文（Darwin）、馬克思（Marx）、波特萊爾（Baudelaire）、尼采（Nietzsche）、塞尚（Cézanne）、德布西（Debussy）、佛洛依德（Freud）和愛因斯坦（Einstein）等人所創立的强勁文化學說，至今仍然流行於西方知識界。當然，那些學說都曾經一而再，再而三的被重新塑造過——否則，歷史必定只是不斷重演，永不改變。從這個觀點來看，「後現代主義」雖然算不上是二十世紀西方社會中的一種原創型知識，但却對二十世紀西方社會，具有重大的修訂意義。

在此，一些零零散散的人名或許可以鉤勒出後現代主義的面貌，至少也可隱約暗示出此一假設的範圍，如：哲學上的德希達（Jacques Derrida）、李歐塔（Jean-Francois Lyotard）；史學上的傅寇（Michel Foucault）和懷特（Hayden White）；在心理分析方面的拉崗（Jacques Lacan）、德勒茲（Gilles Deleuze）、郎恩（R. D. Laing）和布朗（Norman O. Brown）；在政治學上的馬庫色（Herbert Marcuse）、波德瑞拉（Jean Baudrillard）和哈伯瑪斯（Jürgen Habermas）；在科學哲學上的孔恩（Thomas Kuhn）以及費若班（Paul Feyerabend）；在文學理論上的巴特（Roland Barthes）、克利絲提娃（Julia Kristeva）、艾澀（Wolfgang Iser）和「耶魯批評家」（the "Yale Critics"）〔譯註：此地是指耶魯「四人幫」德曼（Paul de Man）、彌勒（J. Hillis Miller）、哈特曼（Geoffey Hartman）及布魯姆（Harold Bloom），不過自 1983 德曼去世後，「四人幫」已名存實亡。〕；在舞蹈上的康寧漢（Merce Cunningham）、尼可萊（Alwin Nikolais）和蒙克（Meredith Monk）；在音樂上的凱吉（John Cage）、史托豪森（Karlheinz Stockhausen）和布雷茲（Pierre Boulez）；在藝術方面的羅欣伯格（Robert Rauschenberg）、丁格里（Jean Tinguely）和布衣斯（Joseph Beuys）；在建築上的范塗里（Robert Venturi）、堅克斯（Charles Jencks）和布林（Brent Bolin）；其他各式各樣的作家，從貝克特以降，尙有尤涅斯柯（Eugène Ionesco）、波赫士（Jorge Luis Borges）、邊斯（Max Bense）和納布可

夫（Vladimir Nabokov），一直到品特（Harold Pinter）、強森（B. S. Johnson）、海品史托（Rayner Heppenstall）、布魯克—羅斯（Christine Brooke-Rose）、海森比陀（Helmut Heissenbüttel）、貝克（Jürgen Becker）、韓克（Peter Handke）、伯哈特（Thomas Bernhardt）、詹朵（Ernst Gandl）、馬奎茲（Gabriel Garcia Márquez）、寇塔沙（Julio Cortázar）、霍伯—葛利葉（Alain Robbe-Grillet）、比奪（Michel Butor）、霍希（Maurice Roche）、索累（Philippe Sollers）；以及美國的巴斯（John Barth）、柏格（William Burroughe）、品尙（Thomas Pynchon）、巴瑟彌（Donald Barthelme）、亞必希（Walter Abish）、艾施百瑞（John Ashbery）、安頓（David Antin）、謝帕德（Sam Shepard）和威爾森（Robert Wilson）等等。無疑地，這些名字屬性互異，各有源頭，並不能形成一種運動、典範、或者學派。但是，他們仍可能引發出一些相關的文化傾向、潮流、一種價值定位，和一套特定的寫作方式及態度。凡此種種，就是我們所謂的「後現代主義」。

　　至於「後現代主義」一詞的源頭，至今仍不十分確定。德歐尼斯（Federicode Onis）在其 1934 年出版於馬德里（Madrid）的《西班牙暨美洲西語詩選》（*Antologia de la poesia española e hispanoamericana*, 1822–1932）中，曾用過 *postmodernismo* 一字；費茲（Dudley Fitts）在他 1942 年出版的《當代拉丁美洲詩選》（*Anthology of Contemporary Latin–Amarican Poetry*）中，又引用了此一名詞。[1]不過，他們之所以使用後現代主義（*postmodernismo*）一詞，主要目的是在指出這些作品中，已經潛藏了某些對現代主義（modernism）的小小反動，意圖回復到二十世紀初期的狀態。1947 年，薩墨維爾（D. C. Somervell）編訂的湯恩比（Arnold Toynbee）《歷史研究》（*A Study History*）單册簡本中，也出現了這個名詞。就湯恩比來說，後現代主義（Post-Modernism）是指西方文明中一個新的歷史週期（historical cycle），約始於 1875 年左右，對此一問題的是非，我們今天已經難

以再考究了。稍後，在 1950 年代期間，奧森（Charles Olson）亦常提及後現代主義，不過他只是約略的說說，並沒有認真去界定。

先知與詩人常常擁有一種異常豐富的時間感，這是學院派學者所無法企及的。在 1959 和 1960 年之間，艾文豪（Irving Howe）與雷文（Harry Levin）二人寫到「後現代主義」的時候，心情是相當悲涼的，他們認為後現代是偉大的現代主義之凋落飄零。②對費德勒（Leslie Fiedler）和我個人而言，在六〇年代使用此一名詞時，則顯得有點操之過急，甚至略帶些虛張聲勢之氣。③費德勒意欲以通俗文化之名，向全盛現代主義式的精英主義（elitism）挑戰，而我則想探究無言文學傳統中，那種自我解構（self-unmaking）的衝動。流行音樂（pop）與無言、大眾文化與解構（deconstruction）、超人與果陀（Superman and Godot）──還有等一下我要討論的「普遍內存性」及「模糊不定性」（immanence and indeterminacy）──均將是後現代領域中（postmodern universe）的諸般面貌。但是這一切都賴更有耐心的分析，以及更長遠的歷史見證。〔譯註：「普遍內存性」是哲學及神學術語，與「超越性」（transcendence）相反，是指一切都內存於存在本身，不假外求。「超越主義」（Transcendentalism）認為知識超越一般經驗範疇，因為一般經驗充滿了非理性及超自然性；我們要靠直覺，方能獲得對現實的正確知識，單靠現實客觀經驗是沒有用的。前者認為，上帝（God）內存於萬事萬物之中，因此，這個觀念也與「自然神論」（deism）相反。「自然神論」認為上帝創造好世界後，世界便按一定的規律運行，上帝不再干涉了。〕

然而，一部文學術語史，只不過證明了語言之不按牌理出牌的特質。如果我們承認學術研究生涯是屬於「精神政治學」──如果不是變態心理學的話──那對我們接近並瞭解「後現代主義」本身，是十分有幫助的。首先，我們必須承認這一點：那就是無論是在作品中也好，在人羣中也罷，從事命名，也就是從事正名之奪權。一個新的術語為其支持者在語言中，開出一片空間。對知性想像力而言，一個批評觀念或系統，只是一首"不及格"的詩；各種論戰亦正是對抗死亡的

本體之戰。這或許就是普朗克（Max Planck）的想法：任何人都無法去說服他的反對者——甚至在理論物理裏——他只要設法比別人活得久即可。〔譯註：普朗克是提出二十世紀新觀念量子論的第一位德國人。他說：「現在大家都主張新的觀念量子論，原因是老一輩的都死光了。」關於此一說法，物理界戲稱之謂「普朗克效應」。此論大陸的民主運動健將方勵之最喜引用。〕而詹姆斯（William James）則用較平實的講法，說明了這個過程：新東西首先會被鄙爲無稽，而後又被認爲理所當然；再以後，則被先前的反對者所霸佔，硬說成是他們自己的新發現。

我並不打算站在後現代這邊，來對抗老（ancient）現代。在知性變成瘋狂時尚的時代，一切價值都可能被魯莽的淘空，明天會快速提早的佔領今天，或去年的一切。其實，這不僅僅是流行時尚而已，人們這種不斷追求新出品新花樣的想法，可能反映了某些文化危機感，而其中所含有恐懼是多過希望的。這讓我們想起了下面幾件事。崔靈（Lionel Triling）將其最具思想性的著作之一。名之爲《文化之外》（*Beyond Culture*, 1965）；波爾汀（Kenneth Boulding）主張所謂的「後文明」（postcivilization）觀念，是他《二十世紀的意義》（*The Meaning of the 20th Century*, 1964）一書中的主旨；而史坦納（George Steiner）亦或可能給他的《在藍鬍子的城堡中》（*In Bluebeard's Castle*, 1971）一書，取個副題爲「後文化定義散論」（Noets Toward the Definition of Postculture）。於此之前，賽頓堡（Roderik Seidenberg）在 1950 年代出版了他的《後歷史人》（*Post−Historic Man*）；而最近，我自己在《普羅米修士正大光明之火》（*The Right Promethean Fire*, 1980）中，也對「後人文時代」（posthumanist era）來臨的有關問題，加以思索。正如貝爾（Daniel Bell）所說：「過去，『之外』（beyond）一詞是文學上分量非常重的修飾語……但是現在，我們似乎把『之外』都用疲了，而今，社會學上所用的修飾語是『後』……」。④

在此我的論點含有雙重意義：在探討「後現代主義」的問題上，

我們有一種對知性力量的欲求力和反欲求力(a will and counter-will
to intellectual power)，有一種理智心靈勝於一切的欲望，但是這種
欲求力和欲望本身，却卡在當前這種花樣不斷翻新的歷史時刻之中，
或許也可說是卡在一切都容易迅速過時的時代之中。因而，後現代主
義之被接受或否定，還要靠學術圈內的「精神政治學」而定，所謂精
神政治學包括了我們大學之中各種人事與權力的安排和配置，包括了
批評的黨同伐異和人事的傾軋，以及各種小圈圈之間的拉攏或排斥。
凡此種種，對後現代主義的影響力，均不下於各種傳統的文化成規。
準此，深思反省似乎一開始就是我們的當務之急。

　　不過，要深思反省，我們先得提出一些足以孕育和構建「後現代
主義」本身的觀念問題。這些問題，從最簡單的開始以至於最難以捉
摸解決的，我將之分成下列十項：

　　1.「後現代主義」一語，聽來雖然笨拙彆扭，却也足夠說明其所
要超越或壓抑的正是「現代主義」。因此，這個名詞之中，就已經包
括了它的敵人。然而浪漫主義却不包含古典主義，而巴洛克(baro-
gue)亦不包括洛可可(rococo)。此外，後現代主義一方面顯然是指
直線性的時間發展；〔譯註：也就是歷史性的，依照年代、時代，以一步步的
線形方式發展的。〕另一方面也隱含有過時甚至頹廢之意。不過，這一
點沒有任何一位後現代主義論者願意承認。然而，如果「後現代主
義」一詞行不通的話，我們是否有更好的名稱來形容這個奇怪的時代
呢？原子時代、太空時代或電視時代──這些科技的標籤都缺乏理論
根據與定義。或許我們可以把「模糊不定性」(indeterminacy)與
「普遍內存性」(immanence)綜合起來而稱之曰「變動不定又普遍
內存的時代(Age of Indetermanence)」？[5]或者──這樣做更好
──乾脆就我行我素，愛怎麼稱呼就怎麼稱呼好了！

　　2.像其他的分類術語，如後結構主義(poststructuralism)、現代
主義、或浪漫主義一般，後現代主義也遭受一定程度的語意不定之
苦。這也就是說，在學者之間，對該詞定義並無明顯的共識。造成這

種基本困難的原因有二：㈠比較上，後現代主義一語出現至今未久，顯得十分年輕冒失而質性不定，㈡後現代主義一語與其他新起的術語之間，有語意緣屬關係，而這些新起的術語本身的定義也同樣不穩。因此，有些批評家就認為，後現代主義即是所謂的前衞派甚或是新前衞派（neo-avant-gardism），而更有一些人認為後現代主義根本即是現代主義。這一點，可以引發出相當有意義的激辯。⑥

　　3.另一個與此相關的困難是，許多文學觀念都有一段不穩定的歷史，都是開放而可變的。在這個充滿可怕誤會的時代，誰敢說柯律治（Coleridge）、佩特（Pater）、羅浮卓（Lovejoy）、亞布蘭（Abrams）、培堪姆（Peckham）和布魯姆（Bloom）等人對浪漫主義的看法是完全一樣的？我們已有一些證據顯示，後現代主義——現代主義更是如此——正開始進駐於時間之中，並以頗具威脅性的姿態，與其他名詞互別苗頭。⑦但是，或許這種現象，有朝一日也能拿來測量文學觀念的歷史速率，就像天文學家霍布（Hubble）所提出的「紅移位」（red shift）現象一樣。

　　4.現代主義和後現代主義之間並非是以鐵幕或長城來分割的，因為歷史是一「刮淨重寫本」（palimpsest），而文化的特色在能夠浸透時間之過去、現在與未來。所以我想，我們都同時兼具一點維多利亞的、現代的和後現代的成分。一個創作者在他的生命過程之中，可能毫不費力地寫出現代主義及後現代主義的作品。（我們比較一下喬艾斯的《一位青年藝術家的畫像》和他的《芬尼根的醒覺》便可明白。）如果追根究底的話，在某種抽象大綱式的敍述層次上，現代主義本身可能恰當的被浪漫主義所同化，浪漫主義也可能與啓蒙運動息息相關，而啓蒙運動又可能被認為和文藝復興密不可分，如此繼續向上追溯，不追到非洲奧圖維山谷（Olduvai Gorge）的原始文明，也必定追到古希臘去了！

　　5.上述現象顯示，正如我剛才暗示的，文學上一個「時代」（period）必須以似連又斷的觀點來看，而這兩種透視法，彼此互補，

而且各自有不足之處。阿波羅式（Apollonian）的見解，廣闊而抽象，
祇能區別歷史的持續現象；而酒神式（Dionysian）的情感，完全訴諸
官能，以至於到半盲的地步，只能觸及到歷史的斷裂時刻。因此，後
現代主義因爲同時訴諸兩種神格，所以也具備了雙重的視點。類同與
歧異、統一與罅裂、親和與叛逆，都是其不可忽視的雙重面相。如果
我們要觀照歷史問題，要瞭解變易一方面是空間的、心智的結構，一
方面又是時間的、物理的過程；一方面是類型化的發展，而另一方面
又是孤立的、特殊的事件，那麼我們必須注意上述的論點。

6.因此，一個「時代」，一般而言，根本就算不上是個時代，而
是一個兼具貫時性（diachronic）與並時性（synchronic）的構成而已。
做爲一個時代，後現代主義和現代主義或浪漫主義一樣，無法例外。
當然，我們不會像吳爾芙夫人（Virginia Woolf）那樣，冒冒失失地宣
稱，現代主義始於「1910 年 12 月左右」，也鄭重地來給後現代主義
宣布一個正式開始的「日期」──雖然我們有時候也可能無知的在那
裏瞎想，以爲後現代主義始於「1939 年 9 月左右」所以，我們在下
列諸位作家身上，陸續發現了後現代主義的「前身」：史德恩（Ster-
ne）、沙德、布雷克（Blake）、婁推阿蒙（Lautréamont）、藍波（Rim-
baud）、賈瑞（Jarry）、查拉（Tzara）、霍夫曼斯達爾（Hoffmann-
sthal）、施坦茵（Gertrude Stein）、晚期的喬艾斯（Joyce）、晚期的龐
德（Pound）、杜象（Duchamp）、亞陶（Artaud）、胡謝爾（Roussel）、
巴大耶（Bataille）、布羅克（Broch）、歸諾（Queneau）及卡夫卡（Kaf-
ka）。這正顯示了，我們已經在自己的心中創造了一種後現代主義的
模型、一種獨特的想像與文化的型類學，甚至更進一步「重新發現」
歷來不同作家和不同時代，與上述後現代主義模型，有許多相似之
處。這也就是說，我們已經改造了我們的祖先──而且，必要時，我
們隨時會把我們的祖先，再加改造。結果，「老一輩的」作家──卡
夫卡、貝克特、波赫斯，納波可夫、宮波瑞祺（Gombrowicz）──都
可能是後現代主義的，而「年輕一輩的」作家──史泰隆（Sty-

ron）、艾普岱克（Updike）、卡波提（Capote）、歐文（Irving）、多可托洛（Doctorow）和伽德那（Gardner）──則未必如此。

7. 我們已經指出，後現代主義的任何一種定義，都需要下列四種互補的觀念：連續性和斷裂性、貫時性和並時性。不過，要界定上面此一看法，還需要具備一種辯證觀才行。因為被拿來做界定用的各種特徵，常常互為對比；忽略了此一歷史事實傾向的，將會不知不覺地陷入只見其一不見其二，或完全不見之中！被拿來做界定的特徵。具有辯證性也具有多義性，單選某一特徵，做為考察後現代主義的絕對標準，等於要把其他不屬於此一特徵的作家，變成古人加以淘汰。⑧所以，我們──我偶而也會這麼做──不能把後現代主義看成是反形式的、無秩序的或反創造的。因為後現代主義雖然確實具有上述的特徵，而且有一股解構解創作的瘋狂欲求力，但是，它還得發現一種「一元知感性」（宋塔 Sontag 語）、「跨越邊界並填充溝罅」（費德勒語），以及我所說的，必須獲致一種說法的普遍內存性、一種強力的智性的仲裁，亦即一種「心智上的新知識式的直觀」（a neo-gnostic immediacy of mind）。⑨

8. 這一切都導向時代如何劃分（periodization）的重大問題，這也是文學史研究中，尤其是對變遷的探討，常成為最重要課題的原因。的確，後現代主義的觀念隱含有創造、翻新、新造或變易的某種理論。然而，希瑞克里圖式（Heraclitean）、維柯式（Viconian）、達爾文式（Darwinian）、馬克思主義者（Marxist）、佛洛依德式（Freudian）、庫恩式（Kuhnian）、德希達式（Derridean）以及折衷式的理論，那一樣才是後現代主義所隱涉的理論呢？⑩是否「變易的理論」本身是一種矛盾修辭的技巧（oxymoron），最適於用在不容許含糊曖昧時間觀的觀念之中？那麼，後現代主義是否應該──至少就此刻而言──被棄而不論？應不應被當做是一種文學歷史的「差數」或「痕跡」？⑪

9. 後現代主義可能膨漲成一個更大的問題：它是否僅是一個藝術傾向？或者也是一個社會現象？甚或是西方人文主義的一個突變？如

果都是，那麼，此一現象的各個面貌──心理學的、哲學的、經濟的、政治的──究竟是聯成一體的還是各自獨立的？簡單來說，我們是否能瞭解文學中的後現代主義，而不必試圖審視一個後現代主義社會的特徵、一種湯恩比式的(Toynbeean)後現代性，或一種未來傅寇式的(future Foucauldian épistémè)知識？就這些現象而言，我到現在爲止所討論的文學傾向，只不過是一種單一的、精英論者的系統──如果不瞭解上述種種現象，我們是否也可以瞭解後現代主義？⑫

10.最後，與前面問題一樣麻煩的是：後現代主義是否爲一褒揚用語，用來含蓄的肯定一羣作家，不管從另一個角度看去，他們是多麼的不同；或者，我們用此語來頌揚各種潮流，不論這些潮流是多麼的不同，我們仍然多少表示認可？或者，相反地，它是否爲一用來侮辱與斥責的術語？總而言之，後現代主義究竟是屬於描述與評論文學思想之類的術語？還是屬於規則範式類的術語？它究竟屬於哪一個類別？是否它就是阿提利(Charles Altieri)所提到的是一種哲學裏「本質上備受爭議的觀念」，構成此一問題的混亂因素，多得永遠也數不清？⑬

毫無疑問地，後現代主義背後還有其他觀念性的問題存在。然而，這些問題完全不能阻擋，智性想像活動以智性結構(noetic constructs)的方式去瞭解我們目前所處的歷史狀況，並爲我們自己揭露我們的存在，這種欲望是永遠無法阻擋的。據此，我擬出一個暫時性的企劃方案，那就是自沙德以迄貝克特的無言的文學，似乎體現了過去一百年來，藝術變易的模式，這模式約略可分成下列三種形式：那就是前衞、現代與後現代。雖然我知道，這三種形式聯合起來，便創造了現代文學的「新傳統」(tradition of the new)。此一傳統，從波特萊爾以降，「促生了一種藝術，這種藝術發展史的特色是，把前輩的藝術信條，棄之不顧，從一個前衞運動跳到另一個前衞運動，同時還包括了各種政治羣衆運動，其目的不單只是要更新社會制度，同時也要更新人類本身。」⑭

就前衞運動來說，我指的是那些在本世紀初喧嘩一時的運動，這些運動包括：超物理學（Pataphysics）、立體主義（Cubism）、未來派（Futurism）、達達主義（Dadaism）、超現實主義（Surrealism）、極端主義（Suprematism）、構成主義（Constructivism）、墨茲主義（Merzism）以及德史蒂爾（de Stlji）主義。這些運動以無政府的方式出現，以其藝術、宣言和滑稽動作，攻擊中產階級。但是他們奉行的行動主義，也可能轉向自己的內部，演變成自我毀滅式的行為——這種結果，後來曾發生在一些後現代主義者身上，如史瓦茲柯格勒（Rudolf Schwartzkogler）便是。上述運動曾經一度充滿活力，作風大膽，現在則已經完全消失了，留下來的是一些旋起旋滅的事件，足為後人殷鑑！而現代主義，則像其源頭法國象徵主義一樣，比較穩定、超然，而又有點象形文字的味道，甚至現代主義者所做的實驗在今天看來，仍然是莊嚴堂皇、神氣十足；現代主義運動是由像梵樂希（Valéry）、普魯斯特（Proust）、紀德（Gide），早期的喬艾斯、葉慈（Yeats）和勞倫斯（Lawrence）、里爾克（Rilke）、湯馬士曼（Mann）、慕西爾（Musil），早期的龐德、艾略特（Eliot）以及福克納（Faulkner）等「個人天才」所搞出來的。現代主義博得相當的權威性，導至史瓦茲（Delmore Shwartz）在《山南度》（Shnandoah）中頌揚道：「讓我們仔細思量偉人在何方／當孩子們開始學會唸書時，便被他們的作品給迷住了。」但是，如果現代主義多呈現象形文字的（hieratic）、聖職的、承先啓後的和形式主義的面貌，則後現代主義在對比之下將顯得玩笑似的，平行並列的以及解構主義的（deconstructionist），這將使我們大吃一驚！就這一點而言，它使我們想起了前衞主義者，不顧一切的叛逆造反精神，因此後現代主義也不時被貼上了新前衞主義的標籤。麥克魯漢（McLuhan）以為，後現代主義比前衞主義來得「冷靜」而「不在乎」——此較不排外，對成為自己喜歡的流行電子社會的一部分，比較沒有敵意，對一般通俗的作品（kitsch）也比較友善。

　　我們能否再進一步區別後現代主義？也許以下列表格中後現代主義與現代主義的分別之處，爲此一研究的開始：

現代主義	後現代主義
浪漫主義／象徵主義	超物理學('Pataphysics)／達達主義
形式(承先啓後、封閉的)	反形式(斷離的、開放的)
有目的	遊戲的
有設計	靠機遇(Chance)
有階層組織(Hierarchy)	無秩序(Anarchy)
技巧精熟／理體中心的(Logos)	技窮／無言
藝術對象／完成式的作品	過程／演出／即興或當場發生
美學距離(Distance)	演者參與(Participation)
創造／整體化(Totalization)	解創造／解結構
綜合(Synthesis)	對比(Antithesis)
處處現身(Presence)	隱身不見(Absence)
集中(Centering)	分散(Dispersal)
文類／界限	文章(Text)／互文(Intertext)
語意學(Semantics)	修辭學(Rhetoric)
縱軸典範(Paradigm)	毗鄰範例(Syntagm)
前後連貫從屬(Hypotaxis)	平行並列(Parataxis)
隱喻(Metaphor)	換喻(Metonymy)
精選(Selection)	混合(Combination)
根／深層(Depth)	根莖(Rhizome)／表層(Surface)
詮釋／閱讀	反詮釋／誤讀(Misreading)
記號義	記號具
閱讀的(Lisible)讀者式的	書寫的(Scriptible)作者式的

敍事文（Narrative）／ 正史（Grande Histoire）	反敍事文／野史（Petite Histoire）
正式語言規範（Master Code）	個人話語（Idiolect）
徵候（Symptom）	慾求（Desire）
類型（Type）	突變（Mustant）
生殖的／陽物崇拜的	多形的／雌雄同體的（Androgy- nous）
誇大妄想症（Paranoia）	精神分裂症（Schizophrenia）
本原／造因（Cause）	差相—延異／痕跡（Trace）
天父（God the Father）	聖靈（The Holy Ghost）
形上學（Metaphysics）	反諷（Irony）
定性（Determinacy）	不定性（Indeterminacy）
超越性（Transcendence）	普遍內存性（Immanence）

　　上列表格中的觀念取自各種學科，如修辭學、語言學、文學理論、哲學、人類學、心理分析學、政治學，甚至於神學，涉及的作者歐美都有，他們各自屬於各種不同的運動、集團和觀點。不過本表所使用的二分法仍不保險，有時顯得有點模稜兩可，會因為其間的差異，而導至移動、展延，甚至崩潰。各縱行中的觀念，並不全然屬於同一類，而在現代主義和後現代主義的特色之中，可以顛倒逆位之處與例外之處也不少。雖然如此，我仍以為右欄中的各個項目，點出後現代主義的各種傾向———一種不確定式（Indeterminence）的傾向———此一傾向可能帶領我們找到後現代主義歷史的、理論的定義。

　　在此我必須解釋一下，我自創「不確定性」術語的原則。我用此詞的目的，是要指出後現代主義的兩個中心構成的原則，那就是「不確定性」與「普遍內存性」。這兩個傾向之間並無辯證關係，因為二者既不完全成對比，也不能相互綜合。各個傾向自有其本身矛盾之

處，也都暗涉構成另一傾向的要素，二者相互影響運作，引發充斥於後現代主義中一種矛盾律的行動。關於這個問題，我另有他文專論，在此先簡要的談一下。⑮

不確定性，或更恰當地說，是多重不確定性(indeterminan-cies)，是一種繁複的指涉體(Complex referent)，只有用下面各種不同的觀念，方能將之描繪出來的：模稜性、斷裂性、異端邪說、多元論、散亂、叛逆、曲解、變形。最後一項還包括了許多流行的解構術語，如：反創造、分解整體、解結構、去中心(decenterment)、替代、差異、斷裂性、不連續、消失、解構成(decomposition)、不定義、解神話(demystification)、反統一化、解合法化(delegitima-tion)，至於其他指涉到反諷、脫裂和無言等等，屬於修辭上的更專門性的術語，則更是不勝其數。這一連串的記號，形成一股推向解構的浩大衝力，影響了政治體、認識體、情慾體和個體的精神狀況──影響了西方世界整個的論說(discourse)領域。單就文學來講，我們對作者、讀者、閱讀、寫作、書本、文類、批評理論和文學本身的看法，都突然變得問題重重。而在批評方面呢？巴特以為文學是「落失」(loss)、「歪曲改寫」、「瓦解死滅」；艾澀提出了一個以文章的「空白處」(blanks)為基礎的閱讀理論；德曼把修辭──即文學──看作是一種力量，「根本把邏輯放在一邊，然後開啟指涉錯亂的各種可能的變化」；而哈特曼則斷言：「當代批評旨在不確定性的詮釋學。」。⑯

這些不固定的繞射現象(diffractions)，大大地助長了後現代主義觀念的傳佈。因此，我要指出，後現代主義的第二個主要傾向，為普遍內存性(immanences)。我使用此一術語，並無宗教上的意思，祇是要用以表示心智的潛力；心智通過各種象徵物，把心智本身通則化，與大自然混合為一，心智把各種外物加以抽象化，使之在心智之中發生作用，而這些抽象觀念，不斷的、直接的變成了心智活動的場地範圍。這種智性的傾向，可能進一步受到各種觀念的啟發，例如：

蔓延、散佈、律動、交互運作、相互溝通、相互依賴等。凡此種種，
都源自於人是語言的動物，源自於人是能運用記號的動物(homo pic-
tor 或 homo significans)，是有精神上知識的動物，並能以此知識完
成自我；更能用自己創造的象徵記號，信心十足的建構其宇宙。「這
豈不表示：人所建設的一切都會崩壞，人也不斷走向毀滅之途，只剩
下語言本身更明亮的繼續上升，照射在我們的地平線上？」傅寇如此
這般，提出他那有名的一問！⑫同時，當事實與虛構(fiction)混合的
時候，我們共同的世界便會分解，歷史會被傳播媒體弄得虛幻不實
(derealized)，變成一個偶發事件(happening)，科學會以科學的模
式取代一切，成爲惟一可瞭解掌握的眞實，神經機械學使我們面對人
工智慧的謎碼，而科技把我們的知覺認識，投映在不斷遠去退去的宇
宙邊緣，或放射到物質鬼魅的裂縫之中。⑱在每個地方——甚至深深
進入拉崗所說的那種比太空黑洞密度還大的「文字的下意識(lettered
unconscious)」之中——我們都會遭遇那種普遍內存性——那也就是
語言：帶著文學性的曖昧、認識的謎難和政治的騷亂。⑲

　　無疑地，上述種種後現代傾向，在英國可能比在美、法少見；在
美、法兩國，後現代主義一語，把近來的後結構主義(poststructura-
list)疏導到另一個方向，至今已爲大家所接受。⑳但是，對大多數已
開發的社會而言：做爲一個藝術的、哲學的和社會的現象，後現代主
義是朝向一個開放、玩世不恭的、表示願望的、暫定的(在時間上以
及結構上或空間上開放)、離散的或不定的形式，一種反諷和零星的
論說、一個空缺與破碎的「蒼白意識型態」(white ideology)、一種
繞射的欲求，和一種對複雜、無聲勝有聲的呼喚。後現代主義在轉入
上述種種方向時，還暗示了另一種動向，一種不同的——即使不是對
比的——動向，引導我們走向各種流行的生產線上、進入無所不在的
相互運作、進入一個充滿內存性規範、媒體和語言的世界之中。因
此，我們的世界似乎陷在一種行星生成的過程和超人性出現的過程之
中，整個地球甚至好像要分裂成各種教派、各種部族及黨團一樣；也

因此，恐怖主義與集權主義、分裂教派與統合教派，彼此之間相互招降，甚至正當各個社會在找尋新的權威依據的時候，權威本身却自我瓦解！也許有人會問：在藝術與科學、高級文化與通俗文化、男性原則與女性原則、部分與整體之間，是否有一決定性的歷史突變因素出現了？或者，是否在前蘇格拉底學派(pre-Socratics)所常說的「一與多」(the One and the Many)的問題中，有一種決定性的歷史突變因素，活躍在我們的發展過程中？或者，奧菲斯(Orpheus)的解體，徒然證明人的心智需要重新建構並認識，生命是具有突變性的，而人也是易生易滅的？

那麼，在此一認識構成之外、之後、之中，還有什麼其他的構成呢？

【註】

1. 關於"後現代主義"一詞的歷史，以庫勒(Mickael Köhlrn)的"「後現代主義」：其觀念發展史概論"，一文最為詳盡。見 Amerikastudien, Vol. 22, No.1(1977)。該期之中，還有幾篇討論此一問題的重要論文，並附有關此一名詞問題的書目。同時也請參考霍夫曼(Gerhard Hoffmann)，霍農(Alfred Hornung)庫諾(Rudiger Kunow)的論文"以「現代」、「後現代」及「當代」為標準來評鑑二十世紀的文學"。

2. 艾文豪(Irving Howe)："大眾社會與後現代小說"，見 Partisan Review, Vol.26, No.3(Summer 1959)，後收入他的《創新之衰頹》Decline of the New(New York: Harcourt, Brace, 1970)，頁 190-207；又見賴文(Harry Levin)："過氣的現代主義是什麼東西？"，(What Was Modernism？)Massachusetts Review, Vol.1, No.4(August 1960)後收入《折射》Refraction(New York: Oxford University Press, 1966)，頁 271-295。

3. 費德勒(Leslie Fiedler)，"新突變"The New Mutants，Partisan Review, Vol.32, No.4(Fall 1965)，後收入他的《論文集》，Vol.2(New York: Stein and Day, 1971)，頁 379-400；哈山，"批評之新領域：無言之暗喻"，Virginia Quarterly, Vol.46, No.1(Winter 1970)。在我早

期的論文中，我就已經用過"反文學"及"無言文學"等與目前觀念相類
似的術語。見我的論文"無言文學"The Literature of Silence, Encoun-
ter, Vol.28, No.1（January 1967）。

4. 貝爾：《即將到來之後工業社會》*The Coming of Post-Industrial Socie-
ty*（New York: Basic Books, 1973），頁 53。

5. 見"文化，不確定性，普遍內存性：（後現代）時代之邊緣"Culture, In-
determinacy, and Immanence: Margins of the (Postmodern) Age,
Humanities in Society, Vol.1, No.1（Winter 1978），後收入《普羅米修
士正大光明之火：想像，科學及文化變遷》（Urbana: University of Illi-
nois Press, 1980），Chapter 3。

6. 例如卡林斯求（Matei Calinescu）就企圖把"後現代"納入"新前衛"或"前
衛"藝術之中，見他所著的《現代性面面觀：前衛派，頹廢，通俗文藝》
Faces of Modernity : Avant-Garde, Decadence, Kitsch（Bloomington:
Indiana University Press, 1977）後來，他又寫了一篇論文"前衛派，新
前衛派及後現代主義"，仔細區分三者之間的不同。此文收入崑市李
（Rudolf Kuenzli）福斯特（Stephen Foster）所編的《前衛派之透視》
（Iowa City: University of Iowa Press, forthcoming）。查伯西（Mik-
los Szabolcsi）認為"現代"就是"前衛"，而"後現代"則是"新前衛"（neo-
avant-garde）見他的論文"前衛派，新前衛派，現代主義：問題及其試
解"New Literary History, Vol.3, No.1（Autumn 1971）；德曼在他的
《洞見與不見》一書中的"文學史及文學現代性"一文中，認為"現代"的
特色要素在創新，對每一個階段的文學史，都充滿了"危機感"Moment
of Crisis（New York: Oxford University Press, 1971），第八章；史帕
諾（William V. Spanos）見解與德曼類似，他認為"後現代主義"在基本
上"並不是一個歷史事件，而是一種人類認知的永恆模式"，見他的論
文"解結構及後現代文學的問題：定義之初探"，Par Rapport, Vol.2,
No.2（Summer 1979），頁 107。甚至連後現代在主義的核心作家巴斯
（John Barth），現在也認為後現代主義是一種大綜合式的東西，目前
尚未出現。而我們現代所謂的後現代主義，只不過是晚期現代主義而
已。見"補充式文學：後現代小說"The Literature of Replenishment:
Postmodern Fiction, Atlantic Monthly 245, No.1（January 1980）。

7. 在我早期及近期論文中，對此一問題的看法，我發現我有了一些改變。

　　　見"後現代主義：一份超批評的書目"POST modern ISM: A Paracriti-
　　cal Bibliography, New Literary History, Vol.3, No.1(Autumn
　　1971)，後收入我的著作《超批評：對時間的七種玄思》*Paracriticism :*
　　Seven Speculations of the Times(Urbana: University of Illinois
　　Press, 1975)，第二章；又見"喬艾斯，貝克特，以及後現代想像力"，Tri
　　Quarterly 34。(Fall 1975)，及"文化，不確定性，及普遍內存性"。

8.　有些批評家認爲後現代主義主要是屬於"時間"(temporal)的，另外一
　　些則認爲是屬於"空間"(spatial)的。對此一特定問題的討論，說不定可
　　以使我們一窺後現代主義的眞相。見史帕諾的"邊界偵探"，(The De-
　　tective at the Boundary)，收入《存在主義續集》，史帕諾編(New
　　York: Thomes Y. Crowell, 1976)，頁 163-189；亦見派帕(Jürgen
　　Peper)"後現代主義：一元知感性"Postmodernismus: Unitary Sensibi-
　　lity, Amerikastudien, Vol. 22, No.1(1977)。兩人的觀點，在表面上看
　　來，好像大不相同。

9.　宋塔(Susan Sontag)，"一種文化及新知感性，"收入《反詮釋》(New
　　York: Farrar, Straus, and Giroux, 1967)，頁 293-304；費德勒"越過
　　邊界──塡平鴻溝，"收入《論文集》，Vol.2,(New York: Stein and
　　Day, 1971)，頁 461-485；見哈山"新知識主義"，收入《超批評》，第
　　六章。

10.　關於上述觀點，請參閱哈山二氏(Ihab Hassan and Sally Hassan)編
　　《創新／翻新：西方文化的最新趨向及再定義》*Innovation/Renovation*
　　: Recent Trends and Reconceptions in Western Culture(Madison:
　　University of Wisconsin Press)。

11.　文學斷代(literary periodicity)的觀念，受到目前法國思潮的衝擊，已
　　經汲汲可危。目前有關文學及歷史的變遷，出現了許多新的看法，包括
　　時間的"階層結構組織"("hierarchic organization" of time)，見梅耳
　　(Leonard Meyer)：《音樂，藝術及思想》Chicago: University of Chi-
　　cago Press, 1967, pp.93, 102；卡林斯求《現代性面面觀》，pp.147 ff；
　　寇痕(Ralph Cohen)，"創新與變化：文學變遷與田園農事詩"Innova-
　　tion and Variation: Literary Change and Georgic Poetry，收入寇
　　痕，克瑞格(Murray Krieger)合編：《文學與歷史》Los Angeles: Uni-
　　versity of California Press, 1974；以及我的《超批評》第七章。哈特曼

曾提出過一個棘手的問題：“我們擁有這麼多的歷史知識，又如何能夠
避免不搞歷史主義，又如何能避免把歷史搞得像舞台公演一般，讓知識
的分裂取代了“眞神顯靈”式的狂喜⋯⋯？”(epiphanic raptures are re-
placed by epistemic ruptures)我們如何能夠搞出一套屬於歷史式的而
非歷史主義者式的閱讀理論？”見《挽救正文：文學／德希達／哲學》
(Baltimore: Johns Hopkins University Press, 1981)，P.XX。

12.　早在二十年前，各種不同性質的作家、麥克魯漢(Marshall Mc Luhan)
及費德勒就已經爲文討論後現代主義中的傳播媒體及流行文化的問題
了，雖然在某些批評範疇之內，他們的論點已經顯得有些過時。波爾末
(Richard E. Palmer)在“後現代性與詮釋學一文中”Boundary 2, Vol.
5, No.2(Winter 1977)，仔細討論了後現代主義(從當代藝術傾向來看)
及後現代性(從文化現象或歷史階段來看)之間的不同。

13.　阿爾提瑞(Charles Altieri)，“後現代主義：一個定義的問題”，Par
Rapport, Vol.2, No.2(Summer 1979)，p.90。在文章中阿氏結論道：
“相信自己屬於後現代的人最好能把自己知性心靈的空間加以條理化，
這樣他就不會被各種混亂的現象所痳痺，從而可以享受我們生活狀況
中，各種能源所產生的各種一閃即逝的花樣。”頁99。

14.　羅森伯格 (Harold Rosenberg)：《新的傳統》*The Tradition of the
New*(New York: Grove Press, 1961)，頁9。

15.　見註5.。亦見我的文章“創新／翻新：變的文化理論初探”，《創新／翻
新》，第一章。

16.　參見巴斯(Roland Barthes)及納都(Maurice Nadeau)：《論文學》*Sur
la littérature* (Paris, 1980，頁 7, 16, 19f., 41)；亦見艾澀(Wolfgang
Iser)：《閱讀行爲》(Baltimore: Johns Hopkins University Press,
1978)，全篇皆重要；德曼：《閱讀的寓言》(New Haven: Yale Univer-
sity Press, 1979)，頁 10；哈特曼：《在混亂中的批評》(New Haven:
Yale University Press, 1980)頁 41。

17.　傅寇：《事物的秩序》(New York: Pantheon Books, 1970)，頁 386。

18.　“就像巴斯哥(Pascal)想要與上帝一起玩扔骰子一樣⋯⋯決策理論家及
新知識科技家，也想玩同樣的遊戲，他們在搞他們自己的啞劇(tableau
entier)──尋找理性羅盤的本身。”貝爾在他的“科技，自然及社會”一
文如是說。見《科技及知識的新領域》(Garden City, 1975)，頁 53。亦

見李歐塔在"資訊學"(l' informatique)中的精闢論述，收入《後現代狀況》(Paris: Editions de Minuit, 1979)，全篇皆重要。

19. 這種傾向造成了後現代藝術中所出現的抽象的、觀念性的、非寫實的等等特色。見伽布利克(Suzi Gablik)《藝術之發展》*Progress in Art*(New York: Rizzoli, 1977)。他的論點在加賽(Ortega Y Gasset)的《非人性化的藝術》The Deshumanization of Art(Princeton: Princeton University Press, 1968)一書中已有預告。同時，請注意加賽早已預見到目前這種知識論或理智論(gnostic or noetic)的傾向。他在 1925 年寫道："人類把自然世界人性化，把人的理想內容注入其中，灌輸其中，到頭來，人便順理成章的可以想像，總有一天，在遙遠遙遠的未來，那可怕的外在世界，完全被人所滲透。那時候，我們的子孫，便可以在其間自由遊走，就像我們現在可以在我們最深的自我之中，做心靈的旅遊一般。最後，人可以想像(世界仍維持現在的樣子)總有一天，世界被變成一種物質化的靈魂，就如同莎士比亞在《暴風雨》一劇中所描寫的，風能接受思想精靈艾瑞爾(Ariel)的命令而吹將起來。"
—"Man humanizes the world, injects it, impregnates it with his own ideal substance and is finally entitled to imagine that one day or another, in the far depths of time, this terrible outer world will become so saturated with man that our descendants will be able to travel through it as today we mentally travel through our own inmost selves—he finally imagines that the world, without ceasing to be like the world, will one day be changed into something like a materialized soul, and, as in Shakespeare's《Tempest》the winds will blow at the bidding of Ariel, the spirit of ideas", 頁 184。

20. 雖然後現代主義與後結構主義之間不能劃上等號，但其間確實有許多相似之處。因此，在一篇短文之中，克利絲提娃(Julia Kristeva)以她自己的方式論及普遍內存性及不確定性時說道:「後現代主義在文學寫作上，是多多少少以自覺意識去開發闡釋那可以解說的，也就是人性化的領域」。她又說「在某種程度的單一性之中，我們面對了各種各樣的特殊性，以無法控制的速度繁殖增多。」參見克氏的"後現代主義？"收入《浪漫主義，現代主義，後現代主義》，葛文(Harry R. Garvin)編(Lewisburg, Pa.: Bucknell University Press, 1980)，頁 137, 141。

藝術篇

卷第三

後現代主義繪畫

●莫道夫著／羅青譯

譯者前言

儘管大家都不太樂意用「後現代」這個名詞，可是在「現代主義」之後，許多數不清的藝術特色，可以顯示出我們在「知性」上，已脫離了「現代主義時代」，向前邁進。當然，我們是繼承前人的腳步向前邁進的。

——莫道夫（Steven Henry Madoff）

「後現代主義」是文化進入後工業社會階段的產物。而後工業社會的發生，始於二次世界大戰之後的歐美國家：其重要的特徵為電子工業及電腦科技的發展，形成了一種累積轉化複製知識的全新模式，影響改變了社會的整體結構；同時，也使得西方人的思考，產生了重大的變化，突破了許多工業社會的思考瓶頸及障礙，在傳播、生化、工業、醫藥⋯⋯各個領域內，有了全新的探索及突破。

以社會而論，後工業社會的特色是：(1)農漁業人口減少，然而因為生物科技及養殖技術的突破，農漁業產品反而增加。(2)工業人口減少，然因 CAD 電腦輔助設計製造系統的運用，工業產品反而大量增加。(3)服務業人口暴增，成為就業人口的主力。

根據行政院主計處民國七十五年度台灣地區勞動力調查統計顯示，該年的平均勞動力是七百九十四萬五千人，而其中農業人口最少，佔百分之 17；工業人口較多，佔百分之 41.4；而服務業人口最多，佔百分之 41.5，首度超過工業人口。從民國五十一年台灣電視公司成立以來，台灣就慢慢開始出現後現代狀況及現象，而且不斷增加，尤其是到民國七十年以後，更是成了台灣地區社會文化發展的主流。到民國七十五年，由就業人口的指標來看，可謂正式進入了後工業社會，值得吾人密切注意並深入研究。

　　美術活動爲文化活動中重要的一環，藝術家直接以「圖象記號」的方式，反映當時的思想及社會的變遷。美國著名的藝術史研究者莫道夫（Steven Henry Madoff）於 1985 年冬季應北歐三國的藝術學院（斯德哥爾摩、奧斯陸、赫爾新基）之邀，發表有關「後現代主義」的系列演講，前後凡三次，長達十數萬言，精彩深刻，要言不繁，把與後現代主義有關的繪畫、文學、文學批評、解構哲學、以及現代美學之間的關係，做了清楚而又細膩的闡釋，爲當前有關後現代主義的重要論文，值得我們細讀。

　　不過，中國讀者在閱讀本文時，應有下列數點認識：

　　㈠　該文是作者以美國爲主，以歐洲文化爲源頭，所做的歷史性回顧與展望，其結論無法也不可「任意」引用或引申到其他的文化結構之中。

　　㈡　該文在美術研究的方法及態度上，所持有的原則，值得我們研究、學習、借鏡。

　　㈢　二十世紀中國繪畫的研究及探討，應該從本身的文化源頭及歷史結構裏去追尋。尤其是近半個世紀以來，中國社會文化結構的變遷與繪畫的關係，最值得我們做紮實的研究及綜合性的分析。該文在這方面，可以扮演一個平行對比的角色。

　　㈣　中國當代畫家或畫論家，往往忽略了東西社會文化結構上的巨大差異，而「任意」在西方繪畫的發展及研究成果裏，做各種不同程度的接枝工作。該文對類似這種沒有歷史透視及結構認識的接技工作，提供了一個直接而有力的檢討。

　　㈤　有關中國繪畫及美學研究的方法學，在較高的層次範圍，也就是在通則性高的學理之中，可以引用西方文化結構裏所發展出來的成果：例如語言學或記號學。不過，在引用時，應該面對自己的歷史材料，對該方法學，在必要時，加以適度的修正，以便適合本土材料的研究與分析。基本上，中國近代繪畫及美學理論的形成，還應從中國繪畫資料的觀察、描述與分析得來。而這方面方法學的創造與發

現，則應該與當代其他思潮與社會狀況，有深刻的結構性或解構性的
關聯。

　　中國藝術界在近幾十年來，對西方藝術理論的引介，是相當貧乏
的。筆者不揣謭陋，試譯此稿，行文以忠於原作爲先，語句暢達爲
次；於文義艱深之處，則儘量加譯註以爲疏通，並多方引證中國藝術
史中的資料，以爲對比佐證。希望讀者能夠通過翻譯，讀懂該文，進
而產生創見，爲中國近代美術及美學的研究，貢獻一己之力量。

【註】

　　本卷譯自 Steven Henry Madoff, "What is Postmodern about Painting :
The Scandinavia Lectures" *Arts Magazine*, Sept. Oct. Nov. 1985 (V. 60,
No.1,2,3)

作者前言

　　此次系列講座，是應斯德哥爾摩、奧斯陸及赫爾新基等三處的國立藝術學院之邀，時間是 1985 年的冬天。演講的主旨，在探討當代繪畫於文化的長河中如何流變，並上溯至十八世紀的幾個知識上的重要分水嶺或轉捩點。

　　現在回顧這次系列演講，我醒悟到自己所談的問題，是如此之大，以「文化決定論」(cultural determinism)觀之，上述題目是可以也必須包括一長串的子題，而我們只討論了下列數則而已——心理學、初期理論資本主義(rudimentary theoretical capitalism)、史料及史學，還有藝術史。我在這次演講中，所能夠談及的知識，是如此的有限，讓自己覺得這只不過是一個充滿了各式各樣問題的講演綱要而已。

　　不過，我深信「知識組構」(organization of knowledge)方式之變遷，以及在繪畫上相應的變遷，是一個令我們深感興趣的問題，值得持續不斷的研究。我在第一講裏所論及的各種觀念，多半是簡介式的，在以後各講中，會做進一步的探討。這些探討，可說是「批評」上的定點實用批評。我的論點，將根植於美國國土之上，因爲我有許多較極端的說法，是根據紐約那個極端資本主義環境中所產生的藝術而來的。在第二、三講中，涉及到理論及地域方面的問題，將越來越多，而且是交互爲用的。

　　儘管大家都不太樂意用「後現代」這個名詞，可是在「現代主義」之後，許多數不清的藝術特色，可以顯示出我們在「知性」上，已脫離了「現代主義時代」，向前邁進，當然，我們是繼承前人的脚

步向前邁進的。

　　說實在，對這些數不清的變遷及快速的發展，我們僅僅開始做初步的瞭解而已。所以我特別珍惜有這個機會，可以心無旁鶩的研究目前繪畫的現況。謝謝三所國立藝術學院的盛意，謝謝院長及同學，同時也要謝謝布列維克（Bard Breivik）的推薦及安排此行。謝謝班寧頓學院（Bennington College）給與這次機會，讓我能在客座講演系列中，把我的一些想法，公諸於世。

　　以文化決定論而言，即使像我這樣粗淺的探討，也可以發現，後現代繪畫，至少對我個人而言，充滿了我們文化的反諷，同時也可以發現，這些反諷將把我們帶到何種道路上去，假如這些反諷仍繼續存在的話。

第 *1* 講

導言：
抽象繪畫圖象學初探

以線條及顏色模擬太陽底下可見的一切。

迪卡兒：《屈光學》
Descartes,《Dioptrics》

在這個文化劇烈變遷的時代，偶爾，我們也能夠抽身事外，吸氣定神而觀，從而看出，在劇烈的變遷之中，仍存在着連續性；我們身邊的文化，並未真的陷入表面上所呈現的那種混亂又混濁的狀況。從八十年代開始，大家對手工繪畫又重新產生了興趣，首先是義大利及德國所風行的「新表現主義」(neo-expressionism)的「具象繪畫」(figurative painting)。〔譯註：figurative 有二意，一為圖象，如人物、器具、山水花鳥等；一為比喻，以上述物象，做暗示或寓言。此處 figurative 是「具象」，與「抽象」或「無形象繪畫」相對。〕不久，一股「新抽象」(new abstraction)的畫風，亦在國際間復甦。在這個後工業主義的時代裏(era of post-industrialism)，繪畫對我們有什麼意義？而此意義又是如何傳達出來的？此一問題，是非常值得吾人重新檢討的。今天，我首先想介紹的，是一種解釋繪畫意義的方法學；同時，也要討論一下，這種方法學，特別是在遇到目前所流行的抽象藝術時，應該如何

迪卡兒(René Descartes 1596-1650)法國數學家、科學家及哲學家，是現代哲學的開山鼻祖，以《方法論》一書聞名於世。

修正。

在此我必須深深吸一口氣，吸一口深深的歷史。第一步我們先要討論兩個相關的概念：何謂「摹擬再現」(representation)？自十九世紀以來，我們是如何的將摹擬再現之物，加以分門別類？這個題目範圍相當大，我暫且用我自己的話，簡要的加以說明一番：所謂「摹擬再現」，就是我們將外在現象，經由「視覺」或「語言」加以重現的過程。從歷史的觀點來看，「摹擬再現」就是把對象，依其結構組合的關係加以分解，例如圖解動植物的外觀等等。無論如何，古典時代(Classical age)的經驗範疇，便是如此。一直到十八世紀末，隨着科學的興起，人們改變了認知世界的方式之後，古典時代才宣告結果。①

米謝·傅寇(Michel Foucault)在《事物的秩序》(The Order of Things)一書中說：「大家並非對分類的原則，有了不同的看法：分類的主要目標乃是找出『個體』或『種類』之間的共同特色(character)，並將之歸入某一『總類』之下，使此一『總類』，有別於其他總類。然後，把這些總類排列成一個總表，在此表中，每一個體或羣體，不論已知或未知，都能各就其位。我們先把要研究的個體，完全的『再現』，再加以分析，從中抽出其擁有的特色，並以這些特色來代表『再現』，以便構成一個秩序⋯⋯。」②

在過去，繪畫所呈現出來的事物外表，總是好像很客觀的樣子。即使是看來非常主觀的藝術作品——如波施(Bosch)怪誕的夢魘，葛儒華德(Grünewald)「耶穌受難圖」中特異的描劃，蒙娜麗莎神秘難測的微笑等等——也總是把內在心理狀況，分解轉化爲傳統既定的「一般意象類型」(types)。等一下我們會詳細討論這一點。

我們之所以對古人摹擬再現的模式，覺得十分難解，是因爲我們生長在一個强調主觀的時代。而「主觀」這個觀念之爲大家所接受，也不過是十八世紀末的事。這個轉變，起因於簡單的、外在可見的物象世界，遭到了戲劇化瓦解。傅寇寫道：「在十八世紀即將結束的某

一天，有個法國人名叫居維葉(Guvier)，他推倒博物館的玻璃瓶，將之打碎，把古典時代保存的所有動物外型，加以解剖。」③這段在自然科學史上的事件，開啓了我們今日觀察世界以及其「再現物」的方式。科學勃興之後，將一切事物分解爲組成自身的各個部分，這是促使我們走向「主觀」的第一步。我們暫時把目光跳回到我們的時代，在這種主觀分析模式的發展過程裏，佛洛依德，當然是最重要最突出的人物。他企圖將吾人心靈之不可見的運作機能，加以分解分類，從而創造出一個心靈的模型(model)：心靈中不可見的有機活動力，「支配着」(rules)外在的行爲及生理的反應，因此，也就支配着我們對身邊事物的感知力與再現能力。

我的意思是說，「摹擬再現」在十九世紀發生了改變，我們由接納描寫事物的外在形象，轉而接納事物表象下，不斷的隱藏性的內在改變。浪漫派繪畫所要描繪的，是那些生存於動盪不安風景中的男女──就好像整個世界是被一種深藏不露，看不出來的力量所驅使。十九世紀的世界以及居住這世界中的人物，開始成爲「突變(mutation)範疇」中的元素，喪失了完整的自我，化爲失落自我的碎片。

此地我要指出，「摹擬再現世界」方式之根本改變，在我們這個科技時代裏，是越來越變本加厲了。而對此，我們已經習以爲常。一切事物以不可思議的速度，飛快改變。「科技」是因製造工具的改變，而產生的結果，其基礎是應用科學；而應用科學的基礎則是純粹科學，其理論首度揭開了一個不可見的世界。科技造成了我們身邊事物的各種變化。④大量複製的方法，如電影、電視、錄影帶，只不過是改變視覺經驗的科技工具中，最惹人注目的成果而已。

我們的世界，通過傳播媒體的「摹擬再現」後，顯示出所有的事情都被解體、並置、胡亂混雜在一起。電視上，前一個畫面是奢侈品廣告，緊接着，就是報導在世界某一偏遠角落所發生的戰爭。如此一來，不同文化的分際，遭到瓦解；時間的自然延伸發展，遭到切斷；這一切說明了，個體性的死亡，以及社會各階層之間，缺少溝通共

識，已是不可避免的結果。

　　羅欣伯（Robert Rauschenberg）或許是第一個認識到，文化與歷史差異已經不再存在的藝術家。他也是第一個「後現代」藝術家，不再區別「大量複製的意象」與「獨一無二的手工模擬再現意象」（歷來的藝術活動，都是靠這一點來產生與眾不同的特色）。是他首創以模倣複製依樣葫蘆法（pastiche），把不同歷史階段的意象混合在一起，剷平了文化上與歷史上的差異，使經過「摹擬再現」的意象與意象，在一個沒有透視背景的單一表面上，相互銜接。⑤這種新式的摹擬再現觀念，在新起的一代畫家中，又有了進一步的發展。

　　例如大衛‧薩勒（David Salle）1984 年那件以綜合媒體繪製成的作品「瓦解壓皺的一片」（A collapsing sheet）。畫中有兩個意象羣，被壓擠在一起。在左邊，我們看到一組奇怪的，略具花型的抽象結構支架，風格是超現實的。這也就是說，薩勒在此，借用了上一代法國藝術家的「意象字彙」（image vocabulary）；那些法國藝術家，發現可以把佛洛依德的學說移到繪畫上來，主張揚棄邏輯，以完全不受束縛如「摹擬再現」手法，去再現心靈內幽暗的、謎團般的熱情——再現那不可見的世界。⑥　（圖一）。

　　畫的右邊，薩勒以一種粗俗的，教科書式的風格，畫了一個裸體；然後在其上畫了一個更粗俗的卡通圖形；最後，他補上了一些純抽象近乎橢圓形的圖案。畫面上的多元性效果，逗引我們去尋找其間潛意識的關聯，因為要想在畫中找尋正常的敍事關係，似乎是不可能了。此畫在意象結構上，故意雜亂無章，使觀畫者為之困惑不已。畫面上的圖象，要求我們探究每一種風格，每一種摹擬再現方式，並解讀其個別的意義，然後找出意義與意義之間的相通之道。接着，此畫又讓我們看出，畫面裏意象之間的差異已不存在；然後，使我們更進一步的認識到，在大家瘋狂進步、改變又改變的生活裏，我們所瞭解的意象，也是橫遭砍切，壓平擠扁的，我們的文化正如此畫，也成了被「瓦解壓皺的一片」。

　　爲了先把上述畫中的意義，分別解讀，我們可以利用我剛才論及如何把畫中意義分解轉化成一組一組的一般類型時，所提到的意象解讀方法學，也就是所謂圖象學（iconology）的研究。

　　潘諾夫斯基（Erwin Panofsky）在 1930 年代完成的經典之作《圖象學研究》（*Studies in Iconology*），開宗明義，便點出：「圖象學是藝術史的一門，探討藝術作品的主題或意義。」[7]他以一種典型的現代主義研究法，探討文藝復興時期的圖象學。潘氏先以分解的方式（fragmenting），把意象分爲外在的與內在的兩大類。因此，他的方法論是介乎古典與現代兩種不同的「摹擬再現觀」的最佳橋樑。

　　在書中，他先把意象分成三大要項來描述，第一要項是意象的「基本」（primary）主題，也就是意象的實際內容。例如，畫中的男人舉起帽子，我們一看便知。因爲在眞實生活裏，我們親眼看過男人舉帽。這是個實際經驗，大致上只要依外在形貌去判斷即可。

　　第二要項，潘諾夫斯基稱之爲「從屬或傳統」的主題，指的是那些可以從畫中找出來的文學故事或寓言。要想瞭解「從屬」（secondary）主題，我們必須知道其文學的典故及出處。具備了上述知識後，我們便可做狹義的圖象分析。潘氏認爲，這便是沿著類型（types）發展史，去「探知在各式各樣不同的歷史情況之下，特定的主題或概念，是如何被表現的。」[8]

　　關於「從屬圖象分析」法，里歐・史坦堡（Leo Steinberg）在近著《文藝復興藝術中被現代人所忽略的基督之性能力》（*The Sexuality of Christ in Renaissance Art and in Modern Oblivion*）一書的開頭，提供了一個絕佳的例證。史氏認爲，經常會有一個意象，在繪畫史中一再的重覆，形成了一種類型（type）。以奧里（Benaert Van Orley）的「聖母，聖嬰與天使」（Virgin and Child with Angels 約作於 1513 年）爲例，讓我們來看一看史坦堡是如何分析的：

　　「看到聖嬰伸手摸聖母的下巴，觀者會讚美其姿態之迷人，眞是童稚頑皮又親熱。這個看法並沒有錯，但如果就此打住，我以爲是很

不夠的。因為手掌碰觸臉頰下巴這個動作，表面上似乎是天眞未鑿，實際上却隱約反映了一種有名的上古儀式形態。這種圖象，首次出現，在埃及的新王朝時代(New Kingdom Egypt)，表示愛意或色誘。在希臘上古繪畫中(Archaic Greek Painting)，這是求愛者才有的動作。荷馬史詩《伊里亞德》不止一次提到這個姿勢，代表著懇求。在古代藝術(Antique art)的晚期，撫摸下巴的動作，被象徵化了，表現了邱比特(Cupid)與賽姬(Psyche)的結合——戀愛之神娶了人類的靈魂爲妻。在中古藝術裏，這個姿勢的作用開始增多，時而表現男女戀情，時而表現聖母聖嬰。總而言之，無論是中古時期或文藝復興時期的基督教藝術家，都不可能誤解這個相沿成習的表現手法，不管是暗示肉體的也好，精神的也罷，都算是情慾交流的表徵。」⑨

潘氏「從屬圖象」閱讀法，仍然以外在的形貌爲最基本的根據，但已趨向觀者「所知」的領域，而非僅限於「所見」而已。這是以知識來幫助我們瞭解，繪畫中摹擬再現的一種方法。

至於潘氏所提出的第三要項，則企圖結合外在的形貌圖式與內在的思想反省。他指出，一幅畫的「內在意義」或「內容」，構成了具有象徵價值的世界(the world of symbolic values)。欲達到此一層次的詮釋，需要借助於「綜合直覺」(synthetic intuition)。潘氏用了「直覺」一詞，顯示出我們方才談到，十九世紀理解世界的方式，到了二十世紀有了重大的改變。要瞭解這一點，我們不得不弄通「在個人心理學大盛的影響下，人類知性活動(human mind)的主要走向」。

把「心理學」納入詮釋方式之一，是具有重大意義的。這使得我們進入了另一個世界，裏面充滿了肉眼不可見的力量，充滿了雜亂無章的感覺知識。以潘氏的話來說，就是結合破碎的片斷，去建立「文化癥候史」(History of cultual symptoms)。爲了從事這種詮釋活動，觀畫者必須從生活的各個領域裏借用觀念：「從一些重要的文獻之中，我們可以找到資料來印證我們所研究的人物、時代、或國家的

政治、文學、宗教、哲學、及社會傾向。」[10]觀畫者現在不僅僅是在看一幅畫，他同時也是一位社會學家、歷史學家、政治社會學家、業餘的神學家等等。爲了要解讀他眼前的「意象文化徵候」(cultural symptoms of the image)，他必須具備他所需要的任何知識。換而言之，他成了知識碎片的總滙，想要把數不清的摹擬再現物，整理出一個頭緒出來。他成了我們這個快速、離心時代的世界公民。

現在我們對圖象學的三個層次(第一層是外觀，第二層是寓言或典故，第三層是把各不相屬的知識元素，以拼貼法綜合起來)，有了基本的瞭解之後，我想以提問題的方式，來表達我自己的看法：是否可能找到一套解讀當代藝術的圖象學？我的目的不是要研究當代形象藝術(iconography of figurative comtemporary art)中的圖象，這樣做，不過是沿襲前人的老路罷了。我們是否可以根據潘氏的圖象學模式，爲那種毫無形象，毫無任何可辨意象的藝術，找到一系列定義？這也就是說，是否有可能找出一套抽象藝術的圖象學。

很明顯的，自從二次世界大戰以來，在我們的社會裏，已經出現了好幾代的抽象畫家，他們爲藝術的創作過程釐定了一些相當特殊的發展方向。許多批評家都曾嘗試，爲他們所發展出來的各種不同的傾向下定義，但却從來未能有系統的加以理解說明。一旦我們整理出前人對抽象畫的描述，便可看清其發展的過程與變化，瞭解到抽象藝術的「定義表」是不斷在修正擴大著的。從這裏，我們可一探那使得抽象畫之所以被瞭解接受，之所以讓人目眩神馳的文化體系。當然，無可避免的，在經過進一步的文化變遷之後，我們將看到我們所使用的分類方法，會因新材料的出現與增加，而破裂不堪，不再適用。

由於抽象畫本身並無形象、寓言或故事，我想我們必須研究其繪製意象的過程(the process of marking the image)，考察畫布上所繪製的記號，是扁平的，還是有深度透視感的？同時，我們還要以潘氏的「綜合直覺法」及「文化意義觀」，去探討那些產生扁平感或深度感的記號，具有什麼意義，去研究抽象藝術與文化的關係。

　　首先，讓我們看看波洛克（Jackson Pollock）的畫作「一」（one）。我們第一眼便可看出，此畫的象義，並無眞正的中心。整幅畫面充滿了堆疊重複，繁密交織的記號（marks）。畫中創造出一種節奏韻律（rhythm）。這個節奏的產生，是因油彩滴流過帆布表面的運動而來；是因畫家在選擇不同色調變化的顏色時，所造成的。我們可以看到黑色是如何的蓋在銀色之上，而銀色又如何蓋過或穿過火赭色，產生出一種前後搖擺的振動感與深度感。當然，任何傑作都會有這種爆發性的張力（dynamic tension）。但是波洛克作品之所以與衆不同，却在於其全靠手在作品中的運動，而挖掘出人類激情（human impulse）的「純記錄」（sheer document）：那是一種爆炸性的，個人化的，肉眼不可見的素質，好像剛剛才被發掘出來，尚未受到外在形式的規範。畫中記號的繪製過程，似乎是極其快速，然而由於波洛克在用色上複雜精妙的才氣，造成了一種有深度又有廣闊氣度的節奏感。（圖二）。

　　以上是對此畫表層外觀粗淺的第一印象。接著，我們就必須問自己，這件作品的內在涵義會是什麼？波氏的那個時代，到底發生了什麼事，才會產生出這樣的作品？我們確知此畫作於 1950 年代，那時，二次大戰剛結束不久，戰時以及與戰爭有關的許多事件，都可與此畫發生關聯。

　　我們先談「時間」觀念。因爲戰爭的緣故，尤其是在戰鬥過程中，時間本身成了一種非常戲劇化的經驗。當我們提及一次世界大戰時，我們便會聯想到無休無止一場又一場的硬仗。壕溝戰就是一種比耐力的戰爭，漫長的時間，緩慢而無情，成了死神的劊子手。[11]由於科技的進步，在二次世界大戰中勝負的決定，立見分曉的。空襲轟炸，能夠迅速有效的摧毀敵人，迫其投降。而原子彈炸毀廣島長崎，更是戲劇化的加快了勝負分曉的時間。兩次轟炸，都是對準目標做致命的一擊。刹那間，軍事時間（military time）及人世時間（world time），全被爆炸裂成如原子般的碎片。原子之分解（fragmentation

of the atom），令人想起早就被佛洛伊德引爆分解的人格（personality）。肉眼難見的心靈被劈開之後，巨大而難以駕馭的力量，便脫韁而奔。正如原子能的原意是建設，而結果反導致毀滅，佛洛伊德的精神分析學，原意是治療精神官能症（neurosis），結果却使我們瞭解到，心靈或精神，乃是一股狂猛而不可測的力量，往往企圖通過「超我」（superego），而不斷自我折磨。

佛洛伊德的「無意識」（unconscious）學說，是在二次世界大戰時，由出現在紐約的超現實主義者，率先引入藝術的。而上述種種科學的與心理學的因素，在此時亦交錯出現了，這眞是一件饒有興味的事：在戰時各種能源的爆發之中，產生了「腰斬式的時間觀」（the notion of truncated time），精神分析學在藝術裏，爆發出強大的威力，造成了表現在波洛克的作品中，既快速又直接的各種精神能量。

以上這段十分籠統的概論，是潘諾夫斯基「綜合直覺」運用之一例。此處當然還牽涉到另一個精神分析的模式——容格（Jung）。波洛克追隨的不是佛洛伊德，而是容格。容格對圖象的詮釋，尤其是對曼陀羅（Mandala）〔譯註：一種西藏密宗式的佛畫〕的分析，是以一種「普遍性的凝聚原則」（a universalizing principle of cohesion）爲歸依。這原則對佛洛伊德來說，始終是神秘難解的，直到他的晚年，都參悟不透。在他的著作《文明及其缺憾》（*Civilization and its Discontents*）中，他提及此一神秘的圓融整體感，稱之謂「海洋感覺」（oceanic feeling）。[12]

二次大戰當中，當人們的時間意識（time consciourness）正在轉變之際，佛洛伊德式的思考模式，影響了超現實主義者及紐約藝術家，此一巧合，讓人不得不加以重視。因爲佛氏的精神分析理論，至此已經完全融入我們的文化之中，成爲我們自我再現的主要模式了。波洛克與其同代藝術家，決意把這些新的能量，具體的呈現出來、繪製出來，這是頗具英雄氣慨的。第一代的抽象表現主義者，也都似乎積極參與反映了此一文化徵候。

　　馬克‧羅斯科（Mark Rothko）的表現，正好與波洛克完全相反。他那幅於 1969 年的油畫「紅色第十六號」（Reds Number 16），具有排天巨浪式的神密形式，全畫分三個長方形來呈現，他不像波洛克用狂放之筆觸，去強調藝術對物象之表面。時間，在羅斯克的畫裏，彷彿停止了。（圖三）。

　　我們進入了一個無地理的思考空間（a space of placeless reflection）。畫布上繪製記號的過程，並非身體直接動作的再現──那些記號，本來應該是藝術家手工運動的明顯表徵，同時也等於是藝術家生命的律動。羅斯科那種戴上假面的筆觸（maskedtouch），營造氣氛的印象，在視覺上，引導我們對顏色、明暗、以及心理學式的冥想，產生感應。凡此種種現象，基本上都是宗教式的。

　　此畫的主題是「排斥」，至少是對物質世界的否定：否定其瘋狂的時間，否定世俗追求繪製形體記號的欲望。（desire to physically mark）〔譯註：此處英文應為to mark physically，意為繪製有形體的物象〕因此，畫中的空間，便具有深一層的意義，喚起了一片廣闊而無法詮釋的領域，任心靈自由冥思。在冥思之中，肉體漸漸泯滅，有如那畫中空白的意象。

　　現在我們可能看出某些定義出現了，不論這些定義是多麼粗糙。在繪製記號時，用手或用刷子，正好可以顯示出對時間的兩種不同的繪畫態度：快速時間（fast time），特別反映了上述二次大戰後的科技社會；緩慢時間（slow time），則表現出一種尖銳的拒絕，拒絕我們這個社會所產生出來的快速變動───一種脫序斷層感，一種人性關懷的失落。

　　當藝術家與觀畫者，不再依賴透視法所製造的幻覺時，繪畫裏的空間問題，就變得非常重要了。從馬內（Manet）非立體的筆法（unmodeled brushstrokes），塞尚分崩離析的畫面，一直到了立體派破碎而無透視的塊面，以及馬蒂斯對透視的革新，長久以來，繪畫的平面性（flatness）一直是一個大課題。當然，立體派之分解平面（frag-

mentation of the plane）乃是文化的產物，是藝術遭受到科學分析法的衝擊之後，所產生的許多文化徵候之一。

特別是在二十世紀初期，威廉・詹姆士（William James）的理解心理學（psychology of perception）與亨利・柏格森（Henri Bergson）對意識的看法，發展出一些觀念，認為心靈能夠聚集許多感知素材，然後創造出一個「完整」的意象。⑬當時代輪到抽象表現派來處理破碎的面以及平面的空間時，便不只具有立體派在感性上之重大歷史文化意義了。抽象畫對平淺的塊面與物性（objectness）之強調，把畫中空間之創造，視為感知理解（perception）的本身，是人性一步步展開的過程；也就是心智漸漸擁有辨清空間狀況的能力的過程。這種能力之本身，對於藝術家而言，也形成了一項新的重要課題。

空間成了一種可以任意自制縮小或放任擴大的課題。大家發現，抽象畫可以當做一種純粹空間的容器（pure container of space），這是當時的一個普遍文化徵候。例如在詩的批評研讀方面，美國出現了「新批評」（new criticism）。尤其是布魯克斯（Cleanth Brooks）與華倫（Robert Penn Warren）合著的《瞭解詩歌》（*Understanding Poetry*）這部教科書，在 1938 年出版後。新批評開宗明義就認為，一首詩應該被看成一自給自足的對象（an object in itself），我們必須對詩本身範疇內所發生的語言事件（events of language），加以鑑賞分析。進一步說，詩的語言被視為一種特殊的語言，迥異於科學語言與邏輯陳述。⑭

我並沒有意思要在繪畫與詩評之間，劃上等號，那就離題太遠了。我所要說的是，自 1940 年代開始，一直連續好幾十年，美國文化裏產生了某種理念或看法（perception），有意要創造出孤立絕緣的摹擬再現物。孤絕的目的是要使藝術的摹擬再現與世上其他事物完全不同。

新批評學派把詩精讀成一種內容經過嚴格界定的「變數」（parameter），在界定的範圍之內，我們可以窮其變化，讀出深度來。所

謂的深度，係由詩的元素所構成，那就是詩的語言、暗喻、奇喻、句法等等。繪畫也是如此，在羅斯科的抽象作品裏，其抽象變數之界限，十分明確，而其主旨便在拒絕自身以外的所有意象。畫的焦點，孤注一擲的，集中在典型長方物體的形式本質上（this isolated focus on the formal nature of this typically rectangular object），其結果是造成某種深度感，或平面性。

　　隨之而起的問題是，這種自制性的精簡或放任性的擴大的觀念（this notion of limitation and expansion），是如何產生的？我們可以發現，美國從三十年代末到六十年代，一直瀰漫着一種孤立主義式的鎖國政策，例如從南方農民運動（華倫起初也是成員之一），到參議員麥卡錫（Joseph Mc Carthy）企圖對美國自由主義做極端的修正，以及隨之而來的冷戰年代等等。儘管美國具有領土遼闊的壯大形象，而其資本市場亦快速成長，但在性格上，美國卻顯示出一種非常特別而閉塞的沙文主義。

　　我願在此指出，美國的繪畫與詩，在創作時，多少都滲入一些孤立主義的因素。抽象畫中的空間，便成了上述兩種對抗力量的鬥爭戰場，一方面要求自制性的精簡，一方面則要求在本土的想像天地裏，堅持個人的自由揮灑。繪畫的趨向，則一步一步的往畫的表面移動，幾乎走向了絕對的平面，一直走到世俗意象完全不見爲止。上述兩種現象，相互串連，成爲一種文化徵候。畫中的空間，成了心理意志及政治哲學的課題。由這一點看來，羅斯科的作品對人性的表現，是特別深刻的。在他的畫作裏，空間是一個記號，代表沉思及心智的活動，從社會破壞力中，掙脫出來。因爲社會上的種種破壞力，會讓藝術家及全人類放棄去看，放棄摹擬再現外物的特權。

　　抽象表現主義之後，新一代的畫家們，在五十年代末期到六十年代中期，把空間以及所謂的「繪畫平面的完整性」（the integrity of the picture plane）當做中心課題。[15]佛蘭克・史蒂拉（Frank Stella）1959 年畫的那幅「旗幟高揚」（Die Fahne Hoch），便是佳例。此

畫德文標題的英譯是"the flag high"，像煞納粹黨歌中的一句歌詞
"Raise the flag high"（把旗幟高高舉起）。這個典故，賦予此畫一種
不祥的預兆，而畫中嚴峻的黑色，更加强了這一點。史帝拉的「旗幟
高揚」，具有某種不講情面，縮減還原，刻板僵硬的味道。這是一個
無情的反諷——源自反社會的前衞派的傳統。我在下一講，會詳細討
論這一點。當我們提到「旗幟」一詞時，此一反諷就變得更加有趣，
惹人疑猜。因爲我們一定會聯想到，五十年代中期，瓊斯（Jasper
Johns）開始畫的那一系列美國國旗。（圖四）。

在瓊斯的旗子系列裏，一種新的，道道地地的平面（a new literal
flatness），成了該畫的主題與對象。瓊斯把一個本來就是平面的旗子
加以摹擬再現，所以他的旗子系統，不得不被解讀成是在畫平面本
身。⑯以圖畫摹倣物體的做法，在觀念上，可說是一種哲學遊戲，瓊
斯在此一遊戲中，把畫變成了一個平面物體，介乎摹擬再現與一種突
如其來的獨立自治的完整（sudden autonomous integrity），於是畫便
可以自以爲畫了。〔譯註：意爲畫就是畫，本身自給自足，不須要靠外在的透
視與摹擬才能成畫。畫就是記號本身，獨立自主完全自治，其完整與否，要看畫
面記號的安排，與眞實世界的物象無關。瓊斯以「旗子」（本來就是人爲的記號）
爲對象，畫了一張「畫的旗子」，也就是記號的記號，突然一下子，把抽象畫所
探索的平面問題，巧妙的利用實物「旗子」表現出來，完整而不假外求。〕

史帝拉的旗子，出現在瓊斯之後，且把畫的平面性，推到極致，
否定他自己所畫的是任何一面眞實的旗子——只有畫題的文字，才讓
我們知道那是旗子。畫中排除了旗的意象，但却保持了瓊斯作品裏那
種無言的、堅毅的、以及無法詮釋的物體平面性。史帝拉有句名言，
形容他那時的作品：「你所看到的，就是你看到的。」（what you
see is what you see）此話把我們帶回到一種有意還原的精簡空間。我
們可以看出，對前一代的畫家而言，還原精簡的邏輯思考，是一種奮
鬥的象徵，象徵他們堅持個人自由。而現在，那種需要奮鬥掙扎的特
殊社會的狀況，已經過去了。奮鬥本身開始進入了一種絕對的艱深的

孤立主義（isolationism）之中。

史氏的畫一出，潘諾夫斯基論畫的第一要項，外在形貌法或實際
經驗法，與第三要項，心理學式的詮釋法，都分崩離析，成爲一種似
是而非之論。「旗幟高揚」是一個頑固難解的意象，它「不」是想要
摹擬再現任何東西的外觀，畫面上只見一些纖細的視覺性的摹擬線條
升至中央高起的主軸；同時，這些線條之間並不像有任何眞正的深
度。在繪製記號的過程中，那不見筆觸的平塗外表，賦予此畫一種緩
慢的時間感，拒斥了所有世俗的物象。然，此畫不容置疑的存在，宣
告了其爲世界的一份子，擁有其做爲世界中一物體之當然權力。我說
這話，並不表示，一個顯示沉思的物體，就必然相反於「快速時間」
及隨之而來的科學技術，雖然事實好像是如此。我只想指出，此畫的
物體性（objecthood）之建立，是靠着完全放棄空間的深度，以事先預
定好的精簡還原法，來展示它自己。

這樣的物體（object）是十分矛盾相尅的（ambivalence）──這也
就是說，其矛盾性同時呈現了好幾種價值───一方面宣告了其爲一事
實上的存在，一方面又顯示其本質是極端屬於心理學的。其意義的分
崩離析，顯示出我剛才一直在討論並運用的圖象分類方法學，爲之瓦
解。

事實上，我們可以輕易的強行把史帝拉的意象解讀成，水平線條
與垂直線所構成的十字架，從而進行十字架圖象學之研究。然如此一
來，就違反了作品中所強調的物體性（objectness），因爲一談到十字
架，就無可避免的會涉及到，那根深蒂固的基督敎肉體精神二元論之
意識形態。說不定，正是這種雙重解讀法，進一步印證了，以前所樹
立的分類法之權威性，已經腐化崩壞了。無論如何，我們可以看出，
上述圖象學詮譯法，儘管十分誘人，但却已是一種非常靠不住的方法
了。⑰

我剛才所做的基本練習，提供了一套簡單而有系統的讀畫法，外
加一些文化典故的說明，甚至還探討了如何處理解析史帝拉的作品；

雖然如此，知感性（sensibility）之快速轉變，文化之快速分裂；文化碎片在許多不同的孤絕方向裏，快速發展，在在使得潘諾夫斯基的圖象分類法，失去了作用。畢竟，潘氏的方法是出現在現代主義衰落之際，而我們則處於後現代的開始階段。正如我剛才提到羅欣伯和薩勒時所說的，我們標榜多重、多元，否認中產階級與藝術家之間的差異。

保羅・呂格爾（Paul Ricoeur）的論文「文明與民族文化」（Civilization and National Cultures）中有一段話，令人讀之久久不能釋懷，克瑞格・歐文斯（Craig Owens）稱這段話為：「為西方優勢之結束，做了最有力的證言」。呂格爾寫道：

「當我們發現，這世界上存在有好幾種不同的文化，而非只有一種文化時，我們就不得不宣告，文化壟斷（cultural monopoly）應該結束了。不管是真還是幻，我們這個發現，直接威脅到我們的存在。在一夜之間，我們居然認識到，還有其他的文化存在，而我們只不過是其他文化中的一個其他而已。如此一來，所有的意義與目標都消失了，我們開始可以漫遊於各種文明之中，就好像於古跡廢墟中觀光一般。全人類變成了一個想像的博物館：這個週末我們去哪裏玩？訪安哥兒（Angkor）的遺跡？漫步於哥本哈根的提佛利遊樂園（Tivoli）？在不久的將來，我們很容易想像，任何一個有錢人，都可以隨時離開家鄉，做一趟無終點、無目標的旅行，以品嘗他自己國籍的死亡。」[13]

這個大發現是科技迅速進步的結果，預示了傳統摹擬再現的結束。誠如傅寇所言：「模擬再現已經失去了提供一個認知基礎的能力，再也無法提供一個可以整合繁雜不同的元素的基礎。如今，沒有任何結構（composition），任何解構（decomposition），任何對同與異的分辨分析，可以確切證實，摹擬再現物彼此之間的關聯。秩序，以及秩序賴以呈現的空間式分類表，秩序所界定的類與類之鄰近關係，

以及同類中的連續關係，這些都是決定分類表格上，各點之間聯繫路線如何能夠建立的關鍵。現在，上述做法，已不再能夠把摹擬再現物串連起來了，甚至也不再能夠把某一特定摹擬再現物之內的諸多元素，加以串連組合。」⑲

在繪畫裏，這意謂着，畫家將任意把各種風格或元素，以接枝法，雜交在一起，根本不管這些風格或元素形成的「初衷」（original intention）爲何。〔譯註：這一點在十七、十八世紀中國繪畫裏，亦可看出。當時的倣古畫派，就是把各種不同的宋元繪畫風格綜合在一起，至於宋元人的繪畫宗旨與原意，早就被置諸腦後了。〕蘊涵在這些風格與元素中的歷史文化區別，早就被抽空了。不過，我們還是不要把話說得太滿了，保守一點來講，在這個啓示錄式的時代裏，大多數的藝術品，已無法獨樹一幟，藝術成了各種風格的流動並置；畫家依樣葫蘆，模倣混成，把已經被接受了的俗麗風格，混在一起產生突變（mutation）。

當然這種突變所透露出來的危機與腐敗訊息，並沒有爲所有的繪畫蒙上一層陰影。在每一件藝術品中，元素類別之瓦解與重組的程度，要看該藝術家所能掌握的風格數量而定。我們也不能說，這種突變式的做法，就一定不能產生原創性。不過，對「原創」（originality）這個觀念，我在第三講中，將有所質疑。

例如西安‧史考利（Sean Scully）1984 年的大幅油畫「墨非」（Murphy），就把瓊斯及史帝拉的「平面性本身」（literal flatness）這個觀念，做了一番非常傑出的重估。史考利企圖叫我們把他的畫做兩次解讀──第一次將其和諧的外表看成是一有圖案的物體，顏料在表面重覆塗抹。第二次，則把該畫讀成一個相當虛幻的容器（illusionistic container），裏面裝着的是我們剛才在羅斯科畫中所看到的巨浪排空式的空間。（圖五）。

史考利的繪畫記號相當寬闊，富於感性及擴張性，造成一個明暗交替的圖象表面：從左至右，褐色與黃色輪流出現。該畫的結構，強化了畫家對所繪物體外在素質的重視。此畫的物質感之強，是毫無疑

問的。該畫左邊的部分從畫表突起，突破了單一而又平板的平面（planar flatness）限制。右邊的畫板，則上下一分為二，右下方那部分，比其他部分來得更平面些，凸顯了作品中的物質性。

此畫的標題，呼應了畫作物質性的本體。「墨非」這個名字，源自於 1938 年貝克特（Samuel Beckett）的同名小說。貝克特創造了墨非這個人物，把迪卡兒（Descartes）將「人」視為一種「心靈肉體二元機械反應物」的看法，加以喜劇式的誇大舖陳一番。人這個機器般的感官動物，永遠處於心智的抽象概念與肉體存在的物質運作之間，二者不斷輪番交替。[20]「墨非」此畫，所追求的，便是這種形式上的矛盾。因為該畫實體的存在——具有物體的高度、寬度及凸出的深度——與其打底式的平塗畫法（underpainting）所產生的效果相對。同時，史考利以大量顏色層層塗抹的技巧，使筆觸在顏料中，製造出充滿光的顫動效果，同時也在畫幅之內，重新產生了一種幻覺性的深度。

這不是一幅絕對是什麼的畫，不絕對是平面的，也不絕對是有幻覺深度的，而是兩者皆是。該畫不是默默的去達成排斥物體性的目的，而是熱烈無比的表現了出來。史考利的帶狀線條，令人想起了瓊斯的旗子，以及史帝拉 1950 年代末期的帶狀線條。當然，史考利的帶狀線條出現較晚，那也就是說，他襲用了前人的繪畫語言。「墨非」包容了所有前代抽象作品中的矛盾成分，其目的是想把這些矛盾往前推進一步，使之回到幻覺之中。「墨非」不單單是一件存在的物體，同時也充滿了氣氛上的變化，而這變化，又被畫幅表面所留下的物質性，完全消除了。從這個觀點看來，此畫是迪卡兒二元論的又一誇張式的摹擬再現。正因為如此，我們無法對此畫做任何嚴整的分類定義。

讓我們看看李德（David Reed）1982 到 83 年所畫的帆布油畫「所羅門王的公正裁判」（Slomon's Justice）。有兩個婦人爭奪一個小孩，鬧到所羅門王那裏。他以「刀劈小孩」之計，測出了誰是孩子眞

正的母親。李德畫的，就是這種把某一完整統一的東西——也就是傳統的摹擬再現——猛然撕裂的過程。可是李德冷靜的意象，似乎是站在「假母親」這一邊，想要霸佔非份之物。這正好應了呂格爾的說法，沒有目標是後現代之旅的當然特色。（圖六）。

「所羅門王的公正裁判」一畫，左方的顏色，自由揮灑，看起來像抽象表現主義的筆觸，但那些筆觸是如此的透明，成了一條冰凍得既薄又脆的長長帶子。這等於把抽象表現主義加上引號，當引言來用一樣（ puts expressionism in quotation marks）。上述兩個部分，靠着一把清楚描繪的直尺，飄浮在左右兩方之上，使畫幅左方與右方得以相連。既黑又平的右方，使我們聯想起抽象表現派之後的那一代藝術家，以及他們強調的物體性，獨立自主的原則(the principle of autonomous objecthood)。此畫是由快速與緩慢兩種表面所組成的，既暗示也落實了平面感與深度感，呈現出一種二元論的狂喜，一種除却自身矛盾之外，不接受其他任何特定觀念的狂喜，一種游移在各種分類之間，因此風格上也失去了定位的狂喜。

這種失去定位的看法，似乎正是目前潮流發展的結果。孤立主義時代，企圖表現個體性而培養出來的獨立自主，與二次世界大戰後所發展出來的擴張性，同時出現，造成了此一失去定位的現象。後現代的意象羣，看起來雜亂不堪，但畢竟仍是從過去的意念中，發展出來的。這些後現代繪畫，也可能對其本身的矛盾非常自覺，認識到自己的作品是一些鏡子，反映了我們這個事物不斷分裂，各種資訊充斥，科技超級進步，而文化上則是漫無目的「世界性社會」(world society)。

克勞夫(Charles Clough)1983 到 84 年間，畫了一幅壁畫型的大張油畫「閃爍不定」(Sparky，現在已遭毀壞)，他把德加斯(Degas)等人的歷史畫，用拼貼的方式加以摹擬再現。然後，再在上面用噴槍重新處理上一些抽象的形態。此畫令人想起波洛克抽象意象那種一氣呵成的整體感，但同時也傳達出一種商業化了的噴槍技法，十分

油滑甜美(slikness)。㉑　(圖七)。

　　此畫的空間張力(spatial tension)不斷的閃爍誘人，這是因爲畫中的抽象記號寬廣高大，而其後隱約可見的具體意象，讓整張畫變成了一方反映倒影的池塘，奇妙的傾斜了起來，使得倒映的具體形象，變得扭曲變形，水光溶溶，十分抽象。同時，也使得蘊涵在那些具體形象之中的歷史文化典故，不再能夠清楚而完整的傳達出來。畫中所使用的拼貼法，所做的摹擬再現，還有最後加上去的人物及眞人大小的姿態，因爲最表層所塗上去的記號，是以科學技術(噴槍)爲本的處理方式，而不是用手直接畫上的，其所產生的效果，使形象顯得遙遠不清──所有這些中介干預，接枝手法，突變進化，使我們對這張畫中的諸多元素，所做的圖象學式的重組，變成了一個模倣混合依樣葫蘆(pastiche)的練習。我們是不得不把分類打散，然後再重組，然在重組的過程中，我們把屬於每一類的原意，給完全弄丟了。

　　當研究這樣複雜又包羅萬象的繪畫時，我忽然想到，如果我能用直覺，完完全全的以綜合直覺法看畫，也沒有什麼不對。這樣我就可以使一切事物，都與此圖產生關係，不再有任何事情顯的離題或勉強。如此這般，整個世界都將轉化成一個想像的檔案，充滿了依樣葫蘆式的混合意象。於是，我們便可以把眼光移開畫布，凝視窗外，開始想到許許多多的事情，然後猛然間意識到，本次講演已經到此結束了。

【註】

1.　我所指的「古典時代」，不是古希臘羅馬時代。我所用的是傳寇的歷史架構，因爲本文許多有關歷史及摹擬再現的理論觀念，都得自傳寇在《事物的秩序》*The Order of Things*(New York : Vintage Books, 1973, p.xxii)一書的前言，傳寇寫道：「目前，依知識考古學之省察，顯示出在西方文化的知識系統裏，出現兩大斷層：第一次斷層，導致了古典時代(約在十七世紀中葉)；第二次斷層(在十九世紀初)，開啓了現代文明。今日，我們思考所依據的基本秩序，與古典時代思想家所依據的

思考模子，並不相同。」因此，傅寇的古典時代，是始於 1650 年左右
（也就是文藝復興時代的結束），而終於十九世紀的開始。傅寇這裏所
說的最後一句話，正好揭開了我這幾篇論文的主旨。

2.　傅寇：《事物的秩序》，頁 226。

3.　傅寇：《事物的秩序》，頁 137–138。我承認，在此我簡化了傅寇對自
　　然史分類法之結構及性質所提出的理論。設若本文要針對上述論題來談
　　的話，我會仔細討論我們對自然因果律的理解，到底發生了哪些基本轉
　　變，以及有機體這個觀念的發展過程。例如塞瑞斯（Michel Serres）在
　　他的論文："語言之源：生態學、資訊、理論以及熱力學"（The Origin
　　of Language: Biology, Information, Theory, & Thermodynamics）　見
　　《赫米思信使之神：文學、科學、哲學》*Hermes: Literature, Science,*
　　Philosophy 由哈拉力及貝爾（Josúe V. Harari and David F. Bell）主編
　　（Baltimore: Johns Hopkins University, 1982）頁 71–83，探討了一個有
　　趣的案例，他指出語言與有機體結構性質的某些觀念，是有聯繫的。然
　　而，就本文來說，傅寇對居維葉事件的描寫，也有異曲同工之妙：要說
　　明事物肉眼難察之處，如何演變成學者樂於研究的重點，傅寇的例子，
　　是比較生動引人的。我下面馬上會談到，在本世紀，肉眼難見之事物，
　　甚至在藝術家探究外在現象的活動裏，也扮演着重要的角色，請參看
　　《事物的秩序》，頁 125–162。

4.　海德格（Heidegger）曾提及一種可以稱之爲「本體論的科技」（ontolo-
　　gical technology）。他寫道：「科技是一種發現的模式（mode of
　　revealing）。科技出現於啟示發現與茅塞頓開之際（revealing and un-
　　concealment），出現於 alethea（眞理）發生的地方。」

　　　　「上面是我對科技基本領域的定義，如果有人不同意，那他可以反
　　駁說，上述定義，從希臘思想來看，是沒有問題的，用在工匠的技藝
　　上，尤其說得通。但是對現代以機器力量爲主的科技來說，便站不住脚
　　了。」見《關於科技問題》*The Question Concerning Technology* 羅維提
　　（William Lovitt）英譯（New York: Harper & Row, 1977），頁 13。話又
　　說回來了，我這幾篇論文的科技觀點，基本上仍是海德格式的。雖然海
　　氏堅持認爲，觀念是內涵而普遍存在的，這一點，令我十分懷疑不安。
　　我在第三篇演講中，對科技如何影響藝術的摹擬再現，作了一些結論。
　　就像上引海氏的話一樣，我對「眞理」之喪失，也有類似的批判。

5. 見史坦堡(Leo Steinberg)所着：《另有標準》*Other Criteria*（New York: Oxford University, 1972），頁 88–90。

6. 在這個問題上，學者的研究甚多。參見魯賓（William S. Rubin）的著作：《達達，超現實主義及其傳承》*Dada, Surrealism, and their Heritage*（New York: Museum of Modern Art, 1977），頁15。本書對此一問題有全面性的討論。

7. 潘諾夫斯基（Erwin Panofsky）：《圖象學研究：文藝復興時代藝術中的人文主題》*Studies in Iconology : Humanistic Themes in the Art of the Renaissance*（New York: Harper & Row, 1972），頁 3。

8. 潘諾夫斯基：《圖象學研究》，頁 3–17。

9. 史坦堡：《文藝復興藝術中被現代人所忽略的基督之性能力》*The Sexuality of Christ in Renaissance Art and in Modern Oblivion*（New York: Pantheon, 1983），頁 1–3。

10. 潘諾夫斯基：《圖象學研究》，頁 16。

11. 關於一次世界大戰參戰軍人的時間經驗，請參閱福梭（Paul Fussell）：《世界大戰與現代記憶》*The Great War and Modern Memory*（New York: Oxford University, 1977）。其他有關這方面的分析，參見克恩（Stephen Kern）：《時空之文化》*The Culture of Time and Space, 1880 - 1918*（Cambridge: Harvard University, 1983）。

12. 佛洛依德從其「海洋感覺」出發，直接延伸出去，企圖在自我（ego）與客體（object）的交流之間，找到一種詮釋說法（discourse），進而對心靈（psyche）與外在世界之本質，做宗教性的探究。他對普遍性原則（a universalizing principle）所下的結論，可參見《文明及其缺憾》*Civilization and its Discontents*一書，史催奇（James Strachey）英譯（New York: W.W. Norton, 1962）以及在此之前所出版的另一本書：《一個幻象之未來》*The Future of an Illusion*羅伯森‧史考特與史催奇（W.D. Robson-Scott and James Strachey）合譯（New York: Anchor Books, 1964）。

13. 例如柏格森（Bergson）的《時間及自由意志》*Time and Free Will*波哥森（F.L. Pogson）英譯（New York: Macmillian, 1928），以科學方法分類的作法，與現代藝術，特別是立體主義，把外在現象分解的作法，有偶然但却十分明顯的關聯。這一點，是直接受到柏格森學說的影響。柏氏此

書的副標題是：「論意識之直通達達」(An Essay on the Immediate Data of Consciousness)，書中多處討論「審美感受」(Aesthetic Feelings)，最後歸結到他對時間的分析：「時間之綿延是由不同元素所組成的。」(Duration is Heterogeneous.) 有趣的是，有些人把這種新世界觀，視爲災禍。在《時間與西方人》*Time and Western Man*(1927)一書裏，路易斯(Wyndham Lewis)指出，愛因斯坦與柏格森都搞出了一套相對論，摧毀了理解整然有序的世界之道。參見克恩：《時空之文化》。

14. 亞伯藍姆(M.H. Abrams)：《文學術語彙編》*A Glossary of Literary Terms* 第三版，(New York: Holt, Rinehart and Winston, 1971)，頁109。亞氏在短短的篇幅中，對新批評有很恰當的定義，同時也列舉一份絕佳的重要書目，以便讀者研究新批評的分析方法。〔譯按：本書目前已出至第四版，內容較前書更爲詳實。〕

15. 例如格林柏格(Clement Greenberg)在他的論文"現代主義者的繪畫" (Modernist Painting)中，對這些觀念，有精要的簡述，參見貝托克 (Gregory Battcock)編：《新藝術》*The New Art* (New York: E.P. Dutton, 1973)，頁66—77。

16. 參見史坦堡：「傑斯帕・瓊斯：初期七年之間的藝術」(Jasper Johns: The First Seven Years of his Art.) 見《另有標準》，頁41—43。

17. 馬謝克(Joseph Masheck)在他的文章「十字架受難形式格法」(Cruciformality) 一文中，就以圖象學的觀點去解讀十字架，也研究了好幾幅史蒂拉的作品(見《藝術論壇》*Artforum*, 15, 10(Summer, 1977)，頁56—63。可羅絲(Rosalind Krauss)對史蒂拉作品中的十字架問題，做了另一番有趣的詮釋，她把本來可以用圖象學處理研究的東西，改用以形構主義分析(formalist analysis)爲基礎的方法來處理。參見桑拜克 (Amy Baker Sandback)主編：《批判性的回顧：藝術論壇二十一年》 *Looking Critically : 21 Years of Artforum Magazine* 一書中所收錄可羅絲的文章："感覺與知感性：六〇年代以後雕刻之沉思"(Sense and Sensibility: Reflection on Post '60s Sculpture)

18. 呂格爾(Paul Ricoeur)：《雜派言論：女性主義及後現代主義》*The Discourses of Others : Feminists and Postmodernism*，見福斯特(Hal Foster)編：《反美學：後現代文化論文集》*The Anti-Aesthetic : Essays on*

Postmodern Culture(Port Townsend, Wash.: Bay Press, 1983)，頁 57-58。

19. 傅寇：《事物的秩序》，頁 238-239。

20. 貝克特(Beckett)的「墨非」與「把人視爲欲望及生產機器的這個觀念」之間，有許多誘人深入探索硏究之關聯，德勒茲與高達里(Gilles Deleuze and Félix Guattari)在他們合著的：《反依迪帕斯：資本主義與精神分裂症》*Anti-Oedipus : Capitalism and Schizophrenia* 赫利、西姆、藍恩(Robert Hurley, Mark Seem and Helen R. Lane)三人合譯，(Minneapolis: University of Minnesota, 1977)便討論到這一點。這個比較，也可用在史考利的畫上。在第二、三講中，我會用到德、高二氏的觀念。雖然，那裏談的事情與此處不太一樣，但我想讀者在回顧時，或將能夠看出其中的關聯。

21. 克勞夫(Clough)在準備畫「閃爍不定」時，曾和我談到波洛克巨如壁畫式的作品，他認爲十分重要，值得在畫「閃爍不定」之前，好好硏究。

第 2 講

支離破碎的世界

　　爲了這個理由，我對朋友説：「在詩人筆下變成水仙的
納息色斯（Narcissus），是『繪畫』的創始者，因爲，『繪畫』
已化成了所有藝術的花朵。納息色斯的故事，便是絶妙的説
明。除此之外，你還能説繪畫是什麼呢；藝術家擁抱藝術，
就好像納氏擁抱泉水表面所反映的水仙一般。」

艾爾伯帝：《論繪畫》

Leon Battista Alberti,《On Painting》

　　在第一講中，我想各位已經可以看出，從古典時代開始，「摹擬
再現」的發展史與「知識分類」的發展史，是如何的多方交互糾纏在
一起。[①]當時，要在分類學（taxonomy）上，創造清楚的區別，是可
能的，我們可以很自信的對外在現象的階層，加以區分。到了後來，
在現代主義時期，我們還可以把「生理的」與「心理的」區分開。就
這樣，一直分到把「社會的」與「美學的」區分開來爲止。

　　從我文化決定論式的藝術觀看來，上述各種區分的發展，可稱得
上是一種進化論式的變遷，過去各種區分好的觀念，一經進化，便形
同廢死。其中，最過時的就是把「前衞與中產階級加以區分」的這個
觀念。我在上次演講中，曾假定藝術已經越來越快要成爲一種完全自

　　艾爾伯蒂（L.B. Alberti 1404-1472）爲義大利文藝復興時期的名建築
師、藝術家、音樂家、詩人。

主的活動，獨立於社會之外，自成體系。現在存世的無數文獻，可證明此一信念。

德國的柏格（Peter Bürger）在《前衛派理論》（*Theory of the Avant-Garde*）一書中，曾設計了一套精妙的類型表（typology），把宗教藝術（Sacral art）、宮廷藝術（Courtly art）、中產藝術（Bourgeois art）②區分開來；並說明宗教藝術的基礎：集體的工藝技術──柏格名之謂「集體式的兼容并蓄」（collective reception）是如何的被屬於贊助系統的宮廷藝術所取代。藝術家之間的關係，也由集體合作，轉為相互競爭。這使藝術由技工的集體化，轉變成藝術家的個體化。不過，當時繪畫的主題，仍然與一種「唯我獨尊的權威體」緊密的結合在一起──在過去是「神權」，現在則是「王權」──因此觀眾接納繪畫的態度，仍是集體式的。到了中產階級興起，情況才有了改變。

在「資本主義上升時期」（ascendancy of capitalism），中產社會中的藝術發展，受到了很深的影響。柏格認為：「在資本主義的生產模式之下，勞動分工越來越普遍，藝術家也變成了一種專家。」③這真可說是矛盾的一刻。藝術家好像成了中產社會的一部分（在資本主義的生產及科技的範圍中）。在中產社會裏，他發展出一套獨立的知識及技巧，與其他專業分工的人一樣，產生出一種屬於自己的特色，而這特色竟又使得他與其他的人完全不同，無法溝通了。由以上的分析可知，藝術家因為自己本身並不足以構成一個經濟生產階層，而被排除在日常行業的主流之外。藝術家在遭人排擠之後，變得尖酸苛薄起來，他們開始以「遭人排擠」為傲，以特立獨行為高。

在十九世紀時，這種態度替藝術家這個階層，塑造出一連串的神話。這些神話絕大多數──在我們意料之中的──都是根據「視覺」而來的。那也就是說，多半屬於藝術家在物質生活上的描寫。事實上，在當時，一個人一旦成了藝術家，就會被認定他在外形象上以及生活情況上，都會變成特定的樣子。例如肺結核，便成了藝術家氣質

的外在表徵。蘇珊‧宋塔(Susan Sontag)〔譯註：美國文學界新一代的女批評家，以反詮釋及女性主義理論成名，曾於民國七十一年訪問台北〕在她《以疾病為暗喻》(Illness as Metaphor)這本書中，描寫有肺病的藝術家，多半面色發紅，仙風道骨，心理上極端的失調受傷，其中還混雜一種想像式的狂野熱情。④〔譯註：例如出現在電視連續劇中的藝術家，總是一些又窮又瘋的病態人物。〕藝術家的憂鬱及哀傷等情緒，往往亦被聯想到是得了肺病緣故。事實上，把憂鬱症視為藝術家的特色，是從很早就開始了。例如杜勒(Dürer)在 1514 年所作的那張很有名的銅版畫，便可證明。（圖八）。

　　可是憂鬱症並非藝術家的專利。一般知性上的出神冥想，包括科學家的沉思，也被視為是同樣的症狀。⑤不過，在十九世紀的浪漫時代裏，滿臉病容的藝術家，獨自在那裏靜觀自己蒼白的靈魂，倒是成了一種流行的形象，也是一種簡單的物質表徵，反映了藝術家的處境：在生活上貧窮，在心理上又與他人迥異。（這種差異，常被視為不健康，甚至根本就被當作是一種病症。）

　　上述現象，只不過是藝術家與大眾疏離的一個早期的徵候。藝術家雖然不再與大眾有集體共識，但我們可以看到，他與中產階層的關係，並沒有一刀兩斷。因為上述那種描寫藝術家處境的「視覺暗喻」(visual metaphor)，是被當時社會所認可接受的。那是歷史性的一刻，中產階層的勢力正開始要凌駕於老舊王權系統之上，而全世界一心一意努力追求物質的意識，也全都翻醒了過來，大家一致追求各式各樣的外在形象。宋塔如此這般的寫道：「大家對身體的觀念變了——受了肺病之類的影響——認為身體是塑造貴族表徵的新模型——尤其是貴族已經不再有權勢的時候，身體開始變成塑造意象的主要材料。」⑥

　　對藝術本身而言，藝術已經像社會中其他部門一樣，開始專業化了；對藝術家而言，藝術家本身變得遺世獨立，脆弱哀傷，露出一幅充滿挫折的形象，造成了歐洲前衛派「唯美主義」的興起。⑦柏格評

道，這樣一來，「藝術就變成了藝術家的內容」(art becomes the content of art)〔譯註：此句大意是「為藝術而藝術」，畫家以藝術本身，為藝術所描寫的內容。〕

在「古典前衞派」(the classic avant-garde)的潮流中，藝術家把自己身上的社會責任全都擺脫掉，而社會也很願意遺棄他們。藝術的殿堂要靠一種蔑視大衆興趣的態度來支撐。在現代主義預言家尼采的心目中，他所謂的大衆「一窩峯的心態」("herd" mentality)是最要不得的。⑧結果，十九世紀末的「唯美主義」運動，在二十世紀得到了新發展。從大衆文化中，被有意無意放逐出來的藝術家，心裏想的，不再是什麼憂鬱了，取而代之的，是一種憤怒之情。

1916 年在蘇黎克發靱的「達達運動」(Dada movement)，對「中產式的理性主義」(bourgeois rationalism)⑨做了猛烈的抨擊。而相同的行動，早在幾年前，便在全歐洲及紐約展開了。查拉(Tristan Tzara)，達達派衝鋒陷陣的主將，在 1922 年威瑪國會(Wermar Congress)的演講中，充滿了挑釁的說：「達達之開始，不是藝術之開始，而是噁心之開始。」

達達派的「藝術」是以挑釁為特色的。例如杜尚(Marcel Duchamp)1917 年的「R. Mutt 所造的噴泉」，便是一件「雕塑」，一件簡單又驚人，簽了名的小便斗。達達派同心協力的想要驚世駭俗，要反理性，要反一切既成的價值，可說是已經把前衞派的孤絕地位，結晶化了。前衞派所宣稱的獨立自主，當然，是一個意義相當深刻的行動，並不僅是像查拉所說的那樣，只有噁心而已，其中還有一股「懷舊」(nostalgia)之情。（圖九）。

前衞派所厭惡的，是一個失去了整體感，失去了固有道德(moral rationale)的世界。文明不過是個笑話，達達派希望自己能變成一個被扭曲了的鏡子，去照映那扭曲了的社會中所產生的一切。他們替那失落的世界表達憤怒之情，把自己表現在一種絕望、荒謬的世界裏。

　　從一個比較屬於技術的觀點來看，達達現象的另一面，再度明確地強調，藝術的法則，實際上就是以更專注更獨特的技巧來創造作品。他們否定了「中產式的理性主義」，而他們用的技巧，正像阿普（Jean Arp）所說的：「發現一種無理性的秩序」——一種一般文化價值與理論基礎之外的秩序。

　　藝術家的社會叛徒形象，被一種叛徒式的藝術所加強了。不過，以「前衛」二字而言，他們自認為是社會的前鋒，站在第一線上，而不是為社會所遺棄的人。他們是在一團部隊或「一窩鋒」的尖端，後面的，遲早是要跟上來的。杜尚在「噴泉」上簽的，是一個假名。這讓人聯想到，連社會也會失去其真實的身份，失去了其獨立個性的原則。人類所有的嘗試，到頭來都將變成無名無姓的工業產品，就像一個小便斗，個別獨立的人類精神，在一陣沖洗之下，消失不見了。⑩〔譯註：小便斗是工業文明中專業化的例子。只有男人才可以在其中小便，而且除了小便之外，並不兼具其他功能。〕

　　前衛派所採行的種種獨立自主的措施，開發出一種專業式的手法來重新表現世界。一直到今天，這些手法中，仍包含了許多自相矛盾的地方。他們那種「破壞的統一」（destroyed unity）的觀念，不是經由破壞後的重建而獲得的，而是經由自我孤立的方式而達到的。至少，從社會的眼光來看，他們那種創造個人世界的做法，是偏頗又晦澀的，完全沒有與社會整體取得和諧的意願。

　　除了認為藝術家在技巧與邏輯上是獨立自主的這個概念之外，還有另一種假設。這個假設，對區分何者為「現代主義」，何者為「後現代主義」是十分重要的。到目前為止，似乎還沒有人——對我來說——把這個概念直接了當的說清楚過。

　　一般常見的藝術社會二分法，其中即有一種非常明顯的矛盾——那就是當我們徹底的比較藝術的「內容」與「結構」，還有比較社會的「內容」與「結構」時，矛盾便產生了。我們老是把前衛藝術的「內容」看成了「結構」，同時把社會的「結構」當成唯一可注意的

東西，而不注意其明顯的破碎「內容」。

說現代藝術的內容是藝術本身，未免有些老生常談。因此我要說，藝術的主題是藝術本身，或是藝術就是結構，藝術賦結構以生命。說實在，這只不過用另一種方式來說明，藝術家已變成了專家，他的專業知識引導他產生各種「摹擬再現物」，漸漸的，他越走越「內向」，直到作品本身成了作品要表達的「過程」（process）或「結構」。〔譯註：這也就是說，作品本身的目的是在探索作品「形成的經過」，或其內在的「結構」。〕⑪

暴露「結構」，是現代主義的特色，這反映了中產社會的一般趨向，創造一個專業世界，分工越來越細，直到各種專業特色彼此互不相同，互不相通，使得人類知識的世界，成了一種無數碎片組織的東西。從邏輯的觀點來看，現代藝術的另一項特色，認為內容即結構，為藝術而藝術，就透露出破碎分工的態度──成了專業世界的一面鏡子，就像我們看「立體主義」一堆的破碎的塊面，達達派的胡搞瞎搞，或是超現實主義日益過份膨脹的潛意識。

從另外一方面來說，社會則從不以這樣的態度來看這個問題。所有關於前衛派與社會的討論，都強調社會整體反對前衛派的存在。我認為，這種看法之所以繼續不斷存在的理由是，批評家堅持把社會當成一種單一結構來看，而不理會社會發展的結果。他們不研究社會內容是由實際的行為（behavior）及文化意義（meanings）所組成的，而這行為與意義都是我們所製造的。我們在社會結構中反應、活動，或是對社會結構反應、活動時，行為與意義便如此這般出現了。

正如李歐塔（Jean-Francois Lyotard）在他精簡扼要的小書《後現代狀況：一篇有關知識的研究報告》（*The Postmodern Condition : A Report on Knowledge*）中所說的：「當代大眾文化是從折衷主義（eclecticism）上開始的：人們耳聽西印度羣島的搖擺樂，眼觀西部武打電影，在東京灑上巴黎香水，在香港穿上『瑞託』（retro）復古式的名牌，知識成了電視競賽的玩意。」⑫可是從來就沒有人說過，至少

是在藝術的範圍裏，說社會就是社會本身。這可能是因爲社會內容的各種文化，太過多樣化了。其中有政府機構、法人團體等結構——例如立法結構之類的，十分容易讓人瞭解——於是社會是一整體的形象，便再度四處飄揚起來。

事實上，在社會批評中，充斥着有關社會不完整不統一的分析，卷帙浩繁，多不勝數；但是，每到緊要關頭，似乎就會突然出現盲點。因爲我們老是認爲現代主義前衞派的藝術中，充滿了藝術家的自我孤絕，自我疏離，自我脫節，甚至於當前衞派試圖重拾社會生活時，也不例外。在另一方面，不管社會本身是多麼的支離破碎，到頭來，我們還是不認爲，社會在其各個部門是相互分離的。我們持續相信，完整的集體社會是存在的，也就是靠着這個標準的信念，前衞派的作品於是產生。

正因如此，柏格寫道：「發表最最極端的各種宣言，前衞派對藝術個別特性的反應方式，不是以「集體」（collective）爲摹擬再現的主題，而是在個別創造的範圍中，以强調「極端的否定」（radical negation）爲摹擬再現的主題。」[13]在此，柏格結論道，前衞派在尋找一種方式，企圖使「藝術與實際生活的斷層」不再存在。因爲他們已瞭解到，在「藝術的獨立自主」中（the autonomy of art），自我封閉是相當危險的。

問題是，前衞派自始至終，老是在反抗社會，老是在提醒大家，他們與衆不同。事實上，這把我們又帶回到個人主義及浪漫觀念的老路上去了——認爲藝術家總是在感性及知性，甚至於在生理上，都與常人迥異。柏格注意到的是，前衞派在後期資本主義裏，企圖回歸到被視爲「社會整體」（social whole）的「社會實際生活」之中（social praxis）。如此這般，柏格只不過又簡單的重複了他那套觀念，認爲那裏確實是有一個「集體」的東西，被有懷舊病的前衞派，不斷的嘲罵攻擊。

柏格這種看法，只不過是同意以結構觀點來看社會而已，他不承

認社會內容可能是多元的、變化的、零碎的，就像藝術本身一樣。我
們把重點放在這裏，或許比只注意「外在統一的結構」更為重要。尤
有甚者，他竟暗示前衞派仍然信仰一種開倒車式的完整社會，夢想與
憧憬這樣社會的存在。

這種結構式的盲點，是注定要被破解的。由歷史觀之，我們已發
展到目前這個階段，社會已慢慢追上並達到了〔譯註：或瞭解了〕老前衞
派所提倡的真正獨立自主的境界。社會因為依照自身專業化的模式，
把社會的內容弄得支離破碎，而內容中的各個部門，又不斷的與其結
構交互運作，同時也把這些結構改變，或庸俗化了。對我們所處的後
現代狀況而言，「統一集合體」(unified collective)的觀念，已不再
適合——認為藝術該像現代前衞派所搞的那樣，是惱人的，懷舊的，
叛逆的觀念，也不再妥當了。

證明社會整體性土崩瓦解的資料與文件，可說是多得不勝枚舉。
我在第一講中，曾提到法國人居維葉在一個類似我們這個時代的時代
轉振點上，敲碎了博物館中的大玻璃瓶，「把古典時代保存在瓶中所
有可以看出有動物外型的東西」——解剖[14]——現在，越過英國海
峽，一個與此非常相似的分離解剖事件，也開始出現了。

在《即將到來的後工業社會》(*The Coming of Post-Industrial
Society*)一書中，貝爾(Daniel Bell)對「知識史」(history of know-
ledge)提出了精采的看法，在十九世紀初期的時候，劇變發生了：
「正如大英百科全書第十一版的前言所提到的，在早期諸版
(1744-1785)中，本書之編輯，一如前代，只需用十二人之力，整個
人類的知識便盡收眼底；一直到了第三版（1788），方才開始計畫
收入專家的專業知識。由是可知，知識的整體性，在此時已告支離破
碎。」貝爾又補充道：「1967 的那一版，……光是編輯準備工作，
就動員了一萬個有名的專家。」[15]

從資訊之分類上，已顯示出歐美的世界觀，已完全臣服於「知識
是千變萬化的」這一信念之下。到了十九世紀中期，整個分類的知識

已爆發至無法控制的地步了。這一點，我們可以從迪更司（Charles
Dickens）1865 年所出版的小說《我們共同的朋友》（*Our Mutual
Friend*）中，布分先生與瑞朋先生的機智對話裏，看出端倪。

　　有一次，布分先生向從事艱巨工作的瑞朋先生指出，勤勞的蜜蜂
可為榜樣。瑞朋答道：「恕我失禮，請勿見怪，我從來就反對與蜜蜂
相提並論。……我的反對是有原則的……以直立種（biped）而言
——」「以什麼而言？」布分先生問道：「以兩足動物（two-footed
creature）而言；——我原則上反對，以兩足動物的立場，我反對老
是與昆蟲或四足動物相提並論。我反對人家要求我依照蜜蜂的工作程
序來做自己的工作。也反對依照狗兒、蜘蛛…駱駝之類的。舉個例
子，我完全同意駱駝是溫馴無比的人，但他有四個胃可以自我享受，
我却只有一個……我能不能提醒你，居然說出蜜蜂如何如何這樣的話
來，這不是有欠考慮嗎？你這說法簡直毫無根據。就算退一步說，就
算穿衣褲的人與蜜蜂有可以類比之處（這一點我否認），人類也確確
實實可以向蜜蜂學習（這一點我也否認），問題仍然沒有解決，人類
要向蜜蜂學些什麼呢？亦步亦趨的模倣嗎？還是以蜜蜂為殷鑑，為反
面教材呢？」⑯

　　在這段對話中，我們可以清楚的意識到，那種分類的心態，已被
誇張到荒謬可笑的程度。首先，根據居維葉的法子，駱駝要先解剖一
番，看出他有四個胃，這也就是說，看出他先前看不出的「內在差
異」。接下來就是物種分類。一說到蜜蜂，物種的觀念，就出現了。
最後，瑞朋先生以一種絕妙的姿態，指出這種不同類型的比較，實在
太過分了，簡直就是強迫人類變成物種分類表上的其他東西；要不
然，就是曲解了分類的精神，把各種分門別類的項目搞得亂七八糟，
區別全無。

　　事實上，當時這種分類精神是如此的高漲，福樓拜（Flaubert）在
他最後一部小說《布瓦德與佩居謝》（*Bouvard et Pécuchet*）——一直到
1880 年他去世時還沒寫完——把分類的混亂情形，反映在他小說中

正反兩派角色的身上。克林普（Douglas Crimp）在他的論文：「論博物館中之廢墟」（On the Museum's Ruins）一文中寫到：「布瓦德與佩居謝不僅想從愛爾蘭古凱爾特（Celtic）歷史所殘留下來的巨石羣裏，追溯西方文化之源，同時也希望能從其中找出西方文化的『意義』。爲了這一堆巨石，兩個人特別爲他們的博物館，加蓋了一幢側翼廂房，專門收藏與男性生殖器崇拜有關的物品。」

他繼續引用小說中的描寫：「在古代，尖塔、金字塔、蠟燭、里程碑，甚至連樹木，都有男性生殖器的意義。而對布瓦德與佩居謝來說，萬事萬物，都與此有關。他們收藏車輛的旋轉軸，椅子腿，地窖的門閂，藥師用的藥杵。當人們來參觀時，他們會問『你認爲這像什麼？』然後，再把其中的奧秘，吐露了出來，假如聽的人不以爲然，他們便會憐憫的聳聳肩。」[17]

分類學的領域不斷以分歧龐雜形式向前發展，反過來迫使各式各樣的資訊，變成各種不同的畸型秩序，造成一種不斷的增多成長，令人疲於奔命。到了 1907 年，美國史家亨利·亞當斯自費出版自傳《教育》（Education）一書，情況已變得岌岌可危了。亞當斯擔心的寫道：「假如每十年，科學將其複雜度提高爲二倍或四倍，連數學都將陷入無人能懂的窘境了。到了 1900 年，一般人早已自暴自棄，誰也無法再瞭解科學。」[18]

在分類學的系統中，我們看到了上述幾個有點滑稽的崩潰例子，看到了一般社會也在其中被搞得糊里糊塗。我們要記住，這就是所謂整體的支離破碎。從百科全書編輯人，迪更司、福樓拜到亞當斯，還有那些活躍於現代主義時期的人物，一路下來，崩潰連連，正好解釋了前衛派，爲什麼會產生一方面憤怒挑釁而一方面又傷感懷舊的行爲。可是，對我們這些生長在知識狂野快速爆炸時代的人來說，各種類別之間的崩潰混淆，是沒有什麼好大驚小怪的。

紐曼（Charles Newman）在他絕妙的論著《後現代氣氛：通貨膨脹時代的虛構故事情節》中寫道：「以各種系統的觀點來看世界，是

一種非常二十世紀的態度；而把所有的系統都看成易破易碎，則是一種非常現代的態度。對後現代主義來說，最要緊的事，是在系統尚未破碎之前，加以研究界定，以一種『人性化的扭曲系統』，來看這個世界。」⑲

事實上，就是這種扭曲變形的精神，把「老前衛派」給同化吸收了。新興的資訊文化，在分類學的發展下，通過了進化論式的崩潰及突變（mutation），把藝術的獨立自主性與社會不斷變化內容之獨立自主性，混成一氣，沖刷而下。在後現代主義的文化中，有一種綜合及扭曲的力量，把資本主義及藝術結合在一起，產生出一個新的突變種。

「不只是喬艾斯（Joyce）〔譯註：愛爾蘭小說家，《猶力西斯》的作者〕畢卡索不再叫人覺得古怪討厭。」詹明信（Frederic Jameson）在他的論文「後現代主義與消費社會」如是寫道：「一度被視爲古怪的作品，都變成了經典之作……當代藝術中最最叫人反感的形式——例如龐克搖滾（punk rock）——或是那種所謂的公開「性」材料——都被社會一步一步的接受，獲得商業上的成功。他們的際遇，與那些高水準的老現代主義作品，是完全不同的。這意味着，在我們的文化當中，即使當代藝術與老現代主義一樣，有着相同形式上的特徵，其立足點還是產生了基本的改變。舉一個例子，一般消費性的產品，特別是成衣、家具、建築……等等產品，其風格上的改變，是與當代藝術的實驗，緊密的結合在一起的。」⑳

我們不再能夠說，後現代主義的最大特色是「憤怒挑釁」（provocation）了。相反的，在迅速變遷的國際性文化經驗之中，大家對支離破碎的文化現象，已經習以爲常，不再爲新看法新觀念的出現，而感到不適應。在這種「來就同化」（appropriation）的心態下，沒有什麼東西可以長久保持其「陌生性」（foreign）。當現代主義前衛派，以自我孤絕、自我獨行爲特色時，後現代主義藝術家則擁抱一種，似乎是永無休止又平易近人的消費文化。

　　隆哥(Robert Longo)從 1982 到 83，以混合材料製作了一件作品叫「壓力」(Pressure)。我在畫面上所看到的，是畫中人物因保有一種孤獨感而呈受壓力。如果上述觀察是正確的話，這種壓力可以解釋成一種打破藝術家與社會之間「隔閡」的力量。畫中人物，以小丑的白色油粉塗面，是過去啞劇角色的現代版——啞劇人物通常都是失意的人，被放逐的人，或是偷窺狂，而其藝術上的表現，則是以模倣爲主。他要練習如何消除自我（例如戴上面具），這樣才能變成別人。他與迪更司的瑞朋先生不同，除了做他自己之外，他要化身千萬，變成各種生物。（圖十）。

　　在這張畫裏，我們看到畫中人，被夾在兩種生存情況之中。他形態優雅，頭髮光滑服貼，身子半依半靠，我們看他穿着內衣——一幅不經意的樣子，照理應該是能夠反映出他眞實的自我個人面貌。然而，他還是戴着面具，頭頂之上，一幢水泥大樓代表了社會統一的結構，懸空膨脹如一場惡夢。大樓塗上了防腐殺菌式的白色，一直延伸到他臉上來。當他的身體，正在模倣某種動作時，社會的重量，水泥大樓當頭壓下，把他頭顱的上半部都切掉，消滅了藝術家與社會之間的鴻溝。

　　當然，隆哥的作品是非常熟滑精巧的，不但指出了「壓力」的主題，也影射了藝術家被資本主義社會所同化；同時更顯示出，其無比纖細的畫面，已達到了一種商業廣告式的冷靜與優雅。畫中人物置身於一種以黑、白、棕三色所組成的精簡構圖之中，產生一種時裝雜誌插圖的風貌。至於上方那幢巨碑式的水泥結構，則完全不顯露藝術家的運筆。該畫的製作，有一種簡潔的、圖象式、機械式的完美——產生出一幅大衆快速消費的意象。

　　如果追溯這種意象的來源，我們可以說，此畫有如廣告一般，把兩個看似不相干的意象，出人意料之外的結合在一起，以便產生預期的效果，這是從現代主義的蒙太奇手法中，借用過來的。如此這般，藝術與商業文化之間的交流，繼續不斷的發展了下去。

　　我們現在所討論的社會裏，藝術家基本上與他人無異，成了一種
專業化資訊的製作人。貝爾就曾經說過，當人類由工業社會轉到後工
業社會時，一個大的轉變發生了，那就是從以能源爲基礎的科技，轉
移到以資訊爲基礎的交易。貝爾如此寫道：「工業社會的『設計』，是
一場與既定自然之競爭，其中心在人與機器之關係，以及如何運用能
源把自然環境轉變成科技環境。後工業社會的『設計』是人與人的競
爭，以資訊爲主的知性科技與機器科技並駕齊驅。」㉑

　　藝術家，成了特種資訊的製作人，所處的地位是十分有趣的。他
操縱原料，生產高度專業化的成品，而且可能獲得相當高的報酬。就
像專業化社會中的產品一樣，既恰當合適，又便於交易，同時又綜合
了各種資訊。藝術品被當成了商品。時至今日，藝術品已成爲另一種
交易的媒介，不再能夠表達眞正的抗議了。此外，藝術品比其他商品
要佔便宜的地方，是其獨一無二的特質，所謂稀有便是增值，這一直
是經濟活動的主要法則。

　　從這個方面看，我們可以發現許多有趣的現象。例如穆立肯
（Matt Mullican）就非常着迷於資訊問題的處理。他的作品「無題
（圖表）」〔Untitled（Big Chart）〕，是 1984 年的大幅油畫作品。畫
面上集合了各種象徵，成爲一種滿版式的分布，依稀讓人想起了羅西
塔石碑（Rosetta Stone）〔譯註：現存大英博物館，刻有埃及象形文及希臘文
等相互對照的文字。此石的發現，使現代人首次得以對照解讀古埃及象形文。〕
的象形文字，上面刻有以圖形爲主的文字，傳達一些古代貿易的資
料。穆立肯的作品，當然也是一種對我們文化與資訊的歌頌。

　　可是，當我仔細看了一陣子之後，便會自問道，眼前的歌頌與資
訊是屬於哪一種的呢？像隆哥的「壓力」一樣，穆立肯的「大圖表」
利用了我們閱讀商業文化的習慣，那就是快速閱讀表面圖象因素之間
的關係。「大圖表」中的關係，是一種想像式的，那一連串的象徵，
是如此密集而排山倒海，以至於其中並沒有眞正安排出一個表達可以
瞭解意義的文化次序。要不然就是象徵之間，相互指涉的關係太過複

雜，沒人能解讀其中的密碼。不論如何，這都證實了我前面所說的，那就是分類知識之崩潰。事實上，穆立肯的圖表，與隆哥的人物一樣，都好像在設法以摹擬的方式，去表現一些完全屬於世俗世界的特色。然不知怎麼搞的，畫中所呈現出來的圖象，不是分心就是失了焦點，以致於顯得力不從心的樣子。

我們再看一張穆立肯的畫，也是 1984 年的作品：「無題（蒸氣機／圖表）」(Untitled Steam Engine/Chart)。畫中，那具噴火機器靜靜的，彩色斑駁的豎立着，面對我們，一看就可以揣測出，這是在表現燃燒及動力。圖中最富訊息的要素，就是那個輪子，明顯的代表了循環不息，自給自足的生產系統。當然，我們也可以把「大圖表」當成抽象作品來看，因為畫中充斥着滿版畫法及無層次的效果。但其中以拓印意象所產生的重複手法之運用，在焦點上有些微的偏差，又使人無法十分感受到抽象作品之趣味。 （圖十一）。

像「蒸氣機／圖表」這樣的畫，因其重複手法之運用，讓人看起來有工業化、機械化的感覺。這使我們回到「為生產而生產」(production for production's sake)的老問題上——換句話說，也就是回到把內容當做結構，為藝術而藝術的問題上。在這個信念下所創造出來的作品，分門別類，各自有一獨立自主的資訊系統，形成一組難以破解的密碼。可是到了今天，所有的系統卻合理化了，〔譯註：這也就是說大家把現代主義者所創造出來的密碼都搞懂了，變成了一般的藝術常識。〕而且將之融合入一個大的系統當中，具備了快速辨認，立即瞭解的特性。

例如穆立肯的「圖表」，畫的是一個把所有事物都分類成記號的社會，這些記號取代了原物，在各種分類圖表及資訊中，佔了一席之地。畫中所畫的，就是這些記號。而這些記號本身，又不斷的新陳代謝，不斷的自我重組。在交易互換的領域中，穆立肯的藝術成了一種表現其他資訊產品的產品。

以上有關穆立肯作品的討論，證實了德勒茲與高達里的觀點。他

們在《反依廸帕斯，資本主義與精神分裂症》一書中寫道：「（在資訊
社會中）產品要立刻消費，在消費吸收的過程中，不需要任何中間解
說。」依照德、高二氏的看法，所有的人都變成了各種不同的生產機
械或消費機械。「因爲萬物皆產品：產品的產品，工作的產品，欲望
的產品；消費吸收過程的產品，行銷的產品，中間商的產品，各種產
品都相互成爲對方的附屬物……萬物皆產品，因爲消費吸納的過程是
立即消費，立即完美的，而消耗本身又是直接複製的」㉒〔譯註：*此段
意爲產品與產品之間相互依賴，例如人們搞不清，是因爲有了地毯才買吸塵器，
或有了吸塵器才買地毯。*〕

　　假如每一個人都是機器，那就可以拆碎下來，分類歸檔。如今，
各個拆下來的部分，根本無須相互統一協調，因爲每一個部分，都在
變動，一拿到手就消費，然後再複製出來。我們看巴斯居葉（Jean
Michel Basquiat）的「共濟會招待所」（Masonic Lodge），1983 年
作品，壓克力、油彩及粉彩混合畫。畫中，一個人頭被分裂成好幾個
不同原素，組成畫面。大標題是「偏執狂精神分裂」（Paranoid S-
chizophrenic），雖然大標題中的幾個字母被塗掉了，但也正好用這
種塗塗抹抹的標題來顯示精神崩潰的主題，題目與內容，可說是連成
一氣的。（圖十二）。

　　這張圖表，在模倣一種近似醫學的分類表，而本身又神秘的從中
間一分爲二。表中各個部門或字詞，大致可以讓圖中的碎片連起來成
爲一個完整的頭像。不過，圖上的大標題顯示，畫家無意畫一個完整
的頭，他所想做的，就是這個分裂的樣子——這個效果，由於下列手
法之運用，而更加強烈：那就是其中有好些描寫被删除但却沒被擦
掉，產生了一種未完成，不連續，沒有收拾乾淨的效果。唯一發展完
整的意象是眼睛，代表了共濟會象徵性的會盾或徽章。不過，這個共
濟會的宗旨及其象徵的意義，都很神秘，對大衆來說，根本無法解讀
他們的資訊密碼。

　　上述這種對支離破碎部分之辨認，使我們想起，在算起來還不是

太久以前，瑞佛斯（Larry Rivers）在 1961 年所畫的「臉之各個部
分」（Parts of the Face），不過，瑞佛斯的人體意象，並沒有像現在
這樣的圖表化。瑞氏作品中分裂手法的特點，是他用了法文小標題，
對一個美國人來說，這種資訊的傳達，是有點奇怪的。在他的畫中，
我們可以清楚的看出，分類性的「碎片原則」，已開始發展，朝一個
更分裂的意象邁進。瑞氏的色面平塗手法，與塊面滴彩手法，很明顯
的，是從抽象表現主義而來的。在這一張畫裏，我甚至可以說，是從
霍夫曼（Hans Hofmann）的畫法，發展出來的。瑞氏能夠運用上述手
法及字彙，把分解的人體，用塊面手法畫出，同時還保持了人體的形
狀，達到了微妙的平衡。他之所以能做到這一點，是靠那條法文小標
題，來建立形象與意義之間的關聯。

可是到了巴斯居葉的時代，找尋微妙平衡的需要，已經消失了。
越來越能夠配合意象內容的資訊，可以自我飄浮，不受任何牽聯限
制。例如，巴氏的畫，題目是「共濟會招待所」，題畫的內容是「精
神分裂的衝動」，這已是自己說明了自己的一切。巴氏另外一張畫，
「克勞斯貝街」（Crosby Street），1984 年作品，繼續以上對「相關
品類體解」（dissolution of connecting classifications）的探討。不
過，從畫面上看，由於人體骨骼的並列，讓我們覺得此畫的主題不是
「體解」而是「相互關連」。（圖十三）。

在這張畫裏，雖然我們再度看到人體骨架的景象，但藝術家却不
再畫出連續不斷的形象。例如「腳」（feet）的小標題，便一再使用。
右邊的那隻手，不與手臂相連，且被打叉刪去。左邊的手則用塊面法
亂塗一通。該畫實際上包括許多三角記號、三角筒、零碎的筆觸、叉
叉，並包羅了各式各樣的人體樣品。

畫中所用的滴灑塗抹法，毫無疑問是源自於上一代藝術家的。但
其快速草率的畫法，則不折不扣的是目前流行的「壞畫」（bad paint-
ing）——很明顯的，我們望文生義，可以知道這一派畫求的不是繪畫
品質的評斷，而是繪畫品類的新創。〔譯註：此地是說「壞畫」是繪畫分

類中，新分出來的一類〕以前我們說「壞畫」，意思是技巧不好，沒有畫完，現在上述種種缺點，都成了另一種新技巧特色，自己獨立成為一種類型（genre）〔譯註：此原為法文，是類型學中重要的術語。從二十世紀中期起，開始廣泛的應用於文學藝術的討論中。〕這就是說，上述種種缺點，已被「合理化，恰當化」了，變成一種風格——變成一種可以當成商品販賣的資訊，在紐約東村（East Village）的畫廊中，十分暢銷。

我們的社會，越來越沉迷於資訊之分類化，而繪畫也就越來越朝着把各種品類混在一起，來迎合我們的社會。上面所論的那張支離破碎的「克勞斯貝街」就是反映我們文化走向的典型例證。剛才我們提到的紐曼，他的論文是講文學的，但下面這段話也可以用來說繪畫。他寫道：「文學類型是文學描寫的模子，或成進化式的發展，或漸漸淘汰消失，或被另一種類型所取代。這些類型變得面目不清，因為它們不願再依規定的模式運作，不願再成為一種『普通的傳送工具』（common carriers）。」[23]

德、高二氏為了「描寫」自創的新品類，將我們社會中資訊的最小單元，取了個名字叫「分裂元素」（schizzes）〔譯註：或可譯為「稀絲」。此字源於希臘字根schizo，是分裂的意思。這種以分類最小單元來討論問題的方法，是從二十世紀初期德索緒爾語言學方法學中，發展出來的。〕「稀絲」是「沒有特別意義的記號」，或可稱之為「點記號」（points-signs），本身有多重空間，多重功能……集合起來可以成為一個整體，變成各種意象，然他們從一個整體轉到另一個整體時，本身並不具有任何特色，是中性的。」[24]

當我們看穆立肯的「大圖表」，巴斯基葉的「克勞斯貝街」這種畫時，我們看出畫家已接受混淆分類的觀念，本來是屬於一個結構體的部分元素，現在却不願與其餘的部分有任何關聯。其品類地位，一開始就模糊不清，在「不連續」的創作精神之下，被各種不同的風格，塑造成各種不同的意象，一面發展滋生，一面創造新的形象。在後現代主義繪畫中，風格的基本元素，也可以稱之為「稀絲」。後現

代主義繪畫，很明顯的，包括好些個不同的類型，各自朝不同的方向
發展；有時候，又會偶然從好幾個不同的藝術家那裏，東一個西一個
的浮現了出來。

　　我在第一講裏，曾經提過，後現代主義繪畫，讓人感覺到有一種
逼人而來的精神分裂趨勢。爲了試圖瞭解薩勒（David Salle）在他那
張「瓦解壓皺的一片」裏所用的多種不同風格，我談到他如何試着去
多元化，而他作品中多元的因子，也誘導我們去尋找其間潛意識的關
係。因爲，在畫面外表，我們難以找出任何正常的敍述關聯。像這樣
把各式各樣的風格、視覺效果、文字資訊，故意揉合在一起，並非什
麼創新。立體派的人在拼貼法（collages）中，就試過了。從 1930 年
代開始，哈特飛（John Heartfield）在他的政治畫裏用過，羅欣伯用此
法經營意象，羅森貴（James Rosenquist）在 1964 年所作的「籠子」
（Cage）油畫，就特別能顯示出他與薩勒有相同的興趣——把一種意
象，重疊的畫在另一種之上。可是在羅森貴的「籠子」裏，那輛橫過
畫面汽車的作用，是在把汽車下面破碎的意象，連貫起來。這樣的作
品，便回歸到信仰事物有連貫性的觀念上去了。而後現代主義的作
品，却非常自在的，留在「破碎」或是「累積」關係的範圍當中。

　　繆樂（Stephen Mueller）最近的壓克力作品「每一個人都去」
（Everyone's Going）（1984 年）就是標準的累積手法之運用。在
「每」畫之中，一片粉臘筆風景，佔據畫面下方，襯上一大片蔚藍淡
紫色的天空；然後有一道道濃重發光的顏彩，瘋狂的塗於其上，造成
了一種相對的抽象意象。這片抽象意象，是平面的，是一種明目張膽
的抽象記號，高居畫面上方，與有空間深度的地平線相對照。兩者之
間，並無任何連接或妥協的處理。[25]繆樂、薩勒、巴斯居葉他們並非
沒有注意到這個問題，或是不在乎他們在畫些什麼。因爲，我們社會
的內容，變動太快，已到了無法控制的地步，而藝術品在其中，也已
變成了商品化的資訊元素之一；於是他們的作品，便在一種依樣葫蘆
模倣式文化（pastiche culture）的知感性中，自由自在的四處吸收融

合。（圖十四）。

　　詹明信在他的論文中用了「依樣模倣」（pastiche）與「精神分裂」等字眼，實在一點都不偶然。他針對我們目前的情況寫道：「後現代主義與消費社會，是各種風格、各種異類的混合體。事情發展到這個地步，諷嘲模倣（parody）已行不通了，大家只好依樣葫蘆（pastiche）。與諷嘲模倣差不多，依樣葫蘆是模倣中一種特殊或獨一無二的風格，戴上風格式的面具，使用已死的語言：這是一種中性的模倣，不像模倣那樣，含有隱秘的動機、諷刺的衝動或譏諷嘲笑；依樣模倣甚至也沒有一份隱藏在心底的感情；因爲，如果我們認爲有一個『正常』（normal）的東西存在着，比較之下，模倣之物就會顯得滑稽可笑。」㉖

　　在隆哥的「壓力」一畫中，我們所看到的，正是此一風格式的面具。畫中人模倣別人，而自己却保持中性，當外在世界衝進了他的頭顱之中時，他仍然如此。畫裏的意象與主題都不可笑，畫只是簡單的畫出來了，含有奇正相生的矛盾在其中；一方面此畫可與熟滑的商業文化結合在一起，同時，又無言的保持了一種完全不介入的距離。

　　詹明信討論完了依樣葫蘆式的模倣後，便開始研究「精神分裂」。首先，他立刻聲明，他所討論的藝術家並非眞的有醫學上的精神分裂症。他的意思是說，某些文化爆發出來的情形，描寫起來，有點像精神分裂下所意識到的現象。用我的話來說，就是精神分裂下所意識到的資訊。在這一點，我完全同意詹明信的說法。

　　他解釋道：「精神分裂的經驗，就是經驗到孤絕、切斷，以及一些不連貫的物質記號物（signifiers）〔譯註：依「記號學」的譯法，或可譯爲「記號具」〕，完全無法連接成一個完整的結構。」㉗

　　我想讀者可以看得出來，我演講的論點，一開始，就朝這個方向發展過來。從德、高二氏的觀點看，人類想要製造，同時也製造了機器。而機器本身，事實上，又搞得四分五裂。巴斯居葉作品中的描寫，逼着我們找尋到了「精神分裂模式」（model），從而取代了十九

世紀的「肺病模式」。

　　十九世紀的前衛派，他們與眾不同的外貌，被人認為是與肺病所產生的孤絕、憂鬱有關。凡此種種，我在一開始就講過，都屬於生理現象，很符合當時中產階層興起的那個以物質為導向的社會。貝爾曾為文指出，從工業社會到後工業社會的各種改變，使我們可以看到，從工廠文化的體力勞動，改變到資訊文化的智力勞動。崔靈（Lionel Trilling 美國文學批評大家）曾非常害怕，在我們的時代，「各種壓在我們心智（mind）上的重擔，會超過了其固有的負擔能力。」[28]在分類崩潰之同時，大家漸漸培養出一種適應新的資訊項目之能力，這就是所謂依樣葫蘆的做法，顯示出我們的系統因過度膨脹，而無法再保有結構上的關聯性。於是生理上的崩潰現象，也隨之從「肺病」轉變到「精神分裂」，從物質的運作不良，轉變到精神或資訊上的運作不良。上述情況，在我們這個時代，又被以另一種方式同化接受了。

　　前衛派的藝術家，自認為是叛逆的、反抗的、孤絕的。當中產社會開始接受他們那種肺病形象時，也順便從這些「異類」（different being）中吸收了一些東西過來。可是藝術上「精神分裂模式」的發展却非如此，這裏面沒有過去那種僅僅是認同藝術家的問題。

　　在卡敏（L. J. Kamin）等人所合著的《我們遺傳基因中所沒有的：生物學、意識型態，以及人性》（Not in Our Genes: Biology, Ideology, and Human Nature）一書中，提到在英國，每十二個人中，就有一個人「在一生中的某一個時刻，會入院接受精神治療。」這個比率，與美國的相近。精神分裂症是醫學上所確認的精神錯亂裏，最普通的一種。該書又指出：「1979 年，英國國家醫療中心報告，有五分之一的藥物是用來醫療中樞神經系統的……自從 1952 年，『氯普麥辛』（chlorpromazine）發明後，長期需要醫療的精神分裂病人以及與此有關的病人，可以得到適當的控制。十年之間，世界上，估計大約有五千萬人，使用過此藥。」[29]

　　在此，我不想討論，精神分裂症的原因是「生化的」還是「文化

的」。然而，就像拉崗（Lacan）所言，非常明顯的，得了精神分裂的人，不但喪失了瞭解連續語言的能力，同時也產生其他類似的症候。在當前，正是智力工作取代體力工作成為一般模式的歷史性時刻，精神分裂的症狀逐漸暴增。當資本主義把前衞派的反抗行為，轉化吸收之後，藝術家便又重新回歸社會，回歸到一個正如德、高二氏所形容的，以生產機器來不斷記錄反映，不斷消費，不斷重複製造自身工作的社會之中。

後現代主義藝術家的作品，在這種被描寫成擁有精神分裂內容的當代社會裏，只不過是另外一種商品罷了。與其說藝術作品等於大衆文化那種快速變遷却又時時相互分離的網路，還不如說藝術作品與大衆文化保持一種模稜兩可的關係。二者都有下列的特色：共同唱出依樣模倣的調子，把分類項目取消並模糊之，把自己也取消刪除，丟掉或再製造出新的和協或不和協，二者之間，交替不斷，永無休止。

連續貫聯性之崩潰，當然也可以被視作一種交換交流的自由，這就是「依樣模倣」（pastiche）之道。然則，依樣模倣，並無一個前後一貫的次序，而其基本元素「稀絲」（schizzes）或「點記號」本身也沒有特徵可足辨認，生產機器以一種前所未有的自由在生產。藝術家不斷生產作品即可，或表達意義，或什麼都不表達。

麥克葛溫（Ed McGowin）在他的「你可以想像」（You Can Imagine 1984）一畫中，用噴槍在破布上，畫出一個過時的資訊傳遞工具——書。書中右邊那一頁，出現了臥室一景，左邊則是一隻藍色的狗（影子也是藍色的），站在生日蛋糕之前。在這一張甜美又謎樣的圖畫旁，題了一些無法解讀的文字。雖然，麥氏宣稱可以讀得懂（說不定有人眞看得懂），但我聽說，大部份的人都無法瞭解。那是一組個人化的密碼，一種模倣式的暗號，一個風格式的面具，放在這兩張說明性很強，却又讓人搞不懂的圖畫意象之旁，以為對照。你看了這畫，可以一笑置之；不過，因為畫中的基本指涉語言，已被轉換成一套難解的東西，我們也就難免如詹明信所說的，會產生一種感覺，那

就是：「旣笑不出來，甚至也沒有一份隱藏在心底的感情：如果我們認爲有一個『正常』的東西存在着，在比較之下，模倣之物才會顯得滑稽可笑。」[30]（圖十五）。

麥氏斷言，一定有「某一個人」可以瞭解他所寫的，也就是說，連續資訊之中斷，將會被某人重新連組起來。這樣一來，一切也就立刻變得合理可解了。這種態度，是標準的把意象當成資訊，然後放在我們的文化中，使之相互交流。後現代主義的意象，是一種商品，吸收並交換各式各樣的風格及資訊。當藝術家自由自在的，在一個模稜兩可的文化中活動，他的形象也就慢慢與社會中的交換機制（mechanism of exchange），——也就是資本主義機制，合而爲一。第伯德（Guy Debord）在他的《奇觀社會》（*Society of the Spectacle*）一書中寫道：「金錢的另一面就是奇觀大觀；而奇觀大觀也就『等於』所有商品的總合，一種通則化抽象化的『等於』。金錢主宰了我們的社會，所有的東西都可以金錢代表，劃上等號。這也就是說，不同產品之間，本來功能完全不同，根本無法相等或比較，但在金錢的代表下，其交換性就出現了。」[31]

意象本身變得資本化，不同的元素間的互換，又根本無需保持其連續性——在精神分裂的模式下，任何事物皆可相互交易。後現代意象的「內容」本身就是「結構」，這些意象以資本交換的方式來運作，同時自身也變成一個可以被大衆所接受的商品。如此一來，藝術與大衆之間便沒有距離，也沒有過度個人化的問題了，甚至連「挑釁憤怒」的餘地也消失了。

正如同詹明信所說的：「標準的精神分裂，是階段性的連續不斷的發生精神崩潰，眼前的經驗，變得重要非常，一切都生動的要命，也『物質』（material）的要命。」在一個精神分裂式的資訊文化裏，分類崩潰了，資訊中不斷冒出新品類的「突變種」。這表示資訊網內，已經擠滿了各式各樣的東西，一點空間也不剩了。各種意象，在成堆意象的表面，不斷相互交流改變，事物之間相互類似，相互模倣，又

相互被分了開來，完全失去其原來意義的深度。

　　當距離的可能性消失了，利用「距離感」此一特點的前衞派，也就消失了。「現代主義」這個辭彙的主要內涵本身，就存有深刻的反諷（irony）。「反諷」是在原來渾成一氣的整體中，故意來一個突破，一個新的小派別誕生了。反諷法永遠要靠其在整體中所突破出來的空間，才能表現其對那不再完整的整體的失落之感與懷念情緒。可是在資訊文化中，交流交換的自由是無限的。什麼東西都可出現，而且物質得不得了，資訊網中的空間，都發展成新的品類，反諷已無容身之地了。

　　看了麥氏的作品之後，起先，我們至多不過啞然失笑，然後，才試着將之放入資本主義文化中來看。巴斯居葉的骨骼圖表，薩勒的風格模倣，本質上都是不可笑的。我們用詹明信的話再說一遍：這些作品是讓人「笑不出來」的。雖然，詹氏還稱之爲「空白反諷」（blank irony），我却認爲，在後現代主義那種模稜兩可的聲音之中，根本什麼「反諷」都沒有。我們口口聲聲說，所有距離都消失，所有的分類模式都變化成精神分裂狀態，只不過更確定了下面這句話的眞實性，那就是「精神分裂是……把眼前的一切，交給一個毫無區別差異的世界憧憬。」[32]

　　在後現代主義繪畫中，所有依樣葫蘆的意象彼此互不相同，但同時又可以相互比較、相互融合。因此，所有的作品彼此又都一樣了。

　　在葛德斯坦（Jack Goldstein）1984 年所作的壓克力三聯屏「無題」之中，甚至自然與人，都因天上的閃電與都市中的電光，而融合在一起了。二者之間，毫無距離可言。整張畫，看起來像照片。我們簡直無法分辨何者爲自然律中的閃電，何者爲人工製造的電力，也搞不清何者是產生閃電的源頭，何者是產生電力的機械。電的意象不斷重覆，只是閃電的形狀略有改變。其中沒有任何「超越式」（transcends）的意義，與我們所知道的基督教傳統大異其趣。通常我們在古畫三聯屏時，救世主總是在中央，旁邊的一幅畫着耶穌。現在的

畫，既成三幅一樣，毫無區別，有的只是永無休止的交流，這又如何能產生超越的意象呢？（圖十六）。

當所有的事物都平等了以後，我們還沒有辦法從中找尋出一套新的統一，一套能成功處理反諷的方法。我們只能在資訊網的表層，達到一種永遠變動，永遠突變的狀態，沒有什麼事物正在進化興起。貝爾指出：「一個後工業社會，無法產生出一套超越式的論理觀。」[33]我們看不出來，目前有任何類似的論理觀，在我們的手中發展。我們現在的藝術，根本不表現這些，任何東西都可以並置在一起—毫無關聯，但却又並置得恰當舒服無比，就像貓舒舒服服的躺臥在那裏，在他們突然跳起狂奔之前。

「現在不這樣了，當我聽到文化這兩個字，我就立刻伸手拔槍」索勒斯（Philippe Sollers）如此寫道：「現在我們只能這樣，文化舒舒服服的躺在我們我口袋裏，每當我聽到"思想"（thought）二字，我便微笑。」[34]一點不錯。可是我們只能微笑一下下，在那永恆不斷的現在，衝過我們面前時。留下我們在那裏回想，我們剛才爲什麼而笑——假如我們還想得起來的話。

【註】

1. 參見第一講有關「古典時代」的註解，以及註⑦。
2. 彼得柏格（Peter Bürger）：《前衞派理論》*Theory of the Avant-Garde*，英譯：蕭氏（Michael Shaw），（Minneapolis: University of Minnesota, 1984），頁 47—54。
3. 柏格：《前衞派理論》，頁 32。
4. 蘇珊・宋塔：《以疾病爲暗喩》*Illness as Metaphor*（New York: Farrar, Straus and Giroux, 1978）。宋塔把對肺病的那種浪漫看法，描寫成是「唯物主義式的意象：是一種病態愛情的變種。」（頁 20）。
5. 參閱《杜勒版畫全集：腐蝕銅版畫、針筆銅版畫》*The Complete Engravings, Etchings and Drypoints of Albrecht Dürer* 史卓斯（Walter L. Strauss）（New York: Dover Publications, 1973），頁 166—169。

史卓斯舉出各式各樣的憂鬱症爲例，同時還仔細引用了 1489 年菲其諾(Ficino)所寫的《論三重生活》*On the Threefold Life*，及 1531 年耐特史姆(Agrippa von Nettersheim)所寫的《巫術哲學》*De Occulta Philosophia*，說明杜勒的畫是如何受這些書的影響。

6. 見宋塔：《以疾病的暗喻》，頁 28。

7. 見柏格：《前衞派理論》，頁 49。

8. 見尼采：《善惡之外》*Beyond Good and Evil*，英譯：考夫曼(Walter Kaufmann)(New York: Vintage Books, 1966)，頁 113-114，其代表性的名句如下：「高尙獨立的精神心靈，與意志能力，是屹立孤高的，什麼也不依靠，即使那威力無比的『理性』，也被看做是危險的。凡是能讓個人從凡人羣中提昇出來的，讓隣家愚婦愚夫膽戰心驚的，此後都被稱之爲"罪惡"……。」

9. 魯賓(William S. Rubin)：《達達、超現實主義，及其傳承》*Dada, Surrealism, and Their Heritage*(New York: Museum of Modern Art, 1968)，頁 12。

10. 見桑拜克(Amy Baker Sandback)編：《批判性的回顧：藝術論壇二十一年》中所收錄的可羅絲(Rosalind Krauss)所寫的「感覺與知感性：六〇年代後雕塑之沉思」(Ann Arbor: UMI Research, 1984)，頁 156。可羅絲在文章中一條非常有趣的註解裏，提到瓊斯(Jasper Johns)對「噴泉」(Fountain)的詮譯。瓊斯認爲「個人化」是杜尙故意要避免的一種觀念。不管杜尙的本意倒底爲何，「噴泉」實際上激發出一種心理的距離，其中含有相當突出的社會分工分裂現象。

11. 在對生產模式與社會結構的概念裏，我針對柏格的分析，提出反對意見。柏格對美學之詮釋及討論前衞派如何自願從社會中獨立自治時，看法是正確的。可是柏格幾次三番都錯過了進一步發展他想法的機會。因爲，很不幸的，他仍局限在二分對立的模式中：那就是社會一定與藝術家對立。柏格全心全意的研究前衞派，以至於被其心態所同化了。到最後，他困在前衞派的心理狀態而不能自拔。再者，他的書有可能被用來分析我們目前的文化狀態，我在以後會討論到，如果眞是如此，那將大錯特錯。

12. 李歐塔：《後現代狀況：一篇有關知識的研究報告》，*Geoff Bennington and Brian Massumi*，英譯(Minneapolis: University of Minnesota, 1984)，頁76。

13. 柏格：《前衞派理論》，頁 51-54。

14. 傅寇：《事物之秩序》，頁 137-138。見第一講，頁 116。

15. 貝爾：《即將到來的後工業社會》*The Coming of Post-Industrial Society*(New York: Basic Books, 1976)，頁 174。

16. 迪更司：《我們共同的朋友》*Our Mutual Friend*(New York: Bounty Books, 1978)，頁 96。

17. 克林普(Douglas Crimp)：「論博物館中之廢墟」(On the Museum's Ruins)收入福斯特(Hal Foster)編：《反美學：後現代化論文集》，頁 49。這篇文章可與多那托(Eugenio Donato)的論文：「博物館裏的鎔爐：《布瓦德與佩居謝》一書文義閱讀之研究雜記」相互參閱。多氏的論文收在哈拉力(Josué V. Harari)所編的：《章句策略》*Textual Strategies* 一書中，(Ithaca: Cornell University, 1979)，頁 213-238。

18. 見貝爾所引用的亨利·亞當斯資料，見《即將到來之後工業社會》，頁 169。

19. 紐曼(Charles Newman)「後現代氣氛：通貨膨脹時代的虛構故事情節」(The Post-Modern Aura: The Act of Fiction in an Age of Inflation)，見Salmagundi，63-64 期合刊（1984 年春、夏季號），頁 182。這篇論文，有一本書的長度，內容非常精彩，是一篇非常美國化的文學批評論文。

20. 詹明信(Frederic Jameson)：「後現代主義與消費文化」(Postmodernism and Consumer Society)，收入《反美學》一書，頁 124。詹氏的批評論點，最接近也最瞭解社會分解與當代藝術創作的關係。波椎拉德(Jean Baudrillard)在他的《保護色》*Simulations* 及後來其他論文中的論點，在此也值得一提。不過，波氏把資訊系統網，看做是整體化過程的產物——對這個信念，我將在這一講及下一講中，仔細討論。

21. 貝爾：《即將到來之後工業社會》，頁 116，我實在無需老是在這一點上做文章。很明顯的，高科技靠着系統分析及大眾傳播資訊過程，已經控制了整個世界的經濟動力。芥克布(Jane Jacobs)看樣子是說對了，她認爲隨着實質科技之改進，使得勞工人口之統計，發生了戲劇性的變化，越來越多的勞工人口變得無所是事。見《城市與國家財富》*Cities and the Wealth of Nations* 一書中的"科技與勞動力清倉"(Technology and Clearances)(New York: Random House, 1984)，頁 79-92。〔譯

註：「勞動力清倉」是指勞動力爲科技所取代而變得無所用。〕

　　芥克布對生產力及生產力對城鄉經濟所產生的最終影響，自有她一套看法，與資訊科技如何衝擊現代社會有密切的關係。資訊科技的應用，節省了雇用人工的支出，許多手工操作的工作，便不斷的被機器所取代。慢慢的，無法避免的，我們必須經驗到勞動力漲潮落潮式的變化及重組。這種現象對勞動人口統計表會產生什麼樣的影響，是十分有趣的問題。不久以前，新派烏托邦主義建築師波多亞（Paolo Portoghesi）在他那本頗受爭議的著作《後現代：後工業社會的建築》，英譯：沙比洛（Ellen Shapiro），（New York: Rizzoli, 1983），預見在未來，我們會創造出一種「傳播式的建築」（architecture of communication）。這樣一來，我們便不在需要去建立大都會中心了。〔譯註：各種電腦聯線式的傳播，使大都市的任何一點都可以成爲中心地帶。〕

22. 德勒茲，高達里合著：《反依廸帕斯：資本主義與精神分裂症》，頁 4。書中與我的討論有關的觀念是，「沒有器官的身體」（body without organs）這種反生產的特性，見頁 8–16。

23. 紐曼：《後現代氣氛》，頁 113。

24. 德氏與高氏：《反依廸帕斯》，頁 241。

25. 繆樂的畫，如果從我第一講的結尾部分來看，是饒有興味的。葛林柏格式（Greenbergian）的模稜兩可觀念──既平面又同時有立體的幻覺，似乎是目前美國最典型的抽象畫。

26. 詹明信：《反美學》，頁 114。

27. 詹明信：《反美學》，頁 119。

28. 崔靈：《現代世界中的心靈》Mind in the Modern World（New York: Viking, 1973），頁 5。崔氏在一九七二年傑佛森人文講座中，首度發表這篇強而有力的論文，他提出一套中肯卻冷酷的分析，認爲我們社會中知性的工作已淪喪貶值。他說的不錯。然而，卻似乎把知性工作與知性能力搞混了。知性工作是指在學術或哲學方面的研究調查工作。知性能力則指當前世界裏，理智心靈能夠前後一致的一貫的運作。他對思想工作之漸漸不受重視，感到失望，並認爲這是理智心靈失調的結果。然而，他所指出的二者之間關係，似乎只是一種暗喻性的關係。事實上，在資訊社會裏，因理智化之興起，同時也把資訊及知性工作者的地位提高了。不過，這種發展已經爲理智能力招來了壓力，尤其是當理智能力

面對新工作的處理及掌握時。

29. 李翁定、羅斯、卡敏(R. C. Lewontin, Steven Rose, and Leon J. Kamin)合著：《我們遺傳基因中所沒有的：生物學，意識型態，以及人性》(New York: Pantheon, 1984)，頁 197–204。

30. 詹明信：《反美學》，頁 114。

31. 第伯德(Guy Debord)：《奇觀世界》*Society of the Spectacle*第四十九段。讀者最好能閱讀「商品奇觀」(The Commodity as Spectacle)那一整節。

32. 詹明信：《反美學》，頁 120。

33. 貝爾：《即將到來的後工業社會》，頁 480。

34. 見紐曼引索勒斯的話，《後現代氣氛》，頁 5。

摹擬再現的新方向

從這些作品中，可以清清楚楚的瞭解到，我們的大畫家
知道如何處理任何題材，他以無比的才智，清醒的頭腦，高
超的手法，大膽的畫，清楚的畫；不像其他許多畫家，既乏
知識，又無訓練，想在作品中處理寓言題材，結果不是思想
空洞貧乏，就是境界平淡無味，實在低俗可厭。

費立比恩：「論普桑的生平及作品」

Félibien: "Entretiens sur la vie et les
ouvrages de Nicolas Poussin"

在系列演講一開始，我便肯定的說過，文化有其持續不斷的一
面，並沒有在我們的四周，完全土崩瓦解，亂成一團。不過，在我第
二講的結論裏，上述肯定的看法，好像顯得只不過是一種空洞的自我
安慰而已。

當我試圖指出知識分類打斷了文化持續性時，心情是沉痛的。除
了政府部門，財團組織之類的機構，還保有一些化粧式的「統一」
(unity)之外，在我們的時代裏，各種不同的文化，都不斷的分類、
突變，各自獨立運作。

André Félibien(1619-1695)法國名建築師及史料學家，出版有《繪畫源始》
(*Origine de la Peinture* 1660)及論建築、雕刻、繪畫等專書多種。Nicolas
Poussain(1594-1665)為法國十七世紀大畫家。

李歐塔曾舉了一大串例子說明此一現象:「電腦語言,競賽理論的矩陣,新式音樂記號系統,非定義性邏輯形式的記號系統,(例如時間邏輯、外延邏輯、程式邏輯……等等)遺傳基因語言,語韻結構程式圖,諸如此類的。在這些七寶樓台的碎片中,我們不免悲觀絕望:沒有一個人能懂得上述所有的語言,而那些語言之間,也沒有一個共同的超語言或後設語言存在,要想把各種主題都加以系統化的計畫,必定落空;而各種系統分門別類各自獨立的最終目標,亦與科學無關。我們各自卡在各自知識及訓練的實證論裏,無法自拔。博學之士都變成了科學家,研究工作的範圍日漸縮小,大家分門別類,弄到最後,誰也無法一通百通。」①

在上述語言的七寶樓台碎片陣裏,我們不妨再加上一項,那就是後現代主義藝術。就我目前所瞭解的情況而言,我所研究的對象,是一種沒有反諷的繪畫,存在於一個不斷擴張的知識網路之內。新的品類、理論,新的產品,人工語言,反映了風格的累積與重疊,反映了意義與意象不斷的轉換,這就是我們今天的藝術。

我不願說,我所謂的後現代主義繪畫,是代表現在藝術潮流的唯一心態;但是,這種現象,的確說明了精神分裂式文化的運作及發展。我先前曾研討過,精神分裂式文化之興起,是對資訊泛濫的一種反應及因應。我們已被無窮無盡的資訊所淹沒了。

在現今這個世界裏,我們很難跟得上我們自己專業領域的各種最新發展,甚至也跟不上許多日常新知的發展;更別說如何應付個人生活之中的種種複雜問題了。對我來說,繪畫正好反映了一連串與我們切身有關的問題:那就是我們如何把握我們所知道的一切?理智的容量有多大,所能容納的世界憧憬之極限何在?這也就是說,我們如何能記得住過去的過去以及剛才的過去,而我們的文化,却又不斷強調,我們應該全神貫注於現在?

在最基礎的層次上,繪畫是一種視覺再現的形式,繪畫可以證明我們理智心靈的記憶能力,可以再造過去。從柏拉圖時代開始,便認

為記憶是理智心靈創造視覺印象的一種過程。在柏拉圖的對話錄《西依泰圖斯》(*Theaetetus*)中，蘇格拉底把理智心靈(mind)說成是裝有一種軟性蠟塊的東西。蘇格拉底說：「讓我們稱繆斯(Muses)母親所賜的禮物為"記憶"罷！比方說，每當我們願意記起我們看到、聽到、或心中想到的東西，我們便把那塊蠟拿出來，把感覺或觀念壓印其上，就像我們用戒指印章蓋印一般。只要是印上去的，我們便記得，只要印痕不褪，我們就不忘記。」②

　　繪畫，至少在實體上，讓我們可以看到感覺與觀念的樣子，以一種相當永恒而固定的方式出現。這些印象，必須是過去式的，是一種感覺的記錄，以完整再現的方式，做最終的呈現。繪畫既然是傳達可辨識意象的工具，就非得要有記憶不可。傅寇在《事物的秩序》一書中寫到：「假如摹擬再現，沒有那種神秘的力量，把過去的印象轉化成現在，那就沒有所謂的『這一個印象』與『前一個印象』相似與否的問題。這種回憶的能力，至少顯示出有可能使兩種印象，看起來半相似，有如鄰居或同時代人一般，雙方以一種非常相像的方式存在著。兩個印象中，只出現其一，而另一個，則可能在很早以前，便已經停止存在了。」③

　　我第一個問題的答案，與當今記憶的能力有關。這些答案是繪畫提供給我們的，從今人的繪畫中，我們知道我們可以，也真的能記憶。即使在一個以分裂著稱的時代裏，我們的記憶，仍然為理智心靈創造出統一的完整。繪畫為這個世界所描繪的形象，自有其承先啟後的一貫性。因為繪畫中包含有許多基本上與過去意象相關的東西，也包含有許多當前意象的回想。此次講座的主題是討論當代藝術，這使我想到，回憶的能力，也就是說，繪畫的認知能力，是要以一種相當廣泛普遍的運作方式來肯定的。這將使我們對後現代文化裏的記憶，有相當特殊的發現。

　　我想我可以這樣說，前幾講我所討論過的畫作，都或多或少與表達記憶的記號有關，有些根本就是記憶的直接記錄——例如穆立肯與

麥克高溫那種個人化的記號與密碼，瑞佛斯與巴斯居葉充滿了小標題的人體圖解，還有薩勒的「瓦解壓皺的一片」中一系列的歷史風格。這一連串的繪畫記載，告訴我們，記憶本身──就像上述後現代主義繪畫所顯示的──已改變了其選擇的過程。

　　假如巴斯居葉的「人體」，是混亂及徹底重組的表徵；薩勒的畫，就是各種過去風格的堆積，以及一些好像是任意選擇出來的意象之雜湊。那些意象，自身無法獨立存在，只有通過拼貼系統才能出現。那麼，他們所創造的摹擬再現，是一種基本上完全與統一完整的歷史觀不同。我回顧他們所製作的圖象，代表了一個分裂了的世界。時間本身的發展直線被打亂了。時間的大河被分成無窮的小支流，也就是德、高二氏所謂的「稀絲」，這些「資訊點記號是多面的」，不斷自由流動的。①從一個較廣的視野來看，回顧這些繪畫，就是回顧歷史，既是個人化，又具時代性，完全沒有凝聚、綜合或發展的原則或法則。

　　對史料學（historiography）的研究者來說，這是不足為怪的。傅寇認為：「在十九世紀以前，歷史被認為是一條大河，各點都很統一，在一種水流下滾滾向前，或起伏一致，或循環一氣，其中包括了所有的人、物、以及動物……，而在十九世紀的初期，這個統一性動搖了。……人們發現有一種屬於自然本身的歷史性存在著，適應環境的模式，被廣泛的應用去界定其他的生物。這種看法，慢慢發展到後來出現的『進化論』式的綱要定義。……萬事萬物，破天荒的，都開始有了屬於自己本身的歷史，這使得萬事萬物，得以從加諸在自己（也加諸在人類）身上編年史式的連續不斷的表格領域中，解放了出來。」⑤

　　因進化論的關係，萬事萬物在他們各自的領域中，得到了歷史之解放，這與我在第二講中所提到的分類之崩潰與知識之崩潰，有相當密切的關係。黑格爾（Hegel）假設，在我們的哲學玄思當中，可以對世界產生一種理想而又歷史性的瞭解。「不過即使是這樣，哲學玄思

仍然無法滿足於各種異質的出現，無法滿足於僅僅掌握各種概念式理解及演譯式理解的外在關係，而想將之綜合統一成一自給自足之整體」。而藝術，却在其獨立而自給自足的發展中，分崩離析。⑥

　　進入十九世紀不過二十多年，黑格爾就已發現：「這個年頭，思想自由以及批評——也就是反省之修養——對所有的民族來說，（且以德國民族為例）已經掌握控制了所有的藝術家，使藝術家無論是在其作品的內容或形式上，都變成了白紙一張（tabula rasa）。尤其是在浪漫藝術形式（romantic art form），無可避免的被詳細而多方面的檢討批判之後。對當今的藝術家來說，特殊主題內容的限制，以及規定某某內容題材宜於入畫的模式，統統不存在了。從此藝術變成藝術家可以任意驅遣的工具，他可以衡量一下自己主觀的技術，然後去表達任何內容。」⑦

　　就像福樓拜在《布瓦德與佩居謝》裏所講的，一種近乎可笑的分類模式，普遍存在著，書中的主人翁，努力的把各種不同的東西，弄到一起，然後歸入區分極其微細的目錄表格之中。假如某樣東西，無法歸入這一類，他們便重起爐灶，將之歸入另一類——使整個架構看來，像一部大生產機器一樣，以不斷分裂繁殖的分類學，為其內部狂野的燃料動力。⑧

　　不過，黑格爾及福樓拜認為，「世界已充斥著各種狂放不羈的獨創事物」此一觀念本身，便具有反諷性在內。黑格爾不斷提到「浪漫藝術形式」，並十分懷舊的將之視為一種達到精神完整（spiritual totality）的方式。而福樓拜所創造的小說人物，則是他用來做諷刺的工具，反映了他對當時社會的失落感。人們在信仰及行動上，都不再能夠保持任何統一和諧了。

　　截至目前為止，我所想說的是，「記憶」（memory）仍然是人類生命的重要部分。但是「記憶」在歷史的形式裏，地位却有了改變。歷史一旦開始分類，便分裂成許多相異的體系。既然事情已經如此，我們不得不適應這些變化多端的類別，不再企圖重建統一性的整體

了。同時,我們也不再以反諷之類的手段來自衛。

在我們這個時代,所謂的反諷,早已不再存在。紐曼寫道:「失落感不再是一種可以具體感受的經驗,而只不過是一種有用的假設而已。」[9]後現代主義繪畫根本無暇去懷念一個統一而完整的過去。專業化興起之後,各種事物,都有其特異的發展史,越來越無法維持一個結構上的統一。就像德、高二氏所描寫的精神分裂症候:「(人們)可以製造各種意象,並將之集合在一起,不過這些意象本身都是中性的,從一個整體之組成到另一個,其間毫無特色可資辨識。」[10]因此我們可以看到,十九世紀對人的歷史,及萬物的歷史之分類觀念已被我們推展至極致了。

對畫家來說,凡事都限定在特定的一段時間之內,並在其中演化進化。時間、歷史、記憶三者在畫布上結合,結合於畫家所選定的形式之中,不斷的做獨特的變化。如此這般的「選擇過程」(process of selection)以及記憶(或回顧)方式(manner of remembrance),也就是我們所稱的傳統。

希爾斯(Edward Shils)說:「傳統是事物從過去轉換或遺傳到現在……傳統……包括物質對象,對各種事物的信仰,人物及事件的意象,風俗習慣及典章制度……文學藝術品的全部數量。傳統就是當時流行的思想,這種思想是在過去特定時間中創造出來的,當時每一個人遇到這種思想,可能欣然接受,應用傳播,也可能加以改造創新。」[11]

當然,「過去」總是在為大家所接受的過程裏,被修訂改變。就像艾略特(T.S.Eliot)〔譯註:艾氏是二十世紀初期英美現代詩巨匠及新批評主將,影響深遠〕,在他那篇出名的論文「傳統與個人才具」(Tradition and the Individual Talent)中所說的:「新作品尚未出現時,現有的秩序體系,是自給自足的。在嶄新的作品加入以後,為了繼續維持下去,整個現存的秩序,必定要改變,即使這種改變是十分輕微的。過去到現在每一件藝術之間的關係、比例、價值,在全體的觀照下,獲

得了重新調整，這就是新舊之間的相互適應。」⑫

　　假如「持續不斷」（continuity）這種觀念是對的話，那艾略特上面的那段話便是相當正確的。但「後現代知識」（postmodern knowledge）或「認知」，一開始，便一口咬定，傳播「傳統」的「歷史」，已不再存在了。在後現代社會中，持續不斷、永恆普遍等觀念是不存在的，取而代之的是搖動不穩、不斷互換的現象。傳統，不再像過去那樣，不再是傳達歷史意義的工具了。在過去，人們把社會上的各種活動與各種層次的道德水平，視爲一體，二者相互關連發展，成一垂直的結構。

　　在後現代繪畫當中，傳統，就像我剛才討論過的歷史一樣，傳達各種不同的異質力量。其關係既非水平，亦非垂直，而是不斷的在表面彼此交疊互動。用法國哲學家德希達（Jacques Derrida）〔譯註：法國解構主義開山大師，曾客座美國耶魯英文系，是解構學派主將，其理論影響結構主義、記號學及新女性主義⋯⋯是近年在西方新興的顯學〕的說法，就是「傳統」目前存在的主要模式，是以拼貼法（collage），來把各個因子融合在一起。

　　在拼貼法的異質混合構圖中，我們可以看到，畫家「引用的各個元素，打破了單線持續發展的相互關係，逼得我們非做雙重詮釋或解讀不可：一重是，解讀我們所看見的個別碎片與其原始「上下文」（text）之間的關係；另一重是，碎片與碎片是如何被重新組成一個整體，一個完全不同型態的統一。⋯⋯每一個「記號」（sign）⋯⋯都可以引用進來，只要加上引號即可。如此這般，便可打破所有上下文的限制，同時，也不斷產生無窮的新的上下文，以一種無止無盡的方式與態度發展下去。」⑬因此，傳統，從不久以前的過去及遙遠古代的過去中，以水平的方式〔譯註：也就是所謂的「並時系統」synchronic〕結合各式各樣的「引用資料」（quotations），造成了一種德希達所說的：「許多模糊的接縫線⋯⋯每一個接枝過來的內容，都不斷的發光，照回到其原始存在的地方。」回到過去的來源之中，「然後，把過去轉

化成現在，並對新接枝的地方產生影響。」[14]

「後現代知識」運用「過去」的方式，是把「過去」當成一種各樣秩序之系列回憶；而非把「過去」當做一種獨一無二的模範，也不想與之一較高下，因為在這麼多不同的「歷史」系統之中，要想與「過去」一較長短，簡直是太自不量力了。於是傳統便成了一個清道夫，蒐集了無數個別的發展史，多到無暇去思考或意識，這些個別歷史之進化法則及發展過程，是如何存在的。傳統這個清道夫，無意去傳達說明，在每一個區分好的元素之中，是否有內在的統一性？相反的，傳統所傳達的，是各種突變，如何相互模倣，如何相互類似，彼此相互複製彼此的一部分。傳統所遺留下來的，就是各種複製品，各種事件資訊，交雜在一起的混合體。因此，德希達說：「原始範本不再存在，也就無所謂倣本了。」[15]

有一張畫，可算得上是畫中的倣本之主。瓦薩瑞（Vasari）告訴我們說，有一次，達文西受人之託，畫了一幅作品，那就是喬康多（Franceso del Giocondo）夫人，蒙娜麗莎（Mona Lisa）的畫像。[16]此畫歷時多年，尚未完成。用佩特（Walter Pater）〔譯註：佩特 1839-1894，英國維多利亞的時代散文家及藝評家，以研究文藝復興藝術聞名於世。〕的絕妙好句來形容，便是：「我們對坐在大理石椅子上那個人的臉部雙手，都很熟悉，背景是圓形山谷，其中的磊磊奇峯，好像是座落於光線幽暗的海底。在歷史上所有的繪畫作品裏，這一張，可以說是最不受時間影響，最可親的一張。」[17]

在我們的回憶或回顧當中，不想起蒙娜麗莎，是非常困難的。雖然我們之中，只有少數人看過原作，至於說畫中模特兒本人，她那深不可測的眼睛，神秘難解的表情，看過的人可說是絕無僅有。除非等到來世，那或許有辦法一試。對蒙娜麗莎本人，我們所有的只是這獨一無二的一張「摹擬再現」品，也就是第一張繪畫性的倣本。她之所以最可親，是因為後世出現許多此畫的倣本，這一連串的倣本，常被用來做為探討當代有關摹擬再現觀念之工具。同時，這些摹擬再現原

畫的傲本，也改變了此一傳統本身。

杜尚那件惡名昭彰的小品「L.H.O.O.Q(1919)」，當然不是一張在達文西作品上做簡單的塗抹的戲筆之作。他在蒙娜麗莎鼻子加上了八字鬍，又在下巴加了山羊鬍。這些鬍子，同時也變成了杜尚做畫時參考用的那張傲本的附屬道具了(supplements)。

我在上一講曾提到過，在杜尚所參加的「達達運動」中，他們所採取的姿態，是希望否認「人性之中，還保存有醒悟與理性的這種認知。」因此，杜尚的蒙娜麗莎，是變性的，是女扮男裝的。從這個觀點看來，這張畫對當時的社會，不僅僅只是一種愛恨交織的譏刺而已，它同時也是對「摹擬再現」本身的一種嘲諷。因爲那張畫本來應該是含有一種神秘的啓示的。杜尚希望我們能把這種神秘啓示，從記憶中消除，或是將之放在括弧中，讓它成爲我們這個世界中，實際混亂情形的一個配件。⑬這是一個女人，但同時也是男人；這是一張畫，但同時也是一張傲本，這整個事件，便是對否定道德或修正道德的一種反諷。

傳統的傑作居然與現代的複製品沒有什麼兩樣，這種現象，只不過更進一步的說明了，文化在實際上，是如何不知不覺的，規則全無的退化墮落。杜尚把這張畫取名爲「L.H.O.O.Q」，原來是一句嬉皮笑臉的法文：「她是一個大騷貨」(She has a hot ass.)。這顯示出我們在畫面外表所看不到的那些東西：那些在現實的複製品裏，所失落的東西。這弄得傳統與歷史的說法，都變成了拙劣的影子；所剩下來的，僅僅是一些塗塗抹抹，混合雜湊的玩意罷了。⑭

毫無疑問的，在本世紀裏，文化在各種經驗的與知識的範疇之中，所嚐到的那種巨大的失落感，把我們統統給改變了。我們不再因爲文化的支離破碎，而感到絕望失落。我們把身體或整體，分裂成迷亂的碎片，然後再重新組合，我們忘記了源頭。用德、高二氏所創的那句資本主義式的暗喻來說，就是我們要眞的都是生產機器的話，我們所複製生產的藝術品，就是我們對生命的態度之延長：這也就是指

出，我們老是不斷的在交流能源、資訊、產品以及歷史。

安迪‧臥侯（Andy Warhol）1963 年的蒙娜麗莎，利用畫題「三十個比一個來得好」（Thirty is Better Than One），傳達了許多意念。其中所透露出來的消息，簡單的說，就是摹擬再現物或倣本，不但早已把「原本」或「源頭」（original）給忘了，同時也不認為那些源頭有什麼重大的意義。大家不再爭所謂的歷史價值了。這些意義與價值，早就被忘得一乾二淨。我們被資訊所淹沒的心靈，根本無力也無興趣再去承擔這些東西。大家所記得的，只是摹擬再現過程的本身。這也就是說，再製意象的過程，是去創造一種「同類影象」之間的交流，使倣本與原本類似，使過去與現在混同，所有的東西都自由飄浮，發展出自己的特定時間，發展出自己獨特的歷史。「三十個比一個來得好」這張畫，掛在印滿母牛圖案的壁紙上，而其畫本身就是一種不斷的重複。臥侯所再製的蒙娜麗莎，大部分都非常相似。傳統以一種拼貼式的風貌出現。這顯示了純粹姿勢、純粹外表風格，已經大獲全勝，代替了糾纏不休的「懷舊」問題。老現代派那種對完整而純粹歷史的追求，已經全然不見了。就像德希達在他的名著：《傳播散布》（*Dissemination*）所說的：「目前，我們所面對的是一種什麼都不模倣的模倣。」他在另一本書《寫與異》（*Writing and Difference*）中也說：「只要一經重複，一條線便不再是原來那條線，圓圈的圓心也不再是原來的那個了。」[20]

羅欣伯（Robert Rauschenberg）在他 1982 年所製的高溫陶藝作品「得了肺炎的麗莎」（Pneumonia Lisa）裏，把此一古典的意象，當成了他繪畫的畫布。蒙娜麗莎被人從原畫的山谷中抽了入來，然後再飄入「一羣奇石所組成的山谷」之中。繪畫已經獨立自由到這種程度，我們還嫌不夠。意象本身還要能夠具有另一種功能——那就是不做歷史的附庸，不以反叛的姿態去斥責腐化的文明——意象就是意象，以一種純粹的「樣式」，不斷提醒我們，它有選擇自己「時代」（time）的自由，不受各種表面的束縛，可以任意突變，不斷改換自己

存在的類別，單是其外型外貌，便擁有巨大無比的能力。（圖十七）。

再讓我們來看羅欣伯 1964 年的那張早期油畫作品：「柿子」（Persimmon）。畫面中間的部分，是魯本斯（Rubens）於 1613 到 15 年間所畫的「維納斯梳粧圖」（Venus at Her Toilet）。這個意象，被放在一大堆各式各樣的拼貼材料內：其中有柿子、街景之類的東西。從海中升起的維納斯，坐在粧鏡之前，成了一個複製品的複製品的複製品。這一片雜亂拼縫起來的材料，可說是毫無時間的次序可言。傳統成了一件衣服或布片，上面縫上了各種各樣的類似圖案，就像維若尼卡（Veronica）的手巾一樣〔譯註：據傳說，耶穌背負十字架赴 Calvary 途中，聖維若尼卡曾奉上手巾一條，並爲之拭額前之汗，而耶穌之容貌，逐影印其上，成爲奇蹟。〕傳統原作，被轉換到一個新的平面之上，「在拼貼手法的過程中，以直接、大量的引用法與替代法，把原作弄入一個全然陌生的環境之內。」㉑我們從魯本斯的原作裏，可以看出他摹擬再現的手法是相當清晰又準確的，但現在却被帶上了面具，在突變及「切斷」（discontinuity）的手法中，被轉換改變，被重新詮釋。在「柿子」一圖中，我們看到過去浮現到畫面表層，好像從深海之中浮昇出來，也好像從一層時間的銀幕裏穿透了出來。

以複製的方式，把古典整個的霸佔了過來，並不等於承認古典之重要。挪用或佔用古典意象，並非是爲了對過去推崇禮讚。當然，這種「霸佔」（appropriation）方式的手法，背後的目的可能有很多，我在這裏如此的斷言，可能不甚正確，亦未可知。不過，上述作品中的絕大多數，在用「霸佔法」（appropriation）時，目的是在轉變意象的身份（the conversion of an identity），把「過去」轉化到一片新的境界之中。我們掌握傳統的方式，是將傳統先連根拔起（deracinating it），然後將之轉換成「現代式」。

我們已經適應了這個支離破碎的時代，把各式各樣的歷史，連根斬斷，斬斷所有的牽絆，拉到我們的眼前。許多當代畫家都以「霸佔法」從各種歷史的鏡子中，挪用意象——就好像，在他們面前，所有

的典範，如維納斯、魯本斯之類的，都不存在，這簡直是太匪夷所思
了。1984 年的「威尼斯雙年展」（The 1984 Venice Bienniale）在主
題上，就反映出上述這種觀念。事實上，這次大展的題目，就叫做
「鏡中藝」（Arte Allo Specchio）。

在「威尼斯雙年展」中，以「霸佔法」自歷史中取材的例子，眞
是多得不勝枚舉，十分壯觀。如奇瑞可（Chirico）對華鐸（Watteau）
及拉斐爾（Raphael）的「翻譯」（renditions）；蓋第（Virgilio Guidi）
做的可瑞喬（Correggio）；端奇特（Hans Richter）以一種錯亂焦點的
手法做提善（Titian）那張「天使報喜圖」（Annunciation）；李奇天思
定（Roy Lichtenstein）的「普普現代藝術大師」；肯恩（Louis Cane）
的修訂版畢卡索……等等。例如柔姆柏格（Osvaldo Romberg）做英
格里斯（Ingres）的「土耳其貴妃」（Grande Odalisque），便是一張一
絲不苟的複製，但却以許多空白的長方形加諸其上，使之分裂破碎。
這使得我們好像在看一張表面殘破的「過去」，而其整體性，則不斷
的在那裏若隱若現。至於正面顯現出來的外表，却一直是破碎的。在
此次「鏡中藝」大展裏，法國畫家嘎忽斯貼（Gerard Garouste）所提
出的作品中，「霸佔法」的運用變得越來越屬於觀念性及寓言性的，
甚至可以說是屬於語言學的。他 1982 年畫的那幅「草地上的午餐」
（Déjeuner sur l'herbe），用意是要我們回憶馬內（Manet）1863 年畫
的那幅同名傑作，可是畫中的景物，却全都改變了。而畫中人物，與
原作有很大的差異，不但數目減少了，就連在光影的表現上，也有顯
著的不同：在用色上，嘎氏則有意避開了馬內的那種明亮的彩色。一
點不錯，他是故意把畫面弄暗的，爲了達到一種蒼老的效果，並顯示
出歷史的軌跡。（圖十八）。

他這張「草地上的午餐」所畫的每一筆，都是有意安排的。這是
一種回顧過去的策略，企圖把時間的面貌表現出來。此畫乃是各種回
憶的「接枝」（grafts），一起縫合在畫布上，縫合入馬內的傑作之
中。結果，整張畫成了一種純「風格」的引用或移植。藝術家庫恩

（Michael Kohn）發現，嘎氏的畫，在畫面上令人想起馬內，在筆法上令人想起戴拉克魯瓦（Delacroix）。嘎氏所畫的女性裸體，在造型及肉感上，或許更接近魯本斯的味道。毫無疑問，其他名家的筆法，多少也都在這張畫中出現了。整張畫裏，似乎有一大批前人的特色，相互擁擠，在畫面上或顯或隱，污染了所謂視覺意象的單一性。用克勞夫（Charles Clough）的絕妙好詞來講，就是「複製得動人心魄」。這也就是說，後現代繪畫希望綜合拉攏所有能夠蒐集到的意象、風格、技巧以及歷史，然後從中組織出一個拼貼式的整體。這種不斷遠離整體性視覺的運動，可稱之謂「寓言運動」。

　　叔本華（Schopenhauer）曾說過：「寓言是一種藝術作品，表現一樣東西却意指另一樣東西。……因此，通過寓言，一定會有一種觀念被表示出來。結果，讀者的心智，會從已經表現出來的可以明確感知的概念裏，轉移到藝術品之外的一個完全不同的抽象的，不可明確感知的概念之中。」[22]

　　寓言中所產生的轉移抽離過程，事實上是屬於時間關係的，與歷史有關。德曼（Paul De Man）在他的論文「暫時性的修辭」（The Rhetoric of Temporality）中寫道：「假如要寫寓言的話，那一定得遵守這個原則，那就是「後生」寓言記號與「前生」寓言記號有關。而寓言記號所構成的意義，一定要在「複述」「前一個」寓言記號中，方能產生。但其做法只能「雷同」而不得「相似」（coincide）。因爲「前生」寓言記號之所以「在前」（anteriority）是因爲其在本質上先出現的緣故。」[23] 〔譯註：德曼爲「解講主義」批評在美國的「傳敎士」，他的《寓言式閱讀》（Allegorier of Reading）以及《不見與洞見》（Blindness and Insight）二書，已是解構批評的必讀之作。〕

　　寓言的作用是引導大家從可以感知的現在，回到那不可感知的過去。在純粹的「前生」寓言記號上，堆積一大堆意象。從班哲明（Walter Benjamin）〔譯註：班哲明 1882-1940，德國評論家，是法蘭克福學派的鼻祖之一，與霍克海默 Horkheimer，阿德諾 Adorno，馬庫色 Marcuse 齊

名。〕的觀點來看，從寓言「一般的產生情形」觀之，其過程多半是「不斷的把許多片斷的資料堆積在一起，而無明確嚴謹的目標。」[24]像這樣重新建構過去，把史實掩埋在無窮盡「破碎的現在」(frag-mentary present)之下，正是我在第二講中所說的，對「暫時性」做精神分裂式的修正與重組。當然，如此重組，是有特定目的的。正如德希達所說，寓言建立在「縱的繼承上，橫的關聯上；在隱藏的意義中，在詮釋的困難中，難以解讀如古埃及的簡體象形文字。」[25]在後現代主義繪畫裏，寓言傾向之動機，正是要銷溶「過去」，同時也把寓言中的各層次，一併銷溶，使一切都浮到一個均衡的浮面上來。

我們可以這樣說，對後現代主義心態來說，寓言最引人之處，便是以「分裂的時間次序」(temporal disjunction)來從事創造的可能性。

寓言在「前生」意象之間，在意義的分裂線之間，打開了一道隙縫，允許後現代藝術窮究各種寓言意義，並將此一隙縫填滿，不是用意義填滿，而是用種種不同「表面化的形象」(appearances)來填滿。說實在，後現代藝術運用寓言意義的方式，是與以前大不相同的。以前的方法是把藝術品放回到縱的承繼裏，放回到一層一層發展下來的知識當中，放在一個一定是難解的情況之內。

歐文(Craig Owens)在他的論文：「寓言衝動：後現代理論芻議」(The Allegorical Impulse：Toward a Theory of Postmod-ernism)中認為，寓言家先掌握那實際可見而突出的，然後再加以詮釋。在他的手中，原來的意象，變成了另一種東西。〔allos(＝其他)＋agorein(＝言述之)。〕〔譯註：allos 為希臘文，意為「其他」，agorein則是「說出」，合此二字成拉丁文 allegoric，也就是「借他人之口說出自己的意思」。〕他無意探索原作的本意，因為本意可能早已散失不見或隱晦不明。寓言與解釋學(hermeneutics)無關。〔譯註：「解釋學」是「結構主義」大盛後西方新興起的文學批評學派，源自於古代學者僧侶對「聖經」的解釋及研究，特重原文及其可能產生的各種意義，加以辨明，與其他新興的批評學

派如「讀者反應理論」、「記號學」……等，都有相當成度的關係。〕寓言可說是在原有的意象上，再加一層新的意象。不過，他加東西的目的，是在代替（replace）：寓言的意義取代篡奪了先前的意義，寓言就是「補遺」（supplement）。㉖

歐文誠然說得不錯，但是並不夠徹底。因為他老是在寓言的定義中打圈子。這也就是說，他認為寓言是一種附加物、補充物、與原作有一段距離。可是在我們這個世界裏，大家早已不能忍受隙縫與距離了。換句話說，大家都一馬當先，想要找到一種方式，把所有不相干的元素，都弄到一起，等量齊觀。我們等一下就會探討這方面的現象。

德曼認為寓言與反諷（irony）十分相似，這個論點是很正確的：「因為二者都明顯的是自覺的活動，"靠著這種活動，人才可以把自己與非人世界區分開來"」。㉗可是到目前為止，基本上，人們不再執著此一區分了。人，誠如德、高二氏所言，已成了眾多機械中的一種。人類的活動，因科技的發展，而完全解放了出來。而此一科技的發展方式，與過去那種有機的世界，那種整體歷史的世界，是毫無關係的。

寓言與反諷，在我們時代裏，早就被壓擠壓扁成一團，因為我們再也不能忍受生活中有任何不連貫或留白（leaves a space open）的現象。藝術品的意義，現在要靠表面上的東西來決定，我已經說過，其中所有縱的繼承，所有的歷史關連，全都被弄得殘破不堪。取而代之的，是一組一組的視覺或生理上可以感知的記號羣，編織成一個無所不包的巨網。以前我們對某些不可感知的記號相當重視，以為其背後隱藏了有價值的觀念。現在，這些全被純粹的物質呈現，以「特准」的方式，加以取代。〔譯註：在過去，藝術中的神秘主義，或「只可意會不可言傳」的作品，都受到一定程度的評價。現在，這一方面的創作，也被許多解釋清楚的具體物象所取代了。〕這種新式的寓言，以視覺的「污染」（conta-mination）為手段，把所有的歷史都變成一連串「突變種」（muta-

tions）──一種「敍事性的寓言」（narrative allegory），就如同德希達所說，把敍事當做是一種具象的「閉聯集」（physical continuum）㉘。〔譯註：「閉聯集」是數學上的術語，又稱「連續統」，此意謂把歷史事件轉化成一連串形體上或數學記號式的關聯，而這個關聯，並非整數與整數之間的，如1與2。因為1與2之間無法再找出一個整數。但1與√I之間，則可找出其他數，此一數與數之間的關係，為「閉聯集」。〕在這個情況下，過去無數的風格與風姿，全都擠進了鏡中那塊人造的空間，其主題在鏡中影像消逝之後，也隨之不見了。

嘎忽斯貼在他那張作於 1982 年的油畫：「古典，鏡子與狗」（Le classique, le miroir et le chien）中所用的意象，是一種視覺上的雙關語，把古典的模擬再現，與古典在鏡中的反映，混在一起，成了我們世界的複製品（reproduction of the world）。在這張圖畫寓言裏，我們看到一個人坐在以自然為背景的劇場之中，正在叫一隻狗走到鏡子之前。這也就是說，他叫一個古老的象徵──『忠實』之象徵──走到鏡前，看看自己模擬再現的樣子。同時，也使得那畫的鏡子成了真的。

這實在是徹徹底底的「後現代」手法。嘎忽斯貼企圖把「縱的繼承」中之各種變化，把寓言裏的各種隱藏意義，全都發掘出來。他的手法是把其中抽象的概念全都物質化，具體化──那就是把一隻「具體」的狗叫到一個「具體」的鏡子之前。〔譯註：把「忠實」叫到「摹擬再現」之前。〕這並不意謂著，嘎氏反對以摹擬再現的手法，去複製自然或製造表象。嘎氏所關心的，是忠實與否的問題，這意味著一個更高的目的，也就是縱的繼承的問題，顯示出事物的外型可以超越事物本身的物性，通過外型，忠實性存在於萬物之間，通過外型，完整性亦無所不在。在後現代繪畫裏，強調外型的物性是非常顯而易見的，但對新古典主義的信條來說，這一點是絕對無足輕重的。我們看看新古典主義大批評家溫克曼（Johann Winckelmann）的說法，便可證明。〔譯註：溫克曼為十八世紀德國藝術史大師，現代藝術史之開山祖，著有經

典名作：《古代藝術史》（*Geschichte der Kunst des Altertums* 1764）。他在《古代藝術史》中寫道：「我們對人體美的觀念，是朝比例均衡完美前進的。這種美，可以通過我們的想像『最高的存在』（highest existence）達到和諧一致的境界，達到我們觀念中的完整與不可分的境界，這就是人與物的不同之處。」〕[29]

對那些絕對的世俗主義者（secularism）來說，最最可惡的，莫過於後現代主義所產生的那些摹擬再現的繪畫中，充滿了分類之崩潰，歷史之變形，傳統之拼貼。老式而十分忠實的摹擬再現，是以複製的手法來提昇心靈之高度，還有對時間的觀念等等，全都與後工業社會，資本主義文化中的專家相反對。在當代社會中，時間與摹擬再現，是根植於一種多變化的，不斷前進擴張的運動，一切都以產品之生產為模範。

第伯德（Guy Debord）在他的《奇觀社會》（*Society of the Spectacle*）中寫道：「只要農業生產是人類活動的中心，那社會就仍建立在循環式的時間基礎之上，孕育出傳統中那種綜合式的力量（coalesced forces），把所有的運動活動串連綑綁在一起。可是，中產階級的時間是一去不回式的。中產階級所建立的經濟體系及生產活動，不再依靠循環式的季節與時間了。這種中產式的時間，已經放射到全球的各個角落。」[30]

在資訊社會文化的巨大壓力之下，事實上，我們已看到，傳統早已脫離了束縛，變得無比的靈活。至於時間、歷史、傳統等等之改變與轉換，全部根據物品大量生產之原則來發展。如此一來，對過去所能強調的，也只有在最明顯的物質層面下手，在可以互換的外型上，做表面上的交流。

在後現代摹擬再現的傳統中，我曾經指出，大家所記得的歷史，只以其外表的樣子及風格上的姿態來存在，毫無超越物質的現象。相反的，物質之生產，以及在生產時所利用到的各種專業資訊，却都深刻而突出的反映了出來。〔譯註：此地是說後現代主義繪畫的重點在利用「物質」本身的本質及其生產特色，來傳達訊息，而非利用傳統的神秘主義或超

越主義之類的手法來表現意念。〕因此，我們可以明白，藝術家摹擬再現過去的現象，是資訊經濟不歸路上的必然產生的機械反應。(a mechanism in the irreversible economy of information) 藝術家倣製過去的風格，只會把歷史的觀念及摹擬再現的觀念弄得更簡單明瞭，而不會弄得複雜艱深；人們對藝術家的要求，是做好把過去轉變成立即消費品(an immediately consumable commodity)這件工作，把所有歷史聯繫的包袱全都甩掉。消費品之中，要包括所有的歷史事件，但這些事件，又必須以拼貼法的方式存在，快速變動不居：表現了我們這個混成的現在(the hybrid present)。

　　如果我們認定現在世界是一個充滿了物質的世界，令人窒息而又不知如何駕馭，這種看法，不用說，一定會有人反對。運用歷史「霸佔法」(art of hisorical appropriation「倣」古畫派)的藝術，使正好與我剛才所說的現象相反。說實在，有些人甚至會說，對過去的模倣，顯示了藝術家對現在的輕視及嫌惡。這個論點，在意大利畫家馬瑞阿尼(Carlo Maria Mariani)驚人的「開倒車」式的畫中(retrograde paintings)，最爲明顯。馬氏以其畫中完美無瑕的新古典意象，得享盛名。他的畫裏，充滿了古典的寓言，以及溫克曼式觀念的禮讚。以柯恩(Michael Kohn)的話來說，就是馬氏「準確清晰的寓言畫，只讓我們看到對"現在"徹底的否定。」[31]

　　不過，我們仔細看看馬氏的「獅子星座」(Constellazione del Leone, La Scuola di Roma 羅馬畫派)這張作於 1980 到 81 年間的大幅油畫，主題是一大羣藝術家。此畫動人之處，不在其意象裏充滿了古典的同情，而在其企圖以精工模倣之苦心，製造一個混成的摹擬再現品，企圖把歷史的外貌介紹到「現在」來。而事實上，畫家是以他在當代生活中所看到的面孔，表現這一段特定歷史。德希達寫道：「以嚴謹的方式，在歷史可能性的範圍之中，重複一羣人或一個集團時，我們可以在重複當中所出現的差異裏，產生一種場景跳躍省略的變化效果。」[32]〔譯註：此一現象在中國明清繪畫中，最爲明顯。四王式的倣

古作品，可供有興趣的人，在此一問題上做進一步的探討。〕一去不回的時間之運作，亦復如是；萬事萬物的時間，也是如此，過去那種循環不已的時間，已被變動式的時間所取代，其中充滿了各式各樣不斷增加的事物，名單越來越長，大家拼貼在一起，產生出一種特色，那就是在外型上做不斷的突變。（圖十九）。

　　誰要是看過大維（Jacques-Louis David）「劉大將軍守澀關」（Leonidas at Thermopylae）〔譯註：波斯王於西元前 500 年到 449 年左右，曾數度入侵希臘半島。第一次，在馬拉松被擊敗，時間是 490 年。第二次，在劉尼達斯將軍的領導下，被擊敗於地勢險要的澀摩波里關，時間是 480 年。〕這張比馬氏「星座」早上一百六十七年的畫，誰也不得不承認，二者之間，只不過是在風格筆勢上，十分相似罷了。大家不會認為他的摹倣，生氣全無，有如淤血。因為在過去好幾個世代之中，不斷有人把馬氏所畫的這種意象，加以重複製作，使之充滿了各種動作，並變換不同的背景，顯示出在倣製的過程中，有許多差異產生。面對巴黎共和之失敗，馬瑞阿尼是不是能夠像大維一樣，以無比真誠的激情，對芭拉及維阿拉（Barra and Viala）發出如此的頌讚：「在維護我們自由的保衞戰中，誰能夠如此光榮犧牲！」或是以淚水追悼馬拉（Marat）之遇刺身亡？㉝他會不會追隨溫克曼，擁護一神論式的完整統一？要不然，他自己那種新古典式的美學，只不過是一種表面現象而已，其後所隱藏的是我們這個時代文化的電路板，充滿了各種異質的元素，依樣葫蘆式的圖象，連環活動，永無休止。〔譯註：大維（1748-1825），是法國大革命時的畫家，他支持革命政府，是當時的「官方藝術家」，當革命領袖之一馬拉（Jean Paul Marat 1743-1793）被人暗殺後，他痛哭失聲，繪成「馬拉遇刺」一畫，為新古典主義繪畫的代表傑作。〕

　　甚至於在大維的時代，普魯德洪（Prudhon）就已經質問過：「我們是不是可以這樣說……在此畫的構圖之中，我們看到的既非劉尼達斯及斯巴達軍隊，也非希臘人及波斯軍隊，而是 1792 年之際，畫家看到法國共和，把法國從內閣崩潰之中拯救了起來的那種興奮之情。

可是爲什麼要用寓言的手法來畫呢？爲什麼我們要通過澀摩波里關之
役，回到二千三百年前，才能打動法國人的心？難道我們自己沒有英
雄？沒有屬於我們自己的勝利不成？」㉞在此，寓言之時間斷裂性，
被提了出來，其中所反映從過去連綿到現在的特性，遭到仔細的討
論。但是乍看之下，在寓言模式之中的老問題，也就是時間斷裂的問
題，好像是影響了馬氏。〔譯註：此意爲，如仔細看去，便知馬氏與此全然
無關。〕

　　馬瑞阿尼曾說過，他寓言式的作品之中，並無新的主題。㉟可是
寓言在時間的變遷中，自己便會變形變質。難道寓言的目的，就是要
我們記住其原來想傳達的觀念嗎？要眞是這樣的話，那就太荒謬了。
這不正暗示了，馬瑞阿尼自己是一個最大的反諷專家？事實上，寓言
已經變成了繪畫的原料，大堆的意象，從裏到外，整體被翻了一個
面。寓言如今已被包括在「敍述寓言」的項目之下，只要表面價值記
號，而忽略了內容以及伴隨內容而來的眞誠原創力。過去歷史性的深
度，至此已完全喪失。

　　但是，過去並未完全消失淹滅，在藝術之內，過去仍然十分有
用，並不是非死不可的。我們在現在尋找過去的突變，以及「過去」
在現在之中的更新。柯恩結論道：「馬氏對新古典主義的詮釋，其最
大的目的，不在無聊的戲耍，而在嚴肅的探討當代繪畫的觀念與畫
法。」㊱說實在，要想在這些繪畫作品中區分過去與現代，是越來越
困難了。因爲他所採用的主題，是如此的古老，以至於我們大家都忘
記了這些主題的存在。馬瑞阿尼的作品，以其特有的怪異感，使我們
爲之耳目一新，同時也意識到我們自己的文化健忘症。因此，他作品
的求新之法，不再以反叛傳統及傳統價值來求新，而是以絕對的傳統
來求新。這張畫希望重新製造傳統，使之變成當代的一個摹擬再現
物，並讓觀者自動把所有的歷史連繫暫時放下，去尋找一個全然不同
的，全然矛盾的時間意識。

　　因此，李歐塔便認爲：「後現代藝術家及作家的身份地位，有如

哲學家，他們所寫所畫，全都不依照過去建立好的規則來產生。因此，我們也就無法以既成的價值判斷，來衡量他們的作品，也不將之歸類於一般公認的現成品類之中。所謂規則，所謂品類，原來是藝術本身尋找的目標。作家與藝術家以無法之法創作，以期尋得或形成一套「文成法立」之法。（the rules of what will have been done）在實際上，文章或作品，皆具有「事件」那樣的特性；也正因如此，對創作者來說，凡是畫出來寫出來的，都顯得來晚了一步；而靈思悟得的時機，却往往又都早到了一步。要瞭解「後現代」現象，就必須從未來（之未來）與過去（之過去）這種矛盾關係裏去探求。〔the paradox of the future（post）anterior（modo）。〕㊲

　　說實在，上述矛盾最特出的地方，是「未來之過去」（future anterior）藝術的發現，這種藝術仍然在企圖尋找一種或數種品類，使自己得以恰當歸類，歸入一張完整統一的圖表當中，不管那張圖表是如何的大而無當。同時，還企圖形成某些規則，以便依循。說到此地，我們可以發現，上述矛盾的作法，至少告訴我們兩件事情：一是這一類的藝術，在表面上都顯得有反諷的企圖，並希望在表面的混沌之中，理出一個頭緒。二是這一類藝術的背後，都有襯托；而要想把混亂的背景理出秩序，幾乎是不可能的。在我們這個一切都走上「不歸路」的時代裏，要想找到完整統一的規則，也是不可能的。無論是在過去或未來，都無法找到秩序，而在目前，更是撲朔迷離，無處追尋。

　　我們目前的時代，是由時代中各種不同情況裏，那些支離破碎的片段所組成的。其結果，使得每一個時代（epoch）看起來都模稜兩可差不多；尤有甚者，其組構時代外貌的方法與過程，快速非常，消耗量大，使得記憶只能記住那些剛剛發生的事件，而且這些事件，還要具有一種可立即被接受瞭解的外表。我們記憶所知的現在，就是如此造成的。記憶不再把當代的各種風俗事件，轉化爲方程式，以便與當代時間的發展同步，同時也與任何一個過去的時代，在對照之下，顯

出其間的異同。所謂的現在（present），就是單純的用現在（presence）來說明界定之，其價值是再明顯也不過的了；就像一個複製品出現了，但其「原作」却根本就沒有存在過。㊳〔譯註：資訊時代的「現在」，便是由現在複製而成，如廣告片一樣，與過去無涉，也無須記憶，一切都是現成的，只要用機器複製即可。〕

　　後現代藝術的記憶與傳統，在最最極端的例子裏，我們可以看到，現在被壓扁了，其中含有的差異、淵源……等等，全都被壓擠在一起，被完全的處理了。這一點與馬瑞阿尼的畫，是完全不同的。此類藝術在波赫士（Jorge Luis Borges）的幽默哲理故事「皮耶·馬那德，吉訶德先生的作者」（Pierre Menard, Author of the Quixote）中，有最好的例證說明。〔譯註：波赫士 1899-1987，爲阿根廷大詩人、小說家及散文家，國內詩人葉維廉曾專訪過他，譯者於 1983 年赴南美委內瑞拉開會發表論文，始對波氏有了更深一層的認識，也爲文介紹過他的作品。〕這篇故事之所以有趣，是要等到我們看了他對當今藝術的建議是如何的出色有力，才會感覺到。在故事中，波氏預言一種理想的翻譯，一種理想的複製，使得過去的作品完完全全被一點不差的再製，而其存在於過去的意義，也完全消失。複製過的作品，以驚人的，絕對的姿態，被當做是絕對的現在。這種作品，絕對不是摹擬再現的摹擬再現，與臥侯、羅欣伯，甚至於馬瑞阿尼都不一樣。這種「霸佔法」藝術之重要性，是非被認可不可的了。

　　波氏在故事裏，找到了一個絕妙的訓詁式的例子，來證明此一轉換的現象。「這個眞是個大啓示」，他寫道：「把馬那德的康吉訶德先生與西萬提斯（Cervantes）的相互比較。例如後者在他小說的第一部第九章，如是寫道：

　　……眞理，母親是歷史，對手是時間，人類行爲的倉庫，過去的見證，現在的模範及告誡，未來的顧問。

這段話寫於十七世紀，是一個「外行天才」(lay genius)西萬提斯所說的，他之所以多般羅列名詞，只不過是對歷史做習套性的歌頌而已。不過，同樣的話，到了馬那德手中，便成了這樣：

……真理，母親是歷史，對手是時間，人類行為的倉庫，過去的見證，現在的模範及告誡，未來的顧問。

「歷史，真理的母親」，這個想法十分驚人。馬那德與威廉・詹姆斯同時，但他並沒有把歷史界定為一種對現實的探索，而將之界定為一切的源起……最後那幾句話──「現在的模範與告誡，未來的顧問」──從詹姆斯(William James)〔譯註：詹姆斯(1843-1910)，是美國心理學家及哲學家，是大小說家亨利・詹姆斯(1843-1916)之兄，對小說意識流的手法之創立，有啟迪之功。〕的眼光來看，是非常實用的……而二者在語言風格上的差異，也是明顯生動的。㊴

波赫士繼續探討此一模倣實例，認為這樣的摹倣已經超越了摹倣的範圍，變成了我們這個複雜時代的一種極端的摹擬再現。在原作與倣作之間的相似距離(space of similitude)已被縮小至看不出來的地步。〔譯註：這種摹倣與明清時代畫家，摹倣宋元繪畫的做法，十分類似，與製造「假畫」只有一步之隔。〕

在莉維恩(Sherrie Levine)1983 年畫的那張「倣蒙德里安」(After Mondrian)裏，波赫士的理想，幾乎已經完全實現了。當然，莉維恩並非有意將波氏的想法付諸徹底的實行。她照著一張複製品，再製她自己心目中的蒙德里安，把複製品裏的那種失真的彩色與色調，也一併複製了下來。蒙氏用的是油彩，她用的却是水彩。雖然如此，莉維恩的作品還是根據蒙德里安來的，就好像馬那德根據西萬提斯一樣，「倣蒙德里安」一畫，是把原畫提升至畫布表面上來，相似的部分，轉變成一種筆法姿勢，透明無礙，所產生的效果已失去了那股原

創時的動力。這或許正像莉維恩所寫的：「我們瞭解到，一張畫只不過是一片空間，裏面充滿了各種意象，沒有一個是獨創的，大家相互混合撞擊……我們可以做的，只是摹倣一種以前出現過的姿勢，無所謂創新。」⑩〔譯註：這種理論可以與十六世紀董其昌及其後倣古畫派的理論，相互參看。〕

李歐塔也這樣說：在此，過去變成了一條冗長而永無盡頭的道路，沿途所有的新發現都顯得已經遲了一步。不過，這只是以另一種方式說，各個時代中的特色，已被腐蝕光了。假如人類文化中沒有所謂的源頭的話，歷史也就無法存在，時間也無法倒轉回過去。

事實上，莉維恩所謂的「永恆的過去」與「永恆的現在」之間，並沒有絕對的差異。與其說她的作品是在無窮「過去」之中表達一個分裂的現在，還不如說她的作品代替了「過去」，使過去在她的「臨場感」（immediacy）中，完成了與現在的連續關係。她作品中所運用的策略，好像是為了達到一種反諷式的懷舊，而用新製品來代替蒙式的原作品；而實際上卻是在尋找回憶一種非常特別的「過去」之方式，這個「過去」，是時代的一個破碎的部分，有其獨特的發展歷史。凡此種種，通過了她的作品，都變成了莉維恩自己的歷史了。從這個觀點來看，她已經變成了一種拼貼式的獨特存在，像馬那德一樣，她不斷在她自己的形象上，累積特徵及歷史。而這些特徵與歷史，又都突變成一個整體，存在於一個單一而絕緣的時代之中，在這個時代裏，所有活著的東西，都以其當下的物質性而存在（present-materiality）。

在這種「無限現在」（unlimited present）的產物下，在這種只重外貌的「不歸路時代」（irreversible time）裏，人類不得不回到一種精神分裂式，存在主義式的情況之中，這一點，我在第二講中，已經仔細討論過了。用詹明信的話來說便是：「我們要注意，當時間的連續性碎裂斷落，目前的經驗便變得有力無比，驚人的活潑，而且絕對的『物質』。我們的世界以無比緊張的心情，面對此一精神分裂的現

象，懷著一種充滿了既神秘難解又高壓難受的感情。」⑪

這種大量引用、武斷霸佔式的繪畫方法，所產生的效果，正是莉維恩之類的畫家在創作中所顯現的。他們把一段特定的歷史，先加以分裂隔離，然後重新調整其在時間流程中的位置，創作出一種時間切斷式的藝術品。一點不錯，藝術失去了其原動力（causality），只好在其處理的對象之中，注入一種鮮活無比的物質力量，強韌而緊湊，好像無中生有一般，恰似海中升起的維納斯，一切都是事先造好了的。不過，話又說回來了，這些作品又不斷逗弄著我們的記憶，因為其中所包含的，確確實實是我們所知道的「過去」，是傳統的一部分。只有在「現在」，在這種切斷式、代替式的藝術品之中，過去的作品（例如蒙德里安的），才會變成一種大家早已知道的（或生而知之的）東西，在「現在」的鏡子裏，不斷的反映出影像來。

在複製的過程中，所有的「特色」不斷的被改變，偶爾暫時被固定一下，隨即開始變化四散。在後現代創作的精神分裂症之下，藝術家已學習到如何把傳統的特色，當成流通的貨幣使用，當成一種物質或永恆的變壓器，去充滿某一個特定階段的藝術品。如此一來，我們便看到了如何使「過去」再一次變成「現在」的方法與途徑了。用這種方式，心靈理智在模擬再現時，所產生的各種極端的活動，可以把歷史中的各種意象保存下來。

從各種切斷破裂之中，我們得到了解放。時間以其巨大無比的轉動力量，飛速通過一大片擠滿了千萬資訊的原野，維納斯在城市中的每一條街上坐著。現在的羅馬市民被打扮成帝國時代元老院的參議或軍士，古貌古服。這樣一來，我們就更容易看清，瞭解並記住，我們之前，存在過一些什麼東西。同時也看清了，當我們把博物館的玻璃瓶打破了以後，我們可以從中獲得些什麼東西。

福樓拜在《布瓦德與佩居謝》一書中警告道：「繼續前進吧！別再去想了，繼續複製吧！紙張就是要寫滿的。萬事萬物一律平等，善惡一同，尊卑一致——美醜齊觀——巨細等量，所有的東西都變成了統

計學中出入的數字了。世界上只剩下事實──及現象。這就是我們最後的至福。」[42]

不過，如果眞的一切東西都平等一律的話，那其中所產生的至福感必定是痛苦無比的。這種至福有多麼可怕呢？不斷的擴張，不斷的把所有領域裏的知識及概念加以商品化，難道就是至福的境界嗎？我們的繪畫在蒙上這種福氣後，是不是會變得很糟？還是，這只不過是我們這個時代的自然產物？這個工作，只有交給生產機器去解決了，讓欲望機器去創造新的誘因，新的現象，出品新的記憶，以便記錄，以便消費，一直到我們喘不過氣來爲止。

〈後記〉

這幾次演講的總結，是限制在繪畫範圍之內的。而且，我在第三講的開頭，便聲明，並非所有的畫家，都具有後現代式的創作心態。我要在此，再一次的強調這一點。

首先，一定會有人問：如果有一些藝術家沒有被包括在內的話，我們又如何能說此次系列演講，是涵蓋了所有的後現代文化現象呢？爲什麼會發生這種只選一部分來討論的現象？我的回答是，文化的特色，就在不是普遍通則性這一點上(never universal)。如果文化是通則性的，那麼異種文化之間的相互影響，便永遠無法發生。而事實上，藝術家追尋其他文化價值的例子，不可謂不多，其產生的意義，也不可謂不大。

有些繪畫，並沒有明顯的以後現代的策略來創作，不過，在今後文化的進化當中，這些作品說不定會被放在一個更清楚的範圍之中，顯示其意義。說不定，在我們做系列演講的這一刻，就在我大談後現代主義此一名詞時，我們的藝術家與社會又開始改變了。說不定一種新的內容，一種更個人化的內容，正在尋求新的統一完整，把所有相

異的文化整合在一起，這個運動，說不定正在醞釀著。讓時間來說明一切罷。

【註】

1. 李歐塔：《後現代狀況：一篇有關知識的研究報告》，頁 41。

2. 柏拉圖：《西依泰圖斯》*Theatetus*，收入《柏拉圖：對話錄》漢米耳頓及凱恩合編 *Plato : The Collected Dialogues*(eds, Edith Hamilton and Huntington Cairns, Princeton:Princeton University,1978)，19ld，頁 897。

3. 傅寇：《事物之秩序》，(New York,1973)，頁 69。

4. 參見本系列演講第二講。

5. 傅寇：《事物之秩序》，頁 368。

6. 黑格爾(Hegel)，見懷特(Hayden White)引於《形上歷史：十九世紀歐洲歷史性的想像力》*Metahistory : the Historical Imagination in Nineteenth-Century Europe*(Baltimore : The Johns Hopkins University,1973)，頁 87。

7. 黑格爾，見塔福瑞(Manfredo Tafuri)引於《建築理論與歷史》*Theories and History of Architecture*)，佛瑞嘉（Giorgio Verrecchia）英譯，(New York: Harper & Row,1980)，頁 29。塔氏的書為研究後現代主義及其問題的必讀之作。舉個例子：他說：「截至目前為止，在前衛派的形成過程之中，並沒有顯示任何搶救或保存歷史的成效，（這一點說不定正顯示其上層意識型態中所反映出來的意義）。反而表現出一種畏畏縮縮，猶豫不定的態度，企圖從「新藝術的傳統」(tradition of the new)中，解放出來。在這方面，同樣的情形又發生了，前衛派的目的，一旦達到，再走下去，便完全走樣了。)(頁 58-59)。讀者應該特別詳細研究本書的第一章：「現代建築與歷史之日蝕。」(Modern Architecture and the Eclipse of History)。

8. 見我系列演講的第二講，頁 60-61。

9. 紐曼：《後現代氣氛：通貨膨脹時代的虛構故事情節》Salmagundi，63-64 期合刊(1984 年春、夏季號)，頁 144。

10. 德勒茲、高達里：《反依迪帕斯：資本主義與精神分裂症》，赫里等合譯(Minneapolis : University of Minnesota, 1987)，頁 241。

11. 希爾斯(Edward Shils)：《傳統》*Tradition*（Chicago: University of Chicago,1981），頁 12 及 195。

12. 艾略特：「傳統與個人才具」(Tradition and Indivdual Talent)，見《神木》*The Sacred Wood* 一書（London: Methuen & Co.,1960），頁 50。

13. 德希達(Derrida)，見烏耳姆(Gregory L.Ulmer)引：「後批評之目的」(The Object of Post-Criticism)，收入《反美學：後現代文化論文集》*The Anti-Aesthetic : Essays on Postmodern Culture*，福斯特編（Port Townsend,Wash. : Bay Press,1983），頁 88–89。烏耳姆這篇文章，清晰而精彩，是一篇綜論當代批評中後現代因素的絕佳簡介。他條舉了許多德希達的論點，我將在本文中不斷引用，同時他對德希達論點的詮釋，使我獲益良多，在此特別表示感謝。請參閱他另一本書：《實用文字科學：後教學法學派—從德希達到拜優斯》*Applied Grammatology : Post(e)-Pedagogy from Jacques Derrida to Joseph Beuys*（Baltimore:The Johns Hopkins University,1985）。

14. 德希達，見烏耳姆引：《反美學》，頁 90。

15. 德希達，見烏耳姆引：《反美學》，頁 92。

16. 瓦薩瑞(Giorgio Vasari)：《藝術家列傳》*Lives of the Artists*，布耳(George Bull)譯，（New York:Penguin Books,1972），頁 260。

17. 佩特(Walter Pater)：《文藝復興：詩與藝術之研究》*The Renaissance : Studies in Art and Poetry*(1893 版本)（Berkeley: University of California,1980），頁 97。

18. 毫無疑問的，這裏顯示出在杜尚現代主義的基礎中，是有寓言動力的。請參見我下面有關寓言的討論：從把寓言當做是一種佩件或附帶物，轉換到把寓言當做是一種塗改過去的過程。

19. 這種對複製品的優缺點採取攻擊的態度，如果我們還記得當是班哲明(Walter Benjamin)那篇有名論文的主題：「機械複製生產時代的藝術品」，收入《啓迪之光》*Illuminations*, 阿藍德(Hannah Arendt)編，祖恩譯(Harry Zohn)（New York:Schocken Books，1976），1936 年初版。這篇文章徹底的討論了科技時代意象製造的問題，他認為藝術品因大量的機械複製，早已失去了神秘的光輝，再也無法發射出個人精神的力量，這種看法，現在已成了一般知性的常識了。

　　不過，班哲明的想法，亦有其反諷之處。我們意思是說，當他談到老前衛派渴望回到那種人文式統一及完整時代的原始遺跡中時，他的看法是正確的。因爲這些東西都好像在機械化的過程中消失了。對班氏來說，這種機械化過程的本身，開創了一個破碎存在的時代。尤其是在希特勒納粹德國之漸漸加強的恐怖統治下，班哲明對人類精神之崩潰，感到無比的絕望，這可怕無處可逃的感覺，最後，終於要了他的性命。可是，到了我們今天這個時代，大家對這種支離破碎的文化氣氛，早已成了家常便飯，適應非常。我們對世界的看法，與班氏是完全不同的。對我們來說，藝術的神秘光輝，似乎並沒有消失，而我們似乎在藝術之中，又看到了那已經無法存在的「完整社會」，伴隨著某種觀念，呈現了出來。而實際上，摹擬再現所散發出來的魅力已經改變了，因爲我們的社會，在基本上，有了重大的改變。

20.　德希達，見烏耳姆：《反美學》，頁 92−93。

21.　烏耳姆：《反美學》，頁 92。

22.　叔本華：《意志與觀念世界，第三卷》*The World as Will and Idea, third Book*，侯丹、侃普合譯（R.B.Haldane and J.Kemp），收入《藝術與美的哲學》*Philosophies of Art and Beauty*，霍夫斯塔德與空恩合編（Albert Hofstadter and Richard Kuhns）（New York:Modern Library,1964）頁 483−484。

23.　德曼（Paul de Man），見藍垂嘉（Frank Lentricchia）的《新批評之後》*After the New Criticism* （Chicago:University of Chicago,1980），頁 295。

24.　班哲明，見歐文（Craig Owens）的「寓言衝動：後現代主義理論芻議」（The Allegorical Impulse: Toward a Theory of Postmodernism, 十月雜誌，12 期）（Spring,1980），頁 72。

25.　德希達，見烏耳姆引：《反美學》，頁 95。

26.　歐文，十月雜誌，12 期，頁 69。

27.　德曼，見藍垂嘉引：《新批評之後》，頁 295。

28.　烏耳姆：《反美學》，頁 95。

29.　溫克曼（Johann Winckelmann）：《古代藝術史》*The History of Ancient Art*，羅哲（G.Henry Lodge）英譯，收入《新古典主義及浪漫主義，1750-1850》卷一 *Neoclassicism and Romanticism* 1750−1850（Vol.I），

依 特 納（Lorenz Eitner）（Englewood Cliffs: Prentice-Hall,1970），頁 16。

30. 第伯德：《奇觀社會》*Detroit : Black and Red*(1983)，141 段。

31. 柯恩（Michael Kohn）：「馬瑞阿尼與新古典主義」（Carlo Maria Mariani and Neoclassicism）（Arts Magazine，56,1）（January,1982），頁 63。

32. 德希達，見烏耳姆引：《反美學》，頁 93。

33. 大維（Jacques Louis David），見《新古典主義與浪漫主義，1750−1850》卷一，頁 134−135。

34. 普德洪（Proudhon），見歐文引，十月雜誌，12 期，頁 76−77。

35. 柏哥（Danny Berger）：「馬瑞阿尼在他羅馬的畫室中：一次專訪」（Carlo Maria Mariani in his Studio in Rome：An Interview）見「版畫收藏家簡訊」（Print Collector's Newsletter,15,3）（July-August, 1984），頁 85。

36. 柯恩，藝術雜誌(六月號，1982)，頁 63。

37. 李歐塔：《後現代狀況》，頁 81。

38. 人在從事複製時，無可避免的會讓自己超越他所複製的東西，並在其中保留他的本性，這種看法是美國大小說家梅爾維爾在他的中篇小說「錄事巴托比」（Bartleby the Scrivener）中所揭示出來的。見蔡斯（Richard Chase）編：《梅爾維爾：小說及詩選集》*Herman Melville: Selected Tales and Poems*(New York：Holt, Rinehart and Winston,1950)，1850 年初版

　　巴托比是一個在律師事務所從事文書抄寫工作的人，是一個為抄寫而存在的人。因此，他就像維納斯一樣，無中生有，是一個事先造好的人，根本沒有過去，沒有發展的歷史。事實上，梅爾維爾把他描寫成一個「非人」，在他生命及感官的變化之中，他甚至不透露一絲人性。

　　故事中的主述者回憶道，巴托比「除了回答問題外，從不說話；在工作之暇，他有的是自己的時間，可是他從不讀點什麼——什麼也不讀，連報紙也不看。有時候，他會站在屏風後面那扇灰灰的窗子前，向外看，看那些死板板的磚牆，一看就是好久。我確信他從不上餐廳或小吃店。由他蒼白的臉色，明顯的可以看出，他不喝啤酒⋯⋯也不喝茶，甚至，也不像其他人一樣喝咖啡。就我所知，他從不到什麼特別的地

方，從來就不散步……老是婉拒談自己的事，不告訴人家他是誰，從哪裏來，在世上有沒有親人。雖然他是如此的瘦弱蒼白，但却從沒看他抱怨身體不舒服過。（頁 110-111）。

事實上，巴托比正是德、高二氏所描寫的典型：「是一具生產機器，以他們的術語來說，便是一具沒有器官的身體」。可是，在這篇令人心碎的故事中，即使是機器也有停擺的一天，不再複寫抄寫，因爲他再也不能製造這個世界的複印本了。假如人家叫他做抄寫以外的事，巴托比一開口便說：「我不想做。」一直到最後，他完全不想抄寫爲止。結果，他徹底崩潰了，一命嗚呼。

「爲什麼，怎麼會弄到如此地步？你以後想怎麼樣？」我叫道，「不再抄寫了？」「不再抄寫了。」「這是什麼原因呢？」「難道你自己沒有看出原因何在嗎？」他冷冷的答道……「我已經放棄抄寫了。」（頁 115）。

當人不再是人，當人不再是一個整體，一個有機的統一體，那人也就無法在世界上找到和諧。機器式的人，立刻解體成一堆零件。接下來，機器也會解體，生產摹擬再現物的機器，也跟著四分五裂，再也無法複製了。當所有的範本，所有的手法工具都四分五裂，殘敗凋零了，任誰也無法再複製出一幅完整的圖畫。

39. 波赫士（Jorge Luis Borges）：「皮耶、馬那德、吉訶德先生的作者」（Pierre Menard, Author of the Quixo-te）收入《迷宮》*Labyrinths*，耶辭與厄拜（Donald A. Yeats and Jamer E. Irby）合編（New York: New Directions, 1964），頁 43。這篇故事是厄拜譯的。

40. 莉維恩（Levine），見卡爾（C. Carr）引：「老古董的雲撼（The Shock of the old），刊於「村聲報」（The Village Voice）1984 年，10 月 30 日。

41. 詹明信：「後現代主義與消費社會」，收入《反美學》，頁 120。

42. 福樓拜，見克林魯（Douglas Crimp）引：「論博物館中之廢墟」，收入《反美學》，頁 48。

哲學篇

卷第四 後現代狀況

◉李歐塔著／羅青譯

譯者前言

（一）

　　1985年李歐塔《後現代狀況》一書的英譯本剛出版不久，我就有機會在英國倫敦讀到了。初讀時，但覺滿紙煙雲，實在不知所云。要不是那時我在學電腦，而此書又剛好標明與研究資訊電腦社會有關的話，我是無論如何不會去翻閱的。那年冬天，我爲了解決個人在繪畫創作上的問題，開始專心研究版畫科技在宋元明淸各代的發展，同時也研究畫譜編印與十七世紀中國繪畫的關係。發現其中有些關鍵性的問題，很可以用法國哲學家德希達的「解構理論」來說明解釋。而當時恰巧有機會在美國藝術雜誌（Arts Magazine）上讀到莫道夫（Madoff）"什麼是繪畫中的後現代主義"（What is Postmodern About Painting）的論文連載，獲益良多，爲我解決了不少十七世紀中國藝術上所出現的"後現代"問題。於是我便去信，徵求莫道夫的同意，開始著手翻譯他的研究論文，希望能藉逐字翻譯之便，仔細研究一下後現代主義。一口氣翻完六萬多字後，我不但對後現代問題有了一層更深刻的瞭解，同時也對中國古代農業社會中，所出現的許多"後現代"現象，有了新的體會。在翻譯的過程中我注意到莫氏的論文，得力於李歐塔的《後現代狀況》甚多，正文與註解之中，不斷出現李氏的名字。因此，才決定重新細讀此書。

　　在研讀《後現代狀況》的同時，我把原文影印分發給我翻譯課上的學生，由我口譯，他們分組筆記，希望能弄出一份簡單的譯文，以供

有心研究後現代主義的朋友參考。第一次的譯稿不佳，錯誤很多，語
言更是離譜，令人難以卒讀。因此在第二年，我把上一班學生的分組
譯稿，發給學生，再口譯一遍，以便大家對照修正。第二次的結果，
比第一次好些，但仍不理想，文字不通的地方還是太多。於是只好親
自動手翻譯或改譯。譯成之後，通讀一遍，還是有許多不順的地方，
於是開始作第四次修訂。現在讀者看到的，是第五次修定稿。

　　我不懂哲學、美學，對控制論或神經機械學、資訊學、社會學、
語言學……等等，所知也有限，本無資格翻譯這種艱深的哲學論著。
現在之所以敢不自量力，冒然從事此書的翻譯工作，完全是憑著一股
求知的熱忱。本書不厚，但文字卻十分纏繞，譯文疏漏錯誤之處，定
當不少，還請海內方家大雅不吝指正。

　　我的法文雖不足翻譯文學作品，但譯學術作品，還勉強有幾分把
握。李氏此書的英譯本，是經過他親自校正認可的，故翻譯時，沒有
再費神去與法文原本對照，一切皆以英譯為準，偷懶之處，還請讀者
見諒。此外譯文中的黑體字部份及譯註，全是譯者所加，其目的在引
導讀者更快速有效的掌握全書的精義，並與台灣目前的情況做一對
照，希望讀者注意。

（二）

　　李歐塔生於 1924 年，今年六十五歲，是法國戰後思想界第三代
的中堅份子。如果出生於二十世紀初期的沙特（1905-）及李維史陀
（1908-）是戰後第一代思想家的話；那阿圖色（1918-）、拉崗
（1901-）及巴爾特（1915-1980）便是第二代；而傅寇（1926-1986）、
德勒茲（1925-）及李歐塔則要算是第三代的代表人物。

　　李歐塔於 1950 年，從大學畢業，取得哲學教師資格，時年二十
六歲，開始在阿爾及利亞的康士坦丁市的中學任教。1953 年，他回

到法國，繼續擔任中學教師，達十年之久。此後，他離開教職，決定繼續深造，於1971年獲得巴黎大學哲學博士。在這段求學期間，他參加法國左翼團體「社會主義或野蠻」，從事理論與實務工作，十分活躍。不過後來，他思想轉變，回過頭來，又對此一集團，做了毫不留情的批判。目前，他任教於巴黎第八大學哲學系，為當代法國最重要的哲學家之一。

李氏因為出道較晚，故常被視為傅寇及德勒茲的後輩，而早期的作品如《現象學》（*Phénoménologie*, 1954），多半是概述對前人學說的心得，並無特出之處。他真正開始樹立自己思想模式的著作，是1973年出版的《從馬克思和佛洛依德開始偏航》（*Dérive à partir de Marx et Freud*）。此後他源源不斷的出版了多本重要的哲學著作如1974年的《說法，圖象》（*Discours, figure*）及《欲力的經濟》（*Economie libidinale*）：在前者之中，他希望能通過藝術圖象的「語意學」，來進行意識型態的批判；在後者之中，他希望通過對「欲力」的再認識，重新瞭解到「資本」的本質，從而破解馬克思對資本的偏見，及其依靠「資本論」所建立的理論架構。

《後現代狀況》是李氏1979年的力作。他認為在哲學問題上，無法用一個放諸四海皆準的單一道理，來解釋說明並統合一切。他提倡「異質標準」（incommensurabilité），主張以維根斯坦（Ludwig Wittgenstein 1889-1951）的「語言競賽規則」理論，來建立各種理論說法（discourse）的「語用學」。而每一種說法之中的標準，則要看主述者、聆聽者及指涉物三者之間的關係而定。

李氏認為現代工業文化與現代科學，互依互補，有許多共通之處，二者都是以單一的標準，企圖去統一所有的說法，不斷的反叛過去，強調創新，並霸道的認定自己所製造出來的「成品」，是唯一的真理。李氏利用晚近科學研究的成果，指出所謂的「科學真理」，也只不過是說法的一種而已，與人文說法大同小異，不再是「絕對的真理」。我們應該尊重各種說法的差異，依照不同的遊戲競賽，訂定不

同的規則。競賽與競賽之間,應該平等平衡,並無高低優劣之分,也不應相互侵犯併吞。

因此,李氏相當反對德國法蘭克福學派哈伯瑪斯所主張的「追求共識」的理論。哈氏對現代工業社會的批判甚為嚴厲,並不斷指出其中含有的重大危機;但他又樂觀的相信,只要通過不斷的辯論及溝通,可以使大家產生「共識」。通過「共識」,便可使社會所遭到的危機,一一獲得協調。李氏卻認為,強求溝通共識,很容易造成另一種型式的霸道,將導致相當可怕的後果,甚至於會重蹈歷史上各種獨裁政權的覆轍。

在主張努力維護每一種競賽的獨立運作之餘,李歐塔也注意到吾人不能坐視一組競賽侵犯或吞食另一種競賽。他認為,我們應該發展出一套「公正」的法則,以保障各個競賽的自由發展。而如何找到判定「公正」所依據的準則,便成了後現代文化或社會中,所面對的重大課題。

因此在 1980 年以後,李歐塔又陸續出版了《公正》(*Au Juste*)、《各式各樣的語句》(*Les Phrases*)等書,希望藉著探討「語句共存」(l'être-avec des phrases)的原理,為後工業社會及其文化,在哲學上找到更深刻有力的立足點。

【註】

本卷譯自 Jean-François Lyotard,《*La Condition postmoderne, rapport sur le savoir*》,(Minuit, 1979); 參考 Geoff Bennington, Brian Massumi 的英譯本《*The Postmodern Condition*: *A Report on Knowledge*》(Manchester University Press, 1984), Theory and History of Literature, Vol. 10.

「後現代狀況」序言

詹明信（Fredric Jameson）

本書看似對當代科學、知識或資訊問題等龐大無比的資料，採取了不偏不倚的中立態度；其實，仔細研讀之後，本書顯示出作者綜合了許多家不同的觀點及多種不同的著作，交叉貫穿，形成了許多新的十字路口，而使上述問題之間的關係，更加複雜了。李歐塔討論以新觀點來研究哲學及其典範所產生的後果，早已由孔恩（Thomas Kuhn）和費若班（Paul Feyerabend）等理論家開其先河；在立論時，本書則隱約反映出，他反對哈伯馬斯（Jürgen Habermas）「合法化危機」的觀念，和對「無噪音」（noisefree）、透明無阻的、完全溝通社會的憧憬。李氏以後現代主義這樣時髦的主題爲書名，其刺激性是可想而知的。這樣的書名，至少暗示該書，會以美學和經濟這兩方面，爲主要的內容。如一般所了解的，後現代主義與主流文化和美學做極端的決裂，尤其是經濟社會組織，進入一個非常時期（moment）之後，許多社會結構上的新生事物及創新做法，都依照此一非常時期的法則而生：這是一個全新社會經濟時代，甚至我們可以說，一個全新的能系，已經出現了。對這些新生體系，大家冠之以種種不同的稱呼：如"傳播媒體社會"（media society），"奇觀社會"（弟伯德 Guy Debord），"消費社會"（Consumer society, the société de consommation），或稱之謂"有計劃性衰竭的官僚政治社會"（bureaucratic society of controlled con-sumption）（賴費伯 Henri Lefebvre 語），或"後工業社會"（丹尼爾·貝爾）。我們亦可認定，這本表面上看起來是技術性和非個人性的小書，是李歐塔個人哲學研究上的一項重要

進展。熟悉他其他作品中，那種充滿戰鬥性和預言性語氣的讀者，將會對他在本書中，所採取的那種比較起來近乎是沈默的低調語氣，感到驚訝。最後，而且和上述論點密切有關的是，《後現代狀況》一書，替一種重要方法學之運用，做了示範。通過這些方法的運用，李歐塔非常完整而豐富的描繪了有關當代敍事分析的傳統，但卻也在整個當代哲學研究的範圍內，發出一種相當孤立特異的聲音。

李歐塔書中正式的主題——科學和科技的狀況和地位、技術專家政治的地位、當今知識與資訊的控制——這樣的主題，對美國讀者來說，可稱得上是十分熟悉的，但他所持的論點，直接對我剛剛列舉的其他主題之研究，有建設性的貢獻。例如，"實際科學研究工作"(doing science)本身，即牽涉到合法與否的問題。〔爲什麼現在的學生不在實驗室裏搞煉金術了？爲什麼韋利柯夫斯基(Immanuel Velikovsky)被認爲是個怪人？〕因此，科學研究本身是否合法的問題，便成了一個子題，可以放在政治問題的大範圍裏，來研究調查，研究調查整個社會組織是否合法的問題，(此一主題，是以特別符碼 code 或術語建構起來的，與哈伯馬斯的著作有密切的關聯)。因此，從事「正常」科學研究，和參與合法而有秩序的社會生產複製運作(social reproduction)，形成了兩種不同的現象，說得更清楚一點，就是形成了兩個"謎團"(mysteries)，而兩者之間的關係，則是相輔相成的。

但是，就以李歐塔書名上的「後」字，及哈伯馬斯書名上的「危機」二字，便足夠提醒我們，合法化已經愈來愈明顯的成爲一個問題。同時，也只有在合法與否，被認爲是問題時，「合法化」才會變成大家研究的目標。就科學而論，合法化的危機，可能要通過孔恩或費若班的歷史理論來看，我們所面臨危機的重要表徵，方能顯露出來。上述諸家的理論，是否意味著我們現在，正處於一個和牛頓時代截然不同的立場，去思考，或去重新定義科學研究。或是，相反地，我們實際上，已經以不同的方式來做科學研究了。目前看來，上述種

種都似乎不再重要。總之，上面提到的「決裂」（break），把李歐塔論文中的其他主題，經由一般總認爲是屬於美學問題的途徑，相互聯繫了起來。雖然，此一美學問題，與哲學和意識型態上的問題，是有許多相似之處的。我所說的相似之處，也就是就摹擬再現的危機而言。過去，摹擬再現在本質上，是屬於寫實式認識論的（realistic epistemology），大家認定摹擬再現是爲了主觀需要，把外物加以客觀的複製——根據這種看法，反映出來的，便是知識藝術的“鏡子理論”（mirror theory）。其基本評估要項爲，恰當（adequacy），精確（accuracy），以及眞理本身（truth itself）。從危機的角度，李氏描寫形式（form）變遷的歷史。以小說而言，從盧卡奇式（Lukacsean）的多樣性「寫實主義」，到現在各種各樣古典式的「全盛（high）現代主義」都討論到了。無論如何，以類比的手法，把有關摹擬再現問題的討論，比附到非摹擬再現問題〔譯註：指科學〕的討論，會對科學認知的功能，產生了災難性的傷害。〔譯註：從李歐塔的觀點看來，科學家與小說家沒有什麼不同。這對迷信科學是唯一眞理的人，當然是一種災難性的打擊〕。在此，李歐塔從新改造目前似乎是「非」或「後」指涉式的“認識論”（Non-or post referential epistemology），從而巧妙的「挽救」了科學研究和實驗，使他們保持了一貫性。他重新改造的手段，來自語言學的觀念，特別是從奧斯汀（J. L. Austin）運作效能式（performative）（行爲科學理論）的觀點，科學工作之所以爲科學工作，不是去製造適當的模型或複製某些外在實體，而只是簡單的製造了更多的工作、產生新的科學理論或聲明，使你有「新的理念」（米德瓦 P. B. Medawar 語）或更好的（回到大家都熟悉的全盛現代主義美學），那就是不斷的去「創新」：“爲了創新而不斷的創新”。（Au fond de l'inconnu pour trouver du nouveau）

　　無論如何，這種把當代科學，重新加以合法化的新方法，已廣爲人知，並遭受評估。在當代思想中，與上述作法類似的“親戚”，相當得多。[1]李歐塔之所以能夠對一個老式科學合法化的內容，做回顧式

的勾勒及敍事性的分析，是因為老式科學合法化的理論，在我們這個
時代，已經土崩瓦解了。逼得我們不得不採取此一不得已的解決方
法，一種非常特殊的，最後一分鐘式的救援行動。現存的兩大合法化
神話（myths）或敍事原型（récits），是相當複雜的。這兩種理論，把
本書的定義性論點，廻旋反覆的引伸了出來，形成一種外延性、自動
指涉性的螺旋體。李氏瓦解了上述兩大合法神話，並指出，這兩大神
話，一直以交互出現的型態，為制度化的科學研究辯護解說。一直到
目前，仍然是如此。神話之一是，人文獨立解放的思考模式；神話之
二是，對整個知識做純思辨式的思考（以哲學系統而論）──這兩套東
西，也是形成國家神話的元素，可以廻旋不斷的製造許多論題。這也
就是李氏在本書中所要討論的。第一：政治、好戰的行動主義者，這
當然是屬於十八世紀的法國和法國革命的傳統，一種認為哲學就是政
治的傳統，李歐塔本人必然在此影響的範圍之內。〔譯註：也就是人文
解放，革命改革的神話傳統〕第二當然是日耳曼式的黑格爾傳統──一種
注重統一整體價值甚於志向抱負（commitment）價值的沈思系統，一
個與李歐塔哲學觀相反的傳統。而哈伯馬斯，不管他與德國傳統有多
疏遠，仍然隸屬於這一注重整體統一性的傳統。如果我們以那些更有
名望，哲學觀點更為顯著不同的學者，來代替李氏與哈氏的話，上述
兩種不同觀念的衝突對立，將更戲劇化的擴而大之。例如：我們可以
比較德勒滋（Gilles Deleuze）對精神分裂症問題的大力宣揚，和阿德
諾（T.W.Adorno）同樣有力、有特色的主張，那就是對文化物化的抨
擊。這種對立，在心理分析方面，也可能出現。在這種狀況下，一種
強調法國式特有的"去中心"思想（decentered subject），或是強調完
整統一的自我只是一種幻象的思想，便與比較傳統的法蘭克福學派所
主張的精神"自治"思想，截然劃分了開來。可是，上述兩種對立的傳
統，並非如同我剛剛所說的，是全然連續不斷或始終保持均衡的。李
歐塔的看法，畢竟仍屬於法國「後馬克思主義」中的一個支派。近年
來，後馬克思主義全面反對法國各類馬克思和共產主義的傳統，形成

一股巨大的反動力。在哲學層面上，黑格爾／盧卡奇(Lukács)所謂的「整體性」概念，成了"後馬克思"主義者的主要批評目標(在政治層面上，他們通常過於急躁的把馬克思主義，看成是史達林主義或甚至列寧式政黨)。李歐塔自己和馬克思主義哲學上的決裂〔1950年代和1960年代初期，他曾是社會主義或野蠻(Socialisme ou barbarie)的一份子〕，②多多少少預言了晚近發生在法國的這種近乎"麥卡錫派時代"〔McCarthyist Moment, 譯註：麥卡錫為一次大戰後的美國參議員，強烈反共，曾發動全國性的肅清共黨份子運動〕。在法國，這一股反共熱潮，在1981年社會黨出人意料之外的贏得壓倒性勝利後，方才消退了下去。但是上述發展，很明顯的製造出一個環境。在其中，我們仍舊可以用哈伯馬斯來代表整體性和辯證性的德國傳統；而李歐塔的哲學立場，則代表了政治化了的法國哲學傳統，其間的關係，變得愈來愈問題重重，複雜萬端。我真想在稍後說明，本書最突出最有力(libidinal)子題之一，便包涵了去澄清上述糾纏不清問題的象徵性努力。無論如何，哈伯馬斯對社會以進化方式躍入一個新的理性社會的憧憬，是靠溝通理論的術語來說明：「相關的溝通團體，在參與實際談論溝通時，驗證了規範主張的有效性，直到參與談論溝通者，都能以理性來接受這些規範的程度，心悅誠服的接受在特定環境下，大家所建議的規範是『正確的』」，③這個構想，很明顯的被李歐塔斥之為「整體式」哲學傳統所留下令人無法接受的殘渣。這種整體式的思想，雖然不能算是"恐怖主義者"，但卻接近保皇黨的思想，想用"政府干涉物價"(valorization)的方式，來維持共識理想的存在。(確實，哈伯馬斯也曾使用一些解放革命之類的辭語，而對李歐塔來說，在某種意義層面上，這種企圖統合一切的哲學立場，對合法化傳統，以及神話傳統來說，都是無法接受的。)

　　在檢討形成上述評論紛爭的立場與主張之前，無論如何，至少必須先調查一下，本書發展出來的方法論背景。靠著書中所發展出來的方法論，通過對正統敍事說法(master-narratives)的兩種類型的描

述，合法化問題方才得到探討。法國學界接受英美（anglo-american）
語言學中的概念，如奧斯丁的運作效能（行爲科學），已成爲一項不可
否認的事實（雖然這種發展，相當出人預料之外）。一般而言，屬於語
言學範疇的，但在過去被稱之爲法國結構主義，還有那好像充滿了靜
態可能性的主流記號學，在最近幾年，因爲下列研究的再度盛行，使
得上述兩種學說，紛紛獲得修正和擴充：例如語用論、語言情況和其
競賽規則的分析，和對語言本身是說話者之間不穩定的資訊交換，對
談者的言辭不再被視爲一種消息或資訊的傳達過程，或被視爲一種記
號溝通網絡，甚至於一種表意系統；對讀者所說的話，被視爲是一種
「詭計得逞」（taking of tricks 李歐塔最喜歡的比喻之一），一種打敗
溝通對手的手段。語言溝通，本質上是騙子之間的衝突關係──而不
是一個調整良好、毫無噪音的「由甲傳到乙的信物傳遞過程」（馬拉
美 Mallarmé 在論定義性語言時所用的術語。）我們已經討論過，李
歐塔如何提倡“運作效能”（performative）的行爲科學，並一直深入探
討到，當代科學本身最基本的原則。尤其驚人的是，在他所使用的方
法論透視裏──就我所知，他確實是少數有份量的哲學家，能在任何
領域中，以具體形式描繪出問題的重大後果，〔雖然，瑞柯（Paul
Ricoeur）、麥克殷泰（Alistair McIntyre）也有這種能耐〕──然他強
調敍事學的研究方法，不僅是一個重大的研究新領域，而且更進一
步，使敍事研究成爲人類心智的重要例證，這類思考模式之重要，不
下於合法化思考，與抽象邏輯思考。

　　上述有關方法論的冗長討論，爲下列主張尋得了一些支柱。此一
主張本身，同時也有自我化爲歷史敍事的天賦特質──特別是在討論
「科學」的地位的時候──很明顯的，其中最能表現歷史上比較「科
學的」時期（特別是資本主義時期）。所謂科學時代的特徵之一，就是
知識份子在面對那些和科學或實證主義有關的抽象的、定義的、或邏
輯及認知程序的知識時，他所依靠的敍事或說故事式的知識及主張，
便開始節節敗退。上面這段補充說明，本身就成了自己所想要診斷的

症候狀況，這樣一來，又更進步的把後現代主義狀況的各種論點，弄得更複雜了——本書把討論的重點重新放到敍事問題上，實在是一個深具啓發意義的好例子。老派的認知性和認識論的科學世界觀，所造成的合法化危機，還有本書中所詳述的其他有關這方面問題論點之發展，也都是很好的例子。李歐塔指出，晚近科學分析中最新看法的特色是，科學實驗製作過程，與一些小規模的敍事或故事的製作是相同的。另一方面，似非而是的，這種本質上從敍事觀點來驗證"眞理"方法之復活，和目前社會系統中，"局部的"（locally）到處流行充滿活力的許多小敍事單元，造成一個隨著這些現象而來的問題：那就是，普遍性敍事功能遇到了全球性或整體性的「危機」。既然，如我們所見的，老式合法化的正統敍事，不再在科學研究中發生作用了——連帶着，在其他領域中，當然也不再發生作用。（我們不再相信政治或歷史的言論，或歷史上的偉大「推動者」和偉大的「主題」——例如民族國家、無產階級、政黨、西方國家等等）。我相信這個看起來矛盾衝突的現象，如果採取更進一步的手段去處理的話，應該是可以解決的。但是在本書之中，李歐塔似乎沒有意思這樣做。更明確的說，他似乎不願做下列的推斷（不是去假設偉大的正統敍事說法之消失，而是去假設這些敍事像過去一樣，一直在暗中流傳）：偉大的正統敍事說法，在我們現階段情況的思考和行爲方式中，繼續存在，並產生一種"無意識"（unconscious）的影響力。這種堅持要埋藏正統敍事說法的心態，我在別處稱之爲我們的「政治無意識」，等一下我會試著在下文中，簡單的做一說明。

　李歐塔在區分說故事的方式和「科學」公式的過程中，最驚人的，是他對尼采式歷史主題出人預料之外的修正。事實上，對李歐塔而言，這兩種知識形成〔譯註：故事與科學公式〕之間的基本區分，在於他們和時間性（temporality）的關係，特別是他們和過去記憶的關係。敍事的形式特質，在詩體論和充滿節奏特色的傳統故事、格言之類的作品中，膨脹擴大。而李歐塔則認爲敍事的特色，是一種消費過

去的方式，忘卻的方式："在聲音的產生上(無論有歌詞與否)，韻律節拍比重音聲調更要緊；要缺乏顯著的時間分隔之下，時間不再幫助記憶，而變成了一種超越記憶(古老無比的)，無法記數的節拍，最後導致遺忘的境地"(《後現代狀況》第六章)。這讓我們想起尼采那篇現在看來依然偉大，依然有影響力的文章：在文章中，尼采討論歷史狂熱者，如何鼓勵大家對過去及死人效忠，歷史編纂的影響力是如何之大，但他同時也指出，上述種種做法，現在都已式微了。尼采式的"遺忘過去的力量"——為「凡人」突變為「超人」時刻的來臨而準備——在本書中，矛盾的，被轉移成說故事本身的一種特質，更精確的說，被移做英雄敘事或其他敘事的特質。在這樣的敘事中，我們學習瞭解一種原始資料儲存的形式，一種社會循環生產的形式。總之，上述這套研究方法，一針見血的指出了下面這個事實：我們把各種敘事說法儲存和積蓄起來，以便消費"過去"(past)，這種敘事消費與「科學」和科學思想的資本化之間，有極大的區別。這個區別，要通過以下的模式來瞭解。就像經濟活動中的第一個剩餘價值，將會逐漸地決定或促成一個前所未有的複雜而廣泛的制度之具體化——首先受到影響的是寫作，然後是圖書館、大學、博物館；在我們這個時代，顯微膠片在資料儲存上的突破，資料被電腦化，和目前叫人無法想像的龐大資訊庫。正如赫伯·席勒(Herbert Schiller)等人所警告的(李歐塔本人也充分警覺到這一點)，那就是上述各種資訊的控制，甚至於擁有，已成了我們這個時代最最重要的政治議題之一。

因此，我們不得不從社會形式的觀點，再度回到科學與知識的論題上：首先一個會引起有關社會階級的論爭是——由於知識至尚所造成的技術專家階層(technocracy)，僅僅是一種官僚制度呢？還是一個全新的階級？——另外一個會引起有關社會經濟分析的論爭是——目前這個高級工業社會時代，是古典資本主義在結構上的轉化，或是一個全新社會結構突變之開始？就如同丹尼爾·貝爾和其他理論家，適時指出的所謂「後工業社會」這個概念，他們認為現在是科學、知

識、科技研究的時代，而非工業製造和抽取剩餘價值的時代，「難道這就是最具有決定性的例證了」？

　　實際上，這兩個相互關聯的理論難題，同時導致了兩個明顯而又相互重疊的問題。對李歐塔而言，他相當聰明的，並未以過分武斷的方式，去尋求解決之道。問題的最後，關係到製造模式的本質，特別是資本主義製造模式的本質，和這種製造模式有沒有能力從事結構上的變化。如果換一個方式來問的話，這個問題可變成爲一個關馬克斯主義的問題：今天當我們邁進一個擁有「第三階段」科技（third-stage）〔譯註：也就是「第三波」〕，以跨國公司和資訊爲主的社會時，那些爲分析古典資本主義而發展出的論題綱要，仍然能夠保存其效能和解說的威力嗎？只要權力和控制權依舊是最重的問題時，特別是在私人企業對資訊逐漸形成獨占的局面下，我們似乎可以做一個無法避免的肯定答覆，重新確認，馬克思主義對研究正統資本主義所提供的分析模式，是優越無比的。

　　但是這問題也常常帶來了另外一套答案，導致另外一連串的後果。那就是資本主義會不會結束？革命有沒有可能？還有，最最重要的是，做爲歷史上根本革命主體的工業勞工階級，是否仍能發揮其功能。至少在歷史上，使得知識分子和好戰者認清了馬克思主義的威力，截至目前爲止，它仍是解釋分析資本主義的最佳模式（包括解釋我們社會中的一些特別的社會運動）。同時，也使大家認清，在我們這個時代，必須放棄革命和社會主義之類的傳統馬克斯式憧憬。這種結果的產生，主要是因爲大家相信工業勞工階級（在此，勞工階級的定義是定位在第一、第二類型生產科技的關係上，而不是定位在"第三波"精神機械學或原子科學的多樣性生產關係上），不再在構造社會的力量上，佔有重要的戰略位置。因此，在社會階級——馬克斯主義對社會所做的古典式分類——不能再發揮功能的今天，一種不同的，非階級式的社會組合，如官僚和科技專家組織，便起來取而代之。這樣的看法，導致了上述那種強有力的新理論形式，及其主張。〔而這

似乎是李歐塔的立場，他在參加"**社會主義或野蠻**"團體時期所寫作的政治論著，剛好就是對東方國家官僚制度的分析。〕

當關於分析社會階級的理論類別眾說紛云時，社會階級這個問題，特別是關於無產階級(proletariat)以及其是否存在的問題，便和現今各種社會中關於勞工情緒和影響力這種屬於經驗主義式的問題，無可救藥地混成一團了。(現今的社會不再是屬於革命型態的，或中產階級的社會了。)較正統的馬克斯主義者至少會同意，最激進的後馬克斯主義或反馬克斯主義者所說的──馬克斯主義，這個首尾一貫的哲學體系(更好的說法是，馬克斯主義是理論和實際例證的結合)，其理論之成敗，是繫於社會階級此一因素上的。

在此，我們所能建議的是，孟代爾(Ernest Mandel)所建立的第三階段資本主義理論，已經超越了古典馬克斯主義本《資本論》(*Capital*)一書中，所分析的市場資本主義，也超越了列寧(Lenin)所謂的壟斷獨佔市場，也就是帝國主義階段。面對非或反馬克斯主義者，對目前消費社會或後工業社會所提出的理論，正統馬克斯主義者，必須在理論上做一抉擇。在上述種種新理論裏，貝爾無庸置疑的是最具影響力的一位。孟代爾確實努力想呈現，所有貝爾在書中所指出並宣傳的社會特性，來證明資本主義是即將結束了──特別是近來對科學及科技發明的重視，以及由於科技的優越地位，所產生的科技官僚階層，還有從舊工業科技過渡到新資訊科技等等的現象，這些都可以用古典馬克斯主義的名詞，解釋爲一個新的、有活力、有原創力的、全球性的資本主義擴張之表徵。在此一擴張中的資本主義，目前正專門朝向被前資本主義(precaptitalist)所包圍的第三世界農業及第一世界的文化領域滲透進攻。換句話說，在這兩個領域中，資本主義更確實的保住了對"自然"以及"無意識"這兩個範圍的殖民佔領。從 1940 年到 1965 年，此一新時期的特色(從眾多其他事物脫穎而出)，就是在機器製造的工業消費品(從十九世紀初期起)，以及用機器製造的機器之外(從十九世紀中葉起)，我們現在已經能夠用機器來產生工業原料

及農業產品了。後期資本主義，已不能代表後工業社會了，後期資本主義只代表一個所有經濟活動，都開始工業化了的階段之出現。在這階段中，我們還可加上循環流通方式的機械化，以及上層結構不斷的機械化這兩個現象。④

上述觀察和法蘭克福學派的"文化工業"（culture industry）的觀念，以及商品盲目崇拜滲透到想像及精神領域的看法，也相當一致。精神（psyche），遠在古典德國哲學中，就一直被認為是對抗資本主義工具邏輯最堅強難破的堡壘。對於上述種種觀念，以及對於像第柏德認為認為"形象是商品物化的最新階段"（The image is the last stage of commodity reification）的這種調停式的解決方案，其中還存在有不少問題。當然，最困難的還是以勞工理論價值來貫聯文化和資訊，如何調和以量為分析基礎，與以勞動時數為分析基礎（或者說，在多少單位時間裏所出售的勞動力）時所產生的差別，是一個方法學上的難題。特別是遇到工作特質是勞心而非勞力時，以及工作是機器難以確切計量的資訊單元或媒體性、娛樂性的商品時。在另一方面，以馬克斯式社會分析的基本研究項目："生產模式"（mode of production）為焦點，以主張當代社會一系列問題都仍懸而未決疑問重重為焦點，來提出質疑。這種質疑的方式，對那些仍致力於激進社會變革的政治人物而言，仍是非常必要的。的確，對於此一普遍性的疑問，李歐塔這本小書提供了很有價值的貢獻。但即便如此，我們馬上可以看到，本書作者無意將自己變成傳統式的革新派。

如果和知識（以及其專家）的現狀不斷的改變，那會不斷的引領我們，去探討能夠自成系統，自行整體運作的"關係模式"的本質問題。上述第二大議題，在經過一段相當迂廻的路程之後，又重新回到了文化問題上來。特別是關於精確定義的"後現代主義者"文化是否存在的問題。因為雖然關於生產模式此一項目的研究，有時會被誤解為一種狹隘的經濟或生產至尚者的偏好，其適當的解決之道，很明顯的需要對某一特定社會組織做結構性的檢驗，並為其上層結構的層次做定

位。最要緊的是加諸在文化本身的功能與空間爲何？如果理論背後沒有一個在歷史上、辯證上都特別獨立的"文化"角色的話，就不可能在一個旣定的生產模式中，發展出一套令人滿意的社會範例出來。

李歐塔對此一問題的簡略探討，十分逗引人去閱讀，但讀後又不免大失所望。因爲這本書在形式上自我限制在知識問題的討論上，以致把"文化"範疇摒除在外了。但"文化"卻是他其他著作中主要探索對象。有關文化的研究，使他成爲前衞派和實驗藝術中，最敏銳、最負有使命感的當代思想家之一。他在實驗，創新方面的志向，決定性的開導出了一個美學理論，這理論與現今流行的各式各樣的後現代主義關係不大，反倒更接近極端(或全盛時期的)現代主義(high modernism)的傳統意識形態。這實在是夠矛盾了，因爲他的美學理論與極端現代主義中的革新特質的觀念，居然非常接近。此一觀念，正是哈伯馬斯忠實的從法蘭克福學派手上，繼承過來的。

所以，雖然他曾以存疑的態度認可"後現代主義"此一口號，並且曾插手爲某些在後現代主義旗號下的所產生的倍受爭議的作品辯護，然些在事實上，李歐塔很不願意設定一個跟極端現代主義時代迥然不同的後現代主義時代，也不願意製造一個根本的歷史文化的分裂。⑤他寧可視後現代主義爲對這種或那種極端現代主義者風格的不滿，而分裂出來的產物。所謂極端現代主義風格，就是不斷的革命，就是革新過程中的一個短暫的時期，一個充滿新鮮活力的形式創新時段，一個接一個的，不斷爆發出現〔譯註：極端或全盛現代主義認爲創新最爲重要。因此每一個新創流派，只能管領風騷數年或數月，便立刻被另一新興流派所取代。這樣一個一個的接連下去，永無休止。〕他曾以一連串驚人的公式，來形容描繪後現代主義，表示後現代主義並非尾隨現代主義或其特殊的合法化危機而來。後現代主義只不過又回到嚴格定義下，接連不斷出現的"新"現代主義，在出現之前的那一段循環時刻而已。

那麼，在此，現代主義的第一個意識型態所設計規劃的內容，又再度製造出一些提倡宣揚現代主義的東西——一個在語言、形式、藝

術品味方面不斷的充滿動力的革新（這些作品尚未被同化到追逐流行
的商業革新，以及一直被認爲是資本主義內在的韻律的商品風格之塑
造當中）。關於這一點，二次世界大戰後，在一股態度更爲鮮明的左
潮流中（他們通常擁有馬克斯主義意識型態及美學），現代主義又被加
上了明顯的政治成分──所以，在不全然是社會或心理轉化上，從搞
純粹批判式否定的角度來看，法蘭克福學派中有些人也能領會現代主
義者革新的美學，而奎耳派（Tel Quel）及銀幕派（Screen group）那批
人，有時也能理解這種美學。李歐塔自己的美學中，保留了許多原型
政治的動力。他對文化及形式革新的使命，使他的精神，得以與西方
前衞派自十九世紀（世紀末 fin de siècle）起就持有的精神，在文化與
文化力量之間，維持著一個平衡穩定的關係。

　　在另一方面，後現代主義遭到極端現代主義老觀念的同化，以及
後現代主義的喜於否定、批評，以及其革新以職志的做法，似乎解構
了一更有趣而複雜的問題及情況。這情況也就是後期資本主義（或消
費者社會或後工業社會）在其他科學或科技、生產、社會等領域的改
變內，所遇到的兩難問題的一部分。在此，對我來說，我不得不承
認，哈伯馬斯〔他在西德（Federal Republic）這種令人窒息的麥卡錫
式反共氣氛下從事研究工作〕在處理表面上屬於理論事務，而實際上
卻牽涉到政治危機利害關係的問題，所表現出來的洞察力及敏銳度，
比李歐塔所願意承認的，要多得多。確實，對哈伯馬斯而言，後現代
主義就是明目張膽的反現代主義傳統──是中產階級品味庸俗者的大
逆流，開的是 Spiessbuerger 式的反現代主義形式和價值的倒車──
是新社會保守主義的代表。⑥

　　在建築領域裏，大量而敏感的運用後現代主義風格的出現，肯定
了哈伯馬斯的診斷。⑦在偉大的建築極端現代主義者當中──例如屬
於國際的建築師──科布西野（Le Corbusier），法蘭克・李歐德，賴
特（Frank Lloyd Wright）從以上列舉的理論及觀點上，都算得上是絕
對的革新者。他們支持形式的革新和建築空間的轉換，同時他們也期

待，建築空間能整體的轉變社會生活，並取代政治革新（科布西野語），〔不過這個論點在形式上，和席勒（Schiller）在《人類的審美教育》（*Aesthetic Education of Humankind*）中所表達的觀念一樣老舊。〕後現代主義當然意味著所有以前對於現代主義偏見的重視〔就像在湯姆·沃爾夫（Tom Wolfe）的新著《從德國包浩斯建築學派到我們的住屋》（*From the Bauhaus to Our House*）所寫的〕。但是，客觀來說，按建築家自己的說法，後現代主義使現代主義者注意到了他們根本上的失敗。科布西野和賴特的新建築，並沒有改變這世界，也沒有美化了後期資本主義所製造出來的垃圾空間。例如馬拉米安（Mallamean）所設計的屬於"零度"（Zerodegree）的梅茲雙塔摩天大樓，突然在全世界各主要城市中心出現，使得那些劣質玻璃屋，四處充斥到過剩的地步。在這意義上，確實證明極端現代主義，已經回天乏術了，一去不復還了。現代主義者及其烏托邦式的野心，是不可能實現的；而其在形式上的革新，也已走到窮途末路的地步了。

無論如何，哈伯馬斯和李歐塔以不同的方法不同推想，對後現代主義運動所提出的看法，並非就是他們全部的結論。對他們來說，回到舊有的批判性的極端現代主義還是可能的。就像盧卡奇（Lukács）（同樣是屬於年代錯誤的一輩），在極端現代主義最顛峯的時期，從事批評寫作，然而卻主張回到老式前現代主義的寫實主義，認為那是可能的。然而，就像哈伯馬斯和李歐塔一樣，如果有人願意，去設定出一些社會關係的新狀態（甚至把這關係是否可被視為一個自給自足的完整的新生模式的問題，先撇開不談），那麼對文化生產的角色本身和其動力上，做一些對等的修改，似乎就不是那麼膽大妄為的事了。而所謂的文化生產，事實上應該能用辯證式的方式來思考，無須加上任何不必要的說教。例如，後現代主義的建築，對新古典主義來說，就是一個奇異卻又類似的東西；這是一種屬於歷史循環決定論者（historicist）在暗喻和典故引用上所玩的花樣，徹底反對舊有的嚴肅得要死的極端現代主義。而且，後現代建築本身，似乎是對傳統西方

審美的整個策略範疇，做了一番摘要重現的功夫。所以，我們有後現代風尚形式主義〔如邁克‧葛瑞夫斯（Michel Graves）〕，巴洛克式的後現代主義（如日本人），洛可可式的後現代主義〔如查爾士‧莫爾（Charles Moore）〕，新古典主義的後現代主義〔法國人，特別是波特札巴克（Christian de Portzamparc）〕；甚至有後現代式的極端現代主義，在其中，現代主義就是後現代主義作品模仿的對象。這是個豐富而有創造性的運動，含有最大的美學遊戲及最大的喜悅。也許整體上，我們可以很簡短的，用兩個重要的特點來形容後現代主義。第一，舊有現代主義的原型政治的使命感（Protopolitical vocation）以及恐怖份子姿態的式微；第二，所有極端現代主義所製造出來的一些特別效果（如深度、焦慮、恐懼，巨碑式不朽情感）都消失不見了，而被柯律治〔譯註：英國浪漫派大詩人，在其《文學傳記》（*Biographia Literaria*, 1817）一書中，討論幻想與想像的區別。〕稱為幻想的東西，或被席勒的審美遊戲所取代了。後現代主義專門注意表面，並專心探討字面上極端膚淺的意義。

　　無論如何，在膚淺的層面上（對所有意義而言），很明顯地，某些法國結構主義（在相當程度上）是吸引人的；連李歐塔的早期作品，也不例外。然而，這是一個審美學讓位給倫理學的時刻。而在倫理學中，後現代主義的問題（甚至在後現代主義與新形式的科學或知識的關係中）變成了我們對新社會組織的一個比較基本的態度。在這時刻，我所要指出的，一種深藏深壓在《後現代狀況》一書背後的象徵敘事，終出現在大家的眼前了。

　　在此，李歐塔好像是加入了德勒茲和高達里的陣容，與他們兩人合作的名著《反伊底帕斯》採取相同立場。在他們那部著作的最後，德高二氏也警告我們，他們所提出的精神分裂式的倫理學，一點也不革新，而是在資本主義下的一種生存之道，是在資本主義生產模式的結構限制之中，所產生出的一種全新的渴望。⑧我們剛剛提到過，在李歐塔所發表的，與反哈伯馬斯共識社會有關的文章中，戲劇性的出現

了一種他大力支持的倫理道德意識。在文中,他預言式的宣稱,自我
分裂並分散入一大片組織和關係網絡之中,散入相互矛盾的語碼和互
相干擾的訊息網絡之內,求取價值定位。(見本書第四章)。此一觀
點,將決定李歐塔對當前科學和知識發展的最終的看法,這是不足為
奇且相當自然的。當前的知識與科學所追求的,已不再是共識,精確
的說,所追求的是"不穩定性"。(instabilities)。而所謂的不穩定
性,正是謬誤推理(或矛盾論 paralogism)的實際應用及實行的結
果。在誤謬推理中,重點並非在達成一致的意見,而是要從內部破壞
先前"正常科學"(normal science)已建立好的基礎架構。」〔譯註:正常
科學指的是正統科學,當道科學,一般科學家所共同接受的科學。例如關於不明
飛行物 UFO 的研究,就不屬於正常科學的範圍。〕李氏這些話的意思是,
"不穩定性"一定包括有掙扎、衝突、半英雄式的競賽鬥爭。在此我們
不要忘記,李歐塔對許多非主流希臘哲學的相關看法(例如斯多噶學
派、犬儒主義及詭辯學派等等)。在當時,這些哲學學派,就像在邊
疆地方上從事游擊戰一樣,打一場屬於外國人,而非希臘人的戰爭,
他們反抗亞里斯多德學派及其徒子徒孫所造成的巨大勢力及壓力。⑨
在另一方面,美學有時會成為一面令人不悅的鏡子。至少在此我們應
該停下來想一想,李歐塔所主張的科學"自由創作"(Free play),和
後現代主義建築教我們"要向拉斯維加斯(Las Vegas)學習"(范塗理
Robert Venturi 語),要"讓自己習慣於疏離式的存在"(這句話是馬
克斯在論黑格爾的《絕對精神》時所說的。)兩者之間,竟出現了一種
奇怪的共鳴。無論如何,上述現象是深刻無比矛盾無比的,這正是李
歐塔書中最重的一個層面:那就是,任何一種敘事,會像所有的敘事
一樣,無可避免的一定會產生一種幻象,"對實際存有的各種矛盾問
題,提供了一套想像式的解決方法"(李維斯陀 Lévi-Strauss 語)。

　　此地所牽涉到的形式問題,或許可用如此的方法來說明:如何以
敘事來達到不用敘事的表達方式呢?在政治和社會的層面,敘事在某
個意義上,確實總是意味著對資本主義的反駁。在一方面,例如敘事

的知識，正好與科學或抽象的知識相對；就好像前資本主義與正宗資本主義相對一樣。然而，在科學本身遭遇危機與瓦解時，一種運用敍事來爲科學做合法化工作的念頭便興起了，這樣一來，很明顯的，敍事有時也有點像目的論（teleology）。目前所謂偉大的正統的敍事，都是那些暗示超越資本主義是可能的激進敍事論述，與以前的種種論述，大不相同。更進一步，他們把與上述理論相應的實際狀況加以"合法化"，以便政治積極份子能夠找尋機會，創造出一個極端不同的未來社會次序。然而，上述有關科學的兩種主要敍事，對於當今第一世界的知識份子而言，都超乎尋常的令他們感到不悅或尷尬。〔譯註：一種敍事是屬於革命解放式的；另一種則是屬於統一、完整、有共識式的。〕例如自由獨立解放（liberation）此一動聽的名詞已被傅寇在其《性史》（*History of Sexuality*）第一冊中，以"過分熱烈的二重矛盾情感"（Passionate ambivalence）一語道破。然而，從我所謂的德國或黑格爾傳統中，所發展出來的整體性及整體化（totality and totalization）這一套說辭，也幾乎成爲每一個人本能的，自動自發，要去反對的東西。

　　在敍事方法今後似乎是行不通的情況下，李歐塔堅持用敍事分析（narrative analysis）來立論，就表示他想使這本書具有政治性及爭論性。也就是說，面對目前的兩難問題，他要避免變得只產生一個可能的，甚至是屬於邏輯推理式的解決方法，也就是避免像丹尼‧貝爾一樣，成了一個以技術官僚爲本位的意識型態支持者，或者成了新社會系統本身的辯護者。他做到此點的方法，就是將老派美學的極端現代主義的意識形態加以轉化，也就是將其中那一股最爲人所津津樂道的創新力量加以轉化，轉化成嚴格定義下的科學和科學研究。現在，科學研究的革新、改變、突破、再更新的無限力量，注入了這原本將被壓抑的系統之中，以一種屬於新的，屬於未知的（unknown）（在李歐塔文中的最後一個字）的興奮心情，一種消除了疏離感的興奮心情。同時，也爲系統帶來了對冒險的興奮與期待，對反權威反順服的期

待，對各種慾望存在的期待。

很不幸地，與本書結論有連帶關係的價值——也就是正義，似乎在討論過所有與其有關的有趣的敍事之後，又傾向於回到下面這一點上，從而瓦解了正義價值在表面上所擁有的肯定性。這永恆改變的動力，正如馬克斯在「共產黨宣言」中所指出的，不是源自資本中不同的韻律節奏——此一韻律節奏，特別是存在於藝術與科學等非工具性的活動裏——永恆變動的動力，是來自資本主義生產模式本身，永遠不斷的革命。在這點上，革命動力論(revolutionary dynamism)所帶來的狂喜，其特徵是令人笑逐顏開的紅利和系統本身之中所產生的社會性的複製做爲報酬。由是觀之，當對資訊庫的擁有與控制——也就是新技術和資訊革命所帶來的利潤程度——在最後幾頁以復仇之姿重現的時刻，也就是眞相大白，眞理展現的時刻：如果全球性的私人公司，獨霸了所有這資訊系統之後，那世界將淪入悲慘不堪的境地。有了這一點認識，我們對謬誤推理及"無政府主義者式的科學"(anarchist Science 費若班語)所帶來的愉悅，便無法再以輕鬆的心情去面對了。然而，就像對其他私人財產系統一樣，我們不能單純期望資訊獨霸會通過一羣科技精英分子的自覺(不論他們是多麼的和藹可親)，而獲得改善。只有純粹政治上的行動，才能對此一資訊獨霸的局面，提出挑戰(象徵或原型政治式的行動是沒有用的)。

【註】

1. 參見阿圖色(Louis Althusser)有關認識論的論文，或參見其他國家的傳統，如若提(Richard Rorty)的《哲學及自然的鏡子》*Philosophy and the Mirror of Nature*(普林斯頓：普林斯頓大學出版社，1979)，亦參見若提的《實用主義的後果》*Consequences of pragmatism*(Minneapolis: University of Minnesota Press 1982)。

2. 參閱他那非常有趣的備忘錄，《索瑞：永遠的馬克思主義》*Pierre Souyri, Le Marxisme qui n'apas fini*，見 Esprit, 61 期(元月，1982)：11—31。

3. 哈伯馬斯：《合法化之危機》*Legitimation Crisis*，麥卡惜(Thomas McCarthy)英譯(波士頓：Beacon Press,1975)，P.15 亦參見他的最新著作《歷史唯物主義之重建》*Zur Rekonstruktion des Historischen Materialismus*(法蘭克福：Suhrkamp Verlag, 1981)。在此書中，他以皮亞杰式(Piagetian)的進化階段來詮釋社會的轉化過程。矛盾的是，當李歐塔在面對目前跨國公司獨佔所有的資訊時，他所要處理的問題與哈氏相同。問題的相同點在，大家沒有理由相信目前這種情況，可以用和平進化或理性說服的方式來解決。

4. 孟代爾(Ernest Mandel)：《晚期資本主義》*Late Capitalism*(London: New Left Books, 1975)，PP.190—91。

5. 參見他的「答客問：何謂後現代主義」，發表於《批評雜誌》*Critique*，四月，1982，PP.357—67。本文附於本書之後的附錄中。亦參見李氏另一本論杜尚(Marcel Duchamp)的有趣著作《變形者杜尚》*Les Transformateurs Duchamp*(Paris：Galilée,1977)。

6. 見他的「現代對抗後現代」(Modernity Versus Posmodernity)，發表於《新德國批評雜誌》*New German Critique*, 22 期(冬季號，1981)：3—14。

7. 參見波塔西(Paolo Poroghesi)：《現代建築之後》*After Modern Architecture*，其中有關目前流行的後現代建築理論的探討，十分有用。

8. 《反伊底帕斯：資本主義及精神分裂》*Anti-Oedipes:Capitalism qnd Schizoprenia*,赫里，西姆，蘭恩(Robert Hurley,Mark Seem,Helen R.Lane)英譯，傅寇(Michel Foucault)寫序(Minneapolis: University of Minnesota Press,1983；1977 Viking 重印)PP.456—57。

9. 見「寓言之力量」，見 L'Arc 雜誌，64 期，"李歐塔專號"(1976)：4—12。

作者引言（Introduction）

　　本書研究主要對象是高度發展社會中之知識狀況。我決定用「後現代」一詞描述此一狀況。「後現代」正在美洲大陸的社會學家及批評家間流行。十九世紀後，我們的文化歷經了一連串的轉變：科學、文學、藝術的競賽策略規則（game rules）全都變了；「後現代」一詞，正好標明了文化目前的地位狀況。本項研究將以「敘事危機」（The crisis of narratives）為焦點，來探討上述一連串的文化變遷。

　　"科學"長久以來，一直與"敘事學"（Narratives）相互衝突。以科學的尺度來衡量敘事學中的論述，泰半要淪為寓言傳說。然科學本身並不僅限於提出一系列有用公式去探求真理，科學還必須在其策略競賽中（game）讓本身所運用的規則合法化（legitimation）。因此科學便針對本身的地位狀況，製造出一合法化的說法（a discourse of legitimation），這種說法，通常我們稱之謂"哲學"。

　　我將用"現代"一詞來形容下列科學：例如精神辯證法（The dialectics of spirit），意義解釋學（The hermeneutcis of meaning），理性或應用科學之獨立（emancipation of rational or working subject），財富創造之獨立。〔譯註：此處的"獨立"是指"獨立自主"的意思。以前許多事情如科學技術及財富創造，都要依附在其他價值觀之上，方能存在。現在，這些全都從過去的束縛之中解放了出來。〕所謂"現代"科學，仍明顯的與正統敘事說法（grand narrative）聲勢相通，以"後設論說"（metadiscourse）的方式，使自身合法化。〔譯註："後設論說"就是根據前人的論說，進一步討論而產生的"新"論說。如以「一般使用語言」為研究對象，討論其文法的語言，就是後設語言。所謂"論說"discourse 就是在綜合前人的說法後，提出自己一套看法，有成"一家之言"的意思。在此，根據不同情況，譯法

也有不同。大體說來，譯成"說法"或"論說"的機會較大。〕例如，在主述者
（sender）〔譯註：也就是說話者〕與聆聽者（addressee）之間，一句含有
真理價值的話（truth-value），要通過"共識法則"（rule of consensus）
方能被接受。必須要在理性心智之間（rational minds），儘可能獲得
一致的認可，這句話方能說出。這種法則，源自"啓蒙敍事說法"（the
enlightenment narrative），知識英雄（the hero of knowledge）總是
努力達成"好的"（good）倫理政治目標──那也就是天下太平（univer-
sal peace）。〔譯註：所謂"啓蒙敍事說法"，是十七世紀啓蒙時代或理性時代所
發展出來的理論，認爲"理性"可以解決一切問題。〕由以上例子，我們可以
看出，假如在後設論說中，用歷史哲學（philosophy of history）的方
法〔譯註：歷史哲學，是研究歷史發展的規律，然後將此規律通則化，成爲一種
解釋歷史發展的原則或法則〕把知識加以合法化，我們就會遇到許多問
題，那就是控制引導社會規範（social bond）的那些典章制度（institu-
tions）是否真的有效。這些有關典章制度的問題，也必須予以合法的
解釋才行。如此一來，正義就理所當然的站在"正統敍事說法"這邊，
就像正義永遠站在真理這邊一樣。

　　用最最簡單的方式說，我認爲"後現代"就是對"後設論說"的質
疑〔譯註：也就是對各種既成說法的質疑〕。而這種質疑毫無疑問是隨著晚
近各種科學的發展產生的。換句話說，晚近各種科學的發展過程，也
預示這種懷疑的出現。後設論說那套合法化的設計裝置已過時了。明
顯的，過去依附其上的形上哲學及大學制度，也相應的出現了危機。
過去那些敍事說法不再發生作用，是因產生作用之原動力，如英雄聖
賢、大災大難、偉大的航行、偉大的目標，全消失了〔譯註：有大災大
難才需要英雄或救星出現〕。敍事說法的作用全散入敍事語言的迷霧中
（clouds of narrative language elements），這些元素有些是敍述性
的，但同時也是定義指稱性的，處方規範性的，描述性的。（narra-
tive, denotative prescriptive, descriptive）〔譯註：例如儒家思想是一種敍
事說法，以語言學的觀點來看，我們對儒家思想的瞭解，還要從歷史典籍中各式

各樣的說法去尋求。而儒家思想的作用，便散化入種種不同的說法之中。〕在各種不同語言元素的迷霧中，自有附合其性質運作的原子價（pragmatic valencies）孕涵其內。不過，我們倒不一定要把上述各種不同的語言作用聯合起來，建立一套穩定的綜合語言（stable language combination），如果我們建立起好幾套不同的語言，那些不同的語言，一定是各有特質，而其特質與特質之間，是不必具有溝通可能的。

如此一來，未來社會便要脫離牛頓式人類學（newtonian anthropology）的範疇，如結構主義、系統理論（systems theory）之類，而落入語言元素的語用學（a pragmatics of language particles）範疇之內。其中充滿了各式各樣的語言策略競賽（language games）──其組成要素各個不同。這樣一來，就會使典章制度破碎，成為一種拼湊的東西──導致局部決定論（local determinism）的出現。

然而政府決策者卻企圖通過輸入／輸出的模式（input/output matrices）來控制管理各種社會性的迷霧（clouds of sociality）。他們認為這些不同的元素間必有一種邏輯，就是元素與元素間必有可當作衡量標準的共同特質，而各元素所組成的整體，也是可捉摸測定的。他們把我們的生活分配安置在國力增長計畫中。在社會正義方面，與科學真理方面一樣，國家力量（權力）的合法化，建築在國家對其系統運作效能的完善化上。我們把上述標準運用在我們從事的各種競賽（games）中，而其結果一定會為我們帶來某種程度的恐懼，不管這些恐懼是"硬性"的還是"軟性"的：那就是人必須發揮作用（所謂作用，也就是附合一個共有的衡量標準），不然就得消滅。

這種"發揮自己最大作用"的邏輯，毫無疑問前後矛盾。特別是社會經濟範圍內，其相互矛盾處是：它要求大家少做又多做。所謂少，是降低生產成本。所謂多，是減少閒人過多的社會壓力。〔譯註：*工廠自動化後工人減少，生產力大增，成本下降；但是要減少失業人口，則須增加就業機會。*〕不過，我們所以質疑，是因為我們不再像馬克斯那樣，相信人類可由矛盾鬥爭中得到贖救。

　　就好像異鄉人慢慢熟悉環境，擺脫了異國感覺，後現代狀況也慢慢擺脫解合法化之盲目堅持。(the blind positivity of delegitimation)。然而在後設敍述論說後，合法化要靠什麼成立呢？答案是靠科技性的運作標準，而這標準與眞理正義毫無關係。合法化是否能像哈伯瑪斯(Jürgen Habermas)所想的，建立在相互溝通後所找到的共識上？如此共識，只會破壞各種語言策略競賽間的異質特色(heterogeneity)。〔譯註：換句話說，就是導致了思想統一或思想控制〕

　　後現代知識不僅是權威〔譯註：政府或正統思想〕的運作工具：也可以使我們對各式各樣的東西有更細緻的感受力，有更強的忍受力去寬容不一致的標準(incommensurable)。後現代知識的法則，不是專家式的一致性；而是屬於創造者的謬誤推理(paralogy)或矛盾論。

　　然而，下面問題來了。社會規範的合法化，公義社會的合法化，可不可以用一種充滿似非而是的反論來實現呢？就像用反論(paradox)來從事科學研究一樣〔譯註：反論 paradox 是指"欲速則不達"這樣的似非而是說法〕。如果可以，後現代主義的反論是什麼呢？

　　本書各章節是在一偶然的機會下寫成，是研究高度發展社會中知識狀況的報告，乃應魁北克政府大學教育委員會主席之邀而做。蒙他慨允此書出版，特此致謝。另外補充一點是，本報告的作者是位哲學家，不是科技專才。專家是知之為知，不知為不知，哲學家則不然。專家下結論，哲學家提問題，分屬兩種不同的語言競賽策略。我在此，又問問題，又下結論，結果當然是兩頭落空，都不太成功。

　　不過哲學家至少可以安慰自己，想像這份報告的背後基本分析，也就是對哲學及倫理社會學說法合法化的形式分析及實際運作分析，終有撥雲見日的一天。本報告所採用的，是一種有點社會學化了的觀點，我通過這種觀點，把我研究分析的成績介紹給大家，其結果是利弊參半的。現在，我要把這篇報告獻給巴黎第八大學(維塞奈 Vincennes 校區)哲學工藝學院——特別在此後現代的一刻，所謂的大學制度已走到了盡頭，而學院制度，則可能方興未艾。

第 1 章

範疇：
資訊化社會中的知識
(The field: Knowledge in Computerized Societies)

　　我們研究的假設是：當許多社會進入我們通稱的後工業時代，許多文化進入了我們所謂的後現代時，知識的地位便發生了改變。[①]此一轉變，至少在 1950 年代末期就已形成。對歐洲而言，這個時期，正標示了社會在戰後，已經復興重建完成。進入後工業時期步調之快慢，因國而異，也因各國選擇發展的範圍方向不同，而有所差別。一般來說，各國發展的情況多半短暫快速而分歧，以致要做整個通盤的概觀性描述，是極為不易的。[②]而部份的描繪則必會流於臆測。無論如何，我們知道，對未來學(futurology)寄予厚望實乃不智之舉。[③]

　　與其鈎勒出一幅勢必畫不完整的文化景觀，我寧可選擇某種特色為出發點，來闡明我們研究的主題。科學的知識乃是一種"說法"(discourse)，我們可以確切地說，在過去四十年裏，各種"最先進"(leading)的科技，都和語言有關：語音學、語言學理論[④]、傳播學和控制論(cybernetics 神經機械學)的問題[⑤]、代數與資訊學(informatics 電磁傳訊學)[⑥]的各種現代理論、電腦以及其程式語言[⑦]、翻譯問題、還有各種電腦語言之間相容問題之探討[⑧]，資料儲存及流通的問題(deta banks)[⑨]、電傳學(telematics)、智慧型終端機之改進[⑩]，反論學(似非而是學 paradoxology)[⑪]……等。以上種種的重要性，皆不言而喻，逼人而來。類似的例子可說是不勝枚舉。

　　我們期待這些科技的改變，將會為知識帶來重大的衝擊。知識的兩大功能——知識研究調查和傳遞既有知識——已經或即將感受到新科技所帶來的影響。關於知識的第一種功能——遺傳學（genetics）就提供了一個易為一般人所瞭解、感受的例子，其理論典範（theoretical paradigm）乃源自於神經機械學。此外，還有許多其他例證，可供引述。〔譯註：典範的理論源自於孔恩的《科學革命的結構》，芝加哥，1970 年初版；中文譯本於 1986 出版，由王道還編譯，允晨文化發行〕第二種功能正如眾所周知，是機件的迷你化與商品化（miniaturization and commercialization）改變了我們知識獲得、分類、供應、運用的方式。⑫我們可以合理的假設：資料處理機正在逐漸增加之中，而且會持續增加下去，這對知識的流通將會產生重大的影響，就如同它在"人類流通"（human circulation）（也就是"運輸系統"）及稍後在音效、影像上的流通（如大眾傳播媒體）上，也會產生很大的影響。⑬

　　在如此普遍發生變遷的環境之下，知識的本質不改變，就無法繼續生存，只有將知識轉化為大量的資訊信息，才能透過各種新管道，使知識成為可操作可運用的資料。⑭我們可以預言：在知識組合體之內，任何無法轉化傳送的東西，都會被淘汰。所有的研究結果，都可能轉化成電腦語言，而這必然會決定並引導出新的研究方向。今後，知識的製造者（producer）和使用者（user）都須具備有把知識轉化成電腦語言的工具及技巧——不管他們是創造或學習。目前，翻譯機器的研究已有相當的進展。⑮隨著電腦霸權之形成，一種特殊的邏輯應運而生，帶來一套特定的處方或規則，去決定哪些陳述才是可以認可的"知識性"陳述。

　　對一個"具備知識的人"（knower）來說，無論他是處於知識製造獲取過程的哪一個階段，我們都可以期盼，他能以一種徹底"外象化具體化"（exteriorization）的方式處理知識。那種經由心智訓練或個人訓練，來獲得知識的舊有方法，已經過時，而且每況愈下！

　　知識供應者與使用者之間的相互關係，漸漸趨向商品生產者和消

費者的供需型態，而且會愈演愈烈，這也就是說，其型態將以價值模式爲歸依。今後，知識或將爲出售而生產，或爲穩定新知識產品的價格而消耗。在以下兩種狀況下，都會出現目的（goal）相互交換的情形。〔譯註：這也就是說，將來知識會爲了生產而生產，爲了消耗而增產。〕知識不再以知識本身爲最高目的。知識失去了其"傳統的價值"。[16]

在過去數十年間，大家都已經承認，知識爲生產的主要動力。[17]在大多數高度發展的國家裏，知識已經在生產力的結構上，發揮了顯著的影響，並且成爲開發中國家難以突破的主要瓶頸。[18]在後工業與後現代的時代裏，毫無疑問的，製造軍火的科技能力，會繼續在既有的堅實基礎上，更進一步加強其在民族國家中，無比優越的地位！的確，以上的情形正是導致已開發和開發中國家之間，嫌隙越來越深的重要原因之一。[19]

但我們不容許問題的此一層面，遮蔽了其他層面，其間的關係是互補的。知識以資訊商品的型態出現，成爲生產力不可或缺的要件，在全世界的權力爭霸戰中，已成爲最主要的籌碼，而且會變本加厲，愈演愈烈。可以想見的是，有一天，各民族國家將會爲資訊的控制權而戰，正如同過去的人類，先是爲控制領土而戰，後來又爲開發天然資源、剝削廉價勞工而戰。一個全新的戰場出現了[20]：一方面是工業和商業戰略，另一方面則是政治和軍事戰略。〔譯註：從 1986 年開始的中美智慧財產權談判——包括翻譯權談判，便屬於這種戰爭。〕

然而，以上我所描繪的各個層面的透視，並非如我所說的那麼單純。以知識的製造及分配而論，一旦知識商品化（mercantilization）了，必將影響各民族國家，由古到今一直享有的特權。知識受制於國家範圍的這種觀念，一如頭腦心智（brain or mind）受制於社會這種觀念，都將因爲與其相反的另一套原則之日益增強，而落伍淘汰！根據這套相反的原則，只有當資訊流通頻繁且易於譯解明白時，社會才能存在進步！與知識商業化相輔相成的，是"透明易傳"的意識型態（ideology of communicational"transparency"），兩者慢慢察覺"國家"

(state)就是導致知識傳播含糊不清而又充滿“雜音”的原因。由這一
點看來，在經濟勢力與國家勢力關係之間，出現了一種新的危機，威
脅已迫在眉睫。

　　近幾十年來，各種經濟勢力以多元化跨國企業(Multinational
corporations)的名義，以新式資金流通法，危及了民族國家的安定
性。這些新型態的資金、資訊流通，暗示著起碼有一部份投資決策，
超越了民族國家的控制範圍。⁽²⁰⁾隨著電腦科技與電傳學的發展，問題
變得愈來愈棘手。舉例而言，假設像 IBM 一類的公司，能在地球外
圍軌道上，佔有一環狀衞星軌道地帶，發射運轉通訊衞星或資料儲存
(deta banks)衞星，誰能切入或使用這些資料？誰能決定哪些資料或
傳播管道該設限？是國家嗎？抑或是國家本身也成為資料庫的使用者
之一了呢？這些必將引起新的法律問題，此外，還有一個問題，那就
是“誰能夠有知識判斷這一切呢？”〔譯註：例如最近出現的日本直播衞星，
對國內電視節目之收看，便產生了很大的衝擊。〕

　　那麼知識本質之轉變，勢必影響現存的這些國際勢力，迫使他們
重新在法理與實際上，斟酌自己與大企業公司之間的關係，或者更廣
泛的說，斟酌國家與社會之間的關係。世界市場的再度開放，經濟競
爭再度活絡，美國資本主義霸權之崩潰，社會主義革命之衰頹，中國
大陸市場開放之可能——以上諸多因素在七○年代末，已提醒各國對
自己從三○年代起，慣於在各種投資上所扮演的領導甚至操縱的角
色，認真地重新評估。⁽²²⁾〔譯註：李氏在七○年代末期預言現已成真。美國貿
易保護主義在 1984 年興起，便是例子。〕由這個角度觀之，新科技只是增
加這種反省的迫切性，因為新科技所產生的資訊，是政府用來制定決
策(甚至用來控制)的依據。而這些新資訊，將更具變動性，並且十分
容易被翻版。〔譯註：例如電腦軟體的翻版，便是當前科技商業化，所遇到的
最大問題。〕

　　我們不難想見知識會像資金一樣流通，以往重視知識的教育價值
或政治價值(行政管理、軍事外交)的觀念，將被取而代之。**主要的差**

異不再存在知識與無知之間，而是像資金一樣，存在於"報酬性知識"（payment knowledge）與"投資性知識"（investment knowledge）之間，換句話說，各種知識單元（units of knowledge）在日常保命求生的架構中，相互交換：這也就是說，主要的差異將出現在，為生產力（work force）之更新而交換的知識（"生存之道"的改進），與為達成施政完善化而貢獻的"知識基金"（funds of knowledge）之間，這兩種知識，會發生相互對抗的情形。〔譯註：也就是個人能力之增進與政府公權力之擴張之間所產生的對抗〕

　　假若情形果真如此，"透明易傳的"溝通方式〔譯註：Communication 在此除了指「溝通」外，也特別指利用電子通訊來傳達交流的方式〕就和自由主義（liberalism）類似，自由主義並不排斥資金流通體制，金錢體系中的某些管道，可用來制定政策，而其他管道則只能作償付債務之用。人們可以想像，知識在此一本質與作用皆相同的管道中運行，其中某些知識被保留為"決策制定者"專用，其他的知識，則在社會規範下，被個人用來償還永遠也付不完的債務之用。〔譯註：這是指有些金錢本身就等於知識，可以制定政策；有些金錢，只是金錢，與國民納稅義務之類的各種活動有關。例如社會福利所用的錢，便要靠子子孫孫不斷的納稅，才能支付。〕

【註】

1.　塗蘭（Alain Touraine）：《後工業社會》*La Société Postindustrielle*（巴黎：丹諾書店：1969）〔英譯：梅又 Leonard Mayhew，《後工業社會》（倫敦：野木屋書店，1974）；貝爾 Daniel Bell：《後工業社會來了》*The Coming of Post-Industrial Society*（紐約，基礎教本書店，1973）；哈山（Ihab Hassan）：《奧菲斯之解體——後現代的文學初探》*The Dismemberment of Orpheus: Toward a Post Modern Literature*（紐約：牛津大學出版部，1971）；貝那蒙與卡拉梅洛（Michel Benamou, Charles Caramello）編：《後現代文化的表現》*Performance in Postmodern Culture*（威斯康辛：二十世紀研究出版中心，1977）；寇勒（M.Köhler），

"Postmodernismus ein begriffgeschichtlicher Überblick" , Amerika-studien 22,1 (1977)

2. 布特(Michel Butor)在《活動體：美國形象之研究》*Mobile : Etude Pour une représentation des Etats-Unis*(巴黎：蓋勒瑪書局，1962)一書中對「未來學」的看法，已成為學術界公認的經典理論了。

3. 佛斯(Jib Fowles)編《未來之研究手冊》*Handbook of Futures Research*(西港：康乃狄克：綠木書店，1978)

4. 圖貝斯寇 (Nikolai S. Trubetskoi)：《語音學原理》*Grundzüge der Phonologie*(布拉格：Travaux du cercle linguistique de Prague, vol.7, 1939)〔英譯：貝爾特絲 Christiane Baltaxe,《*Principles of Phonology*》(柏克萊：加州大學出版部，1969)〕

5. 魏納 Norbert Wiener：《控制論與社會：用人的人性化》*Cybernetics and Society: The Human Use of Human Beings*(波士頓：哈克頓·米佛林書店，1949)；艾施比(William Ross Ashby)：《控制論入門》(*An Introduction to Cybernetics*)(倫敦：卻曼&霍爾書店，1956)

6. 見紐曼(Johannes von Neumann)的研究著作(1903-57)

7. 貝勒(S. Bellert)"控制論系統之程式化"La Formalisation des systèmes cybernétiques見《當代科學中的資訊觀念》*Le Concept d'information dans la science contemporaine*(巴黎：密紐書店，1965)

8. 慕尼(Georges Mounin)：《翻譯理論問題》*Les Problèmes théoriques de la traduction*(巴黎：蓋勒瑪書店，1963)。1965 年，IBM 推出 360s 型新一代產品，引起電腦革命：孟克 R.Moch,《資訊學之變遷》*Le Tournant informatique, Documents contributifs*, Annexe 4，《社會之資訊化》*L'Informatisation de la société*(巴黎：La Documentation française,1978)；艾施比(Ashby)，「第二代微電腦」(La Seconde génération de la microélectronique,)La Recherche 2(1970,6 月)：127ff。

9. 高佛南與泰伯 (C.L. Gaudfernan，A.Taïb)「古語僻詞大詞典」(Glossaire)，見諾拉與密克(P. Nora and A. Minc)合著之，《資訊化社會》*L'Informatisation de la société*(巴黎：La Documentation française, 1978)；貝卡(R. Béca)，"資訊資料庫"Les Banques de donnees見《新資訊及新成長》*Nouvelle informatique et nouvelle croissance*, Anné-

xe 1, *L'Informatisation de la sociète*。

10. 喬約斯（L.Joyeux,）「高級資訊學之應用」Les Applications avancées de L'Informatique, 見 Documents contributifs.根據「國際際資源發展報導」：《家庭終端機》*The Home Terminal*(康乃狄克，I.R.D.出版部，1979）：家庭終端機（整合性錄影終端機）在 1984 年以前將可以商品化，價格約爲 1400 美元。

11. 瓦滋洛維克，赫爾米克—貝敏，傑克森（Paul Watzlawick,Janet Helmick—Beavin,Don D.Jackson）合著，《人際溝通語用學：交流之各種模式——病理學和反論學的研究》*A Study of Interactional Patterns, Pathologies, and Paradoxes*（紐約：諾頓書店，1967）

12. 崔里 J.M.Treille,「經濟科技系統分析預策小組」之成員 Groupe d'analyse et de prospective des systèmes économiques et technologiques(GAPSET)：「關於傳播貯存訊息所發展的報導還是太少了，特別是半導體的使用和雷射科技……很快地，每個人將可以很便宜地貯存任何他想要的資訊，而且更進一步，以自動化的方式去處理。(《媒體週刊》16 期，1979 年 2 月 16 日)根據一項「國家科學基金會」National Science Foundation的研究：兩名高中生之中，至少有一名已有能力使用電腦，到 1980 年代初期，每所高中都將擁有一部電腦。(《媒體週刊》*La Semaine media*, 13 期，1979 年 1 月 25 日)

13. 布魯尼 L.Brunel：《機器與人》*Des Machines et des hommes*（蒙特利：奎北克科學書店，1978）；密絲卡和瓦登（Jean-Louis Missika, D. Wolton）：《網狀系統思考》*Les Réseaux pensants*(Librairie technique et documentaire,1978)，在奎北克省和法國之間，錄影帶研討會已成爲常設性的會議，1978 年十一、十二月，第四次研討會召開(由"交響樂"號人造衛星轉播)，一方面在奎北克和蒙吹奧進行；另一方面在奎北克和巴黎進行(巴黎諾德大學和布伯格中心,《媒體週刊》第 5 期，1978 年 11 月 30 日）。另一個例子是由電子化新聞業顯示，美國三大電視網（ABC，NBC 和 CBS）已經在全世界增設許多製作中心，用人造衛星，將發生的事立即以電子訊號傳送至美國各地。只有設在莫斯科的辦事處，還在用影片的方式，先傳送至法蘭克福，然後再由衛星傳送到世界各地。倫敦已經成爲"最大的衛星資料集散地"《媒體週刊》第 20 期，1979 年 3 月 15 日〔譯註：李歐塔對"學問"與"知識"二字的慣用法，見本

書第六章及註解⑥。〕

14. 資訊單位是個別的「位元」(bit)。這些定義，均見高佛南與泰伯合著，「古語僻詞大辭典」。這個問題，滕姆 René Thom，在《多變語意學：資訊》*Un protée de la sémantique : l'information*(1973)，及《形態學的數學模式》*Modèles mathématiques de la morphogenenèse* 兩本書裏（巴黎：Union Générale d'Edition,1974）都討論過。特別是在把訊息變成符碼的轉譯過程中，是容許別除語意含糊部份的。見瓦滋洛維克等人合著的《人際溝通語用學》，98 頁。〕

15. 葛萊哥公司(Craig)和雷西康公司(Lexicon)已經宣布生產商品化的袖珍型翻譯機：包括四套組件，以相同接收器提供四種語言，每組包括含有記憶功能，可儲存 1500 個單字。魏納傳達系統有限公司(Weidner)製造出一種多語言文書處理機(Mutilingual Word Processor)，平均翻譯速度，由每小時 600 字增加到 2400 字。它包含一套三重功能的記憶體：雙語字典，同義字字典，文法索引。(《媒體週刊》第 6 期1978 年 12 月 6日)

16. 哈伯瑪斯(Jürgen Habermas)：《知識與志趣》*Erkenntnis und Interesse*(法蘭克福，蘇坎書店，1968)〔英譯本：夏皮洛 Jeremy Shapiro，《*Knowledge and Human Interests*》(波士頓：比康書店，1971)〕

17. 見馬克斯：《手稿》(*Grundrisse*, 1857～58)一書(柏林：戴茲‧佛勒格書店，1953)，頁 593。〔英譯本：尼克萊斯 Martin Nicolaus(紐約文塔奇書店 1973,P.705]馬氏寫道：「人類之所以能了解自明，克服自然，是依靠著人能夠以社會組織的型態出現。……而社會也成了生產和財產的最重要基礎(Grundpfeiler)，因此，對社會發展的通識，就變成了一種生產的直接力量」。然而，馬克斯承認生產力不只通過知識的形態出現，而且也通過社會的直接組織的運作。因此，學問遂成為一種力量，換句話說，學問成為一種機器：機器是由"一羣人用手所創造的具有人類智慧的組織"(Organs)；因此知識的力量就客體化了(Objectified)"。〔頁 706〕，見馬提克 Paul Mattick：《馬克斯與凱恩斯：混合經濟的限制》*Marx and Keynes: The Limite of the Mixed Economy*（波士頓：伸展地平線書店，1969）。這個觀點在李歐塔寫的："異化在顛倒逆轉馬克斯主義中的地位"(La place de l'aliénation dans le retournement marxiste)一文中有詳細的討論(1969)。收入《逸出馬克斯，佛洛

依德的道路之外》*Dérive á partir de Marx et Freud*（巴黎：Union Générale d'Edition 1973）78 至 166 頁

18. 美國勞動力的構成在二十年（1950～71）之間，已經產生了下列改變：

	1950	1971
工人，服務業及農業人員	62.5%	51.4%
專業和科技人員	7.5	14.2
白領階級	30.0	34.0

（1971 統計摘要）

19. 現在是一個由高科技或一般科學家組成的時代，而過去則是一個追求開發天然資源和資金交換的時代，這兩個時代是不同的。1960 年末期，馬提克（Mattick）估計，在淨投資率方面，低度開發國家中只佔國民生產毛額的百分之三至五，而在已開發國家內，則佔百分之十至百分之十五。（《馬克思和凱因斯》，第 248 頁）

20. 諾拉和密克合著：《社會之資訊化》*L'informatisation de la societé*特別是上卷"挑戰"（Les défis）那一章。史托茲：「美國以及資訊戰爭」（Y.Stourdzé，"Les Etats—Unis et la guerre des communications"）法國世界日報（Le Monde, 1978 年 12 月 13～15日）。在 1979 年，世界市場上電傳裝備銷售總值為 300 億美元，據估計，在十年內，將達 680 億（《媒體週刊》第 19 期，1979 年 3 月 8 日）

21. 康布萊特（F.De Combret）"工業之重新出發"Le redéploiement industriel, 法國世界日報，1978 年 4 月；里佩吉（M.Lepage）：《資本主義之未來》*Demain le capitalisme*，（巴黎：Le Livre de Poche,1978）；寇塔（Alain Cotta）：《法國以及世界需求》*La France et l'impératif mondial*（巴黎：法國大學出版部，1978）

22. 問題的重點在把"管理無能"的現象降至最低，社會福利國家的衰頹，是伴隨 1974 年開始的能源危機而出現的。

第2章

問題：
合法化
(The problem : Legitimation)

　　以上所運用的假設，就是在思考"知識地位"此一問題時，如何界定研究範疇的依據。我所假設的理論「脚本架構」(scenario)〔譯註：或可譯為「大架構」「整體架構」「宏觀設計」〕，與所謂的「社會電腦化」十分類似，（雖然我所假設的社會，是在一種全然不同的精神下，向前邁進的，我不認為我的說法有多麼獨創，甚至也不認為我所說的是真理。我們對應用性假設(working hypothesis)的要求，是所建立假設的架構，應具有細緻的區別能力。大部份針對高度發展社會，所假設出來的電腦化「脚本」，都讓我們特別注意（雖然有些過分誇張之嫌，例如知識轉化傳播的某些情況，以及這些情況如何影響公權力(public power)和民間機構──這些影響，不從電腦的觀點來看，是不容易看出影響來的。因此，我們的假設，從現實的角度來看，不應賦予預設性的價值；但從所提出的問題來看，則可賦予策略性的價值。

　　雖然如此，此一假設仍然值得一用。同時，就另一觀點來看，我們對假設的選擇也不是主觀獨斷、毫無根據的。此一假設，早為專家廣泛而深入的描述過，[23]而且也已在與其最有直接關係的政府機構及私人公司之中，引導並促成了某些決策的制定；例如：在電磁通信工業(telecommunication)的管理方面。

　　因此，從某種程度上來說，上述假設，已經是可見事實的一部分了。最後，除非是經濟蕭條或普遍不景氣（例如，一直無法解決的世界能源問題所導致的經濟衰退），否則上述假設的「腳本」情況，很有可能完全出現：因為，除了社會電腦化外，我們很難看出，現代科技可以選擇什麼其他的發展方向。

　　這樣又好像是在說，這個假設是平凡無奇，人盡皆知的。然而，也只有在某種程度上，當此一假設無法對科技進步的通則典範，做回應或挑戰時，我們才可以說此一假設是無謂的。所謂的科技進步，就是指經濟的成長和社會政治力量的擴張，二者似乎必然是相輔相成的。大家一直對科技知識是累積的這種說法，深信不疑；如有不同意見，最多，也只不過是對科技知識累積的模式為何，有所爭議罷了——有的人，把知識的累積，描繪成是定期、定形、延續、前後一致的；也有的人認為，知識的累積是片斷、分裂、不延續、前後矛盾的。[24]

　　但這些公認的道理都錯了。首先，科學知識並不代表知識的整體：它總是與另一種我所謂的（為了簡便起見）敍述性（narrative）知識同時存在，並與之競爭、衝突（這種敍述性知識的特徵，容我稍後再論）。我並不是說，敍述性知識勝過科學知識，但其模式與內在精神的平衡和愉快的概念有關，[25]相較之下，現代科學知識就顯得寒酸而微不足道。〔譯註：所謂「敍述性的知識」，也可以譯做「人文知識」。〕特別是現代科學知識，被"行家"（knower）外象化、符號化了，因而使科學知識的使用者與之日益疏遠，達到一種前所未有的情況，從而導致研究者和教學者，雙雙士氣低落。這種現象，是不容忽視的。大家都知道，1960 年代，所有高度發展的社會裏，這種消沈的情況，在那些準備從事科學事業的人士之間（尤其是學生之間），已達極點。由於無法避免受到這種消沈的感染，實驗室和大學機構，在生產力（productivity）方面都顯著降低了。[26]不管是帶著希望或恐懼，期待這種狀況能導致革命性的改革（就像以前一樣），是不可能的；在後工

業社會中，想要在一夜之間去改變事物的既成秩序，是不可能的。不過，大家對科學家已產生了「懷疑」；在評價科學知識的現狀和未來型態時，這種「懷疑」，必然會被用來當做評價的重要考慮之一。

第二點：科學家士氣低落，道德敗壞，對於知識合法化問題的核心，造成重大衝擊。因此，我們更應該將這種「懷疑」，列入研究的範圍之內。與討論這方面問題的德國理論家相比較〔譯註：主要是指法蘭克福學派的哈伯瑪斯〕，我對"合法化"一辭的用法是廣義的。[27]以任何一部民法為例：民法指出，特定種類的公民，必須從事特定的行為。合法化就是一個立法者（legislator）被認可具有權力去頒佈一條法律，並使之成為一組規範。這個過程，就叫做合法化。現在，我們再用一個科學陳述為例：其規則要件為，一種陳述必須要能夠滿足一組特定條件，如此這般，才能被接受為科學。在這種情況下，所謂的合法化，也就是一個程序，通過此一程序，負責處理科學說法（discourse）的「立法者」，被認可有權設定一些書寫清楚的條件（通常這些條件必須內在協調一致，並經實驗證明），然後由科學界來考慮，什麼陳述是應該或不應該，被容納在科學說法之中。

上述民法與科學說法的平行對比，顯得有些勉強。但我們等一下便會知道，事實並非如此。自從柏拉圖以降，科學合法化的問題，便和立法者的合法化，有密切的關連。從這個觀點來看，決定「什麼是真的」和「什麼是公正的」這兩種權力，是不可分的。（即使分屬於這兩種權力的陳述，有其本質上的差異。）重要的是，在這種叫做科學的"語言"和倫理、政治語言之間，有一種緊密的連繫：它們產生於同一種透視，或是一種"選擇"（假使你願意這麼說的話），這種選擇（choice）也就是一般所謂的，"西方式的"。

我們檢查目前科學知識的地方——便發現，有時候科學似乎比從前更受制於當道勢力，加上新科技的來到，當道勢力與新科技之間，相互產生了衝突，知識的地位，又陷入一種新的困境，有變成雙方主要賭注的危險。所謂雙重合法化（double legitimation）的問題，不但

沒有失去其重要地位而退居幕後，反倒一躍而居於舞臺的前端。因知識問題以其最完整的形式顯現，掉過頭來，揭露知識和權利只不過是一個問題的兩面：誰決定知識爲何？誰又決定什麼是需要決定的？比起從前，**在我們這個電腦時代裏，科學的問題，已經愈來愈是一個有關政府治權的問題了。**

【註】

23. "新資訊以及其使用者"La Nouvelle infomatique et ses utilisateurs, 附錄 3，見《社會資訊化》(見註⑧)

24. 拉枯耶(B. P. Lécuyer)，"西方國家中科學社會學之發展清單及透視"(Bilan et perspectives de la sociologie des sciences dans les pays occidentaux,)《歐洲社會學檔案》第十九册 *Archives européennes de sociologie* 19(1978)：257-336(參考書目)，一個有關英美社會學趨勢的大好消息：馬頓(Merton)學派的霸權到了 1970 年代已經不行了，特別是在孔恩(Kuhn)的影響之下，現在是百家爭鳴的階段；至於德國社會學研究方面，實在是乏善可陳。

25. 這個術語因伊利屈(Ivan Illich)的闡釋，而變得重要起來，見《歡樂之工具》*Tools for Conviviality*(紐約，Harper & Row,1973)

26. 有關這方面的"墮落"(demoralization)見 A. Jaubert 和 J-M. Lévy-Leblond 合編，《科學的自動批判》(*Auto*)*critique de la science*(巴黎：Seuil, 1973)，Pt.1.

27. 哈伯瑪斯(Jürgen Habermas)，《合法化之危機》*Legitimationsprobleme im Spätkapitalismus*(法蘭克福：suhrkamp,1973)馬卡西(Thomas McCarthy)英譯：*Legitimation Crisis*，(波士頓：比肯出版，1975)

第 **3** 章

方法：
語言策略競賽
(The Method: Language Games)

讀者大概已經注意到了，以前面所設定的架構來分析這個問題時，我特別偏愛某一步驟：那就是強調語言因素，特別是其語用面。我必須解釋一下，所謂語用學（pragmatic）這個術語，在此所代表的意義為何？[28]我的說明不管多麼粗略簡要，一定有助於澄清下面所要講的內容。〔譯註：此處李歐塔所用的術語，與「記號學」有關。記號學的三大構成要項是語構學、語意學、語用學。〕

在談話或訪談的場合中，一個定義性的句子[29]如「這所大學出毛病了」，在主述者（sender 說話的人），聆聽者（addressee 接收這話的人），以其指涉物（referent 話中所提及的事物）之間，安排出一種特定關係：這種說法顯示主述者居於"知者"或"行家"（knower）的地位（他知道這所大學的情況），聆聽者則扮演一種必須表示贊同與否的角色，而指涉物本身，則是以一種獨特的定義方式來因應，就好像談話中所提及的事，需要正確地被一句與此事有關的話來認同或表達。

假如我們研究的是，教務長或校長在大學評議會中所提出的一項聲明，「這所大學是開放的」。很顯然的，前面所講的那句形容「大學出毛病」的話，就不再適用了。當然，一句話的意義，必須為人所了解才行，但這也只是人們溝通的一般條件，並不能幫助我們區別各種說法有何不同，以及其特殊效果為何等等。上述第二例句在"演出

運作"（performative）時，[30]話中透露出來的明顯特徵是，其對指涉物的影響力與其發聲說出這件事，是同時發生的。「這所大學是開放的」，是因爲在上述情況下，它已被宣布開放。因此，其結果是否如此，並非取決於立即被帶入這種說法所創造的新情境中的聆聽者，也無需聆聽者去討論或求證。至於主述者，他必須先要被賦予某種權力，才能作此一聲明。實際上，我們可以另一種方式來說：主述者是教務長或校長，這也就是說，他在經過授權之後，才能做這種聲明。因爲只有他，才可用我上面所指出的方式，直接影響指涉物（大學）和聆聽者（大學職員）。

另一種情形則與「撥款給大學」，這種類型的說法有關，都是指示處方性語法（prescriptions），可以變化出各種不同語氣：如命令、指揮、指示、推薦、請求、祈求、懇求等。在此，主述者明顯地扮演權威的角色。廣義的來說，這一類的主述者，還包括有罪的人，當罪人在祈禱時，似乎有一種凌駕仁慈上帝的權力（認定上帝一定要寬恕他的罪）。這也就是說，祈禱者期望聆聽者（上帝），完成他所要求的事。指示性語法，在實際運用的時候，[31]常會使隨之而來的聆聽者與指涉物之間的地位，發生改變。

各種句法的效用，分別屬於各種不同的秩序：例如一個問題、一項承諾、一篇文學描述，及一種敍述等等。在此，且讓我摘要說明一下。當維根史坦（Wittgenstein）重新回過頭來，去做語言研究時，他將研究焦點，集中在不同說法模式（modes of discourse）的效果上；按照這種方式（有些我在上面已經提到過），他區分各種說法的不同型態，並稱之爲語言策略競賽（language games）。[32]他啓用此一術語所要表示的是，在每種不同性質的說法中，都可用說明其特質和用處的規則來定義之──就如同下西洋棋一樣，是由一組決定每粒棋子的特性的規則所控制的，換而言之，也就是在適當時候出動適當的棋子。
〔譯註：game 有競賽之意，也有競賽規則，競賽本身的設計與策略之意。此地我用「策略競賽」來翻譯 game，但有時也可以策略爲重，翻成「競賽策略」、

「遊戲規則」，這要看上下文的意思，機動的調整。〕

　　要研究語言策略競賽，下面三項觀察是十分有用的。首先這些規則本身不能自給自足的提供自身的合法化〔譯註：這也就是說，如果自定規則，而人家不承認也不遵守，那就下不成棋了〕，不論明顯與否，競賽策略是參賽者之間契約式的產物（這並不表示參賽者創造了這些規則）。其次就是，要是沒有規則，也就沒有競賽；[33]甚至每條規則的微小變化，都會改變競賽的本質。任何一項不合規則的"步法"（move）或說法，都無法納入這些規則所設定的競賽策略當中。第三點，也就是上面已經暗示過的，每種說法，都應該被認為是棋賽中的一步棋。

　　最後一個論點，使我們又回到了第一論點，成為我們整個研究方法的基礎：那就是發言有如戰鬥，帶著對抗賽的意味，而言行（speech acts）[34]就落入一般所謂好鬥論（agonistics）的範疇內。[35]當然，這並不一定意味著，參加競賽就是為了贏得勝利。每一步棋，可以只是為了純粹的樂趣而創造出來：有什麼能比動人的演說與文學創作所經歷的語言困擾還多呢？在抽象言語（parole）層次上〔譯註：parole是在語言內在的法則，是指一句背後的深層結構。〕在語言進化的過程中，最大的樂趣是在片語、字詞及意義的轉折上，從事無止盡的創造。但無疑的，這份快樂有時候甚至於是建立在對手犧牲後，所贏得勝利的喜悅之中──至少要勝過一個對手，而且是一個很強的對手：用已為大眾所接受的語言或其喻義（外延意義connotation）去勝過對方。[36]

　　語言好鬥論的觀念，非但不使我們忽略第二項原則，並且可以補其不足，幫助指導我們自己：可見的社會規範（social bond），是由語言的"策略步法"（language "moves"）所組成。明白此一想法後，將引導我們進一步接近我們所要研究的事物之核心。

【註】

28. 皮爾斯（Peirce）派的記號學者摩理斯（Charles W.Morris）把記號學區分為三大要項：語構學、語意學、語用學（Syntactic, Semantic, Pragma-

tic），見“記號理論之基礎”一文（Foundations of the Theory of Signs）。收入摩瓦與努拉及卡內普（Otto Neurath, Rudolph Carnap）所合編的《綜合科學國際大百科全書》*International Encyclopedia of Unified Science*卷一，第二部份（1938）：77-137頁。關於「語用學」此一術語之運用，我特別參考了：維根斯坦（Ludwig Wittgenstein）：《哲學研究》（G.E.M Anscombe 譯，紐約：Macmillan，1953）；奧斯丁（J.L.Austin）：《如何用文字做事》*How to Do Things with Words*（牛津：牛津大學出版部，1962）；澀耳（J.R.Searle）：《語言行為》*Speech Acts*（劍橋：劍橋大學出版部，1969）；哈伯瑪斯：《社會理論或社會科技》*Theorie der Gesellschaft oder Sozialtechnologie,*（Struttgart: Suhrkamp,1971）；杜可若（Oswald Ducrot）：《說或不說》*Dire et ne pas dire*（巴黎：Hermann,1972）；寶蘭（J. Poulain）："傳播溝通原子語用學初探"Vers une pragmatique nucleaire de la communication（打字論文：蒙吹奧大學，1977）；並參考瓦氏的《人類溝通語用學》。

29. 在邏輯學家古典式的慣用法中，“外延的定義”（denotation）在此相當於“描述。達恩以“是否符合”代替“外延定義”；見（W.V.Quine）：《文字與物象》*Word and Object*（劍橋，Mass.：MIT 1960 年出版）。奧斯丁：《如何用文字做事》，39頁：他主張用“認定性”（constative）代替“描述”（descriptive）。

30. “運作效能”（performative）這個術語，自從奧斯丁以來，在語言理論中，已具有確切意義。稍後在這本書中，與“運作效率”（performativity）這個術語有關的觀念，會不斷出現，特別是指一個體系中的“運作”。在新科技的潮流之下，效率的高低是依輸入與輸出的比率來衡量的。這兩種意義並不相差太遠。奧斯丁的“運作效能”是指運作效率的具體及最理想的表現。

31. 這些項目的最新研究分析，見於哈伯瑪斯所著的 *Unbereitende Bemerkungen*，寶蘭所著的《原子語用學初探》*Vers une pragmatique nucleaire* 也討論到這一個問題。

32. 見：《哲學研究》*Philosophical investigations* 第 23 節。

33. 紐曼與摩根史坦（John Von Neumann, Oskar Morgenstern）合著：《競賽理論與經濟行為》*Theory of Games and Economic Behavior*（普林斯頓大學 1944 年出版），49頁："競賽，簡單的說就是由競賽規則的整體

所形成的活動。"這種公式性的陳述，是有違維史坦的哲學精神的。因爲維氏認爲，策略競賽不能用定義來說清楚，因爲定義本身就已經是一種語言策略競賽了。(見《哲學研究》，65～84節)。

34. 此術語源自澀耳(Searle)的《語言行爲》第16頁："語言行爲……是語言的溝通最基本的或最小的單位"。我寧願把它放在好鬥論〔agon(the joust)〕的範圍內，而不置於溝通的領域中。

35. "好鬥論"(agonistics)是赫拉克里特斯(Heraclitus)的存有論(ontology)與希臘詭辯家(sophist)的辯證基礎，不用說，早期的悲劇作家，也是此道中人。亞里斯多德在"Topics"及"Sophistici Elenchi"裏花了相當的篇幅，專門研究好鬥論。見尼采(F. Nietzsche)，"荷馬的競賽"(Homer's Contest)，馬極(Maximilian A. Mügge)譯，收入《尼采全集》第二卷(倫敦：T.N.Fowlis,1911年出版；紐約：Gordon, 1974年再版)。

36. 這個關係由希馬斯列夫(Louis Hjelmslev)在他的《語言理論序言》*Prolegomena to a Theory of Language*(Madison：威斯康辛大學，1963出版)，建立起來，而後巴特(Roland Barthes)在他的《記號學原理》*Elements de sémiologie*(1964)一書中，沿用了此一術語。(巴黎：Seuil, 1966)，(四卷一期)，列佛(Annette Lavers)史密斯(Colin Smith, 英譯，*Elements of Semiology*)(紐約：Hill and Wang, 1968出版)

第4章

社會規範的本質：
現代式的二選一
(**The Nature of the Social Bond:
The Modern Alternative**)

　　若我們想要討論，當代高度發展社會中的知識狀況，必得先回答下面這個初步的問題：究竟是何種方法論構想（methodological representation），方可適用於此一社會？用最簡單的話來說：原則上，至少在過去半個世紀間，已經出現了兩種適用於研究社會發展之基本「摹擬再現模式」（representational models）。其一，：視社會之結構爲一有功能性的統一體（a functional whole）；其二：視社會爲二分的合成體。第一個模式是由帕深思（Tolcott Parsons）（至少是戰後的帕深思）及帕深思學派所提出的；第二個模式可從馬克斯思潮（marxist curent）中窺得（包括構成馬克斯思潮的所有學派，不論這些派別之間可能有的差異爲何，他們均承認階級鬥爭及辯證邏輯，是社會運作的兩大原則。）。[37]

　　這種方法論的分歧，源自於十九世紀，界定了關於社會研究的兩種主要的說法（discourse）。其一是社會之構成爲有機統一體（an organic whole），無此統一體，則社會不再是社會（社會學亦失去了研究的主題）。這種理念，一直支配著法國學派（french school）創始者的思想；而後，又因功能主義（functionalism）的出現，在細節上得到了進一步的充實。1950 年代，此一理論又發生了另一次轉變，那

就是：帕深思視社會爲一自律調整體系(self-regulating system)。此
一概念之出現後，無論是在理論上，或實質模式上，大家都不再以
"活的有機組織體"(living organism)爲討論基礎了。此一新概念，是
由二次大戰及戰後的神經機械學(cybernetics 或可譯爲「控制論」)
所提出的，大大的擴展了舊有模式的適用範圍。〔譯註：「控制論」一詞
源于古希臘文(kybernetikos)，乃「舵手」之意。在二十世紀初期，開始發展成
一種有系統的學問。1948 年，美國科學家 N. 維納出版《控制論─或關於在動物
和機器中控制及通訊的科學》一書，正式宣告此門科學之誕生。〕

　　帕深思的理論背後，對社會體系裏所隱藏的發展法則，仍是採取
樂觀態度的：此一理論，與一個採行溫和社會福利政策的國家，所支
持的成長式經濟，以及其富裕社會(societies of abundance)的安定狀
態，是相互呼應的。㉝在現代德國理論家的著作裏，系統理論(sys-
temtheorie)是屬於科技官僚的(technocracy)，甚至是犬儒諷刺的
(cynical)，不消說是屬於一種令人沮喪的理論了：該體系所強調個
人與團體的需求(needs)與期望(hopes)，與社會體系所保證提供的
功能(functions)之間，該是和諧的，如今和諧只不過是此一體系運
作(functioning)的次要項目(secondary component)而已。系統理論
的眞正目標──理性之自我運作規劃，正如同電腦自行運作(pro-
gram itself)的道理一樣，是以輸入(input)與輸出(output)的方式，
換句話說就是以運作效能的方式(performativity)來處理一切，企圖
把整個的世界關係(global relationship)加以完善化(optimization)。
即使體系的規則不斷改變，社會革新不斷發生，社會體系中的反功能
(dysfunctions)(像罷工、危機、失業或政治革命)〔譯註：相當於金觀
濤、劉青峯在《興盛與危機》一書中所說的「無組織力量」〕引發了希望，並導
致相信做另一種抉擇之必要〔譯註：也就是革命〕；即使到了那個時候，
眞發生的，只不過是一種內在的重整，而其結果，不過是體系之有效
性及可行性之增強罷了。〔譯註：此處的立論與金、劉二氏在《興盛與危機》
一書中，研究中國封建社會，爲什麼能夠延綿不斷的原因，所持的論點，十分相

似。〕這種運作（performance）上的進步，唯一帶來的，只不過是一種
"能趨疲"式（entropy 熵）的結果，或是一種慢性衰竭的結局。[39]〔譯
註：「控制論」中的「反饋信息」，有阻止「熵」繼續擴大，並促成「控制部
門」自我調整的功能。〕

　　再者，在避免「社會理論」社會學（sociology of social theory）
中所含有的那種根深蒂固的簡化傾向的同時，我們又很難否認下述二
者，自有其平行對比性：其一是"死硬派"（hard）科技官僚式的社會
看法，其二是爲了要使高度發展的工業社會具有競爭力，主張一定要
採取苦修式的努力（ascetic effort）不可。〔至於上述主張竟然是在"進
步自由主義"（advanced liberalism）的名義下發展出來的此一事實，
我們可以暫時存而不論〕。因此，雙方都在 1960 年代又重新出現
的，經濟世界大戰的架構內，把他們所認定的"合理性"（rationality）
給推到了極端。

　　即使我們把從孔德（Comte）到魯曼（Luhmann）之間，所出現的
各種思想中，所發生的大量理論相互取代之變化，都考慮進去，我們
仍然可以找出一個有關社會的共同概念：那就是社會是一個單一的整
體（unified totality），是一個單一的單元（unicity）。帕深思將此點做
了清晰且有系統的說明：「他成功而有力的分析其基本條件，在整個
體系狀況中，找出與每個問題對應的一個持續而又條理分明的指涉
……。一種方法或一套條件，若無助於體系的維持（或發展），則會成
爲減損體系之整合（integration）及效率（effectiveness）的反功能
（dysfunctional）。」[40]主張科技專家政治者（technocrats）[41]也贊成此
一觀念。此一看法擁有一套使理論成爲事實的方法，這也就是此一看
法所需要的全部證據（proof）。而其可信度的來源，也正在於此。此
乃霍克海默（Horkheimer）所批評的理性妄想狂（paranoia of rea-
son）。[42]

　　但是，只有當個人擁有或聲稱他擁有一個能收放自如的論點，也
就是說，他在原則上，可免遭其他觀點誘惑時，此一"系統式自律調

整的現實主義"(realism of systemic self-regulation)及其由實例與詮
釋所組成的完美封閉循環系統，才能被評定爲妄想症。這就是以馬克
斯的作品爲基礎，所建立的社會理論中，階級鬥爭原理的功能之所
在。

"傳統"理論常瀕臨被用來製造社會一體化(social whole)政策之
危險，從而淪爲一種把社會運作效能完善化的簡單工具；這是因爲傳
統理論汲汲於探求單一且整體化的眞理(unitary and totalizing
truth)，導致此體系中的籌劃管理者以單一且整體化的方式去操作控
制。他們以二元論原則爲基礎，且警覺到應輔之以綜合與協調的「批
判理論」(critical theory)，[43]這樣應該可以避免重蹈上述那種覆轍。
然而，引導馬克斯主義的是一種不同的社會模式及不同的知識功能概
念：那就是知識可由社會製造，並可從社會中獲得。此模式生來就具
有鬥爭性(struggles)。而此一鬥爭性總是與資本主義(capitalism)侵
害傳統人類社會的過程，相伴相應而生。此處，我們沒有足夠的篇幅
來描繪自許多世紀以來，歷史上所發生過一連串社會的、政治的及意
識型態的(ideological)鬥爭演變及興衰。但我們只要瀏覽一下歷史的
淸單(balance sheet)，看看上面的記錄，就能曉得，上述鬥爭發展的
命運如何：在那些擁有自由主義及進步自由主義策略的國家裏，鬥爭
及其手段已經被社會體系的調整設計(regulators)所取代：而在共產
主義國家中，集體化的模式及極權主義式的效果(totalitarian effect)
卻藉馬克斯主義的名義，又重新回到社會裏來；至於馬克斯主義中所
主張的鬥爭，則早已被剝奪了存在的權利。[44]因此，無論在何處，政
治經濟批判(the critque of political economy)(馬克斯《資本論》(Ca-
pital)的副標題)及與其相輔相成的對異化社會(alienated society)的
批判，或多或少，都被當作社會體系運作的輔助條件了。[45]

當然，有些少數派別，像「法蘭克福學派」及「社會主義或野
蠻」(the group Socialisme ou barbarie)，[46]承繼並改良了反對此一
發展過程的批判模式。但是社會分工原則的基礎以及階級鬥爭理論，

已被混淆到完全喪失其急進性的地步。我們無法隱藏此一事實，那就是：到後來，批判模式已失去其理論上的立足點，並且被降為一個"烏托邦"或"希望"的地位；[47]成為一個以人、理性或創造力為名的象徵性(token)抗議，或是提出一些未必具有其功能的批判主題(critical subject)，寄望於某種社會團體去實行——如寄望第三世界或學生團體去實現其理念。[48]

　　上述簡單警告的唯一目的，我已經指出，就是希望把有關知識的問題，放在「高度進步工業社會」的架構之中，來規劃探討，這也就是整個爭議焦點之所在。因為若不瞭解社會的現況，就不可能知道知識的地位，換言之，即是去瞭解並研究，今日知識在發展及傳佈上，所面臨的問題。我們今天越來越覺得，非這樣，不足以瞭解認識社會，而首先必須選擇提出質詢所要採取的途徑，而這樣又必然意味著要選擇社會所能用來回答這些質詢的方法。只有當個人已經判定社會是部巨型機器之後，他才能決定知識的主要角色，是成為社會功能中不可或缺的元素，並根據他所做的決定，在行為上加以配合表現。[49]

　　反之，只有在判定社會並不成一整合的統一體，而且其中時常發生衝突後，我們才能信賴知識的批判功能，且朝此方向調整知識的發展及傳佈。[50]現在，放在我們面前的抉擇，似乎明朗了：那就是在單一性(homogeneity)與內在二元性(the intrinsic duality)的社會之間，以及在功能性知識與批判性知識之間，做一選擇。然而，做一決定性的選擇似乎是困難的，或者說，這種選擇，常常是武斷的。

　　我們的解決方案是，企圖以區別下列二種知識，來完全避開做上述這種二選一的決定：其一是實證性的知識(the positive kind)，那就是指能夠直接適用於涉及人與物質的科技，能夠不假外求自行運作的科技，成為社會體系中不可欠缺的生產力(productive force)。另一種則是批判性的(critical)，反射性的(reflexive)，或詮釋性的(hermeneutic)知識——一種能夠直接或間接反映價值或目標的方式，來抗拒任何像上述所講的那種"復辟"或"還原"(recuperation)。

⑤［譯註：這是指在科技或馬克斯主義的名義或模式下，集體化生活方式及極權主義，又復辟還原到社會中來。］

【註】

37. 特別見於帕深思（Tallcott Parsons）所著的《社會體系》*The Social System*（Glencoe Ill.:Free Press,1967），及《社會學理論與現代社會》*Sociological Theory and Modern Society*（紐約：Free Press,1967）。當代社會學中有關馬克斯理論的書目資料，要列起來的話，可多達五十多頁。讀者可以參照 Pierre Souyri 的 Le Marxisme après Marx（巴黎，Flammarion,1970）所寫的詳盡提要（包括各種專卷及批評書目提要）。社會理論兩大潮流間的衝突及交織情況，古德納（A.W.Gouldner）在《西方社會學面臨的危機》*The Coming Crisis of Western Sociology*（紐約：Basic Books,1970）一書，提出一個十分有趣的看法。上述爭執，在哈伯瑪斯的思想中佔極重要的地位，他是法蘭克福學派的繼承者，與德國社會體系理論——特別是魯曼（Luhmann）的理論——處於一種辯論對立關係。

38. 這種樂觀主義在林德（Robert Lynd）的《知識可用來做什麼？》*Knowledge for What?*（普林斯頓 N. J.：普林斯頓大學出版，1939 頁：239）一書的結論中，是顯而易見的。霍克海默（Max Horkheimer）引用，見其《理性的晦暗》*Eclipse of Reason*（牛津大學出版，1947）一書：在現代社會中，科學必取代宗教來定義生命的目的

39. 史基爾基（Helmut Schelsky）的《科學文明中的人》*Der Mensch in der Wissenschaftlichen Zivilisation*（Köln und Opladen:Arbeitsgemeinschaft für Forschung des Landes Nordrhein-Westfalen,Geisteswissenschaten Heft 96），pp.24ff：國家的主權不再是由簡單的壟斷，以及暴力使用權（Max Weber）所組成，也不再是由擁有緊急處分權（Carl Schmitt）來顯示了。國家主權主要是由下述事實來顯示的："國家決定其所擁有的技術手段在效率上應達到何種程度，為使國家本身存在，國家讓這些手段保持最大的效率，同時，亦免除了使用這些工具本身及應用到其他方面的限制"。有人會說這是國家理論，而非系統理論。但史氏又說："在過程上，國家目標的選擇是根據或附屬於我所提過的科學文明之普遍法則：也就是手段決定目的，或謂，科技的可能性，決定並

控制這些可能性的用途爲何？"哈伯瑪斯强烈反對此一法則，並認爲，
事實上，一套技術方法和最高理性行爲系統，絕不會自動自發的發展出
來：參見"敎條主義、理性及決策：科學文明的理論與實際"〔John
Viertel 譯《理論與實際》(波士頓，Beacon,1973)〕。亦見 Jacques Ellul
的《科技：本世紀之最大賭注》*La Technique ou l'enjeu du siècle*(巴黎：
Armand Colin,1954)及《科技專才系統》*Le Systéme technicien*(巴黎：
Calmann-Lévy,1977)。罷工及强大有力的工會組織所帶來的巨大壓
力，終將產生有益於系統運作的一種張力。關於這一點，美國工會領袖
C.Levinson 說得極爲淸楚：他將美國工業科技及管理上的進步，歸因
於此一張力(引自 H.-F.de Virieu,Le Matin,special number,"Que veut
Giscard ？"1978 年 12 月)

40. 帕深思：《社會學純理論及其應用論文集》*Essays in Sociological Theory
Pure and Applied*, rev. ed(Glencoe,Ill.:Free Press,1954)頁 216-18。

41. 我用此詞的意思是源自於基耳布來思(John Kenneth Galbraith)在《新
興工業國家》(波士頓，Houghton Mifflin,1967)一書中所創造的「科技
結構」(technostructure)此一術語，或 Raymond Aron 的術語「科技
科層結構」(technico-bureaucratic structure)，見《論工業社會十八講》
Dix-huit leçons sur la société industrielle(巴 黎： Gallimard,1962)，
M.K.Bottomore 英譯 *Eighteen Lectures on Industrial Society*(倫敦：
Weidenfeld and Nicholson,1967)〕。我用「技術官僚」一詞，與「腐
敗官僚」(bureaucracy)此一術語無關。bureaucracy 一詞，太强烈
了，不但有社會政治方面的含意，同時也有經濟方面的含意。「腐敗官
僚」一詞源自於工人反對力量(Kollontaï)所組成的布爾希維克勢力
(Bolshevik power)，同時也源自於托洛斯基國際共產主義反對派
(Trotskyist)對史大林主義的抨擊。關於此一問題，請參見列佛(Clau-
de Lefort)：《批評官僚主義的理論基礎》*Eléments d'une critique de la
bureaucratie*(Genève:Droz,1971)，在書中，其討的範圍，也包括了產
生官僚主義的那種社會。

42. 《理性之晦暗》，頁 183。

43. 霍克海默"傳統與批評理論"(Traditionnelle und kritische Theorie,
1937)〔Eng.trans. in J. O'Connell et al.,trans.,《批判理論論文選》(紐
約：Herder & Herder,1972)〕。

44. 見列佛：《批評官僚主義的理論基礎》及《多了一個人》*Un homme en trop*(巴黎：Seuil,1976,1976)；卡斯多利(Cornelius Castoriadis)的《批評社會》*La Société bureaucratique*(巴黎：Union Générale d'Edition, 1973)

45. 見列：葛尼耳(J.P.Garnier)的《溫和馬克斯主義》*Le Marxisme lénifiant*(巴黎 Le Sycomore,1979)。

46. 此為"批評及革命方向機關報"所用的標題，在1949至1965年年，由一羣用下列不同筆名 C. de Beaumont, D.Blanchard, C. Castoriadis, S. de Diesbach, C. Lefort, J.-F. Lyotard,A.Maso, D. Mothé, P. Simon, P. Souyri 的主編所出版。

47. 布洛克(Ernest Bloch)：《希望原則》*Das Prinzip Hoffnung*(Frankfurt : Suhrkamp Verlag, 1959)。見儒烈(G. Raulet)編：《布洛克心目中的烏托邦共產主義》*Utopie-Marxisme selon E.Bloch*(巴黎：Payot, 1976)

48. 在此我們所要影射的，是那些由阿爾及利亞，越南戰爭和 1960 年代學生運動，所弄出來的笨拙可笑的理論及說法。這些歷史性資料的蒐集，見 Alain Schapp 和 Pierre Vidal-Naquet 在他們為《學生團體日誌》*Journal de la Commune étudiante*(巴黎：Seuil,1969)所寫的導言中所提出的。〔Maria Jolas 英譯《法國學生暴動 1967 年 11 月至 1968 年 6 月》*The Frenck Student Uorising*(波士頓，Beacon,1971)〕

49. 馬福德(Lewis Mumford)：《機器神話：科技與人類之發展》*The Myth of the Machine : Technics and Human Development*, 卷 2(紐約：Harcourt, Brace, 1967)

50. 在社會是「整體」或「二分」的假設之間，使知識份子參與體系運作的誘因之中，常充滿了猶疑不決的因素。請參閱尼摩(P. Nemo)的"學者的新責任"(La Nouvelle responsabilité des clercs)法國世界日報，1978年 9 月 8 日。

51. 最先在理論上把自然科學 Naturwissenschaft 與精神科學 Geisteswissenschaft 對立起來的是迪爾泰 Wilhelm Dilthey(1863−1911)。

第 5 章

社會規範的本質：
後現代式的透視
(The Nature of the Social Bond:
The Postmodern Perspective)

　　我發現，上述那種分割式的部分解決方法是行不通的。我暗示過，那種企圖以二選一的方法(alternative)來解決問題的設計，不但於事無補，反而複製了更多類似的選擇。我認為，這種二選一的思考型態，和我們所研討的社會，已不再相關了。此外，這種解決方式的設計，本身就陷入了相互對抗的思考模式，而此模式也早已無法與後現代知識核心模式之步調相配合。正如我曾論及，憑著各種工藝及科技上改變的助力，現階段資本主義經濟的"再開發"和國家功能的轉變是密不可分，息息相關的：在上述這種症候羣之下，所產生的社會狀況及形象之改變，暗示我們實在有必要對二選一研究法，作一番重大的修正。為了簡短起見，我們有足夠的理由要指出，管理規劃的功能，也就是複製(reproduction)的功能，今後將變本加厲的從行政人員手中退出，轉而委託給機器去執行了。今後最重要的問題，已日益演變成誰會有權去接近由機器貯存的那些能保證決策正確的資訊。從現在開始，能夠找到管道，進入並使用資料庫(data)，成了各種專家的特權，這種情形將會變本加厲。現在的統治階層，依舊是決策階層，在過去是如此，在未來仍然是如此。當然，現在的決策已經不再是完全由傳統的政治階層所組成，而是由法人組織的主管、高階層行

政官員，和重要的學術、勞工、政治、宗教界的領袖所共同組成的混合階層（corporate leaders）。[52]

這些新生事物，與以往傳統的法寶是大不相同的，過去那些民族國家、政黨、職業機構、社會福利機構和歷史傳統等招式，已失去了吸引力。不過，在表面上看起來，舊有的一套，似乎不會被取代，至少不會被像他們以前那樣大規模的一套東西所取代〔譯註：舊有的一套，是指工業社會的招術或規範，曾經大規模的取代了農業時代的規範。而後工業規範在取代工業規範時，從其表面的規模上看來，似乎不如過去那麼大。〕例如，三邊委員會（Trilateral Commission），就不再是一個十分具有吸引力的焦點。要在當代歷史中，找一些英雄或一些偉大的名字來"認同"，是越來越困難了。[53]法國總統（此書在法國出版時，法國總統是季司卡‧德斯坦 Giscard d'Estaing）似乎不斷的在向國民宣揚，大家應該以犧牲奉獻自己，"迎頭趕上德國"為生活目標。但此一口號，並不能真正振奮人心；再說，這也算不上是什麼生活目標，其成敗端看個人勤勉與否而定。每一個"個人"都該對自己負責，而我們每個人都知道，我們的自我也算不了什麼，起不了太大的作用。[54]

各種偉大正統式陳述（grand narratives）之瓦解（關於這一點，我將會在第九和第十章討論），導致了某些學者在分析時，認定社會規範的解體和社會組織的碎裂，會使社會分解成一大團個別的原子，被拋入荒謬的布朗運動（Brownian motion）之中。[55]〔譯註：布朗運動是物理學上的名詞，指原子或分子運動的方向，十分隨意，無法預測，有如醉漢走路一般。〕而實際上，這種情形並沒有出現。對我而言，上述觀點之產生，似乎是因為無法擺脫下面這個觀念，那就是我們應該努力重現那個原屬天堂的至福（paradisiac）境界，那個早已消逝了的"有機"社會（a lost "organic" society）。

自我是算不了什麼的！但自我並不是一座孤島，自我存在於一複雜的關係網路之中，比以前更複雜，更具流動性。不論長幼、男女、或貧富，每個人都不外乎是被安置在特殊通訊電路中的某些"節點"

(nodal points)上，不管這些點是多麼微小。⁵⁶〔譯註：此為電腦語言中的術語，指非線型資料結構中的「樹狀」網路的連絡點或「網狀」網路中的連結點〕。另一種較好的情況是：一個人老是被置於一個定點(post)，各不同的訊息都在此交會。沒有人——即使我們之中最微不足道的——只要被安置於資訊通過的定點上時，他就會在主述者、聆聽者及指涉物之間，發揮能力。一個人的適應力(mobility)與這些語文競賽策略的效果之間的關係，是相當有彈性的(當然，語言策略競賽就是一切的根本)，但同時也多少受到某些限制(這些限制是含混不定的)，個人的適應力有時還受到管理規律機械論(regulatory mechanisms)的吸引與激發，特別是藉著系統運作中的自我調適，來增進自我適應力的表現。我們甚至可說，這個系統在某種程度上，能夠且必須鼓勵一種能與自己"能趨疲"(entropy)戰鬥的活動；〔譯註：entropy 可譯為「熵」或「亂度」，現在一般通譯為「能趨疲」，在物理學上，是一種數學用語，表示熱力學系統中的能量，被散發到無法運用的程度。也可以指一個體系——其體系最大可至宇宙那麼大——朝愈來愈亂，愈來愈無力的方向衰退，此一趨勢，無法逆轉。「能趨疲」也就是指，能量日趨疲勞枯竭，一直到最後完全無力的狀態。最先採用「能趨疲」理論入文學的，是英國的史諾(C.P.Snow)，他認為這條熱力學第二定律(Carnot 的法規)，是學文學的人都該懂的科學常識。其一般的意義是「瓦解」、「衰竭」、「消耗」、「能量消失轉換」等等。李歐塔在此希望"體系"之中能夠產生出一種適應力，可以抵抗「能趨疲」。〕以一種創新又出人意料之外的「行動」或「步法」(move)，讓一個夥伴或一羣夥伴，在互動中互相替換，此一創新行動，以其與日俱增的"表現能力"或"運作效能"(performativity)可以充分供應系統中不斷需要的能量和消耗。⁵⁷

現在，在語言策略競賽中，我是從何種角度及透視，來選擇我基本的方法學導向，應該是非常明顯的了。我並沒有聲稱，社會關係的"整體"在本質上是屬於語言策略的。——這個問題至今尚無定論。然而我們也無需訴諸某些虛構的社會起源論(social origins)，來建立一

種說法，認為語言競賽策略是社會存在的最基本關係或條件：那也就是說，甚至一個人在誕生之前，只要憑藉人家給他取的名字，這個"人類之子"（human child），就被定位了，他變成環繞在他四周圍人士口中的"故事"（story），一個故事中的"指涉物"，而他將無可避免的，受到他們所說內容的影響，決定了他自己未來要走的道路。[58]或者更坦白地說，以社會規範的問題而言，規範本身就是一種語言策略競賽，一種質詢探索的策略。語言策略競賽通常能夠迅速為"發問者"定位，被問到的聆聽者，被提及的"指涉物"之身份，也隨之被迅速定位：這樣一來，語言策略競賽本身就是社會規範了。

　　從另一方面來說，理論和實際二者，在一個社會的傳播組成元素中，日漸變得更加突出。很明顯的，語文開始擁有了新的重要性。[59]如果我們仍然用傳統二選一的方法來區分，把操縱式的演說講話及片面式的傳達訊息歸為一類；把自由表達及相互對話，歸為另一類，從而減低語言策略競賽的重要性，那將是膚淺而不切實際的。

　　最後一點必須稍加補充的是：假如只是從傳播理論的角度，來描述探討上述問題的話，那麼就會有兩樣事情被忽略。第一，各種訊息依其本質有各種不同的形式和影響，例如訊息有定義指稱性的（denotatives），處方規範性的（prescriptives），評價性的（evaluatives）以及運作效能性的（performatives）……等等。

　　因此顯而易見的，重點不在於訊息語文可以傳播消息這個事實。如果我們把訊息縮減至一種功能，那我們就是採取了一種過分著重傳播體系自身利益及觀點的偏頗看法了。控制論機械（cybernetic machine），的確能夠處理資訊。可是，假如一旦我們事先輸入以透視和評價論述為目標的程式，那在電腦作用的過程之中，我們便無法做任何修正。例如：擴大電腦的運作功能（performance maximization），誰能保證在各種情況下，這種功能之擴大都是社會體系所追求的最好目標？無論如何，"原子"（atoms）可以組成物質這件事，是解釋上述理論最適當的例子——特別是針對上述問題來說〔譯註：這是

指"原子"的功能在經過無限量擴大以後，變成了原子彈，那對社會就是災禍了。〕

　　其次是控制論或神經機械學（cybernetic）對資訊理論的看法，有時是十分膚淺的，經常忽略了某些決定性的重點。關於這方面，我早已再三提醒大家：那就是社會競爭的問題。社會中的"原子"被置於實用關係網路的交叉口，不斷的持續跳動著，然後被通過他們的資訊所取代。當一個行動對一個"語言搭檔"（language partner）產生作用，使之遭受"取代"，造成一種交替（alternation），不僅影響其為聆聽者和"指涉物"的潛能，甚至也影響其做為主述者的潛能。這些"行動"或"步法"（move）一定會引起"對應步法"（counter moves）——正如大家都明白，一個只是為反對而反的"對應步法"，絕非"好"（正確適當的）行動。反動式的"對應步法"只能製造敵人所預期的戰略效果，使結果完全操在對方之手，因此，這種"對應步法"，對彼此力量的平衡是毫無影響的。這就是為什麼在策略競賽中，增加彼此的相互取代，是如此的重要了；甚至於讓與賽雙方，失去方向感，亦在所不惜。因為只有這樣，才能創造出乎意料之外的"步法"（也就是新的論述）。〔譯註：此處李氏以"下棋"來比喻語言競賽。〕

　　若我們以這種方式去了解社會關係，則不論選擇何種標準尺度或何種規模幅度，我們所需要的，不只是溝通理論（theory of communication），而是一種將競爭視為基本原則的競賽理論（agonistics）。在此種背景下，我們很容易看清創新的基本要素，並不只是"改革翻新"（innovation）。除了在語言學家和語言哲學家的作品之外，在當代許多社會學家的著作中，亦可發現許多支持此一理論的看法。[60]

　　這種把社會"原子化"（atomization），使之成為有彈性的語言競賽策略網路，好像與現代實際生活有一段距離。現代社會似乎與上述理論相反，常被描述成一種老是陷入官僚式的癱瘓的社會。[61]不過，也有人會提出像下面這樣不同看法——許多制度機構所形成的壓力及重重的限制，加諸於語言競賽之上，因而阻礙了競賽者，在決定行動

步驟時的創造力。但我認為，我們可以對這個問題加以斟酌考慮，以思對策，其解決之道將不會特別困難。

日常生活中的談話，例如，朋友之間的討論，參加談話的人，會運用各種攻防手段，使競賽從此種說法變成另一種說法：像質詢、請求、斷言和陳述等等，大家亂七八糟的混戰一場。這種戰爭並非沒有規則，[62]但這些討論，却常容許並鼓勵各種最大可能的彈性說法。

從此一觀點看來，典章制度與日常談話不同，前者總是要在論述上作額外的限制，所有的說法，都要在其既定的範圍之內才可以。而這些額外的限制，發揮作用，過濾了許多散漫分裂的機會，阻礙了通訊網路之間許多可能的連接：所謂的阻礙，也就是指在制度之中，有些事是不該說的。典章制度同時也賦予某些品級的論述以特權（通常只有一個品級）。這種擁有論述特權支配能力的現象，正顯示了從特定制度中，產生出來說法的理論特徵：那就是有些事是該說的，而且一定要用特定的方法去說。如同軍隊中的命令、教堂裏的禱告、學校內的定義、家庭中的敍述，哲學上的疑問、商業上的運作行動……等等。而官僚體制，就是上述這種運作的外在限制。

然而，關於典章制度此一問題的假設，仍然是"很難控制得宜的"。其出發點乃是認為，制度對語言"步法"有潛能上的限制，而這限制不是一朝一夕形成的（即使這些限制已被正式的研究界定了）。[63]相反的，這些限制本身，無論是在制度之中或之外，既是語言策略的"賭注"（stakes）也是其暫時性的"結果"（results）。舉個例子：大學中有供語文試驗的餘地嗎？你能在內閣會議裏講一個故事嗎？你能在軍隊中主張某一理想嗎？答案很清楚：是的，假如大學開設創作研習班的話；是的，假如內閣工作，有預定安排好的"脚本"或"規劃"（prospective scenarios）的話；是的，假如舊制度的限制被取代的話。[64]相對的，我們可以這麼說，當限制不再是競賽中的賭注時，各個事物的界限才能確立穩固。

我想，這一點，是探究當今知識制度的恰當途徑。

【註】

52. 阿伯特（M.Albert），法國計劃委員會的一員，就曾如此寫道："計劃委員會是政府的一個研究部門……，也是一個規模宏大的會議場所，在此能使思想激盪、觀點衝擊、並準備應變……。我們必需集思廣義，他人必能啓迪我們。……"（擴展，1978 年11 月號）。關於"決策"問題，請參見格夫琴（G. Gafgen）:《科學分隔之理論》*Theorie der wissenschaftlichen Entscheidung,*（Tübingen, 1963）；斯菲斯（L. Sfez）:《決策之批評》*Critique de la décision*（1973；國家科學政治基金會印行，1976 ）。

53. 想想下列這些聲勢大不如前的名字，如史達林、毛澤東、卡斯楚，他們代表了二十多年來所發生的革命暴行；再想想自「水門事件」以來，美國總統形象之破壞。

54. 這是摩西爾（Robert Musil）在《無品質的人》*Der Mann ohne Elgenschaften*一書中所主張的中心題旨，（1930-33；漢堡：羅沃特 Rowolt, 1952）〔威爾金（Eithné Wilkins）和凱撒（Ernest Kaiser）英譯:《*The Man Without Qualities*》（倫敦：Secker and Warburg, 1953-60 ）〕。在一篇自由評論中，包佛斯（J.Bouveresse）認為個人"自暴自棄"（dereliction of the self）這個問題，與十九世紀初所發生的"科學之危機"，以及馬刻的認識論（Mach's epistemology）有密切的關係。他引述下列說法以為證據：「特別從既定的科學狀況來看，"一個人"只是別人口中說他是什麼"他就是什麼"，或是別人怎麼對待他，他就是什麼。這世界是一個"事件"，可以獨立於"人的控制"之外的世界，一個充滿了突發事件的世界，而所發生的事情，並不能眞正發生在任何人身上，而且也沒有任何人可以對此負責。」見"《無品質的人》一書中隸屬問題的商榷"（"La problématique du sujet dans LHomme sans qualités,"）Noroît（Arras）234 & 235（1978 年12 月和1979 年 1 月）：原作者並沒有修訂原文。

55. 包吉拉得（Jean Baudrillard）在《沈默大多數的陰影裏》*A l'ombre des majorités silencieuses, ou la fin du social*）（Fontenay-sous-Bois： Cahiers Utopie, 1978 年 4 月）〔英譯:《*In the Shadow of the Silent Majority*》（紐約：Semiotexte, 1983）〕

56. "nodal points"是「系統理論」（system theory）中使用的字彙。參照尼摩《在學者的新責任》一書中所舉的例子:"從神經機械學或控制論的角

度，把社會想成一個系統。而此系統是一個傳播網路所組成，在其間流動的訊息，可以相互滙合並重行分配。……"

57. 由格尼耳（Garnier）在《溫和馬克斯主義》*Le Marxisme lénifiant* 一書中所舉之例："由杜吉爾"（H. Dougier）和柏樂雷因（F. Bloch-Lainé）所主持策劃的「社會革新資訊中心」所扮演的角色，是去創造、分析以及分配日常無生活中新的經驗訊息（例如：教育、健康、法律、文化活動、鄉村計劃及建築等等），此一資料庫，提供各種實施方案，給政府機構選擇，而政府機構的責任，就是去監督保證"文明社會"不變質：計劃委員會、社會行動秘書處、DATAR 等等"的責任也是如此。

58. 佛洛伊德特別强調這種"命運註定論"（predestination）模式。見羅伯特（Marthe Robert）：《小說原始，源始小說》*Roman des origines, origine du roman*（巴黎：Grasset,1972）。

59. 見沙瑞斯（Michel Serres）的作品，特別是《赫米斯》*Hermès*一書〔譯註：希臘神話中司學藝、商業、辯證等之神）卷一到卷四（巴黎：Editions de Minuit, 1969-77〕

60. 例如，高夫曼（Erving Goffman）：《日常生活中的自我表現》*The Presentation of Self in Everyday Life*，（Garden City,紐約：Doubleday, 1959）；古德納（Gouldner）：《即將來臨的危機》*The Coming Crisis*（見註㊲），第十章；塗蘭（Alain Touraine et al.）：《學生鬥爭》*Lutte étudiante*（巴黎 Seuil, 1978）；卡倫（M. Callon），"科技社會學"Sociologie des techniques?, Pandore ②（1979 年2 月）：28-32；瓦茲拉維克等：《人類傳播語用學》（見註⑪）。

61. 見註㊶。最先將普遍官僚化視爲現代社會未來發展方向的是瑞茲（B. Rizzi），見其著作：《世界之官僚化》*La Bureaucratisation du monde*（巴黎：B. Rizzi, 1939）

62. 見格瑞斯（H. P. Grice），"邏輯與談天"（Logic and Conversation），見柯爾（Peter Cole）和摩根（Jeremy Morgan）合編：《語言行爲Ⅲ》，《語構學和語意學》（紐約：Academic Press, 1975），PP. 59-82。

63. 以現象學研究再來探討此一問題，見梅洛-龐蒂（Maurice Merleau-Ponty）：《課程講義概要》*Résumés de cours*，賴福（Claude Lefort）編（巴黎：Gallimard, 1968）爲梅氏從一九五四到一九五五的課堂講義。以心理分析的研究法來探討此一問題者，見勞儒（R. Loureau）《制度分析》

L'Analyse institutionnnelle（巴黎：Editions de Minuit, 1970）。

64. 見卡倫（M.Callon）："科技社會學？"，頁 30。"社會邏輯學乃是其研究
者藉何者是社會，何者不是，何者是科技，何者不是，何者是想像何者
是眞實等等，研究其間所產生的差異或界限的一種活動（movement），
除非具有全面的把握，否則這些未知領域之間的邊界線，是不容易定論
的，大家不可能達成共議。"請參考比較塗蘭在《語氣與眼色》*La　Voix
et le regard* 一書中所說的「 永久社會學 」（permanent sociology）

第 6 章

敍述性知識的語用學
(The pragmatics of Narrative Knowledge)

在第一章時，我針對高度發展社會中，盲目接受工具理性式的知識觀念（instrumental conception of knowledge），提出兩個反對意見。「知識」並不等於「科學」，尤其是在當代知識的模式之中；而科學也不再能夠不去面對，其自身是否合法的問題。因此無可避免的，科學不得不盡其所能，從各方面探討自身是否合法：科學裏含有的特質，不但是認識論的（epistemological），同時也是社會政治的（sociopolitical）。先讓我們來分析一下「敍述性知識」（narrative knowledge）的本質；藉此一比較過程，我們所做的檢驗，至少將澄清當代社會中，科學知識所預設出來的某些模式上的特徵。此外，它還將有助於我們了解，當今「合法化的問題」是在什麼情況下被提出來的？或者是因何而未被提出？

「知識」，也就是法文的 savoir（知道、明白、學識、本事……）大體而言，是不能被簡化為「科學」的，也不能簡化成學問（learning，也就是法文的 connaissance）。學問是一套陳述排斥另一套陳述，學問定義且描寫各種對象，並判別眞僞。[65]科學是學問的一支，也是由一套定義性的陳述所組成的，但是這套陳述必須有兩個補充附屬的條件才能被接受：()所指涉的事物必須是經得起反覆驗證的，也就是說，在明確條件下的觀察研究，一定可以重覆驗證；()它必須能夠確定，在寫下該陳述時，所使用的，必須是相關專家所能接

受的，且能通用的內行術語。[66]

但是如果我們認為「知識」指的只是一套定義指稱性的陳述，那就太離譜了。知識還包括了"如何操做的技術"，"如何生活"，"如何理解"（法文 savoir-faire, savoir-vivre, savoir-écouter）等觀念。因此知識是一種能力（competence）問題。這種能力之發揮，遠超過簡單「眞理標準」的認定及應用，而進一步，擴展至效率（技術是否合格），公正，快樂（倫理智慧），聲音色彩之美（聽覺與視覺的知感性）等標準的認定和應用。如此這般，我們才能了解，知識不但使人有能力發表"良好的"（"健全的"good）定義性言論，同時也能發生"健康良好"的指示性和評價性言論。知識能力不是一個只能與一套特殊層次的陳述（例如，認識性的陳述）有關，而排除其他陳述的能力。相反的，這種能力使得從各類事物中產生的說法（discourse）都能"健全良好"的融洽運作：這種能力可以認識事物，可以下判斷結論，可以評價也可以轉化（transformed）。由此衍生出一個知識的主要特徵：知識的形成與一系列"能力建立之衡量法則"（competence-building measures）是相互應合的，由"各個領域裏的能力"所組成的主題或主體中，唯一能以具體形式出現的，就是知識能力。

另外一個值得特別注意的特點是，這種知識能力和風俗習慣間的關係。什麼是"健全良好"的指示性或評價性的言論！定義性或技術性事物之"健全良好"的演出算不算？上述種種之所以被判定是"健全良好的"，是因爲他們符合"專家對話者"（the knower's interlocutors）社交圈，所接受的適切標準（如公平、美、眞、各式各樣的效率）。早期的哲學家稱這種合法敍述的模式爲「公意」（opinion）。[67]這種共識（consensus）使得此類知識被界定，並能夠用以區別內行與外行（如外國人，小孩）。此一共識，構成了一個民族的文化。[68]

上述有關知識的種種，提醒我們，在過去可以用訓練法，去獲得知識，可以從文化中來獲得知識。而所謂的文化是靠人種學（eth-nological）描述法爲骨幹的。[69]但是以快速發展的社會爲主題的人類

研究和文獻，可以證實，上述類型的知識，至今仍殘存於高度發展的社會之中。[70]所謂的進步觀念，事實上早已預設了一個不進步的水平（a horizon of nondevelopment），進步觀念假設了「不進步」在各種事物範疇中的能力，都停留在傳統密不透風的包裹之中：個別事物不能因其資質不同，而獲得不同的發揮：與眾不同的革新、討論爭辯、探索調查，皆無用武之地。不過，「進步」與「不進步」的對比，不一定暗示了"原始人"與"文明人"[71]在本質上有什麼不同。在形式對應（formal identity）的前題之下，"原始思考"（savage mind）和科學思考，[72]在相反處亦有其相成的地方。〔譯註：savage mind 也可譯作"野生思考"，"野性思考"，是法國文化人類學家結構主義大師李維‧師陀的名著。〕上述看法，甚至會與下面的看法相輔相成：一般習以為常的假設前題是，傳統知識比當代那種分崩離析的能力（contemporary dispersion of competence）要來得好，[73]而事實上卻剛好相反，兩者之間是可以相輔相成，共存並榮的。

　　我們可以這麼說，有一個觀點，是所有研究調查都認同的，不管這些研究者選擇何種腳本去"演義"（dramatize）他的看法，不管他們了不了解，傳統狀態下的知識和科學時代知識，是有很大距離的。大家都同意，在表達傳統知識時，敘述形式是非常重要而突出的。有些人純是為研究傳統知識主張本身而研究，[74]另有些人則視傳統知識主張，為結構性作用元素（structural operators）的貫時性形式排列與展示（diachronic costume），他們認為就是這種結構性作用元素本身，組成了現在備受爭議的傳統知識；[75]還有一些人，以佛洛依德式的術語，[76]對傳統知識主張做"經濟"（economic）的詮釋。上述種種，所呈現出來最重要的一點是，傳統知識的主張是敘述性的此一事實。從各個方面來看，敘述（narrative）是傳統知識主張的典型。

　　首先，一般流行故事所要講的，不外是一些可以稱得上是學好或學壞的經驗，換句話說，也就是主角事業之成敗經驗。這些成敗的教訓，不但使社會制度合法化（也就是所謂的"具有神話功能"），同時

也表現主角(或成或敗)是如何在既定制度之中，適應自己，並形成正反兩種生活模式。各種敍述性的說法，從一方面看來，是源自於社會，但從另一方面來看，這些說法又讓社會自身去界定社會的效力標準(criteria of competency)然後再依照這些標準去評估，哪些是已經在社會中實踐了的說法，哪些是可以在社會中實踐的說法。

第二，與知識說法(discourse of knowledge)中許多已經發展好的形式不同，敍述形式本身便適合各種語言競賽規則(language games)。定義性的陳述，如關於天空、植物、動物情況的定義，是很容易各就各位，安排妥當的；而道德守則式的陳述，則規定我們對一連串相類似的事物，該做些什麼。這也就是說，我們應該如何處理家族關係、性別差異、小孩、鄰居，以及外國人等等事物。這樣一來，在定義性的陳述之中，便隱含了疑問性的陳述，例如在有些事物中(像問答題、選擇題之類的)，便有挑戰的味道。而評估性的陳述，也隨之而來了。陳述性的說法為各種不同的能力範疇，提供準則或應用法則，把各種不同的能力範疇，緊緊地編織在一起，形成一張網，然後以一個統一的觀點，來把這張網安排的秩序井然，形成了這類知識的特徵。

接下來，讓我們更進一步，詳細檢查第三項特質，這個特質和敍述傳達有關。傳達運作的規則，也就是陳述性說法的規則。我無意說某一特定的社會，常以年齡、性別、家庭或職業團體為基礎，把主述者(narrator)加以制度化的分類。我所要說的是，一般流行的說法或敍述之中，本身就具有實用的運作法則。例如，一個凱希那華(Cashinahua)的說書人，[77]總是以一固定的套式作為開場白，"某某故事是這樣開始的——，就像我過去常聽到的一樣。現在輪到我來告訴你們，聽好！"他又以另一個一成不變的套式作為結尾："故事就這樣結束了。跟你們講這個故事的是——(凱希那華的名字)，或者說，"跟白人講這個故事的是——(白人包括西班牙人或葡萄牙人)"。[78]

我們簡短分析上述這種雙重運用的方法，就會得到下面的結果：

主述者之所以會公然宣稱有能力說故事，只不過基於他自己眞的親身聽過這個故事而已。當時的聆聽者，僅僅只靠著親自來聽，就能入門而獲得與說故事者相似的權威性地位。大家都公認，陳述本身是一種忠實的傳達（即使所表演出來的陳述，是自己創造編排出來的），而且是千古不易的傳了下來，因此陳述中的主角（hero），這個凱那希華人，本身曾是同一故事的聆聽者，更可能是這個故事的原始主述者。這種說、聽情況的類似（similarity of condition）產生了下列可能：主述者本身，很可能就是他自己所講的故事裏的主角，就像祖先在祖先所講的故事裏一樣。事實上，他必須是故事中的主角，因爲他繼承了祖先的名字。而祖先的名字在他講的故事中，則漸漸變質消失了。凱那希華人一旦得到賜名後，便可掌握權威性的故事敍述，從而使自己繼承祖名的行爲合法化。

　　以上述例子來說明語用學（pragmatic）的運作規則，當然不是放諸四海皆準的。[79]但這規則卻能深刻的道出，傳統知識一般所公認的特質。敍述中的各種"地位"（posts）（主述者，聆聽者，敍述中的主角）是經過一番組織編排的。扮演主述者角色的權利，是以下面的雙重理論爲基礎的：一是基於他事實上也扮演了聆聽者的角色，二是他藉著自己的名字，藉著別人的敍述，來反覆他自己所要講的東西。換而言之，他被置於許多其他事件轉述的交互影響（diegetic）因素之中。[80]這些敍述說法，所傳達的知識，絕非僅限制在聲明宣言之類的功能過程內，同時還決定一個人要說些什麼，才能使人聽得進去；要聽進去什麼，才知道如何去說。主述者要扮演什麼樣的角色（在轉述式交互影響的現實場景中），才能使自己成爲一個敍述說法的客體（object of a narrative）。

　　因此，有關這種知識模式的言辭演出（speech acts），[81]是由主述者、聆聽者及言辭中提及的第三者來共同扮演的。由上述方式所產生的知識和我所說的"發展的"（developed）知識相比較，似乎可以稱之爲"濃縮的"（condensed）知識。我們所舉的例子，清楚的說明了敍述

傳統也是定義三重能力標準（threefold competence）的傳統──"實用技術""知道如何說""知道如何聽"（也就是法文 savoir-faire,savoir-dire,savoir-entendre）──通過這三種能力的交互運作，社會自身內部的關係，及社會與其環境的關係，便得到了完全的演出。經由這敍述說法所傳達的是，一組構成社會契約的語用學規則。

關於敍述性的知識，值得我們好好研究的第四個觀點是，它對時間的影響。敍述說法的模式，有其一定的節奏，在一定的時期內，是節拍時間，並調整特定時間內，重音聲調長度和寬度的一種統合。[82]這種敍述說法，具有起伏如音樂的特質，清楚地顯露在某些凱希那華族的祭典中，或是以儀式表演法所說的故事之中：這些故事，藉著啓蒙儀式而代代相傳，形式絕對固定，詞法、句法不規則，不斷逸出常軌，致使語意晦澀難解。這些故事通常是以冗長而單調的樂曲唱出。[83]你可以說這是一種奇異"品牌"（brand）的知識，甚至無法讓學習這些故事的年輕人了解。

這種知識是相當普遍平常的，童謠即屬於這種形態，現代音樂的重覆形式，也是試著要獲得，至少是接近此一形態。它顯示出一個令人驚訝的特性：在聲音的產生上（無論有歌詞與否），韻律節拍比重音聲調更要緊；在缺乏顯著的時間分隔之下，時間不再幫助記憶，而成爲一種超越記憶，無法標示號碼，無法計算節拍，最後導致遺忘的境地。[84]想想一般流行的格言、箴言、金玉良言的形式：全部都像一種具有敍述說法潛能之碎片，或是一種古老敍述說法的模子，繼續流傳在當代社會組織的特定階層。在產生這些格言的起伏韻律當中，我們可以認識到，其中含有的那種奇怪的時間性標記，激發我們認識到，我們知識的金科玉律，就是"永不遺忘"。

在敍述性知識最"厲害"（lethal）的功能，和稍早提過形成品評標準的功能，還有各種能力與社會規範之結合，三者之間，必定有其一致性。藉著簡化的虛構故事，出人意料的，我們可以假設有一個"團體"（collectivity），是以敍述性知識爲主要的能力形式，對他們而

言，緬懷過去是毫無必要的。他們不只在他們所詳細覆述的敍述性知識的意義裏，而且也在覆述行動本身之中，發現社會契約規範的基本材料。敍述性說法所論及的，似乎是屬於過去，但事實上，通過覆述行動，這些說法便與時代同步了。敍述性的說法，存在於每個正在發生的事件或說法上。在"我已聽到"和"你將聽到"之間，在一系列的空間裏，每一個敍述性的說法，都佔有一段極短的時間。

　　重要的是，這種敍述模式的語用學方案中，常常預示了，在一系列敍述事件裏，有理論的一致性，而事實可能並非如此，而且多半並非如此。我們不應故意視而不見，忽略由於上述社會成規所引起顯著的幽默因素或焦慮因素。事實上，此事的重點在強調敍述事件的韻律節拍而非演出者（或說話人）的聲調差異。從這個過程來看，這種一切都是"時間性的模式"（mode of temporality），可說是既速朽又永恆的。⑧

　　最後，一種以敍述模式爲前題的文化，無疑的，不需以特別的手段，將其敍述性的說法定於一尊，也不需要以特別的程式，去緬懷過去。我們很難想像會有一種文化，首先把敍述者的地位與其他人隔離，以便敍述者在語用學的運作上，獲得特權地位。然後再研究敍述者，有何權利去細述他所要細述的，〔此時，敍述者已與聆聽者，及轉述者（交互影響因素）隔離了開來。〕最後，以分析或回憶來確定其合法化。甚至我們更難想像，有一種文化會爲了敍述性的說法本身，而把權威力量交給一套無法爲人了解的敍述主題。使得敍述性說法本身，便具有無比的權威。從某一個觀點來講，人類只不過是，生來就註定要去執行敍述說法罷了。一次又一次，人們不只是藉著覆述那些敍述性的說法，更藉著聆聽和覆述的覆述，換句話說，也就是把這些敍述性的說法，放進典章制度中去"演出"（play）──去分配這些種種不同的說法，去扮演主述者和聆聽者及轉述者的角色。

　　提供立即合法化的流行敍述語用學（popular narrative pragmatics）以及合法與否問題，也就是西方所熟知的語言策略競賽問題，

在這兩者之間，有一個不平衡的情況存在。精確地說，在研究策略中，所謂合法與否的問題，只不過是一個參照物(referent)而已。絞述性的說法，正如我們所見，可以決定"能力標準"(critera of competence)的產生，或說明這些能力標準是如何應用在生活之中。因此，這些絞述論說的功能，就是在所論及的文化裏，去定義大家應該談什麼，做什麼。這些絞述說法之所以是合法的，僅僅只是因爲這些說法能夠自求多福，自力更生。

【註】

65. 在亞里士多德時代，知識的目的，嚴格受限於他所定義的「命題學」(apophantics)之內"雖然每一個句子都有意義(semantikos)，但並非所有的句子都能夠被稱爲命題(apophantikos)。我們只稱那些具有眞實或錯誤的句子爲命題。例如祈禱文是一個句子，但旣不眞實也沒錯誤"。"論詮釋"(De Interpretatione,)4，17a，庫克與崔德尼合譯(Harold Cooke, Hugh Tredennick)：《理則學》*The organon*第一卷(劍橋，麻薩諸塞州：哈佛大學，1938)，121。〔譯註：connaissance 譯爲「學問」(learning)並非一成不變的。有時必須譯爲「知識」(knowledge)(特別是複數形時)；至於應該是 connaissance(在李歐塔的慣用法裏，是指一些旣成的定義性敍述)還是 savoir(廣義的知識)，Savoir 應該固定的譯爲「知識」。〕

66. 見潑伯(Karl Popper)：《科學發明之邏輯》*Logik der Forschung* (Wien: Springer, 1935〔由潑伯等英譯爲《*The Logic of Scientific Discovery*》(紐約：基本叢書，1949)〕；見拉克脫與馬斯葛(Imre Lakatos, Alan Musgrave)合編《知識的評判與成長》*Criticism and the Growth of Knowledge*一書中，"正統科學及其危機"Normal Science and its Dangers(劍橋大學印行，1970)。

67. 見伯福特(Jean Beaufret)：*Le Poème de Parménide*(巴黎：法國的大學印行，1955)。

68. 我再度以文化決定論的立場，來用這個德文字 Bildung，也就是英文的「文化」(culture)。這個術語是介乎前浪漫主義與浪漫主義之間的；參看黑格爾的"Volksgeist"。

69. 參看美國「文化決定論學派」culturalist school： Cora Du Bois, Abram Kardiner,Ralph Linton, Margaret Mead.

70. 參見與十八世紀末，因浪漫主義而興起的歐洲民俗研究機構，所出版的有關論文，例如格林兄弟和 Vuk Karadic（塞爾維亞的民間傳說）的論文。

71. 列維布（Lucien Lévy-Bruhl）在《原始心態》La Mentalité primitive（巴黎：Alcan,1922）一書中有簡短的討論〔見克來（Lillian Clare）英譯 Primitive Mentality（紐約：Macmillan 1923）〕所宣揚的主旨。

72. 李維師陀（Claude Lévi-Strauss）：《野性思考》La Pensée sauvage（巴黎：Plon, 1962）〔英譯 The Savage Mind（芝加哥大學，1960）〕。

73. 儒連（Robert Jaulin）：《白色和平》La Paix blanche（巴黎：Seuil, 1970）

74. 潑普（Vladimir Propp）：《民間故事形態學》Morphology of the Folktale，史考德（Laurence Scott）英譯，雅克愼（Suatana Pirkora-Jakobson）序，美國民俗學會發行，書目特刊第九號（Bloomington, Ind. 1958）；修訂第二版（奧斯丁，德克薩斯，德克薩斯大學印行，1968）。

75. 參見李維師陀，"神話之結構"La Structure des mythes（1955），收錄入《結構人類學》一書 Anthropologie Structurale（巴黎：Plon, 1958））〔由 Claire Jacobson 與 Brooke Grundfest Schoepf 英譯為 Structural Anthropology（紐約：基本叢書，1963）〕，以及"結構與模式：有關潑普理論的再思考"La Structure et la forme：Réflexions sur un ouvrage de Vladimir Propp, Cahiers de I'Institut de science économique appliquée, 99, séries M, 7（1960））〔並見於李維斯陀的「結構人類學」第 II 冊，由累頓（Monique Layton）英譯（紐約：基本叢書，1976）。這篇文章亦將收入潑普所著《民間傳說的理論與歷史》Theory and History of Folklore，由 Ariadna 和 Richard Martin，三人合譯，Anatoly Liberman作序，及《文學理論與歷史》Theory and History of Literature，卷五，（明尼蘇達大學印刷，即將出版）〕

76. 由若海姆（Geza Róheim）：《心理分析與人類學》Psychoanalysis and Anthropology（紐約：國際大學印刷，1959）。

77. 德安思（Andre M. d'Ans）：《老實人的格言》Le Dit des vrais hommes（

巴黎：Union Générale d'Edition 出版，1978）。

78. 同前第七頁。

79. 我之所以在此使用此一術語，是因爲語用學的"成規"影響了敍述的傳達；人類學家曾不厭其煩的詳細說明這一點。參見來斯特（Pierre Clastres）：《正統大道理：古那泥印地安人的神話與聖歌》*Le grand Parler : Mythes et chants sarcrées des Indiens Guarani*（巴黎：Seuil, 1972）

80. 要研究敍事學如何處理語用學的各種層面，請參見紀內（Gérard Genette）：《比喻圖象 III》*Figures III*（巴黎：Seuil, 1972）列文（Jane E. Lewin）英譯爲《敍述正統》*Narrative Discourse*（紐約：康乃爾大學發行，1980）

81. 見註 ㉞。

82. 組成或分解旋律的要素是音尺、拍子、聲調，三者之間的關係，是黑格爾（Hegel）思考研究的重心。參見《精神現象學》the *Phenomenology of Spirit* 一書序文的第四章。

83. 我要謝謝德安思（André M. d'Ans）不吝提供此項資料。

84. 參見查耳思（Daniel Charles）：《聲音之速率》*Le Temps de la voix*（巴黎：Delarge, 1978）一書中這分析。以及阿夫龍（Dominique Avron）在《音樂器具》*L'Appareil musical*（巴黎：Union Générale d'Edition, 1978）一書中這分析。

85. 參見艾利俄得（Mircea Eliade）：《萬古長青的神話》*Le Mythe de l'éternel retour : Archétypes et répétitions*（巴黎：Gallimard, 1949）崔斯克英譯（Willard R. Trask）：*The Myth of the Eternal Return*（紐約：萬神殿圖書，1954）

第 7 章

科學性知識的語用學
(The Pragmatics of Scientific Knowledge)

　　如果我們試著簡略的描寫古典觀念所認定的科學知識的語用學，在描寫過程中，我們首先要區分清楚，研究與教學之間所使用的競賽策略之不同。

　　例如，哥白尼(Copernicus)指出行星的軌道是圓形的說法，[86]無論是真是假，此一說法本身就帶來了緊張和不安。這個新想法，把其他說法捲入一場競賽中。而新想法所造成的緊張不安，影響了每一個參與者的實際運作地位：包括主述者、聆聽者及指涉物。上述各種緊張不安現象的來源，就是認可接受這個論點為"科學的"各種不同類別的預設標準或規則。

　　首先，主述者應將關於指涉物——行星的軌道——的一切真實情形說出來。這意謂著什麼呢？這意謂著一方面他必須能提出證據，來證實他所說的一切；另一方面，他必須能反駁一切針對此同一指涉物，所提出的不同甚至是相反的言論。

　　第二，聆聽者應該能夠明確地贊成或者反對他所聽到的說法。這暗示著聆聽者本身，也是一個有發言潛力的主述者，他在有系統的表達意見時，也會像哥白尼一樣，受制於相同的雙重條件(去求證或者反駁)。因此，從潛在因素來看，他也具有和哥白尼一樣的特質：他們二人是旗鼓相當，不分軒輊的。在上述情況下，他一旦發表言論，便不再默默無聞。而在他發表言論之前，我們則很難斷定他是不是科

學家。

第三，哥白尼所說的指涉物（行星的軌道），必須用和此項事實完全一致的文句"表達"出來。但是，既然只有通過哥白尼式的敍述步驟，才能得知什麼是行星的軌道，那麼這種接受理論的原則是否適合，就有疑問了。我所說的一切都是眞實的，因爲我已證明其爲眞，但用什麼可以證明我所提的證據爲眞呢？

解決此一難題的科學方法，包含了下列兩項必須遵守的法則。第一，就辯論的意義而言，第一種方法是屬於辯證法（dialectical）或修辭雄辯法（rhetorical）的：也就是在辯論時（in the forensic sence），[87]提出一項不但能夠證明，同時也可用來作證據的指涉物。不是用：我可證明某項事實，因爲事實就如同我所說的那樣；而是用：只要我能提出證明，人們就可以認爲，事實就像我所說的那般。[88]第二個法則是形而上的，只要是相同的指涉物，就無法同時提供矛盾多元式的證明，或完全不一致的證明。換句話說，眞理只有一個，"上帝是永不欺騙的"。[89]

這兩種法則，爲十九世紀科學界所稱的證實法（verification），及二十世紀科學界所說的否證法（falsification）奠定了基礎。[90]他們都允許參與者、主述者和聆聽者，在辯論中可達到某種限度的一致或共識（consensus）。每次大家意見一致時，並不表示眞理出現；但大家都一致認定，眞理性的陳述，必會導致大家的共識。

上述方法，在研究學問時，是很適用的。很明顯，研究計劃和教學工作是相互影響，相輔相成的。科學家們需要一個同時也能成爲主述者的聽衆，他需要工作夥伴。否則，他的陳述立論就無法得到證實，因爲他所用的那些重要的實驗技巧，必須要有別人來重覆實驗一次才成。如果不能重覆驗證，那這場必要而又充滿矛盾對立的辯論，便要無疾而終了。在這場辯論中，不只是科學家所提論點的眞實性，瀕臨成敗關頭；就是他本身的能力，也是如此。一個人的能力，決不是靠努力就可以擁有的。一個科學家能力之有無，要看他所提的論

點，是否被其同儕認為值得在一連串的論證和辯駁中討論而定。因此，論點的真實性和發表論點者的地位資格，全受制於一羣能力相仿的同行是必要的，如果找不到，那就必須創造一批出來。

說教法(didactics)是確保上述研究討論過程及傳統，得以不斷複製重現，並繼續下去的方法。這和研究中所使用的辯證競賽法不一樣。簡單地說，其先決條件，是聆聽者(也就是學生)完全不懂主述者所懂的知識。很明顯地，這也就是為什麼學生要學習的原因。第二先決條件，是學生可以學到主述者所知道的一切，慢慢地，他也變成一個能力和老師能力相仿的專家。[31]這個"雙重要求"(double requirement)預設了第三點，把構成實際研究所必需的"意見交換"和"證據蒐集"，化為陳述式的意見或理論，而這些理論，以不容置疑的真理之面目，經由目前所採行的教學方式，傳送到各地。

換句話說，專家就是教他所知道事物的人。但是，當學生(說教過程中的聆聽者)的技巧日臻成熟之後，專家就可透露給他一些他不懂但卻想學的東西(至此我們假定專家也專心於這方面的研究)。從上述方式，學生慢慢學到了辯證式的研究法，學到了生產科學知識的策略。

如果我們比較一下科學知識和敍述知識(narrative knowledge)，我們就可以發現下列的特性：

1. 科學知識只需保留一種語文競賽策略，那就是定義指稱型的，其餘的都可排除在外。一項說法的真實價值(truth-value)是決定其是否能被他人接受的標準。當然，還有各種其他品類的說法，如問句式的(我們如何解釋此一現象呢？)或預設規範式的(採用一系列一定的元素……)等等。但在需要以定義指稱性說法為結論的辯證式論證當中，問句式或處方式的手法，只是被用來作轉捩點，或用來做過渡而已。[32]所以就此而論，如果有人能針對他所研究的指涉物，提出一種確實的說法，他就是個有學問的人。對同樣的"指涉物"，如果一個人能以證明法或反證法來證實專家的結論正確與否，那他就可以算得上

是一個科學家了。

2. 科學知識在這方面不同於語文競賽策略，而社會規範，則是由這兩種不同的知識，組合而成。目前，科學知識不像敍述知識，不再是社會規範裏直接而相互關聯的元素了。因爲極度專業化所導致的各種科學制度體系，使科學知識成了社會規範的"間接"組成分子。在現代社會中，各種語言競賽策略，在一羣夠資格的夥伴(專業階層)所經營的制度下，自我成長茁壯。而知識和社會的關係(也就是指除了有專業能力的科學家外，所有一般愛競爭的人)在表面上也變得息息相關了。但另一項新的問題出現了，那就是科學制度和社會的關係。例如，說教教學法可以解決這問題嗎？又譬如，我們以社會上人人都能學習的科學能力作爲前題，就可以解決這問題嗎？

3. 在研究競賽策略範圍的限制內，能力之配備只和主述者方面有關。聆聽者不需具有任何特別的能力(學生只要在受教時，聰慧敏捷就可以了)。至於所教的指涉物，也不必有任何資格能力的限制。即使就研究人類行爲的人類科學而論，原則上，所研究的對象和運用科學辯證法的研究者之間的關係，是屬於外在上的。在這裏，和敍述知識成對比的是，人們不必學習如何去成爲一個"某種知識"認爲他應該是怎樣的那種人。

4. 科學說法，無法僅僅通過向外發佈消息，便獲得承認。即使就教學而論，也只能教授一些目前可以用論點和證據證明爲眞的理論，這樣才能被人接受。科學知識本身從不擔憂事實被曲解或反證(falsification)。[93]運用累積既成說法的模式，所獲得的知識，隨時都可能被推翻。相反地，對同一指涉物，提出一個和既成說法相矛盾的新說法時，只有在能出示論證和證據去反駁既成說法時，才會被大家所接受。

5. 科學的策略，暗示了一種貫時式時間性(diachronic temporality)，這也就是說：科學說法有時只不過是一種記憶，一種研究計劃而已。當代科學說法的主述者，應該熟悉有關他所研究指涉物的一切

既成說法(例如文獻書目之類的)，而且如果他要提出新的說法，那此一說法必須和以往的說法都有所不同。這也就是我所謂的，每一次(科學說法)演出的"重音"(accent)。同理，競賽策略所具有的"爭論功能"(polemical function)，要比競賽策略中"韻律性"(meter)的循環模式還重要。原則上，這種認為記憶是有用的，和不斷求新的貫時式發展，代表一種累積的過程。其發展的節奏(rhythm)，或重音(accent)和韻律(meter)之間的關係，是複雜多變的。[24]

上述特質皆是眾所皆知的。但基於兩點原因，值得我們重新討論。第一，藉著比較科學知識和敍述知識，有助於我們瞭解，至少察覺到，前者和後者的存在，是同樣有必要的。兩者都是由許多說法所組成的，而這些說法，是由參與者在一般公認適用的法則所組成的架構下，所採取的"步法"(moves策略步驟)。每一特別品類的知識，都有其專屬的特定法則。除非偶然，否則，各科領域中，自有其評估"步法行動"(moves)之好壞與恰當(good)與否的標準，這和其他領域中的評估標準，不可相混。〔譯註：如同下棋一般。圍棋的法則與象棋、跳棋、五子棋都不同，其步法當然也就互異了。〕

因此，我們不可能以科學知識為基礎，來判斷敍述性知識的成立與否及其效能，反之亦然。因為上述兩種知識的相關評估標準都不同。我們所能做的，只是瞪大眼睛，驚奇的看著各式各樣不同的推論產生，就好像看動植物界，產生各種動植物一般。原來大家還在為後現代狀況中，「意義的失落」而哀悼，現在卻縮減成，知識在原則上已不再是敍述性的此一事實而悲傷。但不一定每件事都會產生這種結果。我們從未想過要在敍述知識中，推論或引發科學知識(用"發展"之類的作用因子來做媒介)，即使我們同意科學知識是從萌芽時期的敍述科學衍生而來的這種論調。

然而語言此一品類(language species)就像物種(species)一般，是彼此息息相關的，語言與語言之間，也決非和諧無間的。對科學語文競賽策略的特質，下面我要提出幾點簡短的說明，上述第二點可說

和敍事性知識有關，可證明我所說的並非虛言。我曾說過，敍述性知識，並沒有優先自我實現其自身合法化的特性，這一點暴露了敍述知識在實用傳遞中，沒有採用論證及證據為手段。敍述知識對科學說法所採取的看法，主要是將之看做敍述文化家族裏的一個變數（variant）。㊞那就是為什麼敍述知識在無法理解科學說法的問題時，通常採取相當容忍的態度。但反過來說就不行了。科學家對敍述說法的正確性，提出質疑，而後下結論說它們永遠無法用論據或證據來說明。㊟科學家根據不同的心理狀態將這些敍述分類——分成野蠻的，原始的，低度開發的，落伍的，異化的……等等，因為敍述知識是由意見、習俗、權威、偏見、無知和意識型態所組成的。敍述性知識，只是一些適合女人和小孩閱讀的寓言、神話或傳奇；最多也只不過是企圖在愚昧的"反啓蒙主義"（obscurantism）中，燃起一些光亮，培育他們，教育他們，開發他們。

這種不平等的關係，是源自於特別訂定於每一知識領域中的競賽策略，及這些策略的內在效果所造成的。我們都知道，這種不平等的關係所呈現出來症狀為何。從"西方文明"成立的初期開始，這種現象就成了文化帝國主義的全部歷史。辨認出其獨特的發展過程，是非常重要的，因為這種獨特的發展過程，使此一現象和其他形式的帝國主義不同：其發展是受"合法化之需求"所控制的。

【註】

86. 此例引自佛雷哲（Frege）著《論記號義與記號具》*Über Sinn und Bedeutung*（1892）〔布雷克（Max Black）和基趣（Peter Geach）合著 *On Sense and Reference* 譯自《佛雷哲的哲學論文選》*the Philosophical Writings of Gottlob Frege*（牛津：布雷克維爾 Blackwell, 1960）

87. 雷吐爾（Bruno Latour）與費布里（Paolo Fabbri）合著"科學修辭學"Rhétorique de la science，收入《社會科學研究論文集》第十三冊 *Actes de la recherche en sciences sociales* 13,（1977）：81-95

88. 貝奇勒得（Gaston Bachelard）著《科技新精神》*Le Nouvel Esprit scien-*

tfique(巴黎：Press Universitaires de France, 1934)

89. 迪卡兒(Descartes)：《形上沈思》(沈思錄)第四册(Méditations métaphysiques, Méditation 4.)(1641)

90. 參見漢培爾(Karl G. Hempel)：《自然科學的哲學》*Philosophy of Natural Science*(Englewood Cliffs,N. J.：學徒館出版社，1966)

91. 這裏沒有篇幅來討論「雙重前提」(double presupposition)所引起的困難問題。參見迪斯孔伯斯(Vincent Descombes)：《無意識中無論如何的他》*L'Inconscient malgré lui* (巴黎，迪米紐特 de Minuit, 1977)

92. 這樣講可以避免一個大麻煩：那就是在研究敍事時，我們非要去區分語言與推論競賽策略之間的不同。

93. 參見附註⑨

94. 孔恩(Thomas Kuhn)：《科學革命的結構》*The Structure of Scientific Revolutions*(芝加哥大學出版，1962)〔譯註：此書已有王道還等合譯的中文本〕

95. 參照小孩子第一次上「科學課程」的態度，或土著對人類學家說法的詮釋方式。(參見李維斯陀《野性思考》)第一章附註⑦)

96. 這是爲什麼馬拙(Métraux)批評克雷崔斯(Clastres)：「一定要那原始社會已經有時衰敗了，才可以著手研究。」受了外來的影響，當地被調查的土著，一定有能力透過人類學家的觀點，來瞭解他自己的社會；同時也能夠探詢他們社會團體之功能何在，其合法何在。在檢討自己的艾舍(Achè)族研究爲何失敗時，克雷崔斯(Clastres)結論道：「因爲艾舍族強盛到可以不需仰賴與外界來往的地步，只有在他們衰微時，我們才能開始與其交通。所以，艾舍族一方面接受了這些自動上門來的饋贈，另一方面卻斷然拒絕與外界對話的嘗試。」〔引自卡雀(M. Cartry)著《皮爾瑞・克雷崔斯》(Pierre Clastres) *Libre* 4.1978〕

第 **8** 章

敍述功能與知識合法化
(The Narrrative Function and the Legitimation of Knowledge)

今天「合法性」問題，已不再被認爲是科學語言規則競賽的(the language game of science)一項缺失。更精確的說，「合法性」問題本身已成爲一個合法的問題，被視爲一種正面啓發性的驅策力量。不過，以相反相成的方式倒過來處理「合法性問題」的做法，還是最近幾年來的事。在此之前，有人稱科學方法爲「實證哲學」(positivism)。科學性知識一直在尋求以其他方法來解決合法化的問題。而令人難以置信的是，長久以來，科學知識，一直或顯或隱，在解決此一問題上所不得依靠的步驟，竟然都是屬於敍述性知識的。

像上述這樣以各種不同的形式，從非敍述返回到敍述，形成一種代換現象。而這種代換現象，並非一成不變一勞永逸的。這一點，可以由下面這個粗略的例子來證明：當科學家有所"發現"之後，在接受電視、報紙訪問時，會說些什麼呢？他們多半會重覆一套史詩式(Epic)的知識探索，而實際上，這發現的過程完全與史詩性敍述是無關的。它們依敍述競賽規則來運作，這一套規則不但對傳播媒體的使用者有巨大的影響，同時也影響了科學家的看法。上述事例並非一件瑣屑的小事，它關係到科學性知識與"流行"(popular)知識之間的關係，也關係到二者互動後所產生的結果。國家需要花費相當大的經費，使科學能夠披上史詩的外衣：國家本身的權威也建立在與上述相

同的史詩之上，國家利用這種史詩，去獲得決策者所需要的大衆認同。[27]〔譯註：這就是說科學新發現的本身，也許是偶然或巧合的結果。但科學家在解釋發現時，却必須將之放在科學史的發展脈絡中，方能對一般大衆做"清楚"的交代。〕

　　對敍述知識如此之依賴乃是必然的，沒有什麼好大驚小怪的。這種依賴至少可達到以下的程度：科學性的語言競賽希望使其說法成爲眞理，但卻沒有能力憑自己的能力，將其提出的眞理（truth）合法化。要是事情果眞如此的話，我們必須承認，我們對歷史有不可或缺的需要，關於這一點，理由已如前述，而且是非常明顯的。我們對歷史的需要，並非爲記憶或借古喻今（也非強調歷史性，或歷史重大事件），相反的我們對歷史的需要是爲了能夠遺忘，就像我們對某種韻律形式的需要。（參見第六章）

　　我們如此自我期許著。但當我們往前邁進時，我們必須記住，過去那些爲了要用來應付合法化問題，所找出來的顯然已經過時了的解決方法，其使用的原則並不過時，只是在遣詞造句上，有些不合時宜罷了。如果我們一旦發現這些古老的問題解決途徑，以另外一種方式存在於今日，是沒有什麼好大驚小怪的。在此刻，我們自己所做的，不正是如此嗎？我們現在正感覺到，我們應該建立一套科學知識的敍述，以便辨明西方文明目前的狀況及地位。

　　新的科學語言競賽，在濫觴之初——也就是在柏拉圖時代，合法化的問題，就已經出現了。在此，因篇幅關係，我們不能逐字逐句注釋《對話錄》（Dialogues）。而事實上，《對話錄》中，早已出現了科學的語用論（pragmatics）。這種「語用學」有時明顯的以一種主題的方式出現，有時則含蓄的以一種預設命題的方式出現。對話競賽，自有其特定的要求及條件，其中包括了「語用學」，以及語用學的兩種功能：一是研究，二是教學。現在我們又遇到以前所列舉出來的一些相同的規則：在提出論點（argumentation）時，就先預設要達到共識（homologia）；供人們參考的參照物（referent）也是依照單一原則，

挑選出來的,用以保證使大家意見一致;至於參加討論的人,則一律平等;大家甚至還隱隱約約表示出一種認識,那就是,對問題的討論,只是語言策略的應用而已,與生命主旨無關。不能夠接受上述競賽規則的人,就會被排除在外,因爲他們多半水準不高又粗俗鄙陋。⑱

　　還有一樣値得注意的事是,語言競賽規則中,本身就含有科學的本質,因此,其合法與否的問題,一定是從不同論點的對話中產生出來的。下面有個著名的例子,可以說明此點。此例之所以重要,是因爲其論題一開始,便把社會政治的權威與合法化問題,聯繫在一起。請參見柏拉圖《共和國》一書的第六和第七卷。我們知道,《對話錄》中的答話,至少是部分的答話,是屬於敍述形式的。例如其中洞穴的譬喻,便是用來討論人們如何、爲何喜歡聽敍述性的故事,但卻無法辨別什麼是科學。因此知識便建築在自身殉難的故事(或敍事)之上了。〔譯註:Knowledge is thus founded on the narrative of its own martyr-dom,意爲知識的表達要靠敍事(故事),然人們往往聽了故事卻忘了知識,得不償失。〕

　　問題越來越複雜了。在柏拉圖的《對話錄》中,想要把自己的說法合法化的這種努力,以其本身所含有的形式,爲敍事(故事)提供了充足的「彈藥」。每一段對話問答,皆以一種科學性討論的敍事形式出現。至於辯論過程的「故事」(story)是呈現(shown)多於報導?還是「演出」(staged)多於敍述?是不重要的。⑲因此《對話錄》中的故事,比較接近希臘悲劇,而非希臘史詩(epic)。事實上,柏拉圖式的敍述說法(discourse)雖是科學的濫觴,但其本身卻不是很科學的。精確的說,《對話錄》所達到的程度,只是企圖把科學合法化而已。科學性的知識不能自我說明是眞知(true knowledge),也無法讓別人知道其爲眞知,除非它訴諸另外一種知識——那就是敍事性的知識——而從科學的觀點而言,敍事性的知識根本就算不上是知識。沒有敍事性知識的幫助,科學將處於一種自我假設自己爲正確的情況,陷

入自己看不起（自己批判自己）的境地；自己爲自己找來問題，結果又用偏見的方式來處理問題。不過話又說回來了，如果科學知識的建立是依靠敍述爲主的話，難道不會陷入與上述相同的陷阱嗎？〔譯註：科學看不起敍事性的知識。但科學要證明自己合法時，又不得不利用敍事方式來達成，陷入自己看不起自己的窘境之中。〕

在此，因爲篇幅的關係，我們無法將歷來這方面的例子一一列表說明。科學藉用敍事來表達自己是經常發生的事；藉敍事來證明科學合法化的說法，不勝枚舉，不只限於古代、中古以及古典哲學而已。對科學家來說，這眞是一種永恆的磨難。像笛卡爾（Descartes）所寫的那樣清晰果斷的哲學著作，用的也只不過是梵樂希（Valéry）所謂的心智歷程（the story of mind）來說明科學合法化的問題，[100]要不然，就用啓蒙小說（Bildungsroman）式的方法。而這種啓蒙小說式的效果，正是他在《方法論》一書中，所要想達到的最高效果。亞里斯多德無疑是一位最具有現代性的哲學家，他是最先對下面兩種不同規則加以區別的人。第一種規則是科學性知識一定要前後一致而有機（the organ）。第二種規則是在存有（being）或形上學（the metaphysics）的說法中，去探求合法性。他下面的主張，更是現代性十足，他認爲科學性知識，是由論點（argument）與證明組合而成的。換言之，就是說科學知識是辯證的，包括以假說來探討並表現指涉物之存有（being）。[101]

隨著現代科學的興起，合法性的問題出現兩個新的特性。首先，現代科學放棄了下列問題的探討，過去大家總是要形而上的去尋找一個第一因，或是最原始的證明（first proof），或是去尋找一個超自然主宰。〔譯註：transcendental authority，指上帝或超越性的主宰，是萬事的起源。〕這樣做的原因無他，就是要回答下面這個問題：「你怎樣證明此第一因。」或者，更概括的說，「誰決定眞理成立的條件？」換而言之，現代科學認識到眞理的條件，也就是科學競賽規則，原來是存在於競賽本身。這些條件或規則，只能建立在有科學本質的辯論規範

之上；而這些規則，說穿了，只不過源自於一羣科學家的共識(con-sensus)而已，沒有什麼大不了的。

隨著現代潮流所趨，在一研究論述條件的論述中，去定義論述的條件，使得敍述性文化或流行文化，又恢復了以往的尊嚴。這種事，早在文藝復興時代的人文主義裏，就已經很顯著了；在啓蒙時代更是不斷出現，對德國理想派哲學與法國歷史學派，也產生不少影響。敍述不再是合法化過程中，無意間的疏失。在知識的爭論中，明目張膽要求敍述權的現象，是隨著中產階級從傳統的權威手中解放而來的。敍述性知識在西方再度活躍，成爲一種新的權威性解決合法化問題的方法。在有關敍述的爭論之中，很自然的，大家都會提出下面這個問題，並期望此一問題能引出一個以某某英雄爲主的答案，「誰有權力爲社會做決定？誰是主角？誰能訂定處方命令性政策，做爲奉行者的施政標準？」

追求社會政治合法化的方法，與新的科學態度結合在一起，主角英雄的名字便換成了"人民"(people)，人民的共識成了合法性的標誌，而人民所創造的競賽規範標準模式(mode)，就是所謂的"公開辯論"(deliberation)。而進步的概念，則不得不由此誕生，此無他，進步的過程正好代表了一種運動——那就是假定知識一定會累積增加。但此一運動卻帶來了新的社會政治課題。人民辯論什麼是正義，什麼是不義，這與科學圈內辯論什麼是對，什麼是錯，用的方法是一樣的。他們累積民法知識，就像科學家累積科學定理一般。他們改進共識的方法，就如同科學家依照他們研究所得，生產新式的"典範"(pa-radigms)，修正舊有的規則。[102]

很明顯的，此處所謂的"人民"完全不同於傳統敍述知識中所說的"人民"。我們可以看出"人民"須要把公開辯論加以制度化，無須靠累積級數式的步驟(progression)，也無須自詡能夠達到普遍性的眞理；這些都是科學知識運作的要件。因此在新的合法化過程中，其代表人物是"人民"，他們一方面捲入摧毀傳統知識中"人民"這個觀念

的工作，一方面又被視爲少數或潛在的分離份子，專門搞分離運動或搞愚民運動的傢伙，這是不足爲怪的。[⑩]

我們也可以發現，那必須以抽象方式出現的主體，是眞正存在著的。此一主體之所以是抽象的，因爲它只以知識主體的典範爲運作模式——換言之，主體即傳達或接受有眞實的價值而非排除其他的語言競賽。而此一抽象主體依賴著各種制度機構而存在，並在這些機構制度中，發揮應有的功用，諸如公開辯論並下達決定。這些機構制度有時是國家組織的部分或全部，於是國家問題與科學性知識，便變得密不可分了。

很明顯的，以上的交互連鎖，是多方面的，所謂的"人民"（國家，甚至人性），特別是人民組成的政治機構與制度，不僅僅以獲得知的權力而滿足——他們還要制定法律。這也就是說，他們把決策公式化，並賦予法律規範的地位。[⑩]如此一來，人民不但可以演練他們的能力，諸如怎樣以定義指稱性的說法去決定何者爲眞理，同時也可以用命令性的說法來宣佈何者爲正義。如前所述，賦予敍述知識以特性的東西，形成我們對敍述知識基本了解的東西，不是別的，正是上述的各種能力之綜合，當然其中還包括了其他各種此地沒有討論到的能力。

而我們所討論的合法化模式，就是重新把敍述性知識，當做一種有效的知識，介紹給大家。此一合法化的模式，可分爲兩個方面來進行：其一是此模式所代表的敍述性的主體可以是屬於認知性的，也可以是屬於實用性的。其二是此模式所代表的可以是知識的英雄（hero of knowledge），也可以是自由解放的英雄（hero of liberty）。就是因爲出現了上述二選一的狀況，不惟合法化的意義，發生了變化，更明顯的是，敍述本身，也不足以恰如其份的描述合法化的意義了。

【註】

97. 關於科學意識型態，參看《倖存者》第九期（*Survivre　9*）1971 年初版，

Jaubert and Lévy-Leblond 編《(自我)批評》(*Auto*) *critique*) 註 26，頁 51ff，重印。他們所編的選集之後，附有書目，其中收錄一系列的期刊，以及許多團體之間相互討論，討論科學是否應該以各種不同的型式附屬在政治體系上。

98. 維多·哥德米斯(Victor Goldschmidt)：《柏拉圖對話錄》*Les Dialogues de Platon*，(巴黎：法國大學出版社，1947)。

99. 這些術語是從基內的《形象》第三冊 *Figures* III 借用過來的。

100. 梵樂希：《達文西方法論簡介》*Interodution à la méthode de Léonard de Vinci* (1894)〔(巴黎：Gallimard, 1957)：該書同時也收錄了 1930 年的"旁註"(Marginalia)。1919 年的"註解與插述"(Note et digression)及 1929 年的"達文西與哲學"Léonard et les philosophes 等文章；亦見英譯本《梵樂希全集》，Jackson Matthews 編(普林斯頓：普林斯頓大學出版社，1956-75)，第八冊〕。

101. 奧班格(Pierre Aubenque)：《亞里斯多德著作中有關存有的問題》*Le Probième de l'Etre chez Aristote*，巴黎法國大學出版社，1962。

102. 杜哈姆(Pierre Duhem)：《論從柏拉圖至伽利略的物理學理論》〔*Essai sur la notion de théorie physique de platon à Galilée* (Paris：Hermann, 1908)〕〔英譯 Edmund Doland and Chaninah Maschler，保存現象：從柏拉圖到伽利略的自然律理論。(Chicago：University of Chicago Press, 1969)〕；Alexandre Koyré：《伽利略研究》*Etudes Galiléennes* (1940；Paris：Hermann, 1966)〔John Mephan英譯，Galileo Studies(Hassocks, Eng：Harvester Press, 1978)〕；孔恩：《科學革命之結構》。

103. 卡投(Michel de Certeau)，茱莉亞，瑞維奧 (Dominique Julia, Jacques Revel)：《語言政治：法國革命與方言》*Une Politique de la langue : La Révolution Française* et *les patois*(巴黎：Gallimard, 1975)。

104. 政令(prescriptions)與規範(norms)之區別，參看 G. Kalinowski，"後設語言的邏輯：對定義邏輯的省思，對規範邏輯的研究報告"Du Métalanguage en logique：Réflexions sur la logique déontique et son rapport avec la logique des normes 見 《*Documents de travail*》第 48 期，烏必諾大學(Università di Urbino, 1975)。

第9章

知識合法化的敍述說法
(Narratives of the Legitimation of Knowledge)

下面我們研究合法化敍述的兩個主要派別。一派較富政治性，另一派較富哲學性；但兩者在現代史上，都佔有十分重要的地位，特別是在知識史以及隨知識而來的典章制度上。

富政治性的一派，以人文為研究重點，並視人文為自由解放之英雄。他們認為，所有的民族皆有權利研究科學。假若一個社會中的主要論題，不是屬於科學知識上的，那是因為遭到祭司或暴君所禁的緣故。因此，吾人研究科學的權利，必須要靠人們主動不斷去爭取。我想大家都瞭解，上述論點及說法，只對小學教育的政策產生很大的影響，並沒有擴及大學或高中教育。[105]法國第三共和的教育政策，正好有力的見證上述這些假說。

依上面敍述性的說法看來，他們似乎認為有必要去貶低高等教育的重要性。無獨有偶的，一般都認為拿破崙對高等教育的看法是，依照計劃製造一批人，使之擁有行政技術及專業技術的能力，來穩定國家。[106]此一論點，忽略了一項事實，那就是在"自由論"(the narrative of freedom)的範圍裏，國家合法性，是來自人民而非來自政權本身。因此才會認為御定政策指定高等教育學府主要任務，是在培養國家官員，其次是培養社會管理人員。事情之所以如此運作，是因為從整體而論，國家應該藉著向人民傳佈新知的方式，而掌握自身的自由。此一傳佈步驟，要通過代理人或專業人員，方能產生最大的效果，而其中以國家幹部，最能發揮其功能。同樣的推論過程也適用於

科學機構制度的建立。政府每每以自由論的方法，在"國家"的名義下，插手訓練人民，並直接加以控制，從而指使他們依照既定的發展方向前進。[107]

在第二種合法化敍述裏，科學、國家與政府關係的發展，與第一種十分不同。這種合法性敍述，首次出現於 1807 年到 1810 年之間，也就是柏林大學成立的時候。[108]從十九到二十世紀以來，世界上一些新興國家的高等教育組織，都深受其影響。

當柏林大學創立時，普魯士內閣所面對的，有費希特(Fichte)提出的教育計劃，以及史萊馬哈(Schleiermacher)所提的相對計劃，當時的教育顧問漢保德(Wilhelm von Humboldt)必須在兩份計劃中做一選擇。結果，他對史萊馬哈主張自由選擇權的這一派，狠狠的批評了一番。

讀過漢保德報告的人，或許會情不自禁的，把他對整個科學制度機構之間鬥爭的看法，簡化成一句有名的口號，那就是「為科學而科學」。不過，我們如果以上面所討論的合法化原則為出發點，去看這句口號的話，我們將誤解漢氏策略的終極目標。事實上，他所採取的策略是十分接近史萊馬哈所闡述的，而且是以比史氏更徹底的方式，表現了出來。

漢保德主張科學要遵從它自己的法則，科學機構制度是「存在且不停地自我更新，不受任何束縛，也不受任何既定目標的限制」。但他補充道：大學應使自己的組成份子之一「科學」，符合「國家的精神與道德教育」。[109]而上述這種教育的效果，如何能從客觀的學問探求中產生呢？難道政府、國家，乃至整個人文界，都對為學問而學問這件事漠不關心了嗎？正如漢保德所承認的，真正使他感到興趣的，不是學問，而是「品德與行為」。

這樣一來我們這位部長顧問，便面對了一個主要難題了。在某些方面，這使人聯想到康德式批判(Kantian critique)裏所倡導的二分法，把知識(knowing)與意志(willing)分了開來，造成兩種語言競

賽規則之間的衝突：其一是設計一些定義，剛好符合眞理的標準；其二是以一些語言競賽規則來控制道德、社會和政治的運作，其中包括了決策之下達與義務之擔負。換言之，講出來的話，必須是正義或合法的，至於是不是眞理，則是次要的。上述結論在最終分析裏，是超乎科學知識領域之外的。

　　然而，這兩套論述說法的統合，對於漢保德所提出的教育（Bildung）計劃，是相輔相成不可或缺的。其中不只包括個人如何獲取知識，而且也適用於如何訓練並達成知識與社會目標的通盤合法化。因此，漢保德希望發揚一種精神（spirit），也就是費希特（Fichte）所謂的生命（life），以下面三種企圖心爲原動力，說得正確一點，也就是一種包含有三種層次的熱望。第一種是：每一件事情都源自於一個基本的原則（這與科學的活動是一致的）。第二種是：每一件事都與一種理想相關（控制倫理與社會風俗習慣的理想）。第三種是：把上述原則與理想，用一種觀念統合起來，以保證科學對眞理及眞象的研究，和道德政治生活所追求的正義目標是一致的。這種最高形式的綜合，便成了合法化論題的主要成分。

　　漢保德繼續補充道，在過去，這三種熱望自然地存在於「德意志國家知識份子的性格裏」。⑩對於其他說法而言，對於認爲知識的主題就是"人民"這種想法而言，漢氏的講法是保守退縮，但又不失精確謹慎的。但實際上，這觀點與德意志理想主義者所提出的知識合法化的說法，非常不同。令人費解的是像史萊馬哈、漢保德、甚至於黑格爾，也都不約而同的駛入了"國家"（State）這個觀念，並以其爲避風港。這個現象正好證明了我的看法：假如史萊馬哈憂慮偏狹的國家主義、保護主義、實用主義和實證主義等，會影響大衆權威對科學問題的看法，那是因爲大衆權威或主事者，不知如何以科學原則行事，即使是間接的運用科學原則也不會。知識的主體不在於人民，而是在於思考精神（speculative spirit）。知識的主體，不是像法國革命以後，人們所想的那樣，可在國家之中具體的顯現出來。知識的主體，要靠

一套體系，才能具體顯現。語言競賽規則的合法化，不是屬於國家政治層次，而是屬於哲理層次的。

大學所應發揮的最大作用，在於「開放整個知識領域，詳細解釋所有知識的法則與基礎」。因爲，「沒有思考精神就無創造性科學的能力。[111]」這兒所謂的「思考」，也就是使科學說法合法化的論述模式。高中學校是屬機能實用性的，而大學則是屬於思考性的，也就是屬於哲理性的。[112]哲學必須把統一性歸到知識教學上，因爲存在於各種實驗室與大學預科教育裏的教學知識，目前被已分割成各門各類的科學，只有靠語言競賽規則，才能把這些不同種類的學科連在一起。這種處理方法，今後會不時的出現，變成一種精神，換句話說，就是以一種理性的敍述方式，把這些不同的科學說法連接起來。更精確一點的講，就是以後設論述，把不同的說法連接起來。黑格爾在他的《百科全書》(1817～27)裏，便試著去實現這種整體性的設計。而這些在費希特與謝林(Schelling)的思想體系中，也早已表現了出來。

就在發展生命(life)即發展主體(subject)的機械制度(mechanism)裏，我們看到了敍述性知識的復出。在一種放諸四海皆準的精神「史」中，精神即"生命"，而"生命"即經驗科學中，有條理知識的自我表現與自我形成。德意志理想主義百科全書就是有關敍述性"生命──主體"(life subject)歷史或故事(history)的書。但書中所產生的說法，則是一種後設論述，因爲說故事的人，不可能是侷限於某一傳統知識窠臼裏的民族，也不可能是一羣科學家。整體而言，科學家只能根據他們各別的專長，在各個專業上，各自爲政。

經驗科學及流行文化的典章制度，在製造自身合法化論述的形成過程之中，必須依靠一位超主觀(metasubject)的敍述者。此一超主觀者把上述兩種制度的共同基礎，也就是共識，用語言表明，同時也實現了他們心照不宣的目標。而這種目標，早已深植於思考性的大學體制之內。實證科學(positive science)與人民(people)這兩種觀念，只是上述說法的兩種粗糙的版本而已。民族國家唯一能夠使人民表達

心聲的有效方法，就是思考性知識，唯有通過思考性知識做爲媒介，人民的心聲方能表達。

在此，需要對使柏林大學的創設得到合法化的哲學理論基礎做一番說明，其哲學主旨是要使該大學成爲大學自身發展以及現代知識發展的原動力。如我所述，從十九到二十世紀，許多國家都以柏林大學的組織爲藍本，從事改造或建立他們自己的高等教育制度。這種作法，是從美國最先開始的。[113]但最重要的是，其創校哲學（特別是在大學界裏，仍然方興未艾，毫無過時跡象）爲知識合法化問題之解決，提供了一個特別生動的例子。[114]

知識的探索與傳佈，並不僅僅是找出一個有用的原則罷了。這種看法並不是說科學應該爲政府及民法社會的利益服務。根據人文主義的原則，人們認爲通過知識，自由方能產生，通過尊嚴，人道方能產生；不過，這種思想，目前已被棄置不顧。德國的理想主義者求助於一種後設原則，可以同時爲學問、社會及國家的發展奠定基礎，尤其是在以實現主體"生命"(life)上，也就是費希特(Fichte)所謂的「神聖生命」(divine life)，或黑格爾所謂的「精神生命」(life of the spirit)。以這種透視觀點來看，知識首先在其本身之內找到合法化的因素，而這種知識也就有資格去說政府、社會應該如何。[115]不過知識要想發揮其角色功能，只有不斷的改變其層次，不再只侷限於一種簡單的實證知識而已。也就是說，不再只限於指涉自然、社會、政府之類的對象而已。這種知識超越了定義性知識的範圍，成了一種額外的知識，變成了一種思辨性的東西。靠著「生命」與「精神」的名義，知識本身得到了自我完成。

思考性工具產生了一種值得注意的結果，那就是：關於每種可能對象的所有論述，並不是以其具有直接的眞理價值(truth-value)而被接納，而是視其在精神或生命的發展過程中，所佔的地位以及所獲得的價值而定。更精確的說，也就是在百科全書裏佔有一席之地，並經過思考思辨性的論述加以重新說明一番。百科全書中的說法是，先引

用上述的價值論述,並在解釋的過程中展示其知識,也就是一種自我解說的過程。從上述這種透視觀點看來,眞正的知識總是間接的知識:由一些報告式的文句所組成,而這些文句又被安放在關於某一主題的後設敍述當中,來證明其說法的合法性。

即使在非知識性的論述說法(discourse)裏,同樣的手法也一樣用得上,用在各種不同的論述說法裏:譬如有關法律的說法及政府的說法。近代詮釋學的說法(hermeneutic discourse),即源自於這種保證每一項事物中,都存有意義可供研究瞭解的假設。[116] 如此這般,詮釋學將合法性授與歷史(特別是知識史)。言論聲明(discourse)被視爲是一種獨立又自給自足、自治自理的整體(autonyms)。[117] 而各種言論聲明,說法意見,都可以相互作用的方式,不斷運作,產生更多的說法出來。這就是思考性語言的運作原則。而大學,如其名稱本身所暗示的,是一種具有排他性的制度。〔譯註:universtity: universe 在拉丁文中,是全體,完全,總體等,有包羅一切的意思。那凡是在"大學"之外的,都變得不重要了。〕

但是如同我以上所述,合法性問題也可以其他程序方法來解決。而這兩種方法之間的差異,我們應該謹記在心:目前,因知識地位的失衡及統一性思考的瓦解,合法性的第一種說法,又獲得了新的活力。

根據這種看法,知識的合法性並不存在於其自身,也不存在於以實踐學術潛能去發展某一主題的這種過程之內。知識的合法性存在於一種實用的主體內──那就是人性或人文學(humanity)之中。在把人民(people)這個抽象觀念具體化、人格化(animating)的運動裏,其遵行的原則並不在於知識本身的自我合法性,而在求如何自我奠定自由基礎(self-grounding of freedom)。更精確地說,也就是求得自理自治(self-management)。此一主體(人民)是具體的,至少應該是具體的,人民的光榮歷史或史詩就是人民爭取解放獨立(emancipation)的歷史,人民從阻擾人民自治的每一項阻礙中,解放獨立出

來。人民相信，他們為自己所制定的法律是公平正義的，這不是因為他們所制定的法律順應了外在的自然律，而是因立法者本身——依憲法而論——就是受制於法律的人民。因此，立法者的意願——求法律必須公平的欲望——總是能與因希望立法而願意守法的人民之意願合而為一。

很明顯地，經由意志自主(autonomy of will)[118]的這種合法化模式，使一種完全不同的語言競賽規則，佔了優勢，這是康德所謂的強制命令(imperative)，也就是今日人人皆知的處方或政策性規定(prescriptive)。最重要的不是，或不僅僅是使那些有關真理的定義性言論合法化，如「地球繞著太陽轉」之類的論述；而是去將那些有關正義的處方政策性言論加以合法化，如「必須消滅迦太基(Carthage)或「最低工資應定在×元」。就此而論，實證知識所能扮演的唯一角色，就是提供描述現實的實際主題資料。在這個現實裏(reality)，處方性知識可以被實施或執行，並被紀錄。在這個現實裏，主題物(subject)能將可以施行的政策，加以規劃限制，也可規劃限制未來有可能出現的政策。但在實施當中，應該做的，却又不在實證知識的範圍裏。一件事情，可能成功是一回事，符不符合正義，則是另一回事。知識不再是主體了，而是在為主體服務。知識唯一的合法性是使道德(morality)成為現實(reality)。（雖然這個想法是非常可怕的。）〔譯註：例如中共的文化大革命，就充滿了使道德成為現實的例子，而造成了極端不道德的現象。〕

這種看法，導致知識與社會和國家產生了一種新的關係，在原則上，是一種方法要求目的的關係。科學家們只有在判斷政府的政策，換句話說也就是政府整體的處方政策（施政）是正義的，他們才必須合作。假如他們覺得自身所屬的文明社會，被政府搞得一團糟，他們可能會反對政府的施政。對一個講求實際的人而言，這種合法化的方式賦予科學家們一種權威，他們可拒絕以學者的身份去支持他們認為不義的政治力量。換句話說，就是不支持沒有自治基礎的政治力量。他

們甚至儘可能的會利用專業技術及知識去證明，自治實際並未在社會與政府中實現。這樣一來，便重新把知識的批判功能引導出來了，但問題依舊沒變。除了由實際主體，也就是全體自治人民所提出的擬想目標外（goals envisioned），知識是無法達成其終極合法化的目標的。[119]

以我們的角度來看，如何分配合法化專業工作角色，是一件很有趣的事。因為當我們反對主題系統論（system-subject theory）時，上述看法，假定語言競賽規則在任何後設論述中，都不可能被統一或完整化。而極端相反的，在此，重點落在處方政策性的論述之上——這論述是由實際主題所發——使他們大體上從科學說法中獨立出來，科學說法所保留的功用，只是提供主體的一些資料性的訊息而已。

兩點說明：

1. 我們可以很容易的指出，馬克斯主義在上述二種敍述合法化的模式中，搖擺不定。共黨取代了大學制度，無產階級取代了全民或人性（humanity），辯證唯物論（dialectical materialism）取代了思考思辨性理想主義（speculative idealism）等等。馬克斯主義與科學自有其特殊的關係，而史達林主義或許是其結果。在史達林主義裏，科學只扮演著從後設論述中〔譯註：那就是人類社會一定會發展至社會主義及共產主義社會這種後設論斷〕，搜證或引證的角色而已。而"社會主義"則成了精神生活的同義詞。但從另一方面來說，馬克斯主義與我所指出的第二種方法相應合。馬克斯主義也能夠發展成一種批判性的知識形式，認為社會主義就是由自治主體所組成的，而科學存在的唯一理由是，要讓經驗主體（無產階級）從異化（alienation）與壓力中獲得解放。這就是法蘭克福（Frankfurt School）學派立場的大要。

2. 1932 年 5 月 27 日，德國海德格（Heidegger）就任 Freiburg-in-Breisgau 大學校長的那篇演講，算得上是合法化歷史中一段不幸

的插曲。⑩思考性科學已變成了對存有（being）的探索。在那篇文章裏，探索的是德意志民族的命運，稱之爲「歷史精神的民族」（historico-spiritual people）。針對此一主體（德國民族），人們應動員勞動、保衞與知識三種要素爲其服務。大學就是保證能產生這三種義務的後設知識（也就是科學）之機關。此地如同理想主義一樣，合法化是靠著號稱科學的後設論述來產生，也靠著本體論旗號來完成。但在此，後設論述應該是質疑探索，而不是把事情整體化完整化。後設論述的大本營──大學，其知識的來源是某一特定的民族，這個民族負有的「歷史任務」是藉工作、打仗與求知來實現上述後設論述。此種民族主體（people-subject）的號召並不是要解放人性，而是去實現其「眞實的精神世界」，也就是去實現「民族主體中所含有的大地力量及血脈力量」，並在其中找到最深奧的潛藏能力。這種把種族看法滲入精神之內，並將之當作一種使知識以及制度合法化的方法，實在是非常不幸的事。其理論上的矛盾，足夠讓人不得不在政治範疇裏，聽見那災難性的回音。〔譯註：此地是指責海德格的理論與希特勒的納粹暴行相互呼應的。〕

【註】

105. 上述教育政治的痕跡出現在法國學校的哲學課程裏，尤其是在中等教育的高中階段，哲學教育研究小組（GREPH）建議在中等教育之前期，就開始教授一些哲學思想。請參看《誰怕哲學？》*Qui a peur de la philosophie ?*（巴黎：Flammarion, 1977）的第二部分〈失去地位的哲學〉La Philosophie déclassée。這也好像是加拿大魁北克省的課程設計導向，尤其是哲學課程上〔參見《大學教育備忘錄》*Cahiers de l'enseignement collégial*（1975−76）中有關於哲學思想的部份〕。

106. 參見簡妮（H. Janne）〈大學與當代社會之需要〉"L'Université et les besoins de la société contemporaine"收入《國際大學聯盟備忘錄》*Cahiers de l'Association international des Universités* 10（1970）：5; 學教育研究委員會在其出版的《諮商報告書》中有大量的引用（Montréal, 1978）

107. 一套難解到近乎神祕的軍事術語出現在菲侯（Julio de Mesquita Filho）

的"Dirscorso de Paraninfo da primeiro turma de licenciados pela Faculdade de Filosofia", Ciêncas e Letras da Universidade de Saô Paulo (25, Jan. 1937)，這種術語被採取應用在研究現代巴西發展所遇到的問題之上，見拉巴侯 (Relatorio do Grupo de Rabalho)的《大學教育之改革》*Reforma Universitaria* (Brasilia：教育文化部 1968 年)。這些文件是研究巴西大學檔案卷宗的一部分，感謝聖保羅大學的查姆蘭及卡伐侯(Chamlian and Ramos de Carvalho)寄贈這些資料。

108. 吾人之所以能在法國讀到這些文件資料，要感謝 Miguel Abensour 及哲學學院所出版的:《大學的哲學：德國理想主義及大學的問題》*Philopophes de l'Université: L'Idéalisme allemand et la question de l'université*(Paris：Payot, 1979)，本選集收錄了謝林，費希特，史萊馬哈，漢保德及黑格爾(Schelling, Fichte, Schleiermacher, Humboldt, and Hegel)等人的文章。

109. "Über die innere und äussere Organisation der höheren wissenschaftlichen Anstalten 在柏林"(1810)，見《漢保德全集》*Wilhelm von Humboldt*, (Frankfurt, 1957)第 126 頁。

110. 同上，第 128 頁。

111. 史萊馬哈 Friedrich Schleiermacher, "Gelegentliche Gedanken über Universitäten in deutchen Sinn, nebst einem Anhang über eine neu zu errichtende"(1808)見史普林格 E. Spranger 編《*Fichte, Schleiermacher, Steffens über das Wesen der Universität*》(Leipzig, 1910)，第 126 頁以下。

112. 同註 110，第 128 頁："哲學思想的傳授一般已被認為是所有大學教學活動的基礎"。

113. 塗蘭在其《美國社會及學術體系》*Université et societé aux Etats-Unis*(Paris：Seuil, 1972)，pp.32−40〔英譯本(New York：McGraw—Hill, 1974)〕一書中，對此一移植現象所產生的矛盾衝突詳細的分析。

114. 甚至在奈斯比(Robert Nisbet)的《美國學術信條之衰敗》*The Degradation of the Academic Dogma：The University in America, 1945−70* (London：Heinemann, 1971)。奈氏是加州大學沙邊分校的教授。

115. 見黑格爾：《法哲學》*Philosphie des Rechts*, 1921〔T.M.Knox 英譯，(Oxford：Oxford University Press, 1967)〕

116. 見瑞柯(Paul Ricoeur)：《詮釋之衝突：詮釋學論文集》*Le Conflit des interprètations : Essais d'herméneutique*(Paris : Seuil, 1969)〔Don Ihde 英譯，(Evanston, Ill : North—Western University Press, 1974)〕；伽德瑪(Hans Georg(Gadamer)：《眞理與方法》(*Tübingen : Mohr, 1965*)〔G. Barden and John Cumming 英譯，(New York : Seabury Press, 1975)〕

117. 以下面兩句話例：⑴"月亮已經昇起"；⑵"月亮已經昇起這句話是一句定義性的話"，在第二句話中，"月亮已經昇起"是該句毗鄰軸上的一個單元，而內容則是第一句話本身。見瑞迪保夫(Josette Rey—Debove)：《後設語言》*Le Métalangage*(Paris : Le Robert, 1978)，pt.4.

118. 其原則是屬於康德式的，至少是在超越倫理學上。見《實用理性批判》*Critique of Practical Reason.* 康德在討論政治及經驗倫理學時，十分謹愼小心：因爲無人能夠完全把自己與超越性規範主體認同(the transcendental normative subject)，在理論上，更準確的說就是與現有的權威妥協。例如他寫的"回答下面這個問題：何謂啓蒙？"(Antwort an der Frage : "Was ist"Aufklärung"?"(1784)〔L.W.Beck 英譯：《實用理性批判及道德哲學散論》(Chicago : Chicago University Press, 1949)〕。

119. 見康德"回答"一文；又見哈伯瑪斯：《公衆興論結構的轉變》(Frankfurt : Luchterhand, 1962)。此處所謂的「公衆」，或「宣傳」(Publicity)是指「從事公開或私下的通訊，或公開辯論」。在 1960 年代末期，所謂公衆（或宣傳）原則，被許多科學研究團體奉爲圭臬：例如法國的「餘生社」(Survivre)，美國的「科學家工程師政社行動組織」(Scientists and Engineers for Social and Political Action)及英國的「英國科學社會責任常會」(British Society for Social Responsibility in Science)。

120. 此文有葛蘭矗(G.Granel)的法譯，見「Phi」，附錄於《圖魯大學年鑑》(Toulouse : January 1977)。

第10章

"解"合法化
(Delegitimation)

在後工業社會及後現代文化中，[12]知識合法化問題的程式，是以不同條件的說法所組成的。正統敍事說法（grand narrative）已經不再有效，無論其說法採用何種統合模式，也不管其說法是屬於純思考理論性的（speculative）敍事，還是屬於解放獨立性（emancipation）的敍事。

有人認為敍事說法的式微，可看做是二次大戰以來，技術和科技蓬勃發展的結果，使得原先強調行為結果的理論，轉變成對行為過程的強調。同時，這種式微，亦可看成是 1930～1960 年間，高度發展的自由資本主義（advanced liberal capitalism）偃旗息鼓之後，在凱因斯主義（Keynesianism）的救援政策下，又重新蓬勃發展所產生的結果。這種資本主義東山再起的局面，掃清了共產主義二選一式的說法：同時也鼓勵了個人去追求各種物質及服務上的享受。〔譯註：凱因斯 John M. Keynes（1883～1964）英國經濟學家，在 1930 年代經濟大恐慌時，出版《貨幣，利率及就業率通論》（*The General Theory of Employment, Interest and Money* 1935-1936），提出反傳統的新經濟理論，認為在不景氣時，政府應該利用貨幣政策及國家財政，增加私人或公共投資，改善經濟及就業環境。使得二次大戰後的歐美各國紛紛採納，成為《國富論》及《人口論》之後，最具影響力的經濟理論，為戰後經濟帶來了空前的繁榮。〕

不過，無論何時，如果我們以這種方式來探討正統說法式微的原

因，必會大失所望。即使我們在上述各種假設中選擇一種或兩種，我們還是要對上述新趨勢，對純思考與解放獨立這兩種正統敍事論述，在合法化與統合化上的式微，加以詳細剖析，並檢討新趨勢與舊傾向之間的關係。

當然，資本主義的復興，市場欣欣向榮和令人目眩的科技發展，對知識的地位造成了很大的衝擊，這是再明顯不過的了。但是，要瞭解當代科學爲何如此易受影響，我們必須在這些衝擊造成的影響尚未暴露之前，先從十九世紀正統敍事說法內所早已孕涵的"解"合法化（delegitimation）[122]和虛無主義（nihilism）的種子裏，去找尋答案。〔譯註：de 在此是"消解"的意思，用法與解構學 deconstruction 相類似。〕

首先，純理論純思辯的結構體系（speculative apparatus）與知識之間，一直保持著一種含糊不清的關係。其體系顯示知識之所以爲知識，乃是因爲知識能在第二層的說法（second-level discourse）也就是「自稱」或「本名」（autonomy）的狀況中，藉著自己引用自己的方法，來複製自己。〔也就是，"自己把自己舉了起來"，"自我提昇"（hebt sich auf）。〕以上述的手段，知識達到了自我合法化的目標。這也等於是說，知識的第一層作用，也就是下定義，或對特定對象物提供定義性說法，（如：活的有機體，一種化學的特性，物理現象……等等）這種知識，其實並沒有眞正瞭解它自以爲已經瞭解的。實證科學（positive science），實在算不上是一種知識。至於純思辯純理論的知識，也只有在自我抑制的特定範圍及情況下，才能存在。所以，就如黑格爾自己所承認的，[122]在他自己純理論的敍事學說裏，一直含有對實證科學的懷疑思想。

一門尚未證明其合法性的科學，稱不上是眞正的科學。如果有一種有意製造合法化的說法，其知識形式是屬於科學前期（prescientific）的，其地位將被歸到一種"粗糙"（vulgar）的敍事說法之中，被降至最低層次，最後變成了權勢所利用的意識型態或工具。只要我們把上述科學競賽規則，（也就是那些被抨擊爲源自個別經驗的說法），應

用到科學本身，則這種敍事說法降級的事情，是隨時會發生的。

以下面這個純理論的陳述為例：「一條科學陳述，一定要在一種
具有普徧性意義的產生過程之中成立，始可稱之為知識。」而問題在
於：此陳述之所以成其為知識，是否符合了它自己對知識所下的定
義？也就是，一定要在一種具有普徧性意義的產生過程之中成立，才
算數。而要達到這一點，是沒有什麼問題的。它所需要做的只不過是
先假設這樣的過程確實存在，（也就是精神生命的存在），而且其本身
就是此一過程的一種表現。事實上，做這樣的假設，少不了要用到思
辯性的語言競賽規則。至少，如果我們真的相信理想主義式說法，少
了上述這種思辯性語言競賽規則，用來判定合法性的語言，就不再合
法了，而這種思辯性的語言與科學語言，也都將變成無意義的東西。

但是，也可從另一種導引我們朝後現代文化方向前進的特別角
度，來看這個假設。在保有先前觀點的同時，我們可以說，此假設界
定了思考性競賽進行時，所必須遵守的一套規則。[124]這樣的評估假定
了下面兩點：第一、我們接受「實證科學」代表了知識的普徧模式：
第二、我們知道其語言中，已蘊涵某些形式上和原則性的假設。這些
假設必須用最明確的方式說得一清二楚。尼采所做的，正是如此，只
不過他所用的術語不同罷了。尼采認為，歐洲的虛無主義乃起因於，
科學不斷的努力追求真理，到最後卻倒過頭來，否定了科學自己。[125]

至少在此地，會使我們想到，與語言競賽觀念相去不遠的透視構
想(the idea of perspective)。放在我們眼前的是，以追求合法化為原
動力，去從事"解"合法化活動。從十九世紀末葉以來，科學知識危機
的徵兆，便一直不斷的增加。科學知識的危機，是科學迅速發展所產
生的一種必然現象，也是科技進步和資本主義擴張的結果。這種危
機，進一步造成了知識合法化原則的內在腐蝕。在思辯性語言競賽之
中，也不斷的出現這種腐蝕現象。百科全書式的學術網路，也開始分
化，不再相互連貫。本來各類學科在那面網路之上，各佔有特定的位
置，相互牽連；現在因為腐蝕分化的出現，終將解放一切科學。

　　因此，傳統上，在不同領域學科之間，所劃定的界限，便值得重新商榷了。各種不同的學術規範之間，不再有界限；各種不同學科的領域，交叉重疊。從此，新的疆界應運而生。思辯性學術的層次體系，被一種固有的、好像是平面網路(flat)的探索方向所取代，而與其相關的各種未知領域也不斷興起。傳統體制原有的機能(old facul-ties)破碎分散到各種機構及基金會裏，而大學也就失去其製造思辯合法化的功能。大學的研究責任被剝奪了(研究工作被思辯性的敍事論述所扼殺)。大學只限於傳授一些被肯定了的正統知識；並且以訓誨式的教學法，保證了教師的複製，而非研究人員的培育。這就是尼采所發現的，並加以嚴厲譴責的狀況。⑫⑧

　　對於其他合法化過程內部所隱含的腐蝕可能性來說，啓蒙時代(Aufklärung)發展出來的自我獨立解放體系制度中，所產生的腐蝕可能性，與思辯性說法之內，所產生的腐蝕可能性，二者之間的情況，是不相上下的。但此一問題觸及了問題的另一面，其特徵是把科學和眞理的合法性，根植於與倫理、社會、政治慣例有關的對話參與者的自主自治之上。正如我們所見，這種型式的合法化馬上會引導出許多問題：含有認知價值的定義性陳述，與含有實用價值的命令性陳述之間的差異，是一個比較上，或相對上的差異，也是一種競爭能力的差異。「要是描述眞實情況的陳述是眞的，那麼根據這個陳述而來的處方式、規範式的陳述也該是公正的」。不過像上面這樣的說法，實在是無法證明，沒有根據的。〔因爲上述陳述的結果一定是一種將現實(reality)修正後的產物。〕

　　以一扇關著的門爲例。在「這扇門是關著的」與「打開這扇門」之間，並不存在命題邏輯(propositional logic)所說的因果關係。這兩句陳述，分別屬於兩套不同的自治或自律規則，界定各種不同的關係，同時也界定不同的競爭能力。在此，把理性(reason)劃分爲認知或理論的理性，以及實踐的理性之後，便會產生危害科學合法化說法的效果。不是直接的，而是間接的去顯示科學只不過是一種有自己規

則的語言遊戲。(關於這點，康德是最先對知識的先驗情況做探討的哲學家)。在科學語言競賽中，並沒有特殊的管道來監督慣例競賽之運作。(在這一點上，倫理語言競賽裏，也有同樣的問題。)如此一來，科學語言競賽，便和其他競賽沒有什麼兩樣了。

如果我們對"解"合法化追根究底，並擴大其範圍。〔如維根斯坦(Wittgenstein)與其他思想家，如布伯(Martin Buber)及雷維那斯(Emmanuel Lévinas)各以他們自己方式所做的〕[127]，那便開啓了通往後現代重要潮流的大道了：科學只能玩著自己的語言競賽。我們不能用科學來判定其他語言競賽的合法性，如處方命令式的語言競賽(game of prescription)，便無法用科學來判定。總而言之，科學無法如思辯性的語言所假想的那樣，科學無法自己使自己合法化。

社會主體似乎在語言競賽的散播下，面臨瓦解的命運。社會規範原是屬於語言學的，然而其規範並非由單一的條理所組成。社會規範是靠著至少遵守二種(其實仍是未定數)不同規則語言競賽交叉製成的一塊布匹。維根斯坦這樣寫著：「我們可視語言爲一座古城；其中有著錯綜複雜的街道及廣場，新舊房舍雜陳；不同時期新建或加蓋的房屋，零亂的四處林立；這些房子又被新市鎮中，規劃筆直的街道，以及規律統一的房舍所圍繞。」[128]說得徹底一點，聯合統一性(unitotality)的原則──或是在知識後設學說的權威之下，所形成的綜合原則──是派不上用場的，維氏以古老的詭辯法，來探討語言"城鎮"(town of language)：「要多少的房屋及道路，城鎮才能算得上是城鎮？」[129]

新生的語言加入了原有語言的行列，形成了這個古老城鎮的市郊，如「化學的符號及微積分的記號」。[130]三十五年後，我們可能在上述語言表格裏加上：機器語言，競賽理論的矩陣(the matrices of game theory)，一套新的音樂記號系統，非定義性邏輯形式的記號系統(如時間邏輯、外延邏輯、程式邏輯)，遺傳學基因碼的語言、語韻結構的圖表……等等。

　　或許我們會對這種支離破碎的現象感到悲觀：無人能精通上述全
部的語言，而且這些語言沒有一個普通性的可供溝通的後設語言
(metalanguage)。所謂系統主題(system-subject)的規劃是行不通
的。獨立解放的目標也與科學無關，所有的人都陷溺在各種實證主義
的學術規範之中，而無法自拔。博學的學者搖身一變成為科學家；而
在範圍及功能上，原本已萎縮的研究工作，因分工的關係而變得精細
無比，以致於沒有人能夠了解全部的情形。[131]思考性或是人文性的哲
學被迫放棄了對合法化的責任。[132]此種情形正好解釋為什麼當哲學要
繼續"獨攬"(arrogating)此項功能時，便顯得處處窒礙難行，危機四
出。哲學萎縮成邏輯系統的研究或是觀念史的工作，在這幾個小範圍
裏，哲學處理問題的能力，是非常實際而有效的。[133]

　　本世紀初，維也納也籠罩在悲觀主義的愁雲慘霧中：不只是木澀
(Musil)、克勞斯(Kraus)、霍夫曼叟(Hofmannsthal)、魯斯(Lo-
os)、荀白克(Schönberg)、布洛克(Broch)，這樣的藝術家如此，就
連馬克(Mach)和維根斯坦這樣的哲學家也一樣。[134]他們當時已覺悟
到，並且也盡其所能想要負起理論上和藝術上的"解"合法化責任。到
了今天，我們可以說，大家已經渡過了悲悼的時段，無需重頭再來一
次。維根斯坦的長處，在於他沒有對維也納學圈(Vienna Circle)[135]發
展出的實證哲學趣之若鶩。反而在他對語言競賽規則的考察研究中，
歸結出一套合法化的綱要，不再依靠實際運作效能來達成合法化了。
這也就是後現代世界的一切了。大部分的人對消逝了的敘事說法已不
再有難捨難分的念舊情懷。可是他們也決不會從此淪入野蠻的境地。
他們之所以能避免墮落，是因為他們擁有知識，唯有從他們自己語言
的運用及相互溝通上，合法化才能出現。對其他信念嗤之以鼻的科
學，已經讓他們領受到那種「寫實主義」式無情而又嚴肅的教訓了。
[136][譯註：以前大家都太過相信科學，並以科學的觀念去排斥其他各種不合科學
語言規則的信念。現在大家認識到盲目迷信科學的可怕後果，從而開始接受科學
規範以外的說法。這對科學至上者而言，是一個不得不面對的事實，也是一個很

深刻的教訓。在十九世紀及二十世紀初期，大家都認為「寫實主義」是科學的反映現實。而現在大家都醒悟到，所謂的「寫實主義」，只是一種窄狹意識型態的反映罷了，充其量也不過是現實的一面而已。〕

【註】

121. 見(註一)哈山：《文化，不確定性，普遍內存性：(後現代)時代之邊緣》一書中，將後現代主義對科學某些看法列了一份清單，見《社會人文學》第一冊，1978 年，頁 51–85。

122. 穆勒(Claus Mueller)在《傳播政治學》*The Politics of Communication*一書中(紐約：牛津大學出版，1973)164 頁用了"解合法化過程"一詞。

123. 黑格爾在《精神現象學》*Phenomenology of Spirit* 的前言中，以"疑惑之路……失望之路……懷疑論"來描述純思考性思想對自然知識的影響。

124. 為不妨礙文氣之流暢，我將這些規則留待下章討論(見"以純思辨性說法做為語言競賽策略的分析"，《牛津文學評論》第四期，1981 年三月號，59～60 頁)。

125. 尼采，"歐洲虛無主義"(Der europäische Nihilismus)(MS. N Ⅶ 3)；(der Nihilism, ein normaler Zustand)(MS. W Ⅱ 1)；(Kritik der Nihilism)(Ms. W Ⅶ 3)；(Zum Plane)(MS. W Ⅱ 1)，見《尼采批評全集》(*Nietzshes Werke kritische Gesamtausgabe*，第七冊，一版與二版(1887-89)(柏林：De Gruyter,1970)在瑞吉克(K. Ryjik)所著的《尼采，海德手稿》*Le manuscrit de Lenzer Heide* 一書中，對上述文章有所評論。〔原稿在巴黎第八大學(Vincennes)哲學系〕

126. "論教育制度的未來"，見《全集》第三冊(註㉟)

127. 布伯(Martin Buber)：《我與你》，*Ich und Du*(柏林：Schocken Verlag,1922)〔英譯，史密斯(Ronald G. Smith)；《I and Thou》(紐約：Charles Scribner's Sons,1937)〕與 Dialogisches Leben(Zürich：Müller,1947)；雷維那斯(Emmanuel Lévinas)：《整體與無限》*Totalité et Infinité*(La Haye：尼吉哈弗 Nijhoff, 1961)英譯，令吉斯(Alphonso Lingis)，Totality and Infinity：《論外在形式》(匹茲堡：杜魁森大學出版，1969)，以及"布伯與知識理論"，(Martin Buber und die Erkenntnis theorie)(1958)見 Philosophen des 20. Jahrhunderts(Stuttgart：Kohlhammer,1963)〔法譯："Martin Buber et la théorie de la

connaissance"見 Noms Propres(Montpellier : Fata Morgana,1976)〕

128. 《哲學研究》第 18 段，第 8 頁。

129. 同上。

130. 同上。

131. 參考"泰勒式的研究"(La taylorisation de la recherche)：《科學的自動批判》(註㉖)93−291 頁。尤其是著有《小科學，大科學》(紐約：哥倫比亞大學出版，1963)的普來斯(D. J. de Solla Price)強調(以發表的觀點而論)少數高評價的多產研究者與衆多低產量的研究者之間的距離，越來越大。後者成長的數量是前者的平方，因此高產量的研究者，在實際上，只能每二十年增加一倍。普來斯結論道，把科學做爲一個社會實體來看，是"不民主的"(p.59)因此，傑出科學家要超越平凡科學家約一百年之久(p.56)。

132. 見德桑弟(J. T. Desanti)，"論對科學與哲學的傳統報告"，見《沈默的哲學，評科學的哲學》(巴黎：Seuil,1975)。

133. 把屬於人文科學之一的學院哲學再加以分類，從人文觀點來看，是從事充滿重大意義的，此事已超越了只做專業化考慮的範圍。我不認爲從事合法化的哲學，會宣告消失。但在沒有調整修改哲學與大學制度關係之前，哲學將暫時不能從事合法化的工作，也無法推動此一工作。此事，可從《綜合科技專科院校哲學教學草案》〔打字稿見巴黎第八大學(Vincennes)哲學系，1979〕的導言中看出端倪。

134. 佳尼克與陶明(Allan Janik & Stephan Toulmin)合著：《維根斯坦的維也納》 *Wittgenstein's Vienna*(紐約：Simon & Schuster,1973)以及派爾(J. Piel)編《維也納開創了一個新世紀》 *Vienne début d'un siècle*，《評論》，339−40(1975)。

135. 見哈伯馬斯："Dogmatismus, Vernunft und Entscheidung−Zu Theorie und Praxis in der verwissenschaftlichen Zivilisation" (1963)，亦見《理論與實踐》 *Theorie ung Praxis* 〔維何特(John Viertel)英譯， *Theory and practice* ，德文第四版摘要，(波士頓：Beacon Press,1971)〕。

136. 穆爾賽《沒有品質的人》第一冊，第七十二章："科學嗤之以鼻"。鮑維瑞斯(J. Bouveresse)在"問題重重的主題"(註㊵)一文中，引用此語並討論之。

第11章

研究及其通過運作效能
所達成之合法化
**(Research and Its Legitimation
Through Performativity)**

　　讓我們回到科學這個主題，並開始檢討研究工作的語用學。研究語用學的主要機制（mechanisms）目前正面臨到兩個重要的改變：一是論點方法的多元化，二是在求證過程中漸昇漸高的複雜層次。

　　在眾多學者中，亞里斯多德、笛卡兒及米爾（John Stuart Mill），都曾試著去制定一些法則，以期能夠控制定義性語句，使其能得到聆聽者的贊同。[137]對上述這些方法，科學研究並不重視。如上所述，科學研究可以而且真正使用了具有實驗性質的方法論，而這種性質似乎是對古典理性的一種挑戰。巴序拉（Bachelard）曾把這些方法論整理編表，但目前看來，已顯得很不完整了。[138]

　　然而，上述各種語言並不是偶然被使用的，其運用之道，仍受制於所謂語用學的條件下：那就是每一種語言必須明確地建立自己的法則，並期望聆聽者能夠接受。為了滿足這個條件，必須先定義一個公理（axiomatic），其中應包含預定要使用的語言裏的符號及其定義。我們對此一語言體系中的形式表達術語，必須詳加描述，以便聆聽者能夠接受（接受組合結構完善的表達術語）。同時，在此一語言體系裏，人們會如何去運用這些被接受的形式表達術語，必須加以逐條列舉，並說明其運作方式。這些被大家所接受的形式表達術語，也就是

狹義的公理。[139]

　　但是我們如何知道一種公理應該（或實際上）包含些什麼？以上所列的條件是正規條件。我們必須要有一種後設語言，去認定某一種特定語言是否能滿足一個公理的正規條件：而這種後設語言就是邏輯。

　　說到這裏，做一點簡略的澄清是必要的。一個人先建立一種公理，再用這個公理來產生所謂的可接受的論述。一個科學家，先建立事實並陳述事實，然後再試著去發現，他所使用的語言中所含有的公理，這種形式上的二選一，算不上是邏輯的選擇，充其量只不過是一種經驗性的選擇罷了。當然，這種選擇對研究者是十分重要的，對哲學家也是。然而，由這兩種方式所得到的論述，其有效性卻是相同的。[140]

　　下面的這個問題與合法化的關係就更密切了：那就是邏輯學家，在定義一種公理中所必定含有的特質時，所根據的標準是什麼？科學語言是否有一種模式？如果有，是否只有一種？是否可信？通常，一個正式語言系統的句法結構，一定要有下列數種特質，其一就是穩定不變。[141]（例如：一個語言系統，遇到否定狀況便不再穩定時，那它可能同時認可接受一項定理及此一定理的相反）；其二是，句子結構的完整，（假如在一個公理之外，再加上一個公理的話，此系統可能就會失去其穩定一致性了）；其三是，有決定力的（必須以一個有效的程式，來決定某一特定公理是否應該屬於此一語言系統）；其四是，公理與公理之間各自擁有相當的獨立性。現在高德爾（Gödel）已經有效地在算術系統中，建立一個既不能證明，也不能反駁的定理，這使得算術系統無法滿足上述完整性的條件。[142]

　　既然上述情形是可以類推的，那麼我們必須認識到，所有正式系統必定有其內在的限制。[143]這一點也可適用於邏輯上：我們以邏輯後設語言，去描述一種人工的（公理式的）語言，也就是我們一般常見的「自然」或「日常」語言：這種語言是普遍的，因為所有其他語言都可翻譯成這種語言。但如將之用在否定語法上，則其結果就不能穩定一

致——因爲這種後設語言，允許似是而非的情況存在。[144]

討論至此，我們不得不對知識合法化這個問題，再重新探討一遍。當一個定義性論述宣告屬實，其間必有一個預設（presupposition），那便是在一個公理系統中，這些都已規劃設計好了，此一論述已被確認爲有決斷力的，可以被證明的。對此一論述，參與對話的人都已瞭然於胸。而且都同意，在形式上，此論述是儘可能的使人滿意而接受。這就是「布巴基派」（Bourbaki group）數學所發展出來的精神。[145]但類似的觀察與看法，也可適用於其他科學：這些科學家目前的地位，是靠他們所使用語言的存在而決定的。他們使用的語言之運作規則，無法自己證明自己，所以必須要靠科學專家們的同意及共識才行。這些規則，至少是其中某一部分規則，就等於是一些要求，要求形成一套政策命令的程式。

一項爲人所接受的科學論述，需要有一個論點，此一論點如要能被接受，則必須先要能符合一套公認的評估規則，也就是一套驗定認可觀念論點的方法。而這套方法，事實上又常依照循環原則而不斷更新。由此導致了兩項值得注意的科學知識特質：其一是科學知識在方法上的彈性，也就是科學語言的多元性；其二是科學講求語用效益的特質——對新的"步法策略"（moves）（新定理）接受的彈性相當大，而新"步法"的形成，是視科學研究成員間的公意及默契而定的。另一項結果是，在知識中造成了兩種不同的"進展"（progress）：其一相當於在已建立的規則中，推出一種新的"步法"（也就是新論點）；其二是相當於發明一整套全新的規則。換句話說，就是另創一套全新的語言競賽。[146]

明顯地，伴隨著這一套新辦法新協定而來的是，對理性觀念的重要轉變。放諸四海皆準的，普遍性或通則性的後設語言，原則上已被一種多元化程式、公理系統的原則所取代。此一多元化系統，原則上，有能力辯證討論定義性論述的眞僞；此一系統可由一種具有普遍性，但又非呆板而一成不變的後設語言來描述。在過去那些曾被視爲

反論或似非而是論（paradox），甚至謬辯或誤謬推理（paralogism）的，在古典的和現代的知識領域裏，在這些領域裏的某些特定系統中，可以獲得新的信念及說服力量，並在專家圈子之中獲得接受認可。[147]此處我所使用的語言策略競賽，可在這樣的當代思潮中，求得一席小小的位置。

　　另一個重要的研究層面，就是證據的產生，這把我們的討論，引至一個相當不同的方向。找出證據，是一項新論述之所以能得到接受的辯證過程中，最重要的部份（例如在一樁案子中，以法律術語提出證言或出示證據）。[148]但在找證據的時候，也突顯出來一個特別的問題：就在這個節骨眼上，所謂的"現實"（或"實在界"）（reality），正是科學家們所特別提出來的指涉物，他們不斷引用並辯論"現實"是什麼？

　　我上面已經說過，找證據的問題十分複雜，因為證據本身都需要被再證明。一個人可以公開細述他如何獲得證據，這樣一來，其他科學家才可以重覆相同的過程來驗證。但真相仍需要經過觀察，方能得到證明。科學觀察的組成要件為何？真相可由眼、耳或任何一個感覺器官來確定嗎？[149]感官是不可信的，而且其分辨力的範圍及能力也是有限的。

　　就在這個關節上，科技一腳插了進來。科技裝置，源自於一種對人體器官或生理系統的輔助構想，其作用在接收資料或適時的整合資料的上下文。[150]科技裝置遵循著一項原則，那就是展現最佳運作的原則：把得到的資料或修正過的資料，做最大的輸出，最小的輸入（例如希望在運作過程中耗費最小的能量）。[151]因此科技並非一種與真善、正義與美有關的語言競賽。科技的重點在效率：當一項科技"步法"能使事情做得更好，能量耗費的更少，那麼這就是一個"好的"（good）步法。

　　上述這種對科技競爭能力的定義，是晚近才發展出來的。在過去好長一段時間內，科技發明斷斷續續而來，不論是偶然研究的成果或

是因爲强調工藝技術(technic)而獲得效果，都與知識本身沒有什麼關係：例如，在古典主義時期，希臘人並沒有在知識與科技之間，建立密切的關係。[152]在十六、七世紀時，「觀察家」(perspectors)的工作，仍只是在滿足一種好奇心或工藝技術上的革新。[153]直到十八世紀末，情形依舊如此。[154]即使到今天，科技發明的「莽撞」(wildcat)活動，有時仍與"隨機拼湊"(bricolage)有關，依然無法走入科學辯證要求的範圍之內。[155]

儘管如此，隨著科學語用學取代了傳統知識或是取代以天啓(revelation)爲準的知識之後，求證的需要，便顯得更加强烈了。在《方法論》(*Discourse on Method*)一書即將完成時，笛卡兒便已在籌募實驗基金了。一個新的問題也隨之出現：爲了提出證據，人們在實驗中採用的優良技術(比人體器官還好的儀器)是需要額外花費的。沒有錢就提不出證據——這也就意味著，沒有經過證實的論述，是無法產生眞理的。科學語言的競賽規則，成了有錢人的規則，最有錢的，掌握權利的機會就愈大。因此，一種財富、效率和眞理之間的等式，也就隨之建立了起來。

在十八世紀末期，隨著第一次工業革命的來到，這個等式中的互等性質被發現了：沒有財富就沒有技術，但沒有技術也一樣沒有財富。技術裝置需要投資，但由於使用技術裝置，就會增加工作效率，改善生產，剩餘價值也就增加了。現在必須將這些剩餘價值具體化；換句話說，必須把這些產品銷售掉。這一套運作體系，能用以下的方式來證明：賣出所得的一部份錢，用來作爲改善生產運作的研究基金。就在此時，科學才成爲生產的動力；換言之，這也是一個資金流通的時代。

促使並造成生產運作改善的科技及其產品買賣的原動力，與其說是從追求知識而來，毋寧說是從追求財富而來。這種介於科技和利潤之間的"有機關係"，是用科學做爲結合的媒人。惟有對一種普遍化的生產運作精神加以多層考慮之後，科技才能變成當代知識的重要一

環。即使是在今天，知識的進展仍並非完全受制於科技投資。[156]

　　資本主義用自己的方法，解決了科學研究基金的問題：其一，是直接資助私營公司中的研究部門，首先，要求公司做生產運作及商業化導向的研究，以應用技術爲優先考慮；其二，是間接藉著設置私營、國營或公私合營的研究基金，並將研究計劃交由大學所屬的系所、研究實驗室和獨立的研究團體，但不求其研究工作能得到立即的回饋。上述作法，是根據於一種理論：那就是研究必須有一段時間的無效投資，以增加研究結果之決定性與準確性。研究結果的正確性愈高，高利潤及創新的可能性就愈大。[157]尤其在凱因斯(Keynesian)時代，各民族國家都遵循此一法則：一方面從事應用科學的研究，同時也不放棄基礎科學的研究，透過一系列的中介機構與商會制度，大家共同努力合作。[158]社會上一般工作的安排及組織規範也推展到應用科學的實驗室裏：如階層化、統一領導、小組工作、個別與總體收益的計算，銷售可能性的發展計劃、市場調查等等。[159]致力於純粹研究的研究中心，較沒有這些壓力，但也因此爭取不到許多基金。

　　提出證據，原則上只是辯證過程中的一部份，用以贏得科學資訊聆聽者的認可與接受，因此會受到另一種語言競賽規則的控制，其目標不再是追求眞理，而只是追求一種生產表現，也就是最佳輸入／輸出的等式。國家與公司都必須揚棄理想主義者及人道主義者那種合法化的敍事論述，以便爲新的目標自圓其說。照今天支援研究財源人士的說法，他們所堅信的惟一目標，就是力量。他們收買科學家、技術師和工具裝置，用來爭取增加力量而非尋求眞理。

　　現在問題是要決定，關於力量的說法之中，究竟包含了些什麼，以及它是否能加以合法化？首先，從傳統來看，對強權及權利、強權及智慧的區分，也就是對什麼是強大，什麼是正義，及什麼是眞理的區分。依傳統的看法，權力說法的合法化是不容易達成的。

　　當我在區分定義指示性的競賽策略(此與眞／僞區別有關)，政令處方式的競賽策略(此與正義／邪惡有關)，以及科技的競賽策略(在

此以效率爲主要考慮)時，我就先提過，就各種語言競賽策略的理論
而言，三者之間是不可相互比較的。而"力量"則顯得只屬於上述最後
一項——科技項目。這也就是說，科技競賽策略最有力量。在此，我
排除用恐怖手段來達成的力量。恐怖手段完全是超越於語言競賽策略
之外的，因爲這種力量的功效，完全依靠以威脅消滅敵手（opposing
player）爲出發點，而不在於採取哪一種比敵手更好的"步法"。"你給
我說這個或做那個，否則就別再想說"〔譯註：否則就要你的命〕，效率（
也就是達到想要的效果），總是從像上面這樣的話中產生的；我們聽
了這樣的話後，便處於恐懼之中，社會規範也因此而瓦解。事情依舊
是這樣的，工作表現會增加提出證據的能力，也增加了認定自己是對
的、正確的能力：在科學知識當中，大規模引進科技的評判準則，必
定會影響到評判眞理的準則。同理，這也影響了正義與生產表現的關
係：一道命令的發佈，很可能只是爲了增加此一命令被完成的機會，
同時回過頭來，也增進了發令人的執行能力。這使魯曼（Luhmann）
假設，在後工業社會中，法律規範已被程序的執行所取代了。[160]換句
話說，"事件之環境控制"（context control）意即以參與者（合夥人），
或是以構成事件環境的參與者們（不管是"自然"或人）爲代價，而贏
得的生產能力改善之實際上的（Deofacto）合法化。這種"事件之環境
控制"，也可被視爲是一種合法化。[161]

　　上述程序在下面這個模式範圍內運作：既然"實在界"（reality）只
是提供例子，爲科學爭辯提供證據，同時也在倫理及政治等性質的問
題上，提供處方命令或許諾保證，並產生結果。因此，我們就可以藉
控制"實在界"，來主宰所有的語言競賽。這正是科技所能做的。藉著
加強科技能力，人們"強化"了實在界（reality）。同時，人們擁有正義
與正確的機會也與之俱增。反之，假如人們能夠有管道取得科學知
識，獲得決策權力，那麼科技能力也將以更有效率的方法不斷增強。

　　這就是合法化如何通過力量而成型的過程。力量不僅是好的生產
表現，並且也是有效的證明和正確的裁決。以科技及法律的效率爲依

據，力量可以將科技及法律合法化：這也就是說，力量以科學和法律為依據，將這種效率合法化。力量是自我合法化，一個以發揮最大生產表現爲中心的體系，似乎也能夠如此這般的自我合法化。[162]如今明顯的，整個社會在電腦普遍化後，所面對不是別的，就是這種事件環境之控制。一句話的產生，不管是定義指稱性的或是處方規範性的，都會隨著人們可以自己任意支配的參考資訊，成正比增加。因此，力量的茁壯及其自我合法化，正走上一條資料的儲存、開放及運用的路。

　　科學和科技之間的關係被顛倒了。論點及辯證的複雜性在此變得切要了，尤其是在取得證據時，如果新的論點得到證明，那就可以增加運作效能。研究基金的分配是依照國家、一般公司及國營公司等在力量成長的邏輯下，來安排的。研究部門如果無法證明他們對系統運作效能的完善化，具有直接或間接的貢獻，那他們將被資金的流通所淘汰，不但分配不到基金，反而註定會被判爲陳腐無用了〔譯註：無法證明自己的研究機構會產生有用的結果，甚至是間接有用的結果，那就無法得到資金的補助，註定要關門大吉〕。而評估生產表現的準則，是依照權威單位含蓄不露的啓示所制定的。運用這些準則，權威單位可以據以解釋爲何拒絕給予某些研究中心補助。[163]

【註】

137. 參見亞里斯多德：《分析論》*Analytics*（Ca. 330 B. C.），廸卡兒的 *Regulae ad directionem ingenii*（1641）及《哲學的原則》*Principes de la philosophie* 中（1644）米爾（John Stuart Mill）：《邏輯系統》*System of Logic*（1843）。

138. 參閱巴序拉（Gaston Bachelard）：《應用理性主義》*Le Rationalisme appliqué*（巴黎：法國大學出版社，1949）；塞瑞斯（Michel Serres）"感化改造與七大罪"*La Réforme et les sept péchés* 見 L'Arc 四二期〔巴赫拉專號〕（1970）

139. 希爾伯特（David Hilbert）：《幾何學的基礎》*Grundlagen der Geometrie*

(1899)〔恩歌(Leo Unger)英譯 *Foundations of Geometry*(La Salle：Open Court，1971)〕布巴基(Nicolas Bourbaki)"數學建築"(L'architecture des mathématiques)，見李歐奈(Le Lionnais)編：《數學思考大潮流》*Les Grands Courants de la pensée mathématique*(巴黎：Hermann, 1948)；布朗些(Robert Blanché)：《公理學》*L'Axiomatique*(巴黎：法國大學出版社，1955)〔英譯：基恩(G. B. Keene)，*Axiomatics*(紐約：Free Press of Glencoe,1962)〕

140. 參閱布朗些：《公理學》，第五章。

141. 此處可參閱馬亭(Robert Martin)：《當代邏輯與形式化》*Logique contemporaine et formalisation*(巴黎：法國大學出版社，1964)，pp.33～44 and 122ff.

142. 高德爾(Kurt Gödel)，"數學原則的形式上不確定命題"(Über formal unentscheidbare Sätze der Principia Mathematica und verwandter Systeme)Monatshefte für Mathematik und Physik 38(1931)〔拜耳茲(B. Bletzer)英譯，*On Formally Undecidable Propositions of Principia Mathematica and Related Systems*(紐約：Basic Books，1962)〕

143. 拉德瑞耳(Jean Ladrière)：《形式主義的內在限制》*Les Limitations internes des formalismes*(Louvain：E. Nauwelaerts,1957)。

144. 塔斯基〔Alfred Tarski)：《邏輯，語意學，後設數學》*Logic, Semantics, Metamathematics*〔英譯：梧哲(J. H. Woodger)(牛津：Clarendon Press,1956)德斯苛，昆奇娃德斯苛合著(J. P. Desclés and Z. Guentcheva-Desclès)"後設語言學"(Métalangue, métalangage, métalinguistique)見《工作檔案》*Documents de travail*60～61(Università di Urbino, January-February 1977)。

145. 《數學原理》*Les Eléments des mathématiques*(巴黎：Hermann,1940)本書這方面理論是最早開始的一本。後人發現，該書是最早嘗試證明歐幾里得幾何學中某些"假定"的著作。參見布希維格(Léon Brunschvicg)：《數理哲學的里程碑》*Les Etapes de la philopophie mathématique*, 3d ed.(巴黎：法國大學出版社，1947)

146. 孔恩(Thomas Kuhn)：《科學革命的結構》(註94)。

147. 關於邏輯數學矛盾論的分類，見蘭姆賽(F. P. Ramsey)《數學基礎及其他邏輯短論》*The Foundations of Mathematics and Other Logical*

Essays(紐約：Harcourt & Brace,1931)。

148. 參閱亞里斯多德：《修辭學》*Rhetoric* 2. 1393a ff.

149. 問題與求證有關，同時也與歷史材料有關：事實之爲人所知，是由於親眼"目睹"還是"道聽塗說"呢？希羅多德(Herodotus)對此二者詳加區別。見哈托(F. Hartog)在"希羅多德：狂想家與測量員"(Herodote rapsode et arpenteur)一文中的討論，見《希羅多德》卷九 *Hérodote 9* (1977)：55～65。

150. 蓋蘭(A. Gehlen)：「科技與人類學研究方法」Die Technik in der Sichtweise der Anthropologie,《人類研究學》*Anthropologische Forschung*(Hamburg：Rowohlt,1961)

151. 李若高翰(André Leroi-Gourhan)：《科技與環境》*Milieu et techniques*(巴黎：Albin-Michel,1954)，亦見《手勢與言語》*Le Geste et la parole*, I.《科技與語言》*Technique et language*,(Paris：Albin-Michel,1964)。

152. 佛蘭(Jean Pierre Vernant)：《神話與希臘人的思想》*Mythe et pensée chez les Grecs*(Paris：Maspero,1965)，請特別參閱該書第四部份"工作與科技思想"Le travail et la pensée technique〔英譯：洛依德(Janet Lloyd)《古希臘的神話與社會》*Myth and Society in Ancient Greece*(Brighton, Eng.：Harvester Press,1980)〕。

153. 巴楚賽提(Jurgis Baltrusaitis)：《畸形變體，魔法般的巧技，奇特絕妙的效果》*Anamorphoses, ou magie artificielle des effets merveilleux*(Paris：O. Perrin,1969)〔英譯史垂眞(W. J. Strachan)：《畸形變體藝術》*Anamorphic Art*(紐約：Abrams,1977)〕。

154. 默福德(Lewis Mumford)：《科技與文明》*Technics and Civilization*(紐約：Harcourt, Brace, 1963)，基耳(Bertrand Gille)：《科技史》*Histoire des Techniques*(Paris：Gallimard, Pléiade,1978)。

155. 關於這點，有一個引人注意的例子，那就是運用業餘電台來證明相對論中的某些暗含的道理，見默凱與艾基(M. J. Mulkay and D. O. Edge)的研究報告："電台天文學發展中所含有的認知、科技與社會的因素"(Cognitive, Technical, and Social Factors in the Growth of Radio-Astronomy)，見《社會科學的資訊》第十二卷，no. 6(1973)：25-61.

156. 默凱在"分科模式"(The Model of Branching)一文中，爲科技和科學知

識相對的獨立性，推演出一個富有彈性的模式，見《社會學評論》*The Sociological Review* 33(1976)：509～26. 布魯克斯(H. Brooks)，國家科學院科學公共委員會主席，爲《布魯克斯研究報告》*Brooks Report* 一書的作者之一(OCDE 6 月，1971)，他批評 1960 年代對研究發展的投資方式時，宣稱："登月競賽的影響之一，便是使科技革新所需的花費，變本加厲……老實說，研究是一項放長線釣大魚的活動！迅速的進展或倒退，都暗示著許多看不見的浪費及許多隱而不顯的腐敗無能。心智上的產品不可能一步登天〔"Les Etats-Unis ont-ils une politique de la science?" La Recherche 14(1971)：611〕。白宮科學顧問大衛(E. E. David Jr)，在 1972 年 3 月，提出配合國家需要的實用研究(Research Applied to National Needs, RANN)之構想時，也得到相近的結論：在研究上，要計劃一個涵蓋面廣而富有彈性的策略；在發展上，要計劃出更嚴謹的策略。

157. 這就是在 1937 年拉沙費爾德(Lazarsfeld)答應創辦普林斯敦大傳研究中心(Mass Communication Research Center)的同意條件之一。這件事製造了一些緊張：廣播業者拒絕對這項計劃投資；人們說拉沙費德做事有始無終。拉氏本人則告訴摩里森(Morrison)說："我通常把各種不同的事務結合在一起，並希望結合成功的事務能夠發揮功效"。這句話被摩氏在"現代大傳研究之開始"一文引述，見《社會學歐洲檔案》*Archives européennes de sociologie*, 19 no. 2 (1978)：347～59〕

158. 一九五六年，美國聯邦政府撥發的研究發展基金，相當於私人資本所貢獻的基金；從那時起，研究發展基金就開始越昇越高了。(OCDE, 1956)

159. 尼斯倍(Robert Nisbet)在《墮落》*Degradation*(見註⑭)，第五章，對"高級資本主義"如何以研究爲名，滲透大學獨立系所，做了相當深刻辛辣的描寫。社會關係滲入這些大學研究中心之內，擾亂了學術的傳統。亦參見《科學「自發」評論》(*Auto*) *critique de la science*(見註㉖)，一書中的"科學普羅階級""探索者""Le prolétariat scientifique,""Les chercheurs,""La Crise des mandarins."等章。

160. 魯曼(Niklas Luhmann)：《合法化之步驟》*Legitimation durch Verfahren*(Neuweid：Luchterhand,1969)

161. 穆勒在評魯曼時寫道："在先進工業社會裏，法律理性的合法化，被科

技主義的合法化所取代了，而這種科技主義的合法化，是不能對公民在信仰及道德上，產生任何重大的意義(《傳播政治學》註122. p.135)在哈伯瑪斯《理論與實踐》一書中，附錄德國學者寫的有關科技官僚問題討論文章的書目。(註㉟)

162. 參閱傳克尼(Gilles Fauconnier)的“如何控制眞理？特別注意那些對整個眞理型態有害且危險的主張”(Comment contrôler la vérité? Remarques illustréés par des assertions dangereuses et pernicieuses en tout genre,)一文，見《社會科學研究文件》*Actes de la recherche en sciences sociales*, 25(1979)：1–22.

163. 就這樣，在1970年，透過經費限制的方式，「布列顚大學補助委員會」在生產力、專業化、重點發展項目、建築控制方面，決意扮演一個更爲積極的角色〔《教育的政治學》：Edward Boyle 及 Anthony Crosland 與 Maurice Kogan 的對談(Harmondsworth, Eng.：Penguin, 1971)，P. 196〕。這可能看起來與上面所引用的，如布魯克斯等人所說的相互矛盾(見前註㊾)。但是，①“策略”Strategy 可能是屬於自由主義式的，而戰略 tactics 則屬於獨裁式的。正如同艾德華(Edwards)在其他書中所說指出的。②在公家單位階層制度內，所規定應負的責任，通常是以其最狹隘的意義來解釋的，這也就是說，在從事一項計劃時，有能力配合表現出預期之內的運作能力。③公家當局總是不能免於來自私人團體的壓力，而這些私人團體的運作能力標準，是能立即產生束縛力。假如在研究中，創新的可能機率無法估計，則在一段固定的時期之後，在沒有效率評估的條件之下，無條件支助所有研究活動這件事的背後，似乎是隱含著大衆的利益。

第 *12* 章

教育及其通過運作效能
所達成之合法化
（Education and Its Legitimation
Through Performativity）

我們很容易的可以看出知識的另一層面，也就是知識的傳播或教育，是如何受到其運作效能評估標準（performativity criterion）所左右。

假使我們接受這世界存在著「一套既成的知識體系」的看法的話，從語用學的觀點來論，有關如何傳播這套知識的問題，就可以分成下列一連串子題來討論：誰傳授學問？要傳授些什麼？傳給誰？經由何種媒體？以何種形式？產生何種效果？⑭大學的教學政策，就是由這一連串相關問題的答案所組成的。而這些答案又必須前後一致，相互配合。

在假想的社會體系裏，如果運作效能被認為是判斷事情正確與否的準則，那麼「高等教育」便成了社會體系中的一種次體系，而相同的運作效能判斷標準，也能適用於上述所有的問題（社會問題或教育問題）。

既然發揮最佳運作效能，是大家都想達成的目標，這目標，也就順理成章的變為高等教育對整個社會體系所能做的最佳貢獻。連帶的，高等教育必須創造出，維持社會體系所不可或缺的「技術」（skills）。這些技術可分為兩類：第一類，是特別設計來解決世上的

競爭問題。其技術的範圍與項目，要看推展此一技術民族國家或主要教育機構的"專長"(specialities)，是否能夠在世界市場上銷售得出去而定。如果我們上面通則性的假設，是正確的話，那麼在本書開始所提到的那些尖端研究部門中，對專家及中高階層管理人員的需求量，將大為增加。在不久的將來，這些部門都會成為最有活力的部門：任何一個有能力訓練教授"電傳學"(telematics)的學科或系所〔如電腦科學家、控制論學家(神經機械學家)、語言學家、數學家、邏輯學家等等〕，將很容易成為大家優先爭取的教育項目。這類專家需求量的日益增多，勢必將加速我們對其他知識領域的研究，如醫學及生物學。

第二類：同樣的，在上述通則性的假設之下，高等學術必須持續不斷的向社會體系，提供一些能滿足社會本身必須保持其內聚力的技術。在以前，為了達成此一任務，高等學術創造規劃出一種模範生活模式，並加以推廣。這種生活模式的合法化，通常是靠解放獨立式的敘事說法來達成的。在目前這種"解"合法的情況下，大家對大學及高等學術機構的要求，是創造技術，而非創造理想，例如創造許許多多的醫生、個別學科的教師、工程師、行政人員等等。知識的傳播，不再是去計劃訓練有能力領導民族解放的精英分子，而是從語用學的觀點，為社會體系提供一些能滿足其個別職位需求的成員。(或"球"員、演員，就像大機器裏的小螺絲釘一樣。)[165]

假如高等學術的目標能夠達成的話，那接受這一套的聆聽者又如何呢？學生已經改變了，而且將不斷地改變下去。學生已經不再是出身於"自由派精英分子"(liberal elite)的青年了，[166]學生多多少少會對社會進步此一偉大任務，付出相當的關切。換句話說，也就是關切社會的獨立解放。從這個觀點而言，"民主"的大學(應該是沒有入學考試，學費低廉，從學生的單位成本來看，社會所負擔的也不重；高入學率)，[167]是根據主張解放人士的人文主義原則所塑造出來的。但是如今這些大學，在運作效能的表現上，卻乏善可陳。[168]實際上，高等

教育已經受制於行政策略以及新使用者所發出的社會要求（這些要求本身常常是過分的），行政策略與社會要求二者之間的聯結，形成了目前的高等教育，這個趨勢，把高等學術的功能概括的區分爲兩種服務類型。

在職業訓練的功能方面：高等教育依然從年輕的精英分子著手，傳授他們各種職業必須具備的能力。另一種，則透過各種管道（例如工技學院），通過相同的訓練模式，成爲結合新科技與技術的新知識領域中的聆聽者。他們再次成爲年輕人口，並將在社會中變得"活躍"起來。

除了複製出專業知識分子（professional intelligentsia）及技術（technical）知識分子這兩種學生之外，[169]其餘在大學就學的年輕人，都可以說是失業人口。然而在待業統計表上，他們並沒有被列爲待業人口，雖然他們比別人多學了許多學科，如藝術及人文科學方面的課程。然不管他們年紀大小，他們實際上仍屬於新類型知識的聆聽者。

除了訓練專業人員的功能之外，大學開始或早該開始，在改進社會體系的運作效能方面，扮演一個新角色，那也就是在職訓練以及再教育。[170]在大學、院系及其他被認可爲訓練專業人員的機構之外，顯然，對尚未進入工作崗位之前的年輕人，知識的傳授不再是通識或整體（en bloc）的，不再是一勞永逸的。目前，知識傳授是針對已就業或正準備就業的成人，特別傳授改進工作的技巧，幫助他們獲得升遷的機會，同時也幫助他們獲得資訊，學習語言策略，使其能擴大事業，並擁有專業及道德倫理上的經驗。[171]

對這種傳達知識的新課程，大家並不是完全贊同毫無反對的。不過，話又說回來了，任何課程設計，只要對整個體系有利，也就對決策者有利。新課程不但鼓勵專業化的提昇，同時也提升改進整個社會的運作效能。在說法上，在典章制度及價值標準上的任何實驗，都被認爲不太有，甚或沒有實際價值；其在體系中輕重緩急的排名上，也得不到絲毫認可。雖然這種實驗，脫離了實用功能主義，但我們卻不

應因此拋棄不顧，因爲這種實驗本身，就是依實用功能主義所指的方向，而發展出來的。[172]我們可以肯定的說，實驗的責任，將轉移到大學體系之外的工作網上。[173]

　　無論如何，即使運作表現的原則，並不是經常有助於任何指示該採取何種具體的政策。然大體說來，其功能是讓高等學術機構，爲現存的政權撐腰。一旦知識不再以知識本身爲目的，一旦知識不再追求觀念的領悟及人類的獨立解放，那知識的傳播，也不再是專屬於學者與學生的責任了。大學享有專賣特權(university franchise)的觀念，已是過去時代的事。1960年代末期的學潮危機之後，大學所爭取到的"自治"權，已經不再有什麼意義了。因爲在實際上，教師團體根本沒有決定學校預算的權力。[174]他們所能做的，只是如何運用指定給他們的資金，也就是整個運作表現過程的最後階段。[175]〔譯註：這是指1968年的法國學潮，解構主義便是在這次學潮中誕生的。〕

　　高等學術到底傳達了些什麼呢？站在狹隘的功能主義觀點來看，在專業訓練方面，高等學術所傳達的重點，是有組織的知識累積體。應用新科技來傳達這個累積體，對傳播媒介造成了重大的衝擊。現在，所謂的傳播媒介並不完全是由老師在一羣沈默的學生面前講課，由助教輔助回答指定的問題，並協助討論實習作業。截至目前爲止，學術知識已可以轉換成電腦語言，傳統老師的地位將被電腦記憶庫所取代，老師的教學也將委託給連結"傳統記憶庫"(如圖書館等)與電腦記憶庫的機器，任學生在終端機(intelligent terminals)前隨意取用。

　　然而傳統的教學法，並沒有完全失勢。學生仍然必須由老師處學習一些東西：不是學習內容，而是學習應用終端機的方法。另一方面，這代表著教導學生新的語言競賽規則，教他們學習獲得一種更精確的能力，去掌握發問的語言競賽規則：要向誰發問呢？換句話說，也就是如何在相關的記憶庫中，找到我們需要的相關資料呢？如何能清楚的表達問題，並避免不必要的誤會呢？[176]從這觀點來看，資訊學

尤其是電傳學的基礎訓練，將成爲大學課程的基本要項，就像現在，我們要求學生能掌握流利的外語一樣。[177]

只有在正統說法的合法化之中——精神生活（也就是人性的解放）——教員功能部分被機器所取代這件事，是不恰當或不可忍受的。但是現在這些正統說法，可能不再是求取知識的主要原動力了。假如求知的動機是權力的話，那就與古典教學觀點南轅北轍了。如今，受過專業訓練的學生、政府，或高等學術機構所提出的問題（或隱或顯）不再是：「這是眞理嗎？」而是：「這有什麼用？」在知識商品化的理論之下，這問題等於是在問「這有沒有銷售市場？」從權力增長角度來看，就變成了「這有效能嗎？」依上述情形看來，經由運作表現導向的技術，所鑑定的能力，的確是可銷售的，而且是有效率的。由其他的準則，（例如對／錯標準，正義／不義等等，這些運作效能一般說來都比較低）所鑑定的能力，已經不再合乎標準了。

上述的情形爲擁有操作技能的人員，開創出廣大的市場，那些具備技術知識的人，將成爲當前人們培養、徵求或爭取、挖角的目標。[178]從這個角度看來，我們現在所追求的終極目標，不是知識，而是正好反其道而行的東西。資料庫成了明日的百科全書。資料庫所儲存的，超越了任何聆聽者的容量及能力。資料庫成爲後現代人的"本性"（nature）了。[179]

值得注意的是，教學不僅限於知識資訊的傳遞，所謂的勝任能力（competence）（有時候狹義的被認爲是運作效能的技巧）不能被單純的簡化爲具有良好的資料記憶，或是能輕而易舉的操作電腦。大家應該明白，最重要的是，擁有活用適當的相關資料的能力，解決此時此地的問題，並且把資料組織起來，成爲有效的策略。

只要這種競賽，不是一種比比看誰擁有最完整資訊的競賽，對與賽者來說，凡是具備良好知識而又能獲得資訊的人，是最佔優勢的。更明確的說，這就等於一個學生在學習情況下的狀態。不過，在比賽誰有完整資訊的競爭中，[180]最好的運作效能，並不存在於靠學習方法

去得到額外的資訊，而是靠能夠以新方式去重組資訊。確切的說，就是把資訊組織起來成爲"一步棋"。安排知識的新方法，是把原先認爲是獨立不相干的一連串資料，結合在一起。[181]這種將分離獨立的知識，有系統的組合並清晰表達的能力，叫做想像力。想像力的特質之一就是速度。[182]想像力可以包容整個後現代的知識領域，這個知識領域，是由比賽誰有完整資訊的競賽所控制。就這觀點看來，原則上來說，所謂的資料，只要專家想要，便一定可以擁有並運用。世界上將不再有科學秘密了。我們每個人都擁有同等的能力（不僅就取得知識而言，也就創造生產知識而言。）要想達成額外的運作效能，那就只有靠決策分析能力，也就是想像力了。靠這想像力，我們可以創造新的步法，甚至還可以改變競賽規則。

教育不應該只是提供"技術"的複製生產，同時也必須促使技術進步。那麼教育應該不只限於資訊的傳播，教育應該在各種訓練的指揮中，容納所有能增加個人聯繫不同學科的能力。在傳統的知識組織當中，這些學科常是各自敝帚自珍，頑固排他的。科際整合的口號，在1968年法國學潮危機之後，喊得鎮天價響。但早在此之前，就已經有人朝這方面提倡了。他們說：這是對大學封建主義的反動，而事實上，科際整合所反的還不只如此。

在漢保德所提倡的大學模式裏，在以純思考掛帥的體系中，每一種學科都佔有一席之地。跨入其他領域的學科，只能造成混亂，合作只能發生在純思考的層次，發生在哲學家的腦海裏。

科際整合的觀念，是"解"合法化時代，或急功近利式的經驗主義時代，所特有的現象。科際整合與知識的關係，並不從了解人類精神生活或從解放人性的觀點來解釋，而是從那些使用複雜概念機器及物質機器的人，及由因製造這些機器而得利的人的觀點來解釋。他們無法使用後設語言或後設敍述，去組合一個最高目標及正確使用機械的方法。但他們確實能夠，以集體腦力激盪的方式，來研究改進生產效率。

　　強調集體研究，反映出知識是受了風行一時的評估運作效能準則的支配。講述眞理及主持正義時，數字都是無意義的。數字只有在我們考察眞理與公義有無成功的可能性時，才有點意義。一般說來，集體研究，的確改進了運作效能，但這種事情必須在社會科學家長遠詳細規劃之下，才會出現[183]。**想要在特定模式的架構中，促進生產的運作效能，集體研究的方式，特別容易奏效，尤其是在達成任務方面。當我們需要以"想像力"去創造新模式時，集體研究的好處就不確定了，這也就是說，我們在概念水平上去創造新模式的能力，是不太理想的。**明顯的，我們可以從某些例子中看出，集體研究也能在模式上創新，[184]但我們卻很難分辨出來，何者應該歸於整個團體的貢獻，何者源於集體成員中的個人天賦能力。

　　我們可以觀察到，這種集體研究的傾向，著重於知識的生產甚於知識的傳播。將知識的生產與傳播完全分開，就是陷入抽象簡化的陷阱之中，即使在實用機能主義及專業技術主義的架構下，這種作法也是行不通的。事實上，世界上所有的知識機構，都在尋求處理分離教學的兩個層面(簡單的複製及再一步的複製)的解決辦法。不論是在專業技術的選擇和再製，還是在想像力與激發力的提昇上，具有專業特色標誌的各種機構，以及研究機構內的各層單位，還有研究機構之間的組合，及不同學科團體之間的結合，都已經作了相當的努力。屬於第一類的簡單複製，已經有了傳遞的管道，而且可以簡化並作大規模傳授。第二類進一步的複製，在貴族式的平等主義下，能夠享受到小規模傳授的特權。[185]至於後者，是否能正式成爲大學的一部分，就無關緊要了。

　　但是，有一件事情似乎是可以肯定的，那就是在上述兩種情況下，"解"合法化的過程，和評估運作效能標準的流行，替「教授時代」，(the Age of the Professor)敲起了喪鐘。在傳播既有的知識方面，教授的能力已不如記憶庫中的工作網，而在創造新"步法"、新競賽策略方面，單一教授的能力，也比不上科際整合的研究團體。

【註】

164. 1930-1940 年間，由拉沙費爾德（Lazarsfeld）在「普林斯頓無線電傳播研究中心」所主持的討論會中，拉士維（Laswell）將傳播的過程，用以下的公式定義之：「誰對誰用什麼管道說了什麼，又產生什麼影響？」見摩里森（D. Morrison）著《開始》*Beginning*。

165. 此即帕森斯（Parsons）定義為「工具性行動主義」instrumental activism，並刻意吹捧，使之與「認知理性」cognitive rationality 的定義，幾乎要相混淆了。認知理性，在工具性行動主義的通俗文化中的導向，是隱而不顯的。只有在受教育的階級，以及明顯的運用認知理性來求職的知識份子，對認知理性表示高度欣賞時，認知理性才會多多少少變成顯學。帕森斯及普雷（Gerald M. Platt）合著：《美國大學系統的省思》*Considerations on the American Academic Systems*，《智慧工藝女神》*Minerva* 6（Summer 1968）：507 頁；見塗蘭著：《大學與社會》*Université et société* 引（註⑬）。

166. 此慕勒（Mueller）稱之為「專業性知識份子」，相對於「技術性知識份子」而言，據賈柏瑞（John Kenneth Galbraith）所描述的專業性知識份子，他們對「科技官僚政治主義」的合法性表示憂心和抵制（見《傳播政治學》（同註⑫）

167. 從 1970-71 學年開始，加拿大、美國、蘇俄及南斯拉夫等國的十九歲青年，有 30～40％註冊到大學唸書。西德、法國、英國、日本及荷蘭約 20％。對這些國家而言，自 1959 年至今，入學人數已增加一倍到兩倍。根據同一資料來源，德維茲（M. Devèze）著《近代大學史》*Histoire contemporaine de l'université*（Paris：SEDES, 1976, 439-40 頁），以學生在總人口中所佔的比例而言，西歐地區從 4％增加到 10％；加拿大由 6.1％增加到 21.3％，美國則約從 15.1％增到 32.5％。

168. 在法國，高等教育的總預算總額（不包括 CNRS），從 1968 年的三十億七千五百萬法朗，增加到 1975 年的五十四億五千四百萬法朗，而此一預算在國民生產總額（GNP）中所佔的比例，則由 0.55％降到 0.39％。在絕對數字上，薪水、行政費用及獎學金等，確實增加了，然而研究補助金的總數，仍維持不變（見德維茲著《近代大學史》447-50 頁。大維（E. E. David）認為，對博士學位的需求，1970 年代並未高於 1960 年代。（見註⑯）

169. 此乃慕勒的術語，見《傳播政治學》(同註⑫)

170. 此即多傳泥(J. Dofny)及瑞奧(M. Rioux)以「文化訓練」為題所做的討論。見"某些大學參與經驗清單與圖表"Inventaire et bilan de quelques expériences d'intervention de l'université 收入《大學及其社會環境：行動與責任》L'Université dans son milieu : action et responsabilité, (AU-PELF 學術研討會，Université de Montréal, 1971).155–62 頁，與會者批評所謂北美洲大學的兩種型態：

一是通才(liberal arts)大學，其教學及研究完全與社會需求脫節；一是綜合大學(multiversity)，只要付錢，什麼都願意教。關於第二種大學體系〔見科耳(Clark Kerr)著《大學之用及後記──1972 年》The Uses of the University : With a Postscript(劍橋、麻州、哈佛大學出版部，1972 年)〕目前所有的大學，都逐漸走上此一方向，但其中並不包括多傳泥和瑞奧所講的社會裏的大學參與主義。見阿里俄(M. Alliot)在同一研討會中，所提出對大學未來的描述：《大學制度之最佳結構》Structures optimales de l'institution universitaire, ibid 141–51 頁：阿里俄結論道：我們相信各式各樣的結構，但結構應該是越少越好。這就是實驗中心(Centre expérimental)設立的目標。後來巴黎第八大學在 1968 年創校時(Vincennes)，也以此為目標。見《維西尼或學習慾》Vincennes ou le désir d'apprendre 此一文件記錄，(Paris : Alain Moreau, 1979 年)。

171. 這是作者個人的經驗，在維西尼大學裏，許多系所中的實情，就是如此。

172. 一九六八年九月十二日的"高等教育改革法"，規定高等教育的職責之一，是繼續教育(從一種專業化的觀念來看)更多的學生。大學必須開放給"畢了業的學生，以及那些無法上學的人，使他們能依據個人能力，獲得升遷或改換工作的機會"。

173. 法國教育部長，曾正式把"大屠殺"劇集(Holocaust)交給電視第二頻道，播送(這是前所未有空前的一步)給公立學校的學生看。他在電視上接受"一週七天"(Télé-sept-jours 981)(1979 年 5 月 17 日)的訪問時宣稱，教育部門建立一獨立自主視聽機構之嘗試，已告失敗，而目前"教育的第一要務，就是教導兒童如何選擇自己的電視節目"。

174. 在英國，從 1920 到 1960 年間，國家分攤大學主要費用及行政費用的

比例，由 30％ 增加到 80％。附屬於"國家大學及科學部"的"大學獎學金審查委員會"，在審議各大學所提出的研究計劃之需要與發展之後，分配一年的研究補助金。在美國，這些委員會的委員更是權傾一時，威風無比。

175. 在法國，這是指分配補助各系所的基金；充作行政費及設備費之用；教師的權力，只限於處理臨時職員的薪水問題，對於計劃及管理重組等的財政支援，則要從分配給大學的全部教學經費預算中支出。

176. 麥克魯漢（Marshall McLuhan）著《論文》*Essays*（Montreal： Hartubise Ltd. 1977）；安東尼（P. Antoine）著"查問什麼？""Comment s'informer?" 見《計劃》*Projet* 124（1978）：395～413 頁。

177. 眾所週知，日本在中小學中，採用電腦智慧終端機來教學；在加拿大，電腦則多半存在於相當與世隔絕的大學及學院科系之中。

178. 在二次大戰之前，此一政策已為美國許多研究中心所遵從。

179. 諾拉及密克《社會之資訊化》（見註⑬）寫道：在未來的幾十年中，對人文進步標竿的挑戰，不再是如何支配物質——如何支配的問題早已解決了；最大的挑戰是在如何構建一個網絡，以聯結情報資訊及機構組織，使兩者得以攜手共同前進。

180. 見瑞波波（Anatol Rapoport），著《戰鬥、競賽與辯論》*Fights, Games, and Debates*（Ann Arbor：密西根大學出版部，1960）。

181. 這就是蒙斯基（Mulkay）的分支模型（Branching Model）（見註⑮）德勒茲（Gilles Deleuze）曾在《意義邏輯》*Logique du sens*（Paris：Editions de Minuit,1969）及《差異與重覆》*Différence et répétition*（Paris： Presses Universitaires de France,1968）兩本書中，以系列與系列之間交會的論點，來分析各種不同的事件。

182. 從力學（dynamics）上來看，時間在權力因素的決定上，是因情況而易的。亦見佛瑞里（Paul Virilio）：《速度與政治》*Vitesse et politique*（Paris：Galilée, 1976）〔英譯：*Speed and Politics*（紐約：Semiotexte，即將出版）〕

183. 摩瑞諾（Jacob L. Moreno）著《誰會倖存？》*Who shall survive？* rev. ed.（Beacon. N. Y.：Beacon House, 1953）

184. 最有名的有：大眾傳播研究中心（普林斯頓）；精神研究協會（Palo Alto）；麻省理工學院（波士頓）；Institut für Sozialforschung（Frank-

furt）。科耳（Clark Kerr）的部份論證，支持他所謂"觀念城邦"的構想 I-deapolis，此構想是基於綜合性的研究，原則上是可提高創造力的（見《大學之功用》，91ff 頁）

185. 普來斯（Solla Price）著《小型科學，大型科學》*Little Science, Big Science*（見註⒀），嚐試建立一種科學的科學。他建立了一套（統計上的）科學法則，並以之爲社會遵守的對象。在註⒀中，我已論及非民主區分的法則。另外一套法則是屬於隱形大學的，描述日漸增多的出版品及科學機構之間，資訊管道的相互滲透："知識貴族"傾向對此現象，加以反應，建立一個固定的人際交流的網絡，此一網絡包含了大約一百名挑選過的會員。克瑞恩（Diana Crane）在《隱形大學》*Invisible Colleges* 一書中，已對這些大學提供了計量社會學（sociometric）的分析，（芝加哥與倫敦：芝加哥大學出版，1972）。見來庫耶（Lécuyer）著《目錄及透視角度》*Bilan et perspectives*（見註㉔）。

第13章

從探求不穩定性
來看後現代科學
(**Postmodern Science as the Search for Instabilities**)

就如先前所顯示的，科學研究的語用學，尤其是在探索論證新手法方面，不但強調"新步法"的發現，甚至更強調建立新的語言競賽規則。我們現在必須從此一觀點來仔細研究這個問題，這一點在現階段科學知識的地位上，意義非凡，十分重要。我們可以開玩笑的說，科學的知識是在尋找一個解決危機的方法——尋找一個對決定論式危機的解決之道。決定論是一種假說，而根據此一假說，合法化要有運作效能來支持，方能建立；而運作效能本身，又要靠輸入或輸出的比率而定。在此，我們必須假定，那個可容納輸入資料的系統，是穩定不變的，該系統必須循著一定的軌道，這就是說擁有一套經過轉化的資料，以連續作用的方式，表達思想。因此，我們可以藉此精確的預測輸出的狀況。

這就是實證主義者所謂的效率哲學（Philosophy of efficiency）。我將引用一些非常顯著的例子，作為反對這種論點的證據，同時也對有關合法化問題，做最後的總結。簡要的講，本章討論的目的，是要依靠一些證據，來建立下面這個論點：那就是後現代科學知識語用學本身，與追求運作效能，是沒有什麼關係的。

科學不是靠講究效率的實證主義方法來發展的。相反的是：科學**就是從事求證**，等於探究並「發明」一些相對應的例證。換句話來說，

就是探究那不可知的難以瞭解的東西。支持一種論點，就表示尋找一種"似非而是論"（paradox），並將此一似非而是的理論合法化，使之適用理性競賽中的新規則。在上述兩種情況中，不論那一種，都不是爲追求效率而追求效率的。而所謂的效率，有時候是慢慢出現的，好像是一種附帶的結果，一直到研究基金的提供者，終於決定對效率問題加以注意爲止。[186]不過合法化這個問題，是絕對不會消失的，每當有新理論提出，新假設、新論說或新的研究觀察出現時，合法化問題便隨之而來。因爲這並不是哲學對科學質疑的問題，而是科學在質疑科學自身成立與否的問題。

詢問什麼是眞理？什麼是正義？這不是過時的事。不過，把科學當做實證主義式的學問，降低科學的地位，使之成爲一種不合法的學習，成爲一種"半知識"（half-knowledge），像德國理想主義者那樣，這種態度倒是過時了。你提出的論點之價值何在？你提出的證據價值何在？這是屬於科學知識語用學的一部分，當聆聽者聽到一種論點及論證，開始反問時，這種反問，就保證了聆聽者會把他的意見傳達給提出新論點新論證的說話者（sender）。如此這般，也就保證了新的科學說法之提出，以及新一輩的科學家一代一代不斷出現。科學之所以能不斷的發展，是因爲科學家——沒有人能否認科學是不斷的在發展——不斷的發展上述這一類的問題。而這個問題，在其發展的過程中，又導致了以下的問題。這也就是說，導出一個後設問題，也就是合法化的問題：那就是，你所謂的"這有什麼價值"的這個問題，有什麼價值？[187]

我曾指出，後現代科學知識的驚人特色如下：其對後現代式規則的說法，是內容在其說法本身之內的。[188]在十九世紀末期，凡被認爲是失去合法化的，被認爲是墮落入哲學實用主義（pragmatism）或邏輯實證論的，現在來看，只不過是當時的一個插曲而已。從這個插曲裏，知識已再度復原，在科學說法之中，關於理論有效與否的看法，已被大家當成法律來遵守。正如我們所看到的，這種把各種說法都包

含在內的說法，不只是一種簡單的運作過程而已，這樣做會造成一種
"似非而是論"（paradoxes）的出現。大家都以嚴肅的態度面對此一
"似非而是論"；這樣做，也會造成許多知識視野上的"限制"，這種
限制的現象，其實也改變了知識的本質。

後設數學的研究（metamathematical research），導致「高德爾定
理」（Gödel's theorem）的出現。他的定理是一個眞實的範例，說明了
知識的本質是如何改變的。[188]上述動力學轉換所經的過程，可算得上
是一種新科學精神的範例。此一範例，特別是對我們的討論而言，顯
得分外有趣。因爲該範例强迫我們重新考慮一個觀念，在討論運作效
能那一章裏，此一觀念，扮演著重要的角色，特別是在社會理論的領
域內，那就是系統觀念。

運作效能這個構想中，孕育預設了一個高度穩定的系統，因爲運
作效能的基礎是建立在相互關連的原則上。在理論上，此一關係是可
以估計的。例如熱力及其產生的工作力，熱源及冷源，輸入及輸出等
等。上述這種關係估算的觀念，是來自「熱力學」（thermodynam-
ics）。此一觀念，和某一系統運作效能之進化，是可以預測的這種概
念有關。這也就是說，如果我們知道所有變數的話，就可以預測系統
的運作效能。在賴普雷斯（Laplace）有關"惡魔"（demon）的小說裏，
上述條件都達到了理想的狀況。[189]

作者在 t 時間，知道所有決定宇宙狀況的變數，因此能在 $t' > t$
這個時刻，預測出宇宙的情況。這種小說，是有一定理論根據的。物
理系統，包括了系統中的系統（系統之王）——也就是宇宙，都跟隨著
一定的有規律的模式運行，而其結果，也導致了這些系統，沿著一定
的規律方向進化。造成了一種"正常"持續不斷功能之展現，也促成了
未來學的發展……。

量子力學與物理原子學的出現，已經在兩方面使上述原則的可行
性達到了極限。這個極限的範圍，在各個方面自有其暗含的方向，而
各個方向之間的視野，也大爲不同。第一個方面，對一個系統的初級

階段之完整定義（或是掌握其所有的獨立變數），一定需要有起碼相當於被定義的系統所消耗的能量才行。因此，要想對任何已知系統的狀況，加以完全的測量，是不可能的。此一事實，在非科學行家的著作裏，亦可找到。波赫士（Borges）的筆記小說中，就有一個很好的例子，可茲說明。一個皇帝希望製做一張完美而精確的帝國地圖。然此一計劃卻導致了帝國的毀滅——因為所有的國民都動員了所有的能力，去繪製地圖去了。[191]

布里龍（Brillouin）的論點，引發出另一個結論。[192]對一個系統做完全控制，就可以改善其運作效能的這種觀念（或意識型態），是否與「矛盾律」（the law of contradiction）背道而馳。這種做法，說是可以增加系統運作效能，而事實上，反而會降低系統的運作效能。上述這種矛盾，正好解釋並點明了，政府及社會經濟官僚體系的弱點。他們抑制且扼殺了在他們控制之下的所有系統或次系統制度（subsystems），並且把他們自己也窒息在這種抑制扼殺的過程之中。（這也是一種負回饋 negative feedback）。上述解釋的旨趣是在說明，我們不需要在系統制度以外，去喚起或尋求任何其他合法化的模式。例如，人類自然具有一種自由的機能，喚起大家去反對過份高壓的權威。就算我們認定社會本身就是一個系統制度，但要完全控制此一系統制度，是不可能的。（就像我們必須對此一系統制度初級階段的狀態，加以定義，而定義的達成，又是根本不可能的）。上述限制或缺點，使我們對精確知識（exact knowledge）及其產生的力量，有了疑問。因為我們根本無法找到一個有效的定義。理論上說來，精確知識是可能產生巨大力量的。正統古典決定論，在下面這個大系統的架構中，仍然有效：那就是，整個知識形成了一個大系統，然其範圍的邊際之大，是可以意會但卻永遠無法實際達成或企及的。[193]

量子論及**微觀**物理學，須要一個更劇烈的修訂或新觀點，而這個新觀點，必須要在一穩定持續並可預測的道路上行進。追尋精確之困難並不是難在經費，而在於此一行動的本質就是困難的。變化不定或

失控現象之降低，並不表示精確性就會隨之上升。佰倫（Jean Baptis-te Perrin）就舉出一個測量實質密度的例證，來說明此一現象。（所謂實質密度，就是質量／體積的商數）此一定律可測量特定球體中含有空氣數量的密度，密度隨著球體體積的減少（從 $100m^3$ 到 $1cm^3$ ），而有顯著的改變。但從 $1cm^3$ 減到 $1/1000mm^3$ 時，其密度卻沒有什麼變化。當然，不規則的，在一兆數量級之內的變化，是可以觀察得到的。然當球體中，空氣體積減少時，其變化的程度則反而增加：每二百萬分之一立方公尺的體積中有十分之一的體積變化，則會產生千分之一數量級的變化；如果二百萬分之一立方公尺體積中有千分之一的體積變化，其變化律則爲五分之一數量級。

更進一步的減少體積，則引導我們進入分子的境地。如果這球體是位置於兩個空氣分子之間的空處，則其中空氣的確實密度將是零。不過，在千分之一的機會中，這個球體之中心會"降"到一粒分子之內，那其平均密度就能和所謂的瓦斯氣體的實質密度相比較。將其降至和內部原子的體積一樣那麼大小，那安處於眞空狀態的機會性就相對增高，其密度將再度達到零。不過，在百萬分之一中，其中心會降至粒子或原子的核心，其密度將會是水的密度的數百萬倍。"如果這球體仍更進一步的濃縮，平均密度及實質密度將肯定會變成零，並永遠保持在零的狀態。除非在某一些極爲稀有的狀態之下，其淨值將會到達前所未有的某一驚人程度。"[24]

有關空氣密度之知識，導出多樣絕對不相容論點，只有在演說者（論點提出者）選擇一個可以使上述各種論點，在相對情況中相互關連時，這些論點才能彼此相容。此外，在某種層次之中，有關密度之論點的說法，不能出之以簡單斷言式的形態，而應出之以形式斷言式的形態。密度將會等於零，似乎是合理的，然而當 N 的數字巨大無比時，密度等於 10^n 並非不可能。在這裏，科學家之論點和自然所"表現的"（says）之間，似乎組成一個缺乏完整資訊的競賽遊戲。科學家論證之模式，反映科學家無法預測自然會不會引伸發展出一種有效的

單一論點(或是公式符號)。科學家能計算的是,某一論點的含意,比較可能是指這個,而不是指那個。以**微觀**物理學的層次來看,完美的資訊是無法獲得的——換句話說,也就是有高度運作能力的資料,是不易獲得的。困難的不是研究對手(也就是自然)爲何,而是去確認對手在競賽遊戲中所扮演的角色爲何?愛因斯坦(Einstein)曾對"上帝玩骰子"這種想法,感到猶豫困惑不已。[195]但骰子正是一種競賽遊戲,我們可以在骰子競賽遊戲裏,建立起一種"充分"的統計規則〔在傳說中尚存在的所謂至高無上的決定因素(supreme determinant)也不過是如此〕。假若上帝不玩骰子而玩橋牌的話,那麼被科學所碰到的,所謂"最大機會"(primary chance)的層次,就不可能再歸於毫無靈性,面朝上翻轉開來的骰子,而可能要歸於打牌者是否機敏慧點了。——換言之就是,吾人在面對選擇時,只能全靠運氣,在一大堆可能性及純粹性的策略之間,靠運氣選擇一種。[196]

通常大家接受下面這種看法,認爲大自然是個冷漠但卻不要詐的對手,而就是根據這種看法,我們得以劃分自然科學和人文科學。[197]以語用學的術語來說,上述觀念表示在自然科學中的"自然",是一個指涉物,它沈默但卻可以預測,就像幾個骰子被扔過許多次後一樣。面對自然界中的機率,科學家們相互交換定義性的說法,並藉這些說法建立"方法",然後彼此對抗。對人文科學來說,指涉物(也就是人),是一個參與競賽的角色,人文科學中所研究的人,會說話也會發展戰略(可能是一種綜合戰略),去對抗那些科學家們所使用的戰略。在此,科學家所面對的機率,不是是否有客觀根據或冷漠與否的問題,而是屬於行爲的或是戰略的問題,換而言之,是屬於競賽學的。[198]

上述有關**微觀**物理學問題之探討,會引起許多不同的看法。而這些問題,不足以在特定系統的進化中,去防止精確而持續的功效所形成建立的概然預測論基礎。這是推理系統論學者,也就是那些以運作效能來達成合法化的理論家,所用來嚐試重獲他們權利的方法。然

而，在當代的數學理論中，有一種趨勢，數學家對所謂準確測量的可能性，提出質疑，同時也對對象物行為的預測，加以質疑。他們甚至把這種質疑擴展到人文科學的探討上。曼都伯（Mandelbrot）引用上面我們討論的那段倍倫（Perrin）的話，但卻把他的分析，導入了一個出人意料之外的方向。他寫道：有根源的功能之展現，研究實行起來最為單純簡便，不管這些功能有多麼的特別。以幾何語言來說，如果我們以沒有切線的曲線為準則，那一般規則的曲線，如一個圓，便顯得十分有趣，甚至是相當特殊了。[199]

上述觀察，並非只是搞一個事情，來打發閒著無聊的好奇心而已。我們可以據此有效的考察大部分的實驗資料：例如一個滲入鹽水及肥皂水的軟毛物之表面，顯示出不規則的外形。我們不可能以肉眼在其表面上，找出一道可以劃切線的點。這個問題，可以用「布朗運動」（Brownian movement）的理論模式來說明。從一個定點出發，一個分子的向量是等方性的（isotropic）。〔譯註：就是各向同性，物質不因方向不同而變更其物理性質之特徵〕，換而言之，所有可能的方向都有可能出現。

但是在一個我們更熟悉的層次之中，我們又遇到了那個老問題。例如，假使我們希望能精確的計算及測量出布雷特瑞（Brittary）海岸線，充滿熱火山口的月球表面，星狀放射物放射的情形，在電話通話時干擾爆裂聲的次數，一般的干擾情形，雲的形狀等等。總之，去測量所有未經過人手調配和規劃的物體的外形及其放射的情形。

曼都伯指出，上述資料所探討的曲線，類似於那些有**連續函數**的曲線，而這些曲線的**函數**並無任何根據或原動力存在。上述情形的一個簡化了的模式，可以在柯克（Koch）曲線中找到。[200]柯克曲線是自我相似的，同時我們可以把這種曲線，自我相似性的空間，用數字表示出來。其空間結構不是整數而是 log 4/log 3〔譯註：這是一種螺旋式運動的線〕。我們這樣說，應該不會錯，那就是，這樣的曲線，位於一個空間之中，而這空間的"體積數字"是在一與二之間。因此這曲線，

便直接的位於一條線與一塊平面之間。因為他們自我相似的有關體積，只是一個碎形。曼都伯稱這類物體爲碎形體（fractals）。

多姆（René Thom）的研究與上述的討論，在方向上很類似。[201]他直接對一個穩定系統有效性的觀念加以質疑，這也就是對拉普雷斯（Laplace）決定論式的前提，加以質疑，甚至是對或然率理論，加以質疑。

多姆建立了一套數學語言，能夠對已經固定的現象中所產生出來的不連續的事物，做形式描述。如此一來，便使這些不連續性，有了出人意料之外的形式：這種語言，後來形成了所謂的「災變理論」（catastrophe theory）。〔譯註：亦可譯爲「突變論」，是數學科學領域內，研究不連續現象的一門學問，影響了文藝及美學方法論的研究。「突變論」以「拓樸學」的方法，研究穩定性結構的特質，企圖解釋自然界和社會現象中，所發生的突然不連續變化的過程。例如漸變，量變，突變，質變等；並從定性角度，來描述解釋各種現象中的不同性狀之間，所產生的突然變遷。在文藝方面「突變論」也可以用來研究「靈感」在創作中的地位之類的課題。〕

如果我們把狗的攻擊性當做一項變數，那麼此一決定性變數的增加，與狗的脾氣（anger）直接成正比。[202]若狗的脾氣可以測量，那麼當脾氣發到某一程度時，狗就會以攻擊的形式來表現。第二個決定性變數是恐懼，則易產生相反的效果。當恐懼到達頂點時，狗便以逃跑的方式來表現。而在恐懼及憤怒皆不存在的情形下，狗的行爲是穩定的（達到了高斯曲線 Gauss's Curve 的頂點）。但是如果上述兩項決定性變數一起增加，同時到達其上限，那狗的行爲便變得難以預測，會在攻擊與逃避之間，不斷搖擺不定的狀況便出現了。這種系統可說是不穩定的，決定性變數持續的增加了，但行爲狀態的變數，卻沒有持續增加下去。

多姆表示，我們可以寫出一個表達上述這種不穩定性的方程式，也可以用表格（用三度空間的方式來畫圖表，以表現兩個決定性的變數，與一個狀態性的變數）來圖解狗的每一個行爲的運動指標，包括

從一種行為轉變到另一種行為的突發過程。此一方程式，是由決定性變數和狀態變數的總和（在此為 2＋1）所組成的，充滿了災變的特質，可歸類入「災變學」的範圍。

上述例子為我們在穩定系統與不穩定系統，決定論和非決定論的問題上，提供了解答。多姆把上述答案寫成了一個假說：“在一個過程中，似乎是可以有決定性的特質，不過，這要靠那個過程的局部的狀況來決定。”[203]

決定論是一種形態的**函數**，特色是其**函數**由其本身來決定：在任何情況下，自然都提供複雜度最低的「局部地形學」（morphology），可以與最原始各別的地方情況環境相配合。[204]但是也有可能，在實際上，其可能性還相當的大，那就是各別的地方環境會阻擾穩定狀態之產生。事情之所以會如此，是因為在現有的情況環境之中，存在著許多衝突：“災變學的模式將所有的因果關係過程，簡化成一個單一的過程，簡單到可以用直覺來判斷解釋：根據赫瑞克利特斯（Heraclitus）的看法，衝突（conflict）為所有事物的起源。”[205]這可不是無稽之談。就相容性而言，決定性的變數，有時還比不上非決定性的變數。所有存在的變數都是“決定論的島列”（islands of determinism）。事實上，災變性的對立已成了一項規則。通常對一連串的競賽而言，其規則常常要靠競賽中的各種變數來決定。

雖然這樣做顯得有點勉強，但是把多姆的研究和帕羅阿圖學派（Palo Alto School）的研究做一平行對比，並非不可能。〔譯註：史坦福大學設在美國加州的帕羅阿圖。〕尤其是在以似非而是論來研究精神分裂症方面，後者以提出的“雙重束縛”理論（Double Bind Theory）聞名於世。[206]因篇幅的關係，在此我只能略微提一下兩派理論之間的關係。這套理論幫助我們明白，科學家在研究時，是如何把焦點集中在異常點及不平衡點上，這種方法也可以用來處理大部份日常問題的語用學。

我們從上述研究裏，得到許多結論。在此單就其中一項加以說

明，那就是傳統延續下來的區別功能，慢慢失去了其做爲知識及預測典範的輝煌地位。後現代科學將其本身的發展，理論化如下：不連續性，災變性，不能修正性(nonrectifiable)以及似非而是性。後現代科學對下列事物最爲關切：猶疑不決的，無法完全精密控制的，因資訊不足而導致的衝突對抗，支離破碎的(fracta)，災變的，語用式的似非而是論等等。後現代科學把知識這二字的意思改變了，同時也解釋這種改變是怎麼發生的。後現代科學所生產的，是未知而不是已知。後現代科學提供了一個合法化的模式，而這模式和最佳運作效能，是毫不相干的。[207]

一位競賽理論學者(他的研究也是朝後現代方向發展的)說得好 "競賽理論的用處何在"？我認爲競賽理論與任何複雜的理論一樣，都是有用的。而其主要的用處，是在生產觀念，點子(Ideas)[208]麥德握(P. B Medawar)從他的觀點出發，早就說過，科學家所達到的最高成就，是擁有許多論點與觀念，[209]在科學家的工作裏，是沒有所謂科學方法的，[210]一個科學家只不過是一個會說故事的人而已，科學家與一般說故事者，惟一不同的地方，就是他必須負起責任，去證明他所說的故事。

【註】

186. 在《碎形：形式，機會，空間》*Fractals : Form, Chance and Dimension*(舊金山：W. H Free man,1977)這本書中，曼都伯(Benoit Mandelbrot)附錄了一些數學與物理研究者的傳記及歷史背景概要，由於他們研究主題太過特別，儘管他們的研究成果十分豐碩，但仍然出名得很晚，或根本默默無聞到現在。

187. 這是在有關決定論辯論的有名例子(出現於量子力學方面的辯論)，我們看這個例子，李維里伯(J. M Lévy-Leblond)在《伯恩──愛因斯坦通信集》(1916—55)曾經提到"量子力學大辯論"，"Le grand débat de ld mécanique quantique," 見 La Recherche 20(1972)：137—44。在十九世紀期間，人類科學史中，充滿了由人類學說法轉移到後設語言層次的

現象。

188. 哈山（Ihab Hassan）賦予他所謂的"內在性"（immanence）這一名詞一個
　　 形象，見"文化，未決定，及內在性"一文（見註⑫）。

189. 參看註⑭。

190. 拉普雷斯（Laplace）：《世界系統之闡釋》*Exposition du système du
　　 monde*，2 vols.(1796)〔英譯 Henry Harte：《世界之系統》二卷。（都柏
　　 林：都柏林大學出版社 1830）〕。

191. "Del Rigor en la ciencia" 在《遺臭萬年通史》*Historia Universal de la
　　 Infamia*，2d. ed.(Buenos Aires：Emecé,1954)pp.131－32〔英譯 N. T.
　　 di Giovanni：《醜名通史》（紐約：Dutton,1972）〕。

192. 資訊形成的本身，需要消耗能源，組成資訊的反能趨疲，同時也導致了
　　 能趨疲的出現。西瑞斯（Michel Serres）常常引用這種論點。例如，在
　　 《赫米斯》卷三，論翻譯一章中 Hermès Ⅲ：La Traduction(巴黎：Edi-
　　 tions de Minuit,1974)p.92。

193. 我同意培哥金及史丁哲的看法，（Ilya Prigogine, I. Stengers）《動力
　　 學，從來布尼茲到魯克西》*La Dynamique, de Leibniz à Lucrèce*, 見《批
　　 評雜誌》380，"西瑞斯專號"(1979)：49。

194. 倍倫（Jean Baptiste Perrin）：《原子論》*Les Atomes*(1913；巴黎：法國
　　 大學出版社，1970)，pp.14－22。（曼都伯在他的《碎形》Fractals 一書
　　 的導言中，曾引用該文。）

195. 海森伯（Werner Heisenberg）引用，見《心理與心理之外》（紐約：Har-
　　 per & Row，1971）。

196. 在科學院（Académie des sciences）發表的一篇論文中（1921 年 10 月），
　　 鮑瑞爾（Borel）提出"在競賽中最好的比賽方式並不存在"。（不完全資訊
　　 之競賽）"吾人可能懷疑，在沒有固定規則（code 選好就不再改變）的情
　　 況下，如果不斷變換（競賽項目），是否會賽得更有利於自己"，以上述
　　 的區別爲基礎，紐曼（Von Neumann）表示：化不可能爲可能的決定，
　　 在一定的狀況下，其本身便是"最好的競賽方法"。參看基爾包（Geor-
　　 ges Guilbaud）：《競賽數學理論要義》*Eléments de la théorie mathéma-
　　 tique des jeux*(巴黎：Dunod，1968)，pp.17－21，和塞瑞斯（J. P. Sé-
　　 ris）：《遊戲競賽理論》*La Théorie des jeux*(巴黎：法國大學出版社，
　　 1974)《論文集刊》。"後現代"藝術家，經常使用這些觀念；參見凱吉

（John Cage）的例子，《靜默》與《從週一到一年》*Silence and A Year From Monday*（Middletown, Conn：衛斯理大學出版社，1961 和 1967）。

197. 艾普斯坦（I. Epstein）：《從週一到一年》Jogos（打字原稿，Fundaçaõ Armando Alvares Penteado 1978 年 9 月）

198. "可能性在此再度出現，可能性不再是構成一對象物的主要結構原則，但卻成爲結構行爲的規律性調節原則"（參見葛蘭吉 Gilles-Gaston Granger）：《思想形式與人的科學》*Pensée formelle et sciences de l'homme*（巴黎：Aubier-Montaigne，1960，p.142）。上帝玩橋牌的這種想法，說起來可能更像希臘柏拉圖以前的假說。

199. 曼都伯：《碎形》*Fractals* P.5。

200. 一條連續之不可修正，自我相似的曲線，根據曼都伯的描述（pp.38ff），柯克（H. von Koch）在 1904 年將之畫了出來：參見《碎形》的書目。〔譯註：是一種螺旋型的曲線，可以不斷往內或向外旋轉。〕

201. 《形體發育學之數學模型》*Modèles mathématiques de la morphogenèse*（見註⑭）關於災變理論的解說，波米安（K. Pomian）曾爲一般讀者寫過一本通俗易懂的文章叫"災變與決定論"Catastrophes et déterminisme 見《自由雜誌》*Libre* 4（1978 年）：115–36。

202. 波米安從齊門（E. C. Zeeman）處借用此一實例，參見"災變幾何學"The Geometry of Catastrophe 見紐約時報文學增刊，1971 年 10 月 10 日。

203. 多姆：《形體發育學與穩態結構：一篇關於普遍理論模型的論文》*Stabilité structurelle et morphogenèse: Essai d'une théorie générale des modèles*（Reading, Mass.：W. A. Benjamin，1972），p.25〔英譯，傅樂（D. M. Fowler）（Reading, Mass.：W. A. Benjamin, 1975）〕波米安引用，見〈災變〉一文，p.134。

204. 多姆：《數學模型範例》*Modèles mathématiques*，p.24。

205. 同上 p.25。

206. 特別參看瓦茲維克等（Watzlawick et al.）：《人際溝通語用學》（見註⑪），參見第 6 章。

207. 製造科學知識之條件情況，必須與製造出來的知識有所區別。科學活動可分爲兩個組成階段：使已知變未知，然後重組這些關於未知之知識（unknowledge）成爲獨立象徵性的後設系統。科學裏的明確條文，源

自於科學本身的不明確性及不可預測性〔參見布黑東（P. Breton）在《潘朵拉雜誌》第三期的文章，（*Pandore* 3(1979)：10)〕。

208. 瑞波波（Anatol　Rapoport）：《兩人競賽理論》*Two-person　Game Theory*（Ann Arbor：密西根大學出版，1966)p.202。

209. 麥德握（P. B. Medawar）：《解決之藝術》*The Art of the Soluble* 第六版。（倫敦：Methuen 1967)p.116 請特別參閱下面兩章：“科學的兩種概念”和“假設與想像”。

210. 這根據費若班（Paul Feyerabend）的解釋《反方法學》*Against Method*（倫敦：新左派叢書，1975）引用了加利略（Galileo）的例子。費若班支持認識論式的“無政府”或“達達主義”，並以此反對 Popper 和 Lakatos。

第 14 章
以誤謬推理達成的合法化
(Legitimation by Paralogy)

到目前為止，我們可以這麼說，關於今日知識合法化的問題，我們所提出的實際例證，對我們想達成的目標而言，是綽綽有餘的了。我們不再求助於正統學說——我們無法將精神辯證法、甚至無法將人文獨立解放思想，當作是後現代科學的有效學說。但我們剛剛已經看到，支流雜學(petit récit)仍維持其想像發明的精粹形式，特別是在科學方面。[211]此外，把輿論共識的原則，當作有效的準則，似乎也是不恰當的。關於共識方面，有以下二種組合公式：第一，共識是人與人之間的契合，可將其定義為，心照不宣的智性契合，以及自由意志的契合，此一契合，是經由對話獲得的。這是哈柏瑪斯大力提倡的模式，然其觀點仍基於解放獨立學說之有效性。第二，共識是一種社會系統的組成要素，它操縱社會，使之能維持並增進其運作效能。[212]魯曼認為，共識的唯一效力，是成為一種被用來達成真正目標的手段，所謂真正的目標，也就是使系統得以合法化的力量——也就是權力。

因此問題在於如何去決定，是否有可能找到一種完全基於誤謬推理(paralogy)的合法化模式。我們必須把誤謬推理與革新，區分開來。革新是在社會系統的命令下運作的，或至少是由系統來操作運用，以增進其效能。而誤謬推理，則是知識語用學中的一個"步法"。這種"步法"的重要性，要到後來才為人們所瞭解。事實上，在現實的情況裏，"步法"經常是(但並非必定是)，從某一種"步法"轉換成另

一種"步法"，而這種轉換，對假設本身並無妨礙。

　　我們回想第七章中，對科學語用學的描述，便可明白，現在到了必須強調意見衝突（dissention）的時候了。一致的共識，是一條永不可及的地平線。在典範神盾（agis）的庇護下，[213]所有正在進行的研究，傾向於尋求一種穩定性；就像是一種對技術性、經濟性或藝術性"意念"之探討。這種現象是不容忽視的。但令人不安的是，總有某些人要來干擾打亂"理性"的秩序。我們必須先假設，有一種動搖解釋效能的力量存在。這種力量，通過對新規範理解的聲明，方才顯現出來。或者，若有人願意的話，我們可以說，這種力量建議我們，根據科學語言中的新研究領域，來設定一種新的規則。在科學討論的脈絡中來看，便與多姆所謂"形式衍生"（morphogenesis 形式發生論）的過程十分相似。此一過程中，並非沒有法則可循（其中有許多階層是屬於「災變理論」的）。不過，整個過程，卻總是由局部的個別因素所決定。我們把此一原則，運用在科學討論中，或置於世俗問題架構中，其特色便顯示出所謂的"發明"（或"發現"），總是無法預料的。就透明無阻的溝通觀念而言，上述原則是引起盲點及不同論點的一個因素。[214]

　　從以上的概論裏，我們很容易的可以看出，系統理論，及其提出的那種合法化原則，無論如何是沒有科學基礎的。根據這個系統的理論典範模式，科學本身無法產生作用，而且當代科學，也已排除了使用這樣一個典範模式，來描述社會的可能性。

　　從這個角度，讓我們來考核魯曼議論中兩個重要的論點。一方面，系統唯有簡化其複雜性，才能運作；而另一方面，系統必須調整個人的願望，導入系統所預期的目標[215]之中。要維持系統的權力效能，簡化其複雜性是必要的。假使所有的訊息，均能在所有的個人之間，自由流通，那在做正確抉擇之前，需要考慮的訊息數量便太多了，這樣會嚴重地耽誤決策的時間，從而降低了運作效能。速度，實際上是系統的另一個有力組成因素。

　　缺點在於，如果要避免嚴重騷亂的危險，各個分子的各種意見，都應列入考慮，這樣一來考慮太多，也會有人反對。魯曼指出（這就是第二點），爲了使個人願望與系統決策一致，經由"一種半學徒式的過程"及"不受任何騷動影響"來引導個人願望，不失爲可行之法。決策毋需顧慮個人願望；而個人願望則需仰賴決策，或至少需要仰賴決策的運作效果。行政管理程序，應使個人"慾望"成爲系統運作良好的必要條件。[216]我們很容易就可以看出，在此情況下，電傳科技將會扮演什麼樣的角色。

　　就此而論，無可否認的，產生了一種相當具有說服力的觀念，即是：關係性的控制與支配，有自然比沒有好。而運作效能的評估標準，也自有其優點。原則上運作效能排除了對形上學的依賴；否定了寓言；要求清楚的頭腦及冷靜的意志；並以互動性的預估，替代了簡化的定義；這使得與賽者，承擔了責任，他們不只要爲他們所提出的說法負責，並要爲這些說法背後所依據的規則負責。如果沒有這些規則的支持，那一般人是不可能接受其說法的。規則使知識語用學的功能，彰顯到一種與效率評估標準相關聯的程度：這也就是說，效能評估標準和論點語用學，引證語用學，知識傳播語用學以及想像力訓練語用學，是相互關聯的。

　　效能評估標準，同樣有助於把所有語言競賽，提昇爲自我知識，甚至把那些不在正統知識範疇之列的知識，也提升了。它傾向於極端的想把日常生活中的說法，弄入某種後設學說之列：一般平凡的立論，目前正展現一種自我引述的傾向。而各種不同的語用學觀點，也趨向於對與其有關的當代訊息，產生一種非直接的關聯。[217]結果，科學團體在拆除及再架設科學語言的過程中，所遇到的內部通訊問題，與社會總體在失去其絃事性文化時，所遭逢的難題，在本質上是相似的。社會必須重新檢查其本身內部的溝通，並在此一檢查過程中，對那些以社會名義所作的決策之合法化的本質，加以質疑。

　　即使冒驚世駭俗之險，我同樣要說：系統能精確計算出系統的最

佳利益。在權力評估標準的架構中，一項要求（即一種處方或政策形式）是無法憑藉一個尚未發生的需求所可能面對的困難，而達成合法化的。權力並非源自困難，而是源自困難的緩和，而此一緩和，增進了系統的運作效能。**就原則而言，我們不應以權利最弱份子的需求，作爲系統調節的基準：因爲滿足他們的方法，已是衆所皆知。他們實際上所獲得的滿足，將不會增進系統的運作效能，而只會增加系統的花費。此一問題的唯一相對指標爲：不滿足他們，則將導致整個系統的不安。而被弱勢力量統治與增加效率能力，在本質是相砥觸的。但整個事件，從本質來看，引起新需求，意味著導致"生活"規範的重新定義。**(218)〔譯註：此處以黑體字排出，是譯者的意思，因爲這段話與台灣目前的社會狀況，有十分密切的關係。〕由此看來，社會系統似乎是一種前衛機器，拖著人性向前進化。社會弄出非人性化的結果，主要是想在另一規範效能的層次中，將社會重新人性化。科技官僚宣稱，他們無法信任社會自己提出的社會需要：他們"知道"，社會無法知道本身的需要，因爲這些需要，並非發展新科技的必要變數。(219)決策者的自大和盲目，往往如此。

決策者的"自大"所代表的意義是，他們與被視爲一整體的社會系統認同。而這個社會系統是爲了尋求最完整運作效能的可行性，才形成一個整體的。如果我們看看科學的語用學，就會知道，這樣的認同是行不通的。原則上，沒有任何科學家能視自己爲知識的化身，去認定某個研究計劃，沒有必要；認爲某位研究者的構想，沒有價值；沒有科學家能說，這些計劃、構想，在整體上，未能增加科學的運作效能。並以此爲藉口，去否定他人。一個科學研究者對要求常作的反應是："我們必須想看看，把你的看法告訴我"(220)。原則上他不會預斷一件已經定案的事件。假如他想要翻案的話，科學的權威能力可能會受到損害。事實上，在科學上，翻案往往會更加確立科學的威信。

當然，在現實裏，事情並不是總如此。有時候，許多科學家（數也數不清了），眼看他們的"提案"或"步法"遭到忽視或抑制，往往一

壓就是數十年之久。此無他，就只是因為他們的"步法"，太過突然地攪亂了已被接受的穩定看法。這種情形不僅在大學和科學階層中如此，甚至在其他問題叢生的領域中，也是如此。[221]提案、"步法"愈有力，就愈有可能為大多數人的共識所反對。道理無他，正因為新的提案，改變了共識所根據的基本競賽法則。但是，當知識組織系統以此方式運作時，它就形同一個初步的權力中心，而此一權力中心的行為，是受"原狀穩定"（homeostasis）的原則所監控的。

上述那種監控的行為，是屬於恐怖分子式的，就如同魯曼所描述的系統中，所產生的行為一樣。我所謂的恐怖暴力（terror），是指消滅或威脅消滅與賽者所得到的效率而言。掌權者和與賽者在此，都參加同一語言競賽。他被壓制不敢說話或被迫同意，這並不是因他已被駁倒，而是因為他的參賽能力或資格受到了威脅。要想阻止一個人參賽的方法，是多得不得了的。決策者的自大傲慢，原則上，在科學裏是找不到根據的。這種自大，自始自終，一直是存在於恐怖的運作中，彷彿是在說"要使你的抱負配合我們的目標——（不然的話就……）"。[222]

在權威體系中，即使允許各種語言競賽出現，也要根據運作效能而定。生活標準的再定義，包括了加強系統在權力上的競爭能力。這種情形在介紹電傳科技上，更是特別明顯：科技官僚察覺到，在電傳學的發展上，看到了解放自由化的必然性；他們預見了對話者間的交互作用，會愈來愈豐富；這種發展之所以對他們有吸引力，是因為電傳學將在系統裏產生新的張力，而這些新張力，將改進系統的運作效能。[223]

從區別或分類的觀點來看科學，科學的語用學，提供了對穩定系統的"反模型"（antimodel）。一項科學陳述，只要能夠標明出與事物的不同點為何，同時還能以辯論求證的方式，支持此一論點的話，便會立刻被認為值得保存重視。

科學是一個"開放體系"的典型。[224]在這個系統裏，一項陳述是否

適切而有關聯，在於陳述的內容是否"產生思想觀念"。也就是說，此一陳述是否會引發其他陳述或競賽規則。科學並不擁有通則性的後設語言，也不能使其他語言，都能在科學的後設語言中，轉換、重估。這就是為什麼科學語言，無法與社會系統（包括了世上的一切）和恐怖暴力相認同的原因。如果決策者和執行者之間的區分，也存在於科學團體之中的話（事實是如此），那這種區分是屬於社會經濟系統的，與科學本身的語用學，毫無關係。實際上，這種區分的存在，是知識及想像發展的主要障礙之一。

　　合法化的通則問題變成了：科學語用學的反模型和社會語用學的反模型，兩者之間有何關係？我們可以運用上述原則，去探討構成社會上如雲一般多的語言材料嗎？合法化的通則，只限制在學習競賽法則之內而已？而假若如此，合法化的問題在社會規範之中，扮演了什麼角色？合法化是不是開放社會中，不可能達成的理想？對於強迫社會依從他們自己不遵守的運作效能標準的決策者而言，合法化是決策者的基本構成要件嗎？或者相反的，合法化問題是拒絕與權威當局者合作的手段嗎？這是一種朝反面文化（counterculture）方向運行的"步法"嗎？當然，隨著這種"步法"而來的，是以下的危機：因缺乏基金，而不得不預先結束研究的各種可能性。[225]

　　從本書研究的開始，我便強調（不僅在形式而且也在語用學上）各種語言競賽法則中，所存在的差異，尤其在定義指稱性的競賽法則（也就是知識競賽）和處方規範性的競賽法則（也就是行動競賽）之間的差異。科學的語用學，強調定義指稱性的說法，這些說法，是建立許多學問傳授制度機構的基礎（如學院、中心、大學等）。但是科學語用學，在後現代上的發展，把一項決定性的"事實"帶到了大家的眼前：那就是定義指稱性敘述的討論，也必須要有規則可循。而其規則，卻不再是定義指稱性的語言了。現在的規則是屬於處方規範性的語言，我們最好稱之為後設處方規範性敘述，以免與處方規範性語言相混淆。（規則規定了語言競賽應該遵守的步法，這樣大家才能認可遵

行）。現行科學語用學的功能，也就是區別功能，想像功能或似非而是的活動功能等，這些功能的，主旨在指出各種後設處方規範（也就是科學的"預設"），[226]並且要求與賽者接受不同的競賽規則。唯一使得這種要求能為大家承認的合法化方法，就是通過合法化所產生的新構想，換言之即新的陳述。

社會的語用學，不像科學語用學那麼"單純"。它是各種不同來源變異的不同等級的說法，經由龐雜的網路交織形成的怪獸。（這些說法，分別屬於定義性、處方規範性、運作效能評估性等）。我們沒有理由認為，我們可能為所有的語言策略找到一個共通的後設處方語言，或者認為在一個科學團體中，在特定時刻內，所產生的可以修正的共識，會發出銳不可當的力量，把整個後設處方規範性的陳述，都包括在內，把整體性的陳述加以規律化，使之流傳在社會總體之中。事實上，合法敘述在當代的衰落——不論是傳統的或"現代的"（如人性的解放，思想的實現等等）——都與上述信念之揚棄有關〔譯註：就是揚棄尋找共通後設語言的信念〕。"系統中"的意識形態，常常號稱能代表整體，企圖彌補上述缺乏共識的缺陷。此一信念的喪失或揚棄，最後演變成，對運作效能評估標準，表現出一種犬儒主義的諷嘲！

基於這個理由，在處理合法化問題的導向上，我們不可能追隨哈柏瑪斯，去尋求普遍的共識，[227]去追求他所稱的" Diskurs "也就是經由"論點對話"來達成共識。這一點我們不得不慎重明辨。[228]

如此一來，就會造成兩個假說。第一個假說為：當語言競賽很明顯的呈畸形發展，在語用學規則的雜交配套之下，所有的說話者都可能達成一種共識，那就是在各種語言競賽之中，找尋出一套有效的共同法則及後設處方。

第二個假設為：對話之目的是在達成共識。然而正如我在科學的語用學那一章裏所分析的，共識只是屬於討論問題時的某種特殊狀況，共識並不是討論問題的最終目標。相反的，討論的目的，也不在追求共識，而是追求誤謬推理。上述雙重觀察（規則的多元異準性，

和對異議的追求）摧毀了根植在哈柏瑪斯研究中的基本信念，這也就是說，哈柏瑪斯相信，作為集合或是不變主體的人性，一直在尋求一種普遍的獨立解放，這種解放，是通過所有語言競賽所共同認可的、規則化了的"步法"來建立的。在這些"步法"中所提出來的說法，只要是對上述解放獨立有貢獻，那就是合法的。[29]

哈柏瑪斯所依賴的這套說法，在他反對魯曼的論點上，所發揮的功能，是顯而易見的。"論點對話"（Diskurs）是哈柏瑪斯反對穩定系統理論的最大的武器。哈氏的出發點不錯，但論點則未必正確。[30]共識已是過時的玩意，而其價值也頗令人懷疑。然把正義當作一種價值，是永不過時且不容懷疑的。所以我們非要找到一種與共識無關的方式，去達成正義思想及其實現。非要找到一種與認清語言競賽異質多變的本質，為邁向此一問題解決的第一步。這種看法，很明顯的是反對恐怖主義的。恐怖主義〔譯註：包括暗殺或戰爭〕假定語言競賽是異質同形的，而且企圖使所有語言競賽都變成如此。第二步為，任何定義競賽法則之共識上的原則，和在這個法則內可以行得通的"步法"，必須是屬於個別或局部的，換而言之，就是現有的與賽者和與賽的主體之間永遠有權取消或變卦。因此競賽法則的導向，偏向於一種多元式的有限後設論點，這也就是我所說的，與後設處方有關的論點，而論點的形成，則受到了空間和時間的限制。

上述導向，和現行社會交互作用的發展進化路線相應合：在專業上、感情上、性問題上、文化上、家族上、國際問題上，甚至在政治上，暫時性的契約（temporary contract），在實際的作業上，已取代永久性的常設機構。

此種進化的意義，當然是模稜兩可不十分確定的：暫時性的契約之所以為社會系統所支持，是因其具有較大的彈性，較低的花費，以及隨之而來的那種具有創造性變動性的動機。上述種種，都是促進運作效能增加的因素。無論如何，於此，我們都應該對社會系統提出一種"純粹"的二選一的選擇，這是毫無疑問的：我們都了解，當 1970

年代將結束時，從事上述選擇的嘗試，會將意欲以一種類似的系統去取代原來系統的做法結束。我們應對暫時性契約，在意義的形成上，有不確定的趨勢，感到高興：暫時性契約不再完全受系統目標的控制，同時系統也容忍了暫時性契約的存在。如此的相互寬容，見證了系統內，另一種目標的出現：例如有關語言競賽的知識，以及如何決定對語言競賽的規則和效力，負起何種應該負的責任。上述競賽規則的最大效果，就是誤謬推理的追尋，而這也正是我們之所以要採用上述規則的最大原因。

我們終於找到一個立足點，去了解電腦化社會是如何影響目前這個問題叢生的世界了。電腦可能成爲控制和規律市場系統的"夢幻"工具，電腦也可擴展到把知識本身也包括進來，完全被運作效能的原則所控制。果眞如此，我們便無可避免要涉及到恐怖的運用。但電腦也可能藉提供羣體所經常缺乏的那種做知識性決定的資訊，而幫助羣體討論後設性的處方或策略。原則上，如何在電腦化時，選擇上述第二條路線的方法，是相當簡單的：那就是使大眾有自由的管道，使用記憶資料庫。[21]到那時，語言競賽或許在任何一特定時間內，都是一種屬於比賽看誰能擁有最完全資訊的競賽。

但是，這種競賽或許也可能成爲非零和競賽。因爲事實上，雙方已經下了最大的賭注，大家都不敢立於賭博的最小平衡點上，那太危險了。他們所下的賭注可能就是知識（或者你願意，也可稱之爲資訊）以及知識的保存──保存可能會說出來的各種語言說法──這是取之不盡用之不竭的。如此一來，我們便可描繪出一張政治草圖。在這樣的政治系統裏，社會不但尊重大家伸張正義的欲望，同時也尊重大家探求未知的欲望。

【註】

211. 由於篇幅及主題的限制，本書勢必無法詳細分析在合法化說法內，敍事
傳統捲土重來後所採取的形式爲何。例如：有關開放系統的研究，局部

決定論，反方法學——總而言之，凡此種種都被我歸在誤謬推理名下。

212. 例如諾拉和密克把日本在電腦方面的成就歸功於"社會共識的強化"，他們判斷此一品質，爲日本社會的特色。〔見《社會資訊化》(見註⑨)，p.4〕他們的結論是："擴大社會電腦化的動力，致使社會更形脆弱：此種社會之建立，是著眼於促進共識的，但在共識達成之前，即預設了共識的存在。然若共識無法被瞭解實踐時，社會即停滯不前。史徒茲(Y. Stourdzé)在〈美國〉(Les Etats-Unis)(見註⑳)這篇文章中強調：由於社會對國家運作能力喪失信心，故目前趨勢，傾向於鼓勵取消管制及追求不穩定與削弱行政權力。

213. 以孔恩的觀點而言。

214. 波米安在"災變"一文中顯示，這種運作形態與黑格爾的辯證法，一點關係也沒有。

215. "因此，在社會體系中，決策合法化所引起的相應結果，基本上是一種具有最低程度摩擦的有效求知過程。這只是下列這個更廣泛問題的一面："人們的欲望期望是如何改變的，政治行政輔助系統(它僅使自身成爲社會大系統中的一部份而已)，又怎能在社會中，透過它的決策來建立期望？"對整體而言，部分活動的影響力，大部分要靠它將新的期望與已存的體系——不論是一般人民或社會體系——成功的相互整合到什麼程度，同時又不激起運作上大幅度的騷動。〔見魯曼 *Legitimation durch Verfahren*(見註⑯)，p.35〕

216. 這個假說在賴斯門(David Riesman)早期研究中即有述及。詳見賴斯門《寂寞的大衆》*The Lonely Cuowd*(New Haven：耶魯大學出版，1950年)，懷特(W. H. Whyte)在《組織人》*The Organization Man*(紐約：Simon & Schuster, 1956)以及馬庫色(Herbert Marcuse)《一度空間人》*One Dimensional Man*(Boston：Beacon,1966)

217. 瑞迪伯(Josette Rey-Debove)指出，在當代日常用語中，間接引述或反諷弦外之音的用法，已達氾濫地步。正如他提醒我們的："不要相信間接引述"。參閱《後設語言》Le Métaiangage。(見註⑪)，pp.228ff。

218. 坎古漢(Georges Canguilhem)說："當一個人能夠遵守一大堆規範，當他能比正常更正常，他才是眞正的健康。"(見〈正常與病理學〉一文 Le Normal et le pathologique(1951)，收入《生命的知識》*La Connaissance de la vie*(巴黎：Hachette,1952)，p.210〔英譯：Carolyn Fawcett, *On*

the Normal and the Pathological(Boston：D. Reidel，1978)〕

219. 大衞(E. E. David)(見註⑱)認爲：社會只能在目前的科技環境裏，感受到社會需要的是什麼。發明可改造科技環境，並創造不可預知的需求，此乃基礎科學的本質。他舉出下面的例子：例如擴音器這種硬體的使用，與固體物理學的快速發展有關。朱林(R. Jaulin)也批評了以現代科技爲主體的需求，及社會互動中所產生的"負面規律"參閱〈科技神話〉Le Mythe technologique 發表於《企業評論》*Revue de l'entreprise* 26，"人類科技學專號"(Ethnotechnology)(3 月，1979 年)

220. 麥德握(Medawar)：《解決的藝術》，pp.151−52。比較科學家們說與寫的風格，發現寫的必定是歸納性的，不然就不寫。至於說的，麥德握整理了一些常在實驗室裏聽到的表達方式，諸如"我的結論尚未終篇"之類的。他最後的結論是：科學家們是在做著建立一種解釋性的架構，他們在講故事……。

221. 有一個很有名的例子，詳見傅耳(Lewis. S. Feuer)：《愛因斯坦與歷代科學人物》*Einstein and the Generations of Science*(紐約：基礎書籍，1974)正如莫斯考維西(Moscovici)在法譯本的引言中所強調的：〔trans. Alexandre, Einstein et le conflit des générations(Bruxelles' Complexe, 1979)〕"相對論是在一羣朋友所組成的臨時權宜「學院」中產生的，他們之中沒有一個人是物理學家，全都是工程師或業餘的哲學愛好者。"

222. 小說家歐維爾(Orwell)的矛盾論。官僚部門說：「我們既不滿足消極的服從，也不滿足最卑屈的順從，當你終於屈從到我們，那必是出自你的自由意志。」(見他的小說《一九八四》〔紐約：Harcourt, Brace, 1949〕)在語言競賽策略術語學中，此矛盾論也許可稱之爲「自動自由」或「隨心所欲」，華茲拉維克(Watzlawick)等人在《人際溝通語用學》一書中第203∼207 頁曾分析此一論點。關於矛盾論，參閱薩蘭斯基(J. M. Salanskis "Genèses 'actuelles' et genèses 'sérielles' de l'inconsistant et de l'hétérogène,"見《批評雜誌》379 期(1978)：1155−73。

223. 參見諾拉(Nora)和密克(Minc)對於大規模電腦化將無可避免地在法國社會產生緊張的描述。〔見《社會資訊化》(見註⑨)，導言〕

224. 參見註解 181。比照華茲拉維克等人在《人際溝通語用學》(見註⑪)一書中第117∼148頁，對開放體系的討論。開放體系的理論是薩蘭斯基研

究的主題，見《敏銳開放系統》*Le Systématique ouvert* 即將出版。

225. 在教會和國家分裂後，費若班的《反方法論》要求把科學和國家以同樣世俗精神（"Lay" spirit）加以分開。然而科學和金錢又如何呢？

226. 要了解杜柯洛（Ducrot）「急迫」（Dire）這個十分棘手的術語（見註㉘），上述解釋不失爲一個好辦法。

227. 《合法化問題》*Legitimationsprobleme*（見註㉗）全章皆重要，特別是第21～22頁：「語言如變壓器般運作……改認知爲主張，改需要和感情爲規範的期望（命令、價值）。這種轉換一方面是在主觀的企圖，意願，愉快和不愉快上，另一方面則在表達，規範以及『要求普遍性』上（pretension to universality）在這兩個方面之間，產生了巨大的差異。普遍性代表知識的客觀性和一般通行規範的合法性；兩者確認社會是由生活的社會經驗所構成。我們了解到，通過這種呈現複雜問題的方法程式，合法化問題，便被定位在一種答案上，那就是普遍性（univesality）。此爲一方面預設知識主體的合法性，相等於行爲主體的合法性（和康德的批判論相反，康德分解了概念上的普遍性，這一點與前者相當。理想的普遍性，或"超感本質"，形成後者的範疇，而另一方面，則維持了共識，認爲共識是人道生活唯一可能的範疇。

228. 同上，第20頁。把處方性政令的後設規定（法律規律化）附屬於"論點對話"（Diskurs）之下，是十分明顯的。如第144頁上舉例：「對效用標準化規範化的要求，本身是屬於認知性的。這種要求總是認爲在理性討論中，其要求一定會被認可。」

229. 柯提安（Garbis Kortian）：《後設批判》*Métacritique* 討論哈柏瑪斯思想中有關啓蒙方面的主張。（巴黎：de Minuit 版，1979）〔英譯 John Raffan, *Metacritique: The Philopophical Argument of Jürgen Habermas*（Cambridge：劍橋大學出版社；1980）〕又見柯提安"哲學說法及其目標"《批評雜誌》384 期（1979）：407−19。

230. 參見寶蘭《原子語用學初探》（見註㉘）。對 Searle 和 Gehlen 的語用學做較廣泛討論，請參見寶蘭的《話語的語用學及生命的語用學》Phi zéro 7, No. 1（蒙吹奧大學，1978 年 9 月）：5−50。

231. 參見芮柯特（Tricot）等人《資訊與自由》*Informatique et libertés* 政府報告：（法國檔案，1975）；喬內（L. Joinet）"資訊學扼殺自由的羅網" 見《外交世界》雜誌，300 期（3 月，1979 年）「這些羅網是運用『社會掃描』

(social profile)去管理大眾的技巧，由社會自動性產生安全性的邏輯。」請參見《干預》*Interférences* 1 和 2 的檔案及其分析，(冬季號1974、春季號 1975)其主題為多媒體大眾傳播網的建立。該書要旨包括有：業餘無線電台；(特別是在 1970 年 10 月魁北克的 FLQ 事件中以及 1972 年 5 月"前鋒公社"事件中，業餘無線電台都扮演重要角色。)美國和加拿大的社區電台；電腦對編輯工作及印刷業的衝擊；私人無線電(在義大利發展此一項目之前)，管理行政的檔案，IBM 的壟斷，電腦怠工，幽頓(Yverdon)的居民(Canton of Vaud)已投票決定購買一部電腦，執行特別規定(從 1981 年開始運作)：市議會的權威決定蒐集那一類資料；在何種情形下，資料會被傳播，傳播給誰？任何公民皆可運用其他的資料(要付費)；每位公民都有觀看他自己資料入檔的權利，並改正其錯誤，大家都可對市議會提出他們對電腦的不滿，而如果有必要，甚至可上訴至參議院(Council of State)；每個公民都有權知道(不過要申請)，那一種有關他們的資料，被傳送出去了？也有權知道，他的資料傳送給誰了？

第15章

答客問：何謂後現代主義？
(Answering the Question:
What Is Postmodernism?)

一項呼籲(A Demand)

　　這是一個遲滯渙散的時代——我是就時代色彩而言。各方面都迫使我們結束在藝術以及其他領域裏的各種實驗。我看到一位藝術史家，正極力頌揚「寫實主義」(realism)，並且積極而霸道的倡導一種新的主體性(New Subjectivity)。我也看到一位藝評家，在繪畫市場上，以精美的包裝，販賣所謂的"超前衛主義"。(Transavantgardism)我看到那些打著後現代主義旗號的建築師，要揚棄包浩斯式(Bauhaus)的建築理念，把「實驗之嬰」(baby of experimentation)連同「功能主義洗澡水」(bathwater of functionalism)一塊倒掉。我讀到一位新哲學家(New philosopher)，宣稱他發現了"猶太基督主義"(Judaeo-Christianism)(此乃他自己的戲稱)，並且打算藉此消滅那些，聽說是由我們所散佈的瀆神思想。我曾在一份法文週刊上讀到，有些人對《Mille Plateaux》(德勒茲和高達里合著)這本書，感到不滿，因為他們期望，特別是在閱讀哲學作品的時候，要能尋獲一些意義，方能得到心靈上的滿足。我曾拜讀一位頗負時譽的歷史學家之大作，他認為 1960 年代的作家和思想家，以及 1970 年代的前衛派，在語言的運用上，造成一種極為可怕的排他勢力，若想有效的改變此

一情況，其條件就是要強制所有的知識分子，使用一種共通的說話方式，那也就是使用歷史學家所使用的語言。我不斷讀到一位年青的語言哲學家，一直在抱怨歐陸的思潮在語言機器的挑戰下，在關係到如何處理現實的這一點上，向這些機器投降。上述這些流行的思潮，已經取代了"傾向語言性"（adlinguisticity）的指涉典範（referential paradigm）（人們以演講研討演講，以寫作研討寫作，文字與文字之間，不斷相互指涉）。他認為，現在已到了該在指涉物（referent）中，恢復語言堅實定位的時候了。我讀過一位天才型的劇論家，就他所見，後現代主義中所包含的競賽策略和幻想，在面對政治權威時，根本起不了什麼作用，尤其是在面臨核子戰爭的威脅時，通過憂慮大眾所反映的公意，往往會鼓勵掌權人士，去搞一些極權監視（totalitarian surveillance）之類的政治手段。

我讀過一位有聲望的思想家，以捍衛現代（modernity）的姿態，來抵抗那些他所謂的"新保守主義"（neoconservatives）。他認為在後現代主義的旗幟下，年輕的一代，會拋棄現代主義的未完大業，拋棄那些啓蒙時代（Enlightment）所標榜的理想。根據他的看法，連"啓蒙思想"（Aufklärung）的最後一批擁護者，像波柏（Popper）或者是阿多諾（Adono），也只能在某些特定的生活範疇中，去繼續護衛他們那份理想──對《開放社會》（The Open Society）的作者而言，他要護衛的，只是一份在政治方面的理想；對《美學理論》的作者來說，要護衛的，則只限於藝術方面。此人不是別人，正是哈柏瑪斯（大家應該早已猜到了）。他認為：如果現代已經完蛋了，那就等於讓生活整體瓦解，變成碎片式的獨立專科，交由只專精一門的專家們去應付。具體個人的本身，則會體驗到"崇高意義瓦解後的意義"（desublimated meaning）以及"形式解體後的形式"（destructured form）。這種結果，帶來的不是一種解放，而是一種極度疲倦無聊的心態（ennui），早在一個多世紀前，波特萊爾就已描述過這種疲倦無聊的心態了。

根據威爾瑪（Albrecht Wellmer）所開的處方策略，哈柏瑪斯認

爲，要醫治此一文化割裂及文化與生活脫節之病，只有"從改變美感經驗的地位著手，尤其是當美感經驗，不再以表現品味判斷爲主的時候"。現在，我們應該把美感經驗，"用在探索一種活生生的歷史狀況上"，換言之，就是"讓這種美感經驗和人類的存在問題發生聯繫"。這樣一來，這種經驗便會"變成語言競賽法則的一部分，而語言競賽本身也不再屬於美學批評了"。美感經驗參與了"認知過程以及對標準化的期待"。美感經驗改變了在那些不同時刻裏，彼此互相指涉的流行樣式。哈柏瑪斯想從藝術裏得到的，以及想從藝術經驗中所汲取的。簡而言之，就是如何去彌補在認知、道德以及政治說法之間，所存在的鴻溝與歧異，從而開拓出經驗統合的大道。我的問題，則在於要先決定哈柏瑪斯心中所想的是何種整體？現代化的目標，是不是去組出一個社會文化整體。在此一整體中，人們的日常生活以及思想中的各種成分，都各就各位，就如同一個有機整體一般？或者是通往整體的道路，必須在異類混合的語言競賽法則之間，去從事規劃──那些屬於認知的、倫理的、政治的語言競賽。上述種種語言競賽規則，與有機體的說法比較起來，是屬於另一種不同層次的秩序？假如果眞如此，那現代化的目標，是否有能力去提供一個眞正的綜合整體？

　　第一個假設，靈感來自黑格爾，毫無疑問，是順著辯證法中統合經驗的看法而產生的；第二個，則近於康德《判斷力的批判》(*Critique of Judgment*)中的批判精神；然就像後現代思想嚴格的重新檢驗啓蒙時代思想一樣，第二種假設，也就像批判(Critique)一樣，要接受後現代對歷史只有單一目標，以及主題只有單一目標這兩種觀念的嚴格重新檢驗。這種批判式的論點，不僅維根斯坦以及阿多諾早已率先提倡，同時也存在於一些別的思想家的文章之中(包括法國及其他國家的)，那些哈柏瑪斯不曾紆尊降貴去閱讀的文章──至少，那些文章的作者，不會因爲他們所奉行所謂的新保守主義，而慘遭哈氏的貶斥。

現實主義(寫實主義)

文章一開始,我藉著引證,所提出來的幾項呼籲,在本質上,並非全然相等,甚至還可能彼此互相對立矛盾。有些構想,是靠後現代主義的名義而成立;有些,則站在與後現代敵對的地位。爲了某一指涉物(以及客觀的現實)或某種意義(以及可信的超越理念),爲了某一聽衆(及觀衆),或爲了發話者(addressor)(爲了主觀的表現),或爲了某種溝通上的共識(例如以及相互溝通交流的通用碼,例如歷史說法的類型)等等,所提出來的呼籲,其過程及本質未必全然相同。但在衆多主張暫停藝術實驗的要求中,也出現共同追求秩序,追求統一、要求同一性、要求安全性或流行性的呼聲〔這也就是從"訴諸羣衆的觀點來看"(Offentlichkeit)〕。藝術家和作家必須回歸到社會的懷抱,或者至少,如果這個社會被認爲是生病了的話,他們必須負起治療的責任。

對於此一共識有一不可反駁的有力證據:那就是對某些作家而言,大家都認爲剷除前衞派的遺產,是最最要緊的事。事情果眞是如此的話,那特別要剷除的,就是所謂超前衞主義的作品。奧利華(Achille Bonito Olíva)在回答拉馬其維斗和恩瑞克(Bernard Lamarche-Vadel 和 Michel Enric)所提的問題時,對這一點,硬是說得斬釘截鐵,毫無轉圜餘地。將所有的前衞派通通混合在一起,一網打盡,這樣一來,藝術家和批評家有更大自信,去面對上述各式各樣的前衞派,發動正面攻擊,這樣才能更有效的壓制前衞派。在戰鬥中,他們想以最具嘲諷性的折衷主義,來蒙混過關,把折衷主義當做是超越那些屬於前輩實驗主義支離破碎的特色的不二法門;不過,假使他們公開背棄前輩的經驗,他們就會有被視爲是荒謬"新學院派"(neoacademic)的危險。當中產階級在歷史上崛起之時,文藝沙龍和學院,藉現實主義(寫實主義)的名義,進行洗滌人心的工作,獎勵那些

優秀的藝術及文學活動。但是資本主義天生就有把熟悉事物弄得陌生的本領〔譯註：也就是異化事物的本領。〕，社會角色、制度機構都被弄得面目全非，弄到最後，所謂的寫實摹擬再現，除了懷舊及嘲諷外，再也無法喚起真實了。懷舊與嘲諷的動機，不是因為追求滿足，而是為了表現痛苦。當現實是如此破碎不穩，除了搞暢銷書或搞實驗作品外，現實再也無法提供經驗給大家。在這樣的世界裏，古典主義似乎是毫無存在的餘地了。

讀過班哲明（Walter Benjamin）著作的讀者，當對此一主題十分熟悉。但是評估上述現象究竟達到了什麼程度，卻是必須的。從外在來看，攝影術的出現，在過去尚未構成對繪畫的挑戰；就像電影工業，也沒有對敍述文學構成挑戰一樣。文藝復興以後的藝術，早就把視覺藝術的規劃，推展到複雜精緻的地步，攝影最終目的，只不過是要想在百尺竿頭，更進一步而已。而電影則是在上述這一連串的發展當中，從事收尾的工作。電影把屬於貫時系統的時間次序，貫穿起來，成為一個有機整體，把自十八世紀開始，所有偉大的教育性小說的理想，全都具體實現了。機器和工業的出現，代替了手工藝，這事情本身並不是一件壞事——除非一個人相信藝術在本質上，是個人天才以精彩無比的藝術技巧所表現出來的結果。

挑戰之所以發生，主要是因為攝影和電影藝術的製作過程，比手工來得更好、更快，並且以大於敍事小說或寫實圖畫十數萬倍的發行量，來完成學院派所賦予現實主義（寫實主義）的任務：去防止各式各樣的自覺意識，對正統的"現實"產生懷疑。工業式的攝影和電影一定會勝過繪畫小說，只要製作的目標，是在穩定指涉物，是在依照特定的觀點，去組織指涉物，並藉由此觀點賦予該指涉物清楚明白的意義，去重新生產出一套句法和字彙，使得讀者觀眾，能夠很快地去解讀他們所看到的意象，以及意象之間的關聯。如此一來，就很容易達成他自我自覺的認同，並以此贏得別人的贊同——因為意象的結構，意象與意象的關聯，在觀賞者與製作人之間，已構成了一套溝通的符

碼。現實的影響力，如果你喜歡這麼說的話，也就是現實(寫實)主義的狂想曲，就是如此這般的不斷繁殖增加。

如果畫家和小說家，不希望自己成爲現況的支持者(事實上他們支不支持是無關緊要的)，他們必然會拒絕讓自己的藝術，被他人拿去，當做一種治療來運用。當他們向前人習得了繪畫和敍事規則的時候，他們一定會對這些規則質疑。很快地，那些規則對他們而言，會顯得只是一種欺騙、誘引、以及自我再保證(自我壯膽)的手段。這些手段的運用，在他們看來，是永遠無法達到藝術"眞"境的。在繪畫和文學的共同領域之中，一項空前未有的分裂正在發生。那些拒絕重新檢驗傳統藝術規則的人，藉著傳播之力，靠著所謂的"正確規則"，靠著大家對現實的病態欲望，在最大多數人的認同欣賞下，尋求藝術事業的成功。而現實中的目標及狀況，恰好也都能迎合此一需要。攝影和電影中的色情題材，就是爲達成此一目的而製作的。上述模式，也快要成爲那些無法應付大衆傳播媒體挑戰的視覺和敍事藝術〔譯註：也就是繪畫與小說〕，在製作上的共同手法了〔譯註：指繪畫及小說，也不得不採用電影的手法來繪製或撰寫了〕。至於那些對藝術創作和敍事藝術規則，提出質疑的藝術家和作家，也可能藉著作品的發行，相互分享他們的懷疑。〔譯註：也就是對正統的質疑。〕在那些關心"現實"和"一致性"人們的眼中，這些藝術家和作家是註定得不到靑睞與信任的；因爲他們無法保證他們的作品會有讀者。因此，我們似乎可以將前衛派所使用的辯證法，是由於工業式的現實(寫實)主義和大衆傳播對繪畫和敍事藝術的挑戰所造成的。杜象(Duchamp)的"旣成藝術"(ready made)，就生動且譏諷的顯示出，繪畫技術，甚至於成爲藝術家這件事，是不斷的存在於一種被剝奪取代的過程與狀況之中。就如德杜夫(Thierry de Duve)所深刻指出的，當今美學問題並不在於"什麼才是美？"而是在"什麼才可以稱之爲藝術(和文學)？"

現實(寫實)主義的唯一定義是，試圖避免面對在藝術中所牽涉到關於眞實的問題，現實(寫實)主義永遠是站在學院形式主義和庸俗藝

術的中間地帶。當權勢以政黨的名義控制一切，現實（寫實）主義與其
新古典式的附屬品，就會得意洋洋地以毀謗、禁止的方法，去壓制實
驗的前衞派——也就是說，提供那些符合政黨所要求的，所選擇的，
所宣揚倡導的"正確"意象，"正確"敍事，"正確"形式。如此這般，
作品方能替大衆從大家的共同經驗中，找出消除憂慮和沮喪的合適治
療法。上述這種現實的需要——亦即對統一性、單純性，可溝通傳播
性等等的需要——在二次大戰前後的德國，和共產革命後的俄國，旣
沒有相同的強度，也沒有相同的持續性；這成了區分納粹現實主義和
史達林現實（寫實）主義的基本要點。

　　然而，更明顯的是，當對藝術實驗的攻擊，是由政治機構所發動
時，會讓人覺得特別地反動；美學的判斷，只是在要決定什麼或什麼
作品符合固有美的規則時，才用得到。無需去研究是什麼使得藝術品
之所以成爲藝術品，也不用去研究，藝術作品是否能找到欣賞者，政
治上的形式主義者，最喜歡弄出一套預先製定好的美的衡量標準，如
此這般輕而易舉的，將某些作品及大衆，永恆的連接了起來。在這種
美學判斷裏所使用的分類，跟在認知判斷中所使用的分類，具有相同
的本質。套一句康德的的話說，就是兩者都是規定性判斷（determin-
ing judgments）：這個術語，首先在理解上被表達的很好；接下來，
在經驗中，凡是能夠被這個術語所涵蓋的事例，才能被保存下來。

　　當權力落在資本家手中而不在政黨手中時，所謂"超前衞"或"後
現代"的解決方式，依堅客（Jenck）的說法，顯然比反現代（antimo-
dern）的解決方式，要來得適切得多。折衷主義是當代通俗文化的零
度：人們聽著西印度羣島上的流行音樂，看西部電影，午餐吃麥當
勞，晚餐則吃本地餐點，在東京卻噴著巴黎香水，在香港穿"復古"
（retro）服裝；知識則變成了一項電視競賽遊戲。反正，要替折衷主
義式的作品找觀衆是很容易的。由於藝術變爲庸俗流行之物，藝術遂
開始去迎合藝術贊助者的雜亂"品味"。藝術家，畫廊主持人，批評家
和一般大衆，在"什麼都好"中〔譯註：什麼樣的畫都是好畫，只要有市場就

行〕，一起打滾浮沈。這是一個鬆散遲滯又不景氣的時代。可是，"什麼都好"式的現實(寫實)主義，實際上就是拜金主義；在缺乏審美標準下，大家可能會依作品所能產生的利潤，做爲評估作品價值的標準。只要這些流行的趨勢和需要，具有市場潛力。上述那種拜金現實(寫實)主義，就能迎合滿足所有的流行趨勢，就如同資本主義能夠迎合滿足所有的需求一樣。至於品味，當人們只是沈迷在自我玄想或自我娛樂時，根本不需要有什麼精緻敏銳的品味。

藝術和文學研究，更是受到了雙重威脅：其一是來自"文化政策"，另一是來自藝術和書籍市場。經由各種不同的管道，我們所得到的忠告是：第一，所寫的作品要與閱讀大衆所注意的主題有關；第二，因爲作品的製作是如此的完美，以致大衆能夠知道這些作品是在說些什麼，想表達什麼。這將使得讀者，能夠十分內行的，對作品表示欣賞或反對。如果可能的話，這些讀者，甚至可以從這種作品中，得某種程度的安慰。

我們對工業機械式的藝術文學，和純藝術文學兩者之間關係的詮釋，大體而言，是正確的。但詮釋的角度，仍然狹隘的被社會化歷史化了——換句話說，我們所做的詮釋，只不過是一面之詞而已。我們必須超越班哲明和阿德諾所不願討論的事情，那就是在面對關係到現實的問題時，科學與工業中所存在的疑點，與藝術文學一樣多，我們不能毫無保留的相信科學工業。要不然，則一定會助長那種狡詐魔鬼式的科技實用主義中，所含有的極端式的人文觀念。我們不能否認，今日科技所擁有的絕對支配優勢，那也就是說，目前大家把所有認識性的陳述，都附屬在如何達成最佳運作效能這個目標上，附屬在科技評估標準上。一旦機械和工業，侵入了原本是保留給藝術家的領域，他們所帶來的影響力，是無與倫比的。源自科學知識和資本經濟的目標和思想，本身即擁有一套自我支持的規則：這條規則是，現實的存在要靠參與現實者之間，在某種知識和某種承諾或信念上，達成共識。一定要能通過這一層共識的考驗，現實方能存在。

　　這條規則所發生的影響力，十分重大，使理智心靈認為已經掌握住的形上學、宗教以及政治的確切實體，與現實分離〔譯註：這也就是說，現實脫離了形上學、宗教、及政治實際掌握範圍，自由獨立了起來。〕如此一來，這條規則便在科學家的行政活動及資本信託委員的投資活動，留下深刻的印記。現實從上述形上學等範疇撤出，對科學和資本主義的興起，是絕對必要的。如果我們不對亞里斯多德的運動理論(theory of motion)產生懷疑，那就不可能有工業的出現，如果不對公司組織、重商主義及重農主義提出反駁，工業也無法出現。無論出現在什麼時代，現代性(modernity)的出現，必定會帶來信仰的破滅，並會讓我們發現"無現實"的現實("lack of reality")，而且還讓我們發明出各式各樣的現實。

　　假如我們試著將"無現實性"從狹隘的歷史化了的詮釋中解放出來，"無現實性"代表的意義是什麼呢？這個術語當然跟尼采所謂的虛無主義(nihilism)有關。可是，我在康德式的崇高論中，就已經看到尼采這種透視論(perspectivism)的早期變種版本。我特別要指出，早在崇高美學當中，現代藝術(包括文學)，找到了原動力，而前衞派也為其邏輯，找到了定理。

　　崇高式的感想，也就是崇高的感想，依康德的看法，崇高是一種強烈而模稜兩可的情感：是苦樂參半式的。尤有甚者，崇高快感，是源自於痛苦。在探討崇高的傳統裏，〔此主題源自奧古斯丁(Augustine)和迪卡耳(Descartes)〕康德並沒提出任何過激的挑戰。崇高裏所含有的矛盾，有人將之稱為精神官能症或自虐狂。上述矛盾，在一個特定主體之中，利用主體裏兩種機能之間的衝突來發展。一種機能可以想像孕育事物，另一種機能則可呈現事物。假如，一、提出的論述是可理解的；二、此一論述，可以從與論述相應合的經驗中得到印證，那麼知識就存在。而美的存在，則需要下列條件：假如某一例證(藝術作品)，其創作全是基於感覺而不受任何觀念的左右，而且從此藝術品中所得到的快感是獨立的。此一快感，與從此藝術品中所能得

到的利益無關。然後，此一藝術品還要能夠符合普遍共識的原則。(雖然，所謂普遍的共識可能永遠無法達到。)那美的存在，方才成立。

因此，品評鑑賞力可以證明，想像孕育對象物的能力與呈現對象物的能力，和觀念思想的能力是相互呼應的。觀念思想是一種尚未受到大家一致肯定的東西，其中無規則可循，但卻能導致判斷力的出現，康德稱之為反思。人們在從事反思活動時，可能獲得愉快的經驗。崇高則是另一種不同的觀感。恰恰愉快經驗相反，崇高之所以產生，是因為想像無法呈現對象物。原則上說，想像力應該可以呈現出一種與觀念相當的對象物。我們有「世界」的概念(整個的世界)，但我們卻沒有能力舉例證明此一概念。我們有簡單(不能夠再分裂解構的)概念，但我們不能舉出可感覺的實物，以為例證來說明之。我們可以想像無上的偉大，無窮的力量，然而，為了要使此一絕對偉大和絕對力量得到呈現，我們所舉出來的每個必能為人所"看得見"的對象物，卻令我們感到非常不恰當。那些觀念，根本沒有呈現的可能性。因此，這些無法呈現的觀念，便無法傳授有關現實(經驗)的知識；也阻止了那些能夠產生美感情懷的機能之間的自由組合；此外，還阻止了品評鑑賞力的成形及穩定。這些觀念，可以說是無法展現的。

正如迪德羅(Diderot)所說過的，我所謂的現代藝術：致力以雕蟲式的專門技術(so "petit technique")，去表現證明，那些無法展現的存在是事實，讓能夠被想像到的，還有那些既不可能被看見，也無法使自己不隱形的東西，都能被看見：這一點，是現代繪畫成敗的關鍵。然而，如何使看不見的事物被看見呢？康德指出了下面這套方法。他標榜"無形性，也就是形式之缺乏"，來作為無法被再現事物的可能表徵。他也談過想像力所經驗的空虛"抽象"，這是在尋求再現無限(另一種無法被呈現的事物)時，所產生的經驗。這種抽象本身，就像是無限的一種再現，也就是無限"負面的呈現"。康德引用十誡上所說的"不可以製造偶像"(見"出埃及記"Exodus)。他認為這條誡律，

是聖經中最崇高的一段，禁止再現絕對的上帝（Absolute）。如果我們要簡介崇高繪畫的審美觀，無需再費神多說，上述的看法就已經講得夠清楚了。以繪畫〔譯註：抽象畫〕而言，當然要通過某些屬於負面的事物來呈現。因此，抽象畫要儘量避免製做圖象或摹擬再現。一張畫可能“白”得像麥勒維（Malevitch）畫的方格中的一格；只有使這張畫不可能被看見，才能讓我們看到這張畫；這種畫，只有藉引發觀衆的痛苦，才能使觀衆得到快樂。我們由以上的信條中，可以體察到，前衞派繪畫的定理，那就是他們致力於以可見的再現爲手段，來影射無法呈現的事物。藉著這一套系統理論爲名，或者是藉著這套系統理論，上述這項「以無現無」的構想，方才得以找到支持的根據，方才得以自圓其說。這是值得我們高度重視的；但是爲了使此項構想或志向合法化，他們只好號稱這一套系統理論，是源自於崇高的使命感。也就是說，把他們眞正的抱負與企圖，隱藏起來。抽象畫與現實之間，是沒有公分母的，是不可以通約的。如果不用隱含康德哲學式的崇高概念，我們是無法詮釋抽象畫及其理論系統的。

　　本文的目的，並不是要詳細分析各類前衞派所用的各種方法招式。我可以這麼說，前衞派藉著反省那些很容易誘使我們信以爲眞的繪畫技巧，達到貶低取消並放逐現實的目的。局部的色彩層次、素描色彩的混合、線條式的透視法、材料和器具的特性、處理手法、展示方式、博物館，前衞派不斷地表現展覽花招。只有這樣，才可能讓我們光只是注意眼睛所看到的，而來不及思想，更無法感受到我們本來應該感受到的那些不可再現的東西。假如哈柏瑪斯，像馬庫色一樣，認爲解構現實是前衞派的特色，是其從事反崇高反壓制工作的一環，那是因爲他將康德的崇高論，和佛洛依德的昇華論，混爲一談了。另外，這也是因爲他的美學觀念還停留在求美的美學觀念所致。

後現代

那麼，到底什麼是後現代呢？在牽涉到意象以及敘事規則等等衆多令人眼花撩亂的問題中，後現代所佔有的和不佔有的地位究竟在那裏？毫無疑問的，後現代是屬於現代的一部份。那些我們所接受的，儘管只是昨天才接受到的〔就在現在就在現在，佩充尼阿斯(Petronius)常這樣說〕，也不可盡信。塞尚所挑戰的是什麼樣的空間觀念呢？是印象主義式的空間觀念！畢卡索和勃拉克所抨擊的對象是什麼呢？是塞尚的。〔譯註：佩充尼阿斯(Caius Petronius, d. A. D. 66)羅馬暴君尼祿時代的作家，可能是 Satyricon 殘稿的原作者，作品充分表達出及時行樂的觀念。〕

杜尚在 1912 年所突破的假設是什麼？他所要突破的是：要畫畫，就一定要畫立體派的這種觀念。然而柏能(Bunen)卻對另一個假設提出質疑，他堅信此一假說尚未被杜尚的作品所觸及：那就是作品的展出地點。

一代又一代，大家以一種驚人的速度，在輪番更替。若想成爲現代作品，必須先是後現代的方成。因此，後現代主義並不是現代主義的末期，而是現代主義的初期狀況，而這狀況是持續不斷的。

但是我不想一直繞著這微微帶有機械論色彩的字義上打轉。如果現代性的出現，眞的是源自於現實的抽離，是源自於"可呈現"與"可想像"之間的崇高關係，那麼就有可能在這種關係中，區分出兩種調式(modes)(借用音樂術語)。在討論此一問題時，我們可以把重點放在：人們對再現能力的無力感，人們以人文式主題去感受現存狀況而引發的懷舊情緒，以及人們內在不顧一切所擁有的那份模糊不清的徒勞夢想。或者，我們可以把重點放在理解的能力上，並強調這種能力的"非人性"的一面〔阿波里奈(Apollinaire)認爲現代藝術家，都應該具有此一特質〕，因爲我們沒有必要去搞清楚，究竟人的感知力或想

像力是否能與其理解力相吻合。我們也可以把重點放在更深一層的存
在體驗，以及更多欣喜歡樂的產生上，而這些都是因為新競賽規則的
發明──不管是繪畫、藝術或其他方面──所帶來的。如果我們能綱
要性的，從前衛主義者的歷史棋盤上，剔除幾個名字，我心中的想法
可能會更形清楚：在憂鬱症方面，是德國的表現主義者；在創新(no-
vatio)方面，則是勃拉克和畢卡索；前期的麥勒維；後期的列斯茲基
(Lissitsky)；還有奇里訶(Chirico)和杜象。上述兩種調式間的區分
差異，可能極其細微。很多時候，這兩種特色，常常共存在同一作品
裏面，幾乎不能分辨；不過這兩種特色，證實了懊悔與嘗試(assay)
之間的差異與歧見，這些差異與歧見，是我們思想命運必須依靠的，
而且還會依靠一段相當長的時間。

　　普魯斯特和喬哀斯的作品，都影射一些不讓自我呈現的東西。法
布瑞(Paolo Fabbri)有關典故的研究，最近引起了我的注意。典故也
許是表達的一種形式，而這種形式對屬於崇高美的作品來講，是不可
或缺的。在普魯斯特的作品中，為了典故或暗示，犧牲了突顯意識本
體的表現。意識成了過分重視時間的犧牲品。但在喬哀斯的作品中，
則是因為過分重視書本和文學，而使寫作本身成了犧牲品。

　　普魯斯特利用語言，去喚起那「不可再現的」。在他的語言中，並
沒有奇特變化的句法及詞彙，在寫作格局上，他所用的招式，仍不脫
小說敘事文類的範圍。普魯斯特繼承，但又明目張膽的破壞了自巴爾
札克和福樓拜以降的文學傳統。他作品中的主角，不再是某個人物，
而是時間的內在意識。至於時間的連貫性，卻早已被福樓拜打破了。
在普魯斯特的作品中，因為敘事的語態的關係，時間的連貫性再度遭
到質疑。不過，作品的統一性，也就是意識的航程〔譯註：意識的奧德
賽 Odyssey〕(縱使這航程一再一章一章的往後拖延)，實際上並沒有受
到嚴重挑戰：寫作本身，在經過冗長不斷敘事迷宮之後，已足以含有
相當的統一性。有人把這種統一性，和《精神現象學》(*The pheno-
menology of Mind*)這本書中的統一性，相提並論。

　　喬哀斯讓那「不可呈現的」，在寫作本身之中，也就是在記號具（Signifier）之中，變得可知可覺。固有的敍事手法及風格招數，都被他玩弄於指掌之間，根本不管整體是否有統一性。他嘗試了許多新的手法，文學的文法及字彙，不再被視爲理所當然的既成事實；相反的，文學語言顯得十分像學院派式的形式，好像是一種源自虔誠信仰的儀式一般（正如尼采所說的），正是這些形式這些虔誠，阻礙了"不可呈現"的出現。

　　這就是分別的所在：現代美學是屬於崇高的美學，雖然其中充滿懷舊情懷。現代主義允許那"不可呈現的"，以無內容的姿態出現；但在形式上，因其具有明顯可辨的一致性，還是能繼續提供讀者及觀衆一些可資安慰及快感的材料。但是這些感觸，並不能導致眞正崇高情緒的產生，崇高情緒是喜悅與痛苦的內在結合：喜悅的是，理智能超越所有的再現；痛苦的是，想像力或感知力，再怎麼樣也無法與觀念相等。

　　後現代是在現代中，把"不可再現的"表現在"再現本身"裏。〔譯註：表現出一種對"不可企及事物"的鄉愁。〕後現代不再藉完美形式所帶來的慰藉，不再藉品味上的共識，去達成對永遠無法企及事物的那種鄉愁情懷。後現代尋求新的呈現方式，不是爲了要從中獲得享受，而是爲了要加強我們對那"不可呈現"的認識。後現代藝術家或作家的處境，有如哲學家的一般：他所寫的文章以及他所創作的作品，原則上不受預定規則的限制，故也就不能用我們熟悉的文章或作品分類法去歸類，更不能用已經決定好的判斷來評估衡量。這些規則與分類，正是後現代藝術作品本身所要尋找的。正因爲如此，藝術家與作家在創作中，以不守任何規則的方法，去規劃一套未來一定會出現的規則。因此，在實際上，作品與文章便有了「事件」（event）的特性；也因此，對創作者而言，作品的特色，總是顯得來晚一步；或者，以另外的方式達到相同的效果，那就是當這種特性或區別，被寫入作品時，這些特性的具體化（mise en oeuvre）又總是顯得出現過早了。要想了

解後現代，我們一定要根據未來（以後）（post）以前（現在）（modo）的矛盾論，方才能夠瞭解。

對我來說，散文小品文（例如蒙田的文章）是後現代的；而片斷（雅典娜學院 The Athaeneum）是現代的。〔譯註：羅馬皇帝哈朱安（Hadrian）建雅典娜學院爲詩人文士聚會授業之所。〕

最後，得弄清楚的是，我們的職責，不是供應現實，而是替"只可以想像意會的"東西，製造各式各樣的暗示。我們不該期望這項艱鉅的任務，最後終於能導致各個語言競賽法則之間的相融相合（這些不同的語言競賽規則，在不同的學術領域的名義下，正如康德所料，彼此之間被深深的鴻溝所分割），而只有靠超越主義式的幻象（黑格爾式的），才有希望將之統合成爲眞實的整體。但康德也早就料到，達成這種幻象的代價是"恐怖"。十九和二十世紀，已讓我們經驗承受了無可復加的恐懼感。爲了整體與統一那種戀舊情懷、爲了觀念與感覺的調和，爲了透明無阻的與可溝通的經驗之間的調和，我們已付出了極慘重的代價。在對倦怠感以及滿足感的普通需求下，我們居然可以聽見一種意欲回到恐懼感的呼喚，我們爲了要讓幻想成爲眞實，而去掌握現實。

我的回答是：讓我們向統一的整體宣戰；讓我們見證那不可呈現的；讓我們持續開發各種歧見差異，讓我們大家爲正不同之名而努力。

【註】

本卷中的黑體字，爲譯者所加，以便提醒讀者注意李氏的重要論點。

卷第五 本土篇 文化論述三講

●羅青

第 *1* 講

漁》獵農牧工》業後工》業
——一個「臺北學派」觀點之試擬

——

二次世界大戰後,中國文化分別在大陸、臺灣、新加坡、香港四個地區發展演化。其中以大陸與臺灣所發展出來的模式,對中國文化的未來最具影響力。我們比較大陸與臺灣在政治、經濟、文教、科技……各方面的運作狀況,便可發現,四十年來,中國文化在臺灣摸索出來的運作模式,對整個中國未來的走向,具有相當積極的參考價值。

從 1945 年到 1953 年,臺灣還是以小農經濟為主的農業社會。1953 年到 1963 年,溫和的土地改革政策成功,臺灣工業生產總額首度超過農業生產總額,從此脫離以農業為主力的生產結構,進入以工業品及外銷為導向的經濟模式。從 1963 年到 1980 年,在經貿快速成長、科技大量引進的情形下,臺灣已慢慢從工業社會走向以消費為導向的社會,後現代式的種種徵候,開始頻頻出現。由 1980 年「消費者文教基金會」的成立,到 1986 年,服務業人口超過工業人口,而農漁業人口下降至百分之十七看來,臺灣在未來的十年之內,將無可避免的會進入一個資訊化的後工業社會。

1987 年,臺灣商品與勞務輸出的總金額高達九六五億美元,光是商品貿易總額便達到八五五億美元。1989 年,則突破一千億大

關，成爲亞洲最強的經濟勢力之一。其中生產成長得最快的是資訊電腦工業，早在 1988 年，就已經超過二十億美元，名列世界第六位。

1987 年，臺灣在世界主要貿易國家的排名，已晉升至第十一位出口國及第十七位進口國；外匯存底累積超過七百億美元，成爲世界上僅次於日本及德國的世界第三大外匯存底國；而 1989 年，國民平均所得，也已超過六千美元，消費意識及物質欲望全面翻醒，成爲中國歷史上最爲均富的社會。

經濟科技上的快速發展，帶來了政治上的革新，從 1986 年至 1989 年，政府已宣佈解除戒嚴，開放黨禁、報禁、大陸探親……使得臺灣在各方面都表現出空前的創造活力：股市從一千點左右，暴漲至九千點以上，便是例子。在藝文學術上，文學家、藝術家以及各科門的學者專家，也紛紛追求創造自己獨特的聲音。「臺北學派」、「臺北畫派」的呼聲此起彼落，反映了經濟發展成功、物質欲望翻醒後，所帶來的無比自信以及精神創造的需求。

臺灣的文化工作者如要在世界文化上有所表現，最佳道路之一是先對中國文化做出具體而獨特的貢獻──爲中國未來的發展，提供出一個合理的參考方向。如果將來「臺北學派」眞的漸漸形成，那其主要的工作還是細密的研究臺灣過去四十年的發展經驗，在其中提鍊出獨特的方法學及詮釋觀點，找出通則，建立系統，從而以新的角度去了解詮釋中國文化的過去，並對整個中國文化的未來導向提出建設性、後設性的參考意見。因此，臺灣的文化工作者的要務之一，應該是對大陸中國文化的發展，密切的注意，詳細的研究，虛心的吸收，中肯的批判。所謂「臺北學派」的特色，往往還要靠與大陸學派的對照，方能突顯出來。

二

1987 年，中共召開「十三大」，國務院總理趙紫陽在大會報告

中指出：「中國現在處於社會主義初級階段，從事其他國家在資本主義下的現代化過程，在公有制為主的情況下，進一步發展非公有部門，包括私有部門，是這一階段所必要的。」他同時指出，從 1956 年到 2050 年，社會主義初級階段「將有一百多年的時間」。

　　中共對社會發展的看法，源自於黑格爾、孔德、達爾文、馬克思一系的歷史哲學，以唯物辯證法為原則，用唯物史觀的詮釋角度，解釋中國社會的發展。1931 年，以王禮錫主編《讀書雜誌》為首的「中國社會史論戰」爆發，參加的學者有郭沫若，陶希聖，李季，梅思平，胡秋原，王禮錫，梁園東，朱其華，顧孟餘，熊得山，稽文甫，施存統，陳啓修，載行韜，王宜昌、嚴靈峯、任曙……等。這些學者們的政治立場，容或有所不同，對中國古代社會的分期看法，也有很大的差異，然大體上說來，多半都認為中國社會是從原始氏族（或原始共產）社會，發展到奴隸社會、封建社會，再到資本主義社會。他們也大多同意，中國自 1840 年鴉片戰爭後，開始進入資本主義時期，並在西方帝國主義的侵略下淪為半殖民地。「中國社會史論戰」的結果預言了中共統制大陸的必然。1949 年，中共入主北京後，宣佈中國進入國家資本主義時期，提出「過渡時期總路線」的看法（1953）。從 1955 年到 1956 年，中共召開「全國社會主義建設積極份子大會」，對大陸「進行積極全面社會主義改造」，認為大陸已達到進入社會主義的階段；並在 1958 年推行「大躍進」運動及「社會主義總路線」。同年，中共通過「關於在農村建立人民公社問題的決議」，開始推行「全民大煉鋼運動」，要在十五年內超過英國，二十至三十年內超過美國。1960 年，中共宣佈在城市建立「人民公社」，積極準備邁入共產主義時期。

　　中共如此激進的「躍入」共產主義，使得蘇共為之愕然。因此，蘇共在 1961 年第二十一屆黨代表大會時，赫魯雪夫才不得不宣稱要在 1970 年代，讓國民生產毛額超美國，在 1980 年以前，在蘇聯建立真正的共產主義社會。回顧這段史實，再看看今天（1989 年）在

戈巴契夫大力改革下的蘇聯，眞令人有啼笑皆非之感。

中共對中國社會的發展，是採取馬克思歷史哲學的觀點，認爲社會是從原始共產時期，經過奴隸、封建、資本主義等階段，最後必定會進化到社會主義，然後再進入共產主義時期。馬克思認爲經濟制度是社會的「下層建築」，是社會「上層建築」——政治、法律、哲學、文藝等——的基礎。

下層建築中，物質生產工具的改進及勞動力的發展，注定了經濟制度的演化，從而造成上層建築的改變。而這一切，都在「歷史決定論」的法則下進化運行，是一種機械結構式的看法。「毛澤東時代」，中共採取了這種看法，在「歷史決定論」的支持下，想以人爲的力量，把社會從資本主義時期，加速發展至社會主義階段，甚至更進一步發展至共產主義時期。現在，歷史已證明，上述努力，已全部失敗，中共又回到了社會主義時期，而且還是初級階段，也就是資本主義的後期階段。

三

中共雖然承認了過去的錯誤，但在對社會發展的基本看法上，仍然是採用機械結構式的唯物史觀。例如近來在大陸思想界頗有影響力的李澤厚，就認爲我們應該「分清前現代化、現代化和後現代化這三個不同的時代。中國社會是從前現代化走向現代化，世界上的一些發達國家，則是從現代化走向後現代化。」（「論西體中用」，見《團結報》1986 年，九月二十七日「百字言」專欄）。即使是頗具解構思想的金觀濤、劉青峯，也不例外，雖然他們在《興盛與危機》一書中，已經開始用資訊的觀點來詮釋中國歷史，並注意到科學在文化發展中的地位，但却沒有進一步探討知識發展的獨立性及解構性，也沒有從語言學或記號學的角度研究思考模式及文化模式之間的關係。在基本上，他們仍然未能「辯證的揚棄或超脫馬克思主義與非馬克思主義的

對立，尋求不受馬克思主義牽制的科學探索與哲學思考之路」（傅偉勳語，見《興盛與危機》，臺北谷風，頁 459）。

　　事實上，馬克思的唯勞動力論，唯經濟基礎論或社會存在論裏，充滿了主觀泛道德的價值判斷（如奴隸社會、封建社會等名詞之使用），忽略了知識（「人文說法」與「科技說法」）中含有的獨立性與解構性。社會的發展及分期，應從由宏觀的、科學的、生活的角度來看。從西元前八千年的新石器時代到西元前 1402 年盤庚遷殷，中國基本上是漁獵採集式的遊牧社會，當時雖然有農業經營，但其耕作的基本方式，仍是遊牧式的「撩荒法」。一直到盤庚遷殷以後，耕作知識得到了相當的累積，社會從「休閒農作制」向「輪種農作制」過渡，農業時代方才正式到來。農業社會在中國延續了三千多年，一直到 1840 年鴉片戰爭，方才遇到了西方工社會的挑戰。而在農業社會發展期間，遊牧社會並沒有完全消失，它對農業社會的威脅，是一直存在的。在工業社會出現後，遊牧、農業社會的生活方式，也依舊存在著，扮演著一種解構的角色。至於後工業社會，那更是遊牧、農業、工業社會的大匯串了。

　　西方的漁獵農牧社會大約是從原始時代到 1760 年左右；早期工業社會是 1760 年到 1860 年左右；晚期工業社會則從 1870 年到 1945 年二次世界大戰結束。此後，消費社會興起、服務業、電腦資訊時代來臨，西方社會從 1960 年代，進入了後工業時代。

　　中國自從 1840 年鴉片戰爭後，開始從農業社會過渡到工業社會。以臺灣經驗而論，一直要到 1980 年「消費者文教基金會」成立，方才顯示出從工業社會過渡到消費社會的端倪。到了 1986 年台灣地區的服務業人口首次超過工業人口，方才顯示了資訊時代的到來。臺灣在過去四十年間，靠著人文知識與科技知識，使農業、工業、後工業三者相互重疊，共同發展，而在工業及後工業的發展之中，又體認到相當程度的遊牧及農業因素，這一點是值得我們注意的。

　　如果我們從資訊社會的角度，及臺灣四十年來的發展經驗為依

據，回顧中國歷史，我們便可發現，漁獵採集式的遊牧時期之中，固然已有了農業因子，農業社會之中，除了遊牧因子之外，也隱含了工業、後工業的因子；工業與後工業社會之中，遊牧、農業的因子，也並未完全消失不見。社會文化是以不斷交互重疊或斷裂的方式，繼續變遷發展的。因此，所有機械性結構式的預設，是注定要落空的。

中共與俄共在過去四十年來，不斷的對社會的發展，做機械結構式的預設，每次都失敗了。現在中共又要預言「社會主義初級階段」要持續一百年，當然也是沒有根據的。從臺灣過去四十年來的發展經驗看來，只要人們能有知識生產的獨立性及解構性，便可以擺脫社會進式結構模式，走向既斷裂又融合的突變道路，把遊牧、農業、工業、後工業混同在一起發展，並非絕對不可能。至於其結果的好壞，則另當別論。

印度前總理甘地夫人畢生致力的，是把印度從農業社會，推進到工業現代化的道路上。她的努力，很明顯的，並沒有多少成功。而她的兒子拉吉夫甘地於 1984 年上臺後，則採取了不同的路線，他把工業化的問題降爲次要，而全力發展後工業社會。1967 年會計年度，印度的對外貿易額爲七十一億美元，而一九八七年則戲劇性的大幅增加爲兩百三十五億美元。其貿易產品，主要是電子零件與周邊設備、風力發電和太陽能裝置及藥品等非傳統性商品，不僅有助印度創造出繁榮的高科技部門，同時也提升了印度製造商的生產力及生產方式。

臺北的學者，如果有興趣探索這方面的課題，或可從語言科學、語言策略的角度，考掘研究知識生產（人文說法與科技說法）在中國歷史上的演進，並配合對臺灣四十年來的經驗之研究，當有助於大家對目前中國社會的發展，提出後設性修正式的建議。大家應該盡量避免機械結構式的全面性預設，從而眞正依照時代變遷的需要，適時的自我調整研究的方法及詮釋的角度，使學理與經驗，在後設與預設之間，產生複雜的互動，使知識的生產，在結構、獨立、解構之間，得到微妙的平衡。

第2講
台灣地區後現代狀況

1

中國社會，自 1840 年鴉片戰爭以來，便不斷的與西方社會發生接觸互動，形成了一種互為表裡不可分割的狀況。西方社會的發展，在鴉片戰爭到現在這一百五十年間的中國社會變遷裡，一直扮演著一個重要的參考角色，甚至於是面明亮的鏡子，可以幫助我們鑑往知來。

根據西方社會科學家近二十年來的研究結果，普遍認為西歐國家，從 1750 到 60 年代，便開始脫離農業社會，走向工商社會。早期工商社會的發展，從 1760 到 1860 大約有一百年的時間。在思想上，1817 年黑格爾提出的「辯證法」及 1826 年，孔德開始宣講的「實證主義」，影響最大。在工業與政治上則以 1780 到 1850 的英國工業革命，及 1789 年的法國大革命最是重要，為西歐各國在科學與民主上，奠定了深厚的基礎；同時也暴露了工商社會向外擴張的本質，導致了 1840 年在中國發生的鴉片戰爭，及 1850 年的太平天國事件的連續反應。在西方，這一百年是一個生產力大增的時代，也是一個資本快速累積，貿易急劇擴張的時代，西歐各國，為了爭奪海外市場及生產原料，發展出各式各樣的帝國主義，對中國產生了直接而致命的威脅。

2

從 1870 年到 1945 年二次世界大戰結束的七十五年之間，西歐及日本進入了所謂工業社會的中期或晚期。其間出現了達爾文《物種原始》（1859），美國南北戰爭（1861～1865），馬克思《資本論》（1867），日本明治維新（1867），德國俾斯麥推行軍國主義（1871），日本傚行軍國主義（1873），第一次世界大戰（1914～1918），俄國革命（1917），德國希特勒執政（1933）；還有各種科技的新發展，如居禮夫人發現釙和鐳（1898），發電機問世（1870），電話上市（1876），X 光線之應用（1895），無線電報之啓用（1897），飛機製造成功（1903），愛因斯坦《相對論》（1904），布朗「量子論」（1910），巴拿馬運河的開通（1914），佛洛依德《精神分析學引論》（1917）……等等，使產業界、傳播界，都發生了巨大的變革；再加上交通的改進，通訊的發達，人口的增加，使整個世界不得不面對一個全新的世紀。在科學技術的強大勢力之下，人的內在外在，都遭到前所未有的衝擊。仍然停留在農業社會的中國，則發生了太平天國亡覆（1864），中日甲午之戰（1894），百日維新（1898），民國成立（1912），五四運動（1919），中華革命黨改組爲中國國民黨（1919），中國共產黨成立（1921），七七事變（1937）……等一連串革命事件，以及對內對外的戰爭。

從 1980 年鴉片戰爭到 1945 年二次大戰的一百年間，中國農業社會，面對西方工商社會的挑戰，做了各式各樣的調整。然因教育無法迅速普及，科技研究無法生根，生產力無法大幅提升，資本無法有效累積，經濟遭受各種戰爭的破壞，無法正常成長……等等緣故，一直到二次世界大戰後，中國仍然停留在以小農經濟爲主的農業社會。在這一百年當中，中國的工業雖然有初步的養成及基礎，但整體說

來，仍不足與西方工業國家競爭。

3

　　二次世界大戰後，因電腦的快速發展，使得西歐社會，在新科技的帶領下，進入了一個新的紀元，社會學家通稱此一現象為「第三波」：也就是所謂的「後工業社會資訊時代」。1946 年，戰後世界第一部真空管式的電腦ＥＮＺＡＣ在英國問世；同年，美國賓州大學發明了第一部「全電子計算機」。1949 年，英國劍橋發展出第一部貯存程式的電腦，使得計算工具有了革命性的進展。1956 年，因電晶體之運用，第二代電腦發明問世。1964 年，第三代電腦由美國萬商公司推出，開始初步試用混合積體電路，導致了第四代電腦（完全利用積體電路製成）在 1969 年問世；沒有電腦的幫助，美太空人不可能在該年順利登上月球。1975 年，美日在市場上大量生產第四代電腦銷售，開啓了微電腦，微處理機的時代。從此「資訊革命」的口號不逕而走，大家開始慢慢學習，如何從資訊或知識發展的角度，來重新詮釋人類、社會發展的歷史。

　　最先提出「後工業社會」觀念的是克拉克（Colin Clark）及佛拉斯提（Jean Fourastié），他們認為後工業社會的特色是（一）農業部門的沒落；（二）製造業的沒落；（三）服務業的成長。此後法國的塗蘭（Alain Touraine），美國的貝爾（Daniel Bell），分別在 1969 及 1973 著書討論後工業社會的問題。貝爾認為在後工業社會中，科技、技術決策，與公共政策之間，有了新的互動關係，「理論性知識」，開始成為社會創新的重要泉源，是社會經濟和技術改進的「基本原動力」。既然知識成了社會上新的「生產力」，那知識的交流，便成了最重要的課題。「知識」是「生產工具」，也是「生產力」，是生產出來的「產品」，也是用來消費「知識產品」的手段。

換句話說，就是我們用「知識」生產「知識」，用「知識」消費「知識」。因此黎昂（David Lyon）便建議採用「資訊社會」（Information Society）一詞來形容上述現象。

「後工業社會」或「資訊社會」的特色之一是，「知識」成了集體財貨，「沒有一個人、或一個工作團體，或一個公司能獨佔或專有理論性知識，或是獨享其利，這是知識世界中大家共有的財產。」〔見貝爾：「後工業社會之自由主義：政治和經濟上的難題」 ̀Liberalism in the Post-Industrial Society ̋收入 *The Winding Passage : Essay sand Sociological Journeys,* 1960 ～ 1980 （New York: Basic Books, 1980 P.240）〕

特色之二是，理論性知識具體化後，所生成的「科學工業」：如聚合物，光學，電子學，電磁通訊學（資訊學）……等等，將蓬勃興起。這些工業最大的特色是「節約資本」而非「花費資本」。產品越做越進步，價錢越來越便宜。而微電腦及微信息處理機（Computer—On—Chip）的發展，導致了「個體化」而非標準化的大量生產。此一新技術的貢獻是將工作及工業結構全都分散解構了。更人性化的工作環境，即將出現；分衆社會亦將之隨之到來。

特色之三是，後工業社會雇用的是有良好的教育水準的人力。（例如1960年美國人力中沒有電腦科學家，到了 1980 年增加至二十五萬人之多。）「知識工人」將成爲社會生產組織中的主力。

後工業社會的來到，造成了新的國際性分工。西方已開發國家把許多傳統工業，如製鞋、成衣、紡織、造船，鋼鐵……等，移入開發中國家，而他們本身則在高技術的「科學工業」上發展，如電腦，電子學，光學和工作母機（machine tools）等；同時，他們也在交通，金融，保險，及其他輔助性的領域如娛樂，建築，教育上，也就是服務業上，吸收大量員工。

4

　　中國在二次世界大戰後，分裂爲二，形成大陸與臺灣，共產與民主對抗的局面。大陸上所採取的策略，是從資本主義、國家資本主義到社會主義、共產主義的道路。臺灣的策略則是以農業扶助工業，工業支持後工業，走的是以知識科技爲主，讓農業、工業交互發展，相互支援的道路。

　　臺灣從 1949 年到 1953 年實行溫和的土地改革政策，以農業來培植工業。十年之後（1963 年），土地改革成功，工業生產總額也首度超過了農產總額，從此開始全力走進以外銷爲導向的出口型經濟道路。1965 到 66，高雄加工出口區的成立，便是此一政策的具體化。1971 年，臺灣對外貿易，首度有了兩億多美元的順差。到了 1987 年，也就是十六年後，臺灣對外貿易的順差，竟高達七百多億美元，成爲世界上僅次日本及德國的世界第三大外匯存底國。從 1966 到 1987，二十多年間，臺灣慢慢從加工出口導向的工業社會走向高科技導向的後工業社會。臺灣從 1975 年開始生產電腦外銷，1978 年生產中文電腦內銷；1984 年，每年生產個人電腦達四十萬部；1985 年，臺灣微電腦裝機數達十九萬四千部，平均每千人十部；1986 年，微電腦躍居十大資訊外銷產品首位，而臺灣的年平均勞動力也高達七百九十四萬五千人：農業、工業、服務業的就業人數結構比爲17.03比41.47比41.50；服務業所佔的比重，首次超越工業，成爲臺灣就業人數最多行業；臺灣社會，也就正式的邁入了所謂的後工業社會。而在文化方面的發展，臺灣也顯著的反映出許多後現代式的狀況。

　　我們如果從資訊學的角度來看，臺灣的後現代狀況，從 1960 初期，就開始斷斷續續的出現了，一直到近幾年來，可謂達到了高潮。舉凡政治、軍事、經濟、社會，以及一般大衆的食、衣、住、行、娛

樂、醫藥……等等，都出現了後現代的現象，而且範圍之廣，波及之
大，涵蓋了所有居住在都市與農村的士、農、工、商、教……等各個
階層。如果 1960 年代初期所流行的現代主義及存在主義，只是在上
層結構的小部分知識分子中流行的話；那後現代狀況，便是從金字塔
的底部，從一般人民大衆的生活中蔓延了開來。而位居上層結構的知
識分子，則是後知後覺，直到 1980 年代以後，方才對此一現象，有
所省察及了解。

　　爲了使大家對臺灣從 1960 年代所出現的後現代狀況有一概括的
了解，我特別編製了一個相當基本而簡陋的年表，把重要的農業、工
業、後工業事件，及重要的傳統、現代、後現代文化狀況，匯合在一
起，以便大家相互參照比較，從而看清臺灣社會，在過去二十多年來
的發展脈絡。

5

　　後現代文化是後工業社會的反映。

　　後工業社會的特色如下：㈠累積、處理、發展知識的方式，由印
制術改進到電腦微處理，人類求知的手段，有了革命性的改變。

　　㈡知識發展的方式得到了突破，各種系統的看法紛紛出籠，社會
的價值觀及生活型態，便朝向多元主義邁進，而其基本原動力，便是
解構思想。所有的觀念，意義，與價值，全部都從過去固定的結構體
中，解構了出來，可以自由飄流重組，而其重要的指導原則，是屬於
記號語用學式的，一切皆看情況及「上下文」而定。人們對事物的看
法，由農業社會的是非題，進入工業社會的單選題，現在又進入後工
業社會的複選題。

　　㈢在資訊社會中，貫時系統與並時系統裡的有機物及無機物，包
括人、事、物，都可以分解成最小的資訊記號單元，都可以從過去的

結構體中解構出來。資訊的交流重組與複製再生，便成了後工業社會的主要生活及生產方式。強大的複製能力，促使社會走向一種以不斷生產不斷消費為主的運作模式之中，所謂的消費社會，便應運而生。社會人口可區分為生產者與消費者兩個組羣，而生產者本身也是消費者。

㈣在資訊的重組與再生之間，人們發現「內容與形式」之間的關係亦可解構。漁獵牧社會、農業社會、工業社會，後工業社會之間的關係，是相互重疊的，相互解構的。漁獵遊遊社會之中有農業社會的因子，農業社會中則包含了漁獵遊牧、農業、工業甚至後工業社會的因子，工業社會及後工業社會中，也可發現漁獵遊牧、農業⋯⋯等社會的因子。既然內容與形式可以分離，那古今中外的資訊便可在人們強大的複製力量下，無限制的相互交流，重組再生。

㈤後工業社會的工作型態，把工業社會的分工模式解構了。生產開始走向「個體化」、「非標準化」，工作環境則走向「人性化」。因為生化科技及遺傳工程的改進，農業人口減少而農產品增加。因無人工廠，機器人及電腦CAD輔助設計製造系統的發展，使得工業工人減少，工業產品增加，品質不斷創新改進，價格越來越低越廉。以服務業為主的人口不斷增加，成為生產的主力。

臺灣從 1960 年代開始，在食、衣、住、行、娛樂、出版、醫療，生命遺傳工程⋯⋯等等，各方面都開始出現了後工業社會的癥侯。尤其是 1963 年，十年土地改革成功，工業總產值首度超過農業總產值，生產力與複製能力大幅提升，社會正式的進入了工業時代，隨之而來的後工業社會的現象，也開始不斷增加。

以知識的生產、複製、傳播，累積發展而言，下列事件，皆深具後現代式的意義：臺灣電視公司成立（1962），九年國民義務育開始實施（1968），國內學術界發展出二千四百字的中文電腦，朱邦復開創「倉頡輸入法」（1972）、影印機普遍流行（1975），行政院將「資訊」列為科技研究最高指導原則（1979），錄影機及錄影

帶開始普遍流行（1985），教育部開放大專院校申請設立(1986)，
數位電視開始上市（1987）。

電視公司的成立，使得知識傳播的方式由聲音的廣播，轉化成聲
音、圖象、文字、彩色影片……等多種資訊記號的並時演出，打破了
時空的限制，使臺灣在資訊的複製及傳播上，開始慢慢與世界同步。
九年國民義務教育的實施，使所有的國民都有機會學習一種外國語
言，同時在傳統人文科學之外，學習西式的數理生化等科技知識。中
文電腦的出現，使得處理中國文化遺產的方式，獲得了重大的突破，
也使得一般中文知識資料的複製與整理，有了革命性的改變。影印機
的流行，使傳統的禁書政策自動消失，使西方新知能更快速更便宜的
流入國內。錄影帶的流行，使一元化的電視廣播，遭到解構的命運。
緊跟在閱讀資訊之後，人們在視聽資訊上，也邁入了多元化的時代。

從 1983 年以後，中美貿易逆差急劇擴大，美國不得不開始與臺
灣舉行貿易談判，希望減少臺灣對美出口各種消費及生產用品。同
時，美國也開始把智慧財產當做「投資性知識」，向臺灣展開「智慧
財產權談判」，把翻譯權列為重點項目，正式揭開了知識商品化的序
幕，使知識像「資金」一般，在國與國之間流通。再加上十六位元中
文電腦流行，教育部開放大專院校之興辦，凡此種種，都標示了臺灣
在知識的生產，複製，傳播上，進入了一個新的時代。

從食衣住行娛樂方面來看，臺灣地區所出現的後現代狀況，更是
多的不可勝數。以食物而言，在七十年代，臺灣全力發展水產養殖事
業，到了八十年代，已執世界水產養殖業之牛耳，成為水產養殖技術
的最大輸出國。自 1978 年開始，高屏溪雙園大橋下游違法魚塭開始
迅速蔓延，便是一個深具象徵的事件。從此，漁民身份被「解構」
了。他們不必再用傳統的漁船到海上去從事結構性捕撈，只要用新發
展出來的生物養殖技術，便可在陸地上創造巨額水產財富。佳冬鄉民
林烈堂先後於 1984 及 1987 年，在研究虱目魚人工繁殖及飼養石斑
魚苗上獲重大突破，開創漁民個人創造上億財富的實例：象徵了漁民

走向專業化，知識化，高科技化的道路。如此一來，漁獲量大大增加，漁業勞動人口反而相對減少。科技與行銷管理知識在生產事業上，扮演了重要的角色。例如 1985 年省立水產試驗所研究草蝦人工繁殖法成功，便使業者每年節省四億多元的經費。

台灣在 1985 年左右，開始成為世界上最大的魷魚生產國，以台灣沿海的漁獲量而言，這是不可能的。然而因為漁民積極發展遠洋漁業，得以從台灣島的地理結構之中，解構出來。他們以精良的技術與衛星漁訊資料，到全世界各地去捕撈魷魚，並在海上完成加工後，立即銷售至世界各地。因此，當英國與阿根廷為福克蘭島開戰時，台灣的遠洋漁船，便首當其衝，遭到了池魚之殃。近年來在台灣市場上，出現了許多過去難得一見的魚類，成為新興的大眾化食品，這些都是拜遠洋漁業之賜。

至於農牧方面，自 1987 年以來，水耕蔬菜成功上市，改良再生稻推出（收益較移植稻增加百分之四十八），試管牛問世……等等，都顯示了一個新的食物複製技術時代的來臨。

在衣方面，各種合成布料的問世，使得內容與形式分離：衣料的外觀形式與衣料的原料內容（多半是石化工業原料及其他原料的混合體），是沒有什麼關係的。在服裝的設計上，也充滿了解構的現象。古代肚兜上的刺繡圖案，被解構或剪了下來，成了任意飄流記號，與現代的時裝重新組合。內衣，外衣也都各自成為獨立的記號樣式，可以任意交流，原來應該在「內」的記號，被翻轉到「外」部來了，形成一種新的組合，新的樣式，褲子以及各式各樣不同的裙子記號，也可以變化混合重組在一起，產生一種非褲非裙的下裳。頭髮的式樣，手飾及皮包的佩件，也紛紛反映出這種特色。

在住的方面，建築業從七十年代便開始大量把中國傳統的記號，與現代主義國際火柴盒風格的建築記號結合在一起。建築的內容原料，一律是鋼筋水泥，而其外觀，則千變萬化，綜合了古今中外的各種建築記號。同時在設計上，也常常把建築的內部翻轉到外部來，如

把部份樓梯安排在外面便是例子。臺灣具有後現代傾向的建築,在八十年代後,越來越多,其中以 1985 年李祖原在臺北推出的「東王漢宮」大樓,可爲這方面的代表。

在行的方面,近年來臺灣地區也有重大的改變,臺北都會大衆捷運系統的興建,高速公路路權的開放,國內航線的開放,出國觀光條例的修正,對大陸探親的開放,自助旅行的興起,海釣的開放,使臺灣地區民衆在行方面的限制越來越少,選擇機會也就相對的增加。這種開放,當會慢慢導致民衆世界觀的改變,變得更成熟,更完整。大家心中的世界地圖,不再侷限於歐、美、日等國家。

在音樂、繪畫、文字方面,臺灣地區的後現代情況,也日漸增多。從 1961 年,余光中發表《再見・虛無》及《天狼星》長詩,以及稍後出版的《蓮的聯想》詩集,便開始了文學通向後現代的門徑。1970 年,我自己發表《吃西瓜的六種方法》,充滿了解構式的觀念,運用留白,開啓單元相互對照的多元技法,是新詩中後現代傾向的一個先聲。此後具有後現代特色的作品,便開始不斷出現。其中最突出的,是 1985 年夏宇的詩集《備忘錄》。此後林燿德、黃智溶、林宏田、鴻鴻、羅任鈴、張大春、西西、黃凡等詩人小說家,在這方面的創作都有相當突出的表現。

至於在古代典籍方面,從 1986 到 87 年,漫畫家蔡志忠,先後推出漫畫《莊子》、《老子》及《論語》……等等,把經典巨著漫畫化,使古代賢哲,在造型上,加入近代漫畫人物如「光頭神探」、「大醉俠」……的行列,造成了一種時空交錯的平面拼貼效果。上述以漫畫圖象方式「翻譯」古代思想的做法,最能反映後現代資訊交流式的消費文化:包裝誘人,通俗易懂。此後漫畫家紛紛著手嚐試這方面的「翻譯」。例如魚夫便在 1987 年推出了漫畫唐詩,把王維、杜甫、李白、李商隱、白居易……等大詩人的作品都漫畫化了,這在世界漫畫史上,都是難得的創舉,值得注意。

在戲劇、電影,音樂方面,1980 年,蘭陵劇坊推出後現代式的

《荷珠新配》，是一個成功的例子。1986 年，楊德昌的電影《恐怖份子》，也展現了後現代的風格。他在片中設計了兩個結尾，供觀眾選擇，以後設技巧，加深了內容的思考性。而早在 1975 年，楊弦舉辦「現代民謠創作演唱會」，成功的把現代詩與中美民歌、流行歌曲融合在一起，便已展現出後現代的傾向了。到了 1977 年黃俊雄在布袋戲的配樂方面，溶合了古典現代中外音樂，後來，又把北管音樂加以現代化，充分的體現了後現代式的創作方法。1985 年，流行歌曲界也興起後現代的風潮。陶大偉的「猜猜我是誰」，用平劇黑頭的方式表現；岳勳的「甘草」，用數來寶的調子；陳揚的「看戲」，用北管的調子，使得古今中外的各種曲調，有了許多重組綜合的機會。而1986 年後開始流行的 MTV，更是把流行歌曲充分的後現代化了。

　　在中國水墨畫的創作上，于彭與我自己分別在 80 年代走上後現代式的表現路子。我於 1983 年推出「不明飛行物體大展」，把芥子園、民間藝術、水彩……等中西繪畫語言，用拼貼的方式，融於一圖。于彭則於 1984 年開始，走上分裂解構式的構圖及意象探索。1986 年，我翻譯《藝術雜誌》(*Arts Magazine*) 上莫道夫的＜繪畫中的後現代主義＞，首次有系統的介紹後現代理論及思想給國內的西畫界。此後，以油畫為表現媒介的後現代式作品，也開始出現了。同年，設計家們也在臺北舉行了《脫‧現代主義設計展》，探索後現代方法在實用美術設計上的應用。此時，國人以後現代式設計的咖啡屋如「舊情綿綿」之類的，開始不斷出現。

　　在商業上，後現代的因素，從八十年代以後就急速增加。而廣告活動的變化，可為後現代消費狀況的溫度計。臺灣在 1961 年開始有臺廣、聯華等廣告公司的設立，到了 1986 年，文化大學成立國內第一所「廣告系」，其間有二十五年的時間，廣告的製作傳播已成了商業消費行為的一部份。近年來，以資訊交流或錯置方式製做的廣告，越來越多。以店名為例，「想不出來」就是把想的過程本身，當成一種獨立資訊，形成一種「風格」，取代了想的「結果」。而「大黑

店」則是把傳統語言記號,從過去的意義網絡中錯置或解構出來,獨立成一種沒有背景的飄浮記號。凡此種種,在廣告設計、店面設計、服裝、包裝……等等各種設計中,都已經是屢見不鮮了。

在食、衣,住、行、娛樂、文學、藝術、音樂,商業廣告消費之外,重要無比的人類遺傳工程科學及醫療技術,也有了重大的突破。臺灣自從 1969 年第一個換腎人成功,到 1987 年第一個換心人成功,二十年來,在醫療技術上不斷改進,已到了除了腦子外,身體上所有的器官皆可以替換的地步。身體器官之間的「資訊交流」,促使衛生署在 1987 年公佈「人體器官移植條例」,同年,又公佈了「人工生殖技術管理辦法。」

臺灣在 1979 年完成連體嬰分割手術,1984 年完成試管嬰兒,在人工手術及生殖上,有了重大的突破,冷凍胚胎的技術,使得「借卵生子」等問題,層出不窮,造成法律問題。今後,兄弟出生的次序可以解構,歷史的連續性,也要遭到破壞。「受精卵」可以在不同的冷凍庫中流浪,在任何時間任何子宮中出生。至於其性別,則可以事先決定;其出生的方式,將來可能以「人造子宮」的型態來呈現。各種生命因的資訊交流,將為人類帶來全新的問題,其嚴重與巨大的程度,已達到難以想像的地步。

後工業社會帶來的問題,也是複雜驚人的。其中最普遍的,就是「精神分裂症」。快速發展的社會,過高的工作壓力,分裂性的資訊知識,使人們罹患「精神分裂症」的機會大增。在西方,於七十年代時,每十二個人之中,就有一個精神分裂症病患,從 1952 年醫療中樞神經系統的藥物「氯普麥辛」(Chlorpromazine)發明以來,在十年之間,便有將近五千萬人用過此藥。台灣在七十年代末期所出現的「龍發堂」非法醫療精神病患事件,便充分的反映了後工業社會的問題,「龍發堂」之徒眾所以日益擴張,不但顯示出台灣地區的醫療制度已經無法應付新時代所產生的新問題,同時,也提醒我們,台灣社會的環境與制度,似乎是有助於此類病患數目的增加。這一點是值

得我們正視、重視，並謀求疏解之道的。

　　後現代主義的另一個特色是把通俗與嚴肅合而爲一。以建築而論，有時甚至把卡通及一般認爲俗氣的建築記號與現代主義式的建築記號合而爲一。如果二者結合不夠理想，則往往會造成反效果。這是後現代主義的致命傷。因此，在文化藝術的範圍，如何結合大眾通俗與嚴肅高尚，確實是一個重要無比的課題，值得有心人進一步努力探索研究。

臺北彩墨畫派宣言

中國繪畫藝術，從五代以後，慢慢一分爲二：在此以前的繪畫傳統，以彩油爲主；在此以後，以水墨爲主的繪畫傳統，開始流行。水墨在五代以前，就已存在，但一直未能成爲主流；彩油在五代以後，仍然存在，但卻扮演了較爲次要的色。

因此，水墨、彩油的流行與否，應該以當時思考模式的發展爲歸依。新的思考模式，帶來了新的觀點，使得文字語言與繪畫語言都獲得了新的生命與新的結構方式，同時也導致了一連串工具及題材的變革。而文字語言與繪畫語言，在發展到相當成熟的階段時，亦能相輔相成互動互應，關係十分密切。

中國語言，在圖象上，是由許多最小的記號意義單元所組成（如部首）；在發音上，則是以平上去入四聲，做爲意義分辨的依據。中國文字在漢朝許慎《說文解字》之後，開始有意識的走向部首拼字的道路；中文發音在六朝沈約的《四聲譜》之後，走上反切拼音的道路。文藝方面，在詩學理論上，要到晚唐五代以後，發展出了「意在言外」的看法；到宋朝才有「詩中有畫，畫中有詩」等詩畫相發的理論之出現。

中國繪畫語言，一直是以線條與色面兩種元素相輔相成，然後通過畫家的情思來運作表現。到了唐朝以後，方才出現以單一墨色爲獨立表現的繪畫。墨的濃淡乾濕，對區別外在事物意義的描劃，與文字中區別意義的平上去入的四聲，十分相似。到了宋代活字印刷術發達

之後，繪畫語言，才採用與文字語言相類似的部首拼字法，把繪畫中的基本圖象單元，加以分解，然後重組。如《梅花喜神譜》的出現，便是例子。文字語言先成熟，發展出「言外之意」的創造手法。繪畫語言後成熟，在北宋時代，也發展出「畫外之意」的創作手法。時代發展至此，方才正式進入詩畫相發的境界。而在藝術圖象的發展上，連接文字語言與繪畫語言的橋樑，便是書法。於唐朝流行至今的《大唐三藏法師聖教序》就是沙門懷仁利用〝解構〞的方式，把晉王羲之的書法，分裂重組複製而成，晉朝的藝術家，可以為唐朝的皇帝服務，開啟了後現代式的資訊交流法門，為畫譜的製作，提供了良好的示範。

　　語言的思考模式與繪畫的思考模式，發展到北宋時代，方才有相互交流的條件，得以相互呼應，產生了詩畫相發的觀念，造成了追求「言外之意」的水墨單色繪畫之流行。

　　以手工來複製圖象，是農業式的；以木板活字印刷來大量複製，是工業式的；而以分裂重組方式來大量複製，則是後工業式的。上述三種複製（或摹擬再現）的方式，發展到十七世紀，已達到相當複雜精密的程度，有套色的《芥子園畫譜》及《十竹齋畫譜》便是例子。

　　1840 年以後，上述三種複製或摹擬再現的方式，受到了西方工業文明，也就是機器複製（包括攝影）的巨大挑戰。這個挑戰持續了一百年，一直到 1945 年二次世界大戰後，方才有所改變。在這段期間內，中國在文字語言方面，首先產生了巨大的變化，白話文運動勃然而興，導致了文學革命，吸收了許多西方語言的特色。而繪畫語言的革命，卻一直不很順利，為工業時代的中國藝術家，帶來了很多困擾。戰後，以電腦為主的資訊社會出現，把工業社會推展到後工業社會，以單元重組為主的電腦複製模式，開始流行。這才使備受工業現代主義壓抑的中國藝術家，有了喘息的機會。

　　在二次世界中戰前的一百年間，中國藝術家在面對西方工業社會中所發展出來的現代藝術，常常無法掌握主控權，不免隨波逐流或頑固抵抗。然而在後工業電腦資訊社會出現後，結構式的現代主義理

念，已被資訊交流式的後現代觀念所解構。這對生活在八十年代的中國藝術家來說，無異是如魚得水。

以藝術資訊而言，無論古今，我們這一代的藝術家所擁有的，比歷史上任何一個時代的藝術家都要來得豐富而多樣。在古代方面，近二十年來，在中國出土的秦漢以前文物，大大豐富了我們對彩油繪畫傳統的認識。東西交通的便利，也使得大家對西方藝術有了第一手的了解。而在文字語言上，白話文運動已經成功，接下來的繪畫語言的革新，應該是順理成章的事了。我們這一代的藝術家是幾千年來，唯一有機會能夠把古今中外所有的藝術資訊融合在一起，再加以綜合創造的一代。

在這個時代的轉捩點上，我們主張把五代以前，近一千多年的彩油傳統與五代以後的水墨傳統與西方分析的繪畫語言傳統，綜合起來；把中國直陳式的繪畫語言傳統，也綜合起來，一同創造一個圖像資訊交流的繪畫世界。同時，我們對當代文字語言，及其所反映的思考方法，更是應該加倍注意。這些，都將變成我們繪畫創作的基本原動力。

我們的成員多半是水墨、彩油兼而治之的。比較傾向水墨的有羅青、于彭、袁金塔、李振明；比較傾向於彩油的有鄭在東、邱亞才、洪根深。我們的心胸開放，多方吸收，我們知道如何結構，也知道如何解構，我們要以我們廣大無比的資訊能力，為中國繪畫開創一個全新的未來。

年表篇

歐美地區
後現代階段
大事年表

◉屈琴堡編／羅青譯

台灣地區
後現代狀況
大事年表

◉羅青編

譯者前言

　　本年表譯自 1985 年初所出版的「後現代階段：當代各種藝術革新手冊」(The Postmodern Moment : A Hand Book of Contemporary Innovation in the Arts) 此書由屈琴堡 (Stanley Tractenberg) 主編，列爲「藝術運動叢書」第一冊 (Movements in the Arts)，由綠林出版社 (Greenwood Press) 在美國的西港 (West Port) 及英國倫敦同時印行。全書分七章，及兩篇附錄。有屈氏的長篇導言。其章目分別如下：

建　築：麥克李歐德 (Mary McLeod)
藝　術：保來弟 (John T. Paoletti)
舞　蹈：班聶斯 (Sally Banes)
電　影：凱洛 (Noel Carroll)
文　學：史泰維克 (Philip Stevick)
音　樂：施路特 (June E. Clarke)
劇　場：施路特 (June Schlueter)
附錄一：後現代主義在歐洲：論德國當代寫作 (維爾柏格 David E. Wellbery)。
附錄二：後現代時期的拉丁美洲文學 (麥克阿瑟 Alfred J. Mac Adam 與施米諾維 Flora H. Schiminovich)。

　　本書後附有一份年表，共二十七頁，對研究近二十五年來西歐及北美的文化及文學藝術音樂、建築、舞蹈、劇場、攝影、電影做了提綱式的指引，方便讀者不少。屈氏等人對後現代的看法與李歐塔、哈山不盡相同，因此所列的名單與他們二人所提到的後現代作家有所出

入，讀者可自行對比，做爲參考。後現代作家作品的名稱，千奇百怪，譯者所知有限，有些譯文，僅供參考用，讀者請直接閱讀後面所附的原文，自會有所了解體會，至於實在難以解釋的，只有照錄原文了。

歐美地區後現代階段大事年表1960-84

屈琴堡（Stanley Trachtenberg）編　　　羅青　譯注

科　目		世界及美國國內大事
建　築 藝　術 舞　蹈 文　學 音　樂 劇　場	**1960** • 强森（Philip Johnson）：基督教新一致教派教堂（New Harmony Church），印第安納州，新一致市。 • 奧登堡（Claes Oldenburg）：「快照」（Snapshots），《城市大展》。 • 史帖拉（Frank Stella）：在李奧・凱斯蒂力畫廊（Leo Castelli Gallery）首次個展。 • 紐約現代美術館（MOMA）推出：美國畫家十六人展。 • 麥昆納斯（George Maciunas）：《流轉派宣言》。 • 强斯（Jasper Johns）：「加畫青銅」。 • 佛蒂（Simone Forti）：「蹺蹺板」、「滾滾滾」。 • 巴斯（John Barth）：《醉大麻因素》（The Sot—Weed Factor） • 菲爾德（Leslie Fiedler）：《美國小說中的愛與死》。 • 依撒・辛格（I. B. Singer）：《盧布林來的魔術師》。 • 阿普代克（John Updike）：《兔子奔跑》。 • 卡繆（Albert Camus）卒（1913 生）。 • 巴斯特納克（Boris Pasternak）卒（1890 生）。 • 賴特（Richard Wright）卒（1908 生）。 • 福斯（Lukas Foss）：《時間循環》。 • 尤乃斯哥（Eugène Ionesco）：《犀牛們》。 • 艾爾比（Edward Albee）：《沙盒子》（The Sandbox）。	• 美國南方拒絕黑人進入一般飯館，引起靜坐示威抗議運動。 • 美國第一個氣象人造衞星發射成功。 • 德國納粹薰特務頭子艾克曼（Adolph Eichmann）被發現逮捕。 • 美國 U-2 偵察機在蘇聯上空被擊落。 • 比屬剛果宣佈獨立。 • 甘迺迪當選美國第 35 任總統。 • 克拉克・蓋伯（Clark Gable）卒（1901 生）。
建　築 藝　術 舞　蹈 電　影	**1961** • 傑克布（Jane Jakobs）：《美國大城興亡史》。 • 格林堡（Clement Greenberg）：《藝術與文化》。 • 路易斯（Morris Louis）：《Alfa, Delta, Sigma》。 • 佛帝（Simone Forti）：《伍隻舞蹈結構＋其他事情》。 • 藍尼爾「Yvonne Ranier）：《三支沙貼（Satie）式的湯匙》。（譯注：Erik Alfred Satie 1866～1925，法國作曲家）《一組鐘》。 • 科納（Bruce Conner）：《宇宙射線》（Cosmic Ray）。 • 傑可布（Ken Jacobs）：《貝當之死》（The Death of	• 和平青年救世團（Peace Corps）成立。 • 豬羅灣事件。 • 謝伯德成為美國第一個太空人。 • 美國能源計劃署提出七億美元，防核工事計劃。（譯注：在每一得家庭建造防核工（事或避

文 學	P'town)。 • 霍克斯(John Hawkes)：《塗了粘鳥膠的樹枝》(The Lime Twig)。 • 海勒(Joseph Heller)：《第 22 個訣竅》。 • 馬拉末(Bernard Malamud)：《新生活》(A New Life)。 • 李維・師陀(Claude Lévi-Strauss)：《憂鬱的熱帶》(Tristes Tropiques)。 • 依撒・辛格：《市場街的史賓諾撒》。 • 海明威(Ernest Hemingway)卒(1899 生)。 • 瑟伯(James Thurber)卒(1894 生)。	難所)。 • 柯布(Ty Cobb)卒(1886 生)。 • 哈馬斯基爾德(Dag Hammarskjold) 卒(1905 生)。 • 南斯拉夫在貝爾格勒舉行不結盟國家會議。
音 樂	• 洛特斯拉斯基(Withold Lutoslawski)：《威尼斯式的賽會》(Venetian Games)。 • 凱吉(John Cage)：《靜默》，《變奏之二》。	
攝 影 劇 場	• 賈拉漢(Harry Callahan)：《多重影象》 • 艾爾比：《美國夢》，《比西・史密斯之死》。 • 品特(Harold Pinter)：《收藏品》(The Collection)。 • 貝克特(Samuel Beckett)：《歡樂時光》(Happy Days)。	

1962

建 築	• 范塗理(Robert Venturi)：「伐納・范特利之屋」，賓西法尼亞州，粟子山。 • 科布西爾(Le Corbusier)：「議會大廈」，印度，香提格斯。 • 撒瑞尼恩(Ecro Saarinen)：「TWA 總站」紐約，甘迺迪國際機場。	• 葛林(John Glenn)世界上第一個美國人完成環繞地球的壯舉。 • 西雅圖世界博覽會以「太空時代的人類」爲主題。
藝 術	• 安迪・沃侯(Andy Warhol)：「一百個康貝爾豿湯罐頭」(One Hundred Campbell's Soup Cans)。 • 詹尼斯(Sidney Janis)推出「新寫實主義大展」，爲普普藝術(Pop Art)開了先鋒。 • 李奇斯坦(Roy Lichtenstein)：「轟然」(Blam)。	• 在貝克對卡爾(Baker v. Carr)的案子中，最高法院反對州立法席位人員受「種族歧視」的限制。在安歌對維他理(Engel v. Vitale)的案子中，最高法院反對在公立學校唸祈禱文。
舞 蹈	• 酒德森舞蹈劇院(Judson)首次推出演奏舞蹈發表會，此後每週有「工作室」之聚會，一直持續到 1964 年。 • 藍尼爾：「三種海景」，「平凡之舞」。 • 布朗「Trisha Brown」：「延齡草」(Trillium)。	• 人造通訊衛星升空。 • 華生與克立克(James Watosn, Francis Crick) 因發現繪製 DNA 分子之立體圖形而得諾貝爾獎。
電 影	• 布瑞爾(Robert Breer)：「跳過茶壺的馬」。 • 傑可布：「金髮美蛇」(Blonde Cobra」。	• 麥瑞迪斯(James Meredith 有成爲第一個進入密西西比大學的黑人學生。
文 學	• 波赫士(Jorge Luis Borges)：「虛構故事」(Ficciones)。 • 那布可夫(Vladimir Nabokov)：「蒼白的火」。 • 羅斯(Philip Roth)：「算了」(Letting Go)。 • 馮內果(Kurt Vonnegut)：「黑夜之母」(Mother Night)。	

音 樂	• 史坦貝克(John Steinbeck)得諾貝爾獎。 • 凱吉:「O'O"」。 • 伯朗(Earle Brown):「諾瓦拉」(Novara)(譯注:義大利西部名城)。 •《新音樂透視》創刊。
劇 場	• 艾爾比:《誰怕維吉尼亞·渥爾夫》,《動物園故事》。 • 布魯克(Peter Brook)加入皇家莎士比亞劇團。 • 史蒂華特「Ellen Stewart)開設「大媽媽劇院」(La Mama Theater)。

1963

建 築	• 史特林(James Stirling):「雷色斯特機械大樓」英格蘭。 • 范德若(Mies Van der Rohe):「國家畫廊」,柏林。	• 在基頓對文頓(Gideon v. Wainwright)的案子中,最高法院裁定,對貧窮的被控人,應提供免費的法律服務。
藝 術	• 李奇斯坦:「魚雷……哇!」「好,好傢伙,好」。 • 沃侯:「瑪麗蓮·夢露」雙連作。 • 白南準(Nam June Paik)在西德無派特市(Wuppertal)巴那斯畫廊(Galerie Parness)展出電視錄影藝術(Video Art)。 • 西哥爾(George Segal):「電影」。 • 盧霞(Ed Ruscha):「標準車站,德州,阿馬瑞樓市」。	• 馬丁路德金(Martin Luther King)在美國,阿拉巴馬市領導示威運動。 • 水星計劃完成。
舞 蹈	• 酒德森舞蹈劇院,舞劇#3～13。 • 鄧恩(Judith Dunn):「珂卡普口」(Acapulco 墨西哥南部名城),「機車」(Motorcycle)。 • 藍尼爾:「地勢地形」,「客房服務」(與 Charles Ross 合作編舞) • 羅遜柏格(Robert Rauschenberg):「鵜鶘」(Pelican)。 • 史密特(Beverly Schmidt):「百花盛開」(Blossoms)。 • 布朗:「光瀑布」(Lightfall)。 • 柴爾茲(Lucinda Childs):「消遣」(pastime)。	• 古柏(Gordon Cooper)太空人繞地球 22 圈後安然返航。 • 美國、英國、蘇俄三國簽訂禁止核子試爆條約。 • 民主越南總統吳廷琰遇害,在此之前有佛教徒自焚事件不斷發生。
電 影	• 沃侯:「泰山救女……之類的」(Tarzan and Jane Regained……Sort of):「理髮」(Hair cut)。 • 史密斯(Jack Smith):「燃燒的東西」(Flaming Crestures)。	• 美總統甘迺迪遇刺身亡。副總統詹森(Lyndon Baines Johnson)宣誓就職為第 36 任美國總統。
文 學	• 馬拉末:《白癡請先》(Idiots First)。 • 富雷德門(Bruce J. Friedman):《嚴然凜然》(Stern)。 • 歐慈(Joyce Carol Oates):《北門邊》(By the North Gate)。 • 品尚(Thomas Pynchon):《V》。 • 阿普代克:《半人馬》(The Centaur)。 • 佛洛斯特(Robert Frost)卒(1874 生)。	• 教宗約翰二十三世(Pope John XXⅢ)卒。(1881 出生於 Angelo Roncalli)。

音　樂	• 布魯克斯（Van Wyck Brooks）卒（1886 生） • 小赫胥黎（Aldous Huxley）卒（1894 生）。 • 福斯：「偶然發生」（Echoi）。 • 韓德密斯（Paul Hindemith）卒（1895 生） • 柴欣（Joseph Chaikin）創立「開放劇場」（Open Theatre）。 •「活的劇場」（Living Theatre）推出部朗（Kenneth Brown）的《帆船》（The Brig）。 • 歐德次（Clifford Odets）卒（1906 生）。	

1964

建　築	• 彭謝夫（Gordon Bunshaft）：「班尼克圖書館」康乃迪克州，新港市。（New Haven） • 日本 Minoru Yamasaki：「併合瓦斯大樓」底特律。	• 在「民權法案」之下（Civil Rights Act）通過設置「機會平等委員會」（Equal Opportunity Commission）
藝　術	• 洛杉磯州立美術館（Los Angeles Country Museum）推出「後色面抽象畫大展」（Post-Painterly Abstraction show） • 普普藝術家應邀在世界商展會（World′s Fair）中設計獎飾「紐約州館」（New York State Pavilion） • 羅遜柏格成為第一個獲得威尼斯雙年展（Venice Biennale）大獎（Grand Prize）的美國人。 • 史帖拉：「Ifafa Ⅱ」，「Quathlamba」	• 參議院通過「東京灣決議案」（Tonkin Gulf resolution） • 詹森（L. B. Johnson）擊敗高華德（Barry Goldwater）當選為總統。
舞　蹈	• 柴爾茲：「街頭舞」（Street Dance）、「康乃馨」。 • 海依（Deborah Hay）：「勝利 14」（Victory 14）。 • 桑瑪士（Elaine Summers）：「奇妙花園」 • 甘尼斯·金：「杯/碟/舞者一雙/收音機」。	
電　影	• 布瑞爾：「第一場戰鬥」（First Fight）。 • 安格爾（Kenneth Anger）：「巨蠍興起」。 • 范德畢克（Stan VanDerBeek）：「『氣』死」。 • 布雷黑基（Stan Brakhage）：「天狼星人」。 • 沃侯：「帝國」，「吃」，「亨利·蓋德查勒」（Empire, Eat, Henry Geldzahler）	
文　學	• 貝克特：《事情如此這般》（How It Is）。 • 索爾·貝婁（Saul Bellow）：《何索》（Herzog）。 • 巴撒爾姆（Donald Barthelme）：「歸來吧，卡里加瑞醫生」（Come Back，Dr. Caligari）（譯注：此書最早的出版年代應該為 1961 年） • 柏格（Thomas Berger）：《小巨人》（Little Bigman）。 • 查運（Jerome Charyn）：《從前有一「車」》（Once Upon a Droshky）（譯注：Droshky：一種俄國四輪敞蓬馬車） • 齊佛（John Cheever）：《魏普沙醜聞》。 • 艾爾金（Stanley Elkin）：《包斯威爾》（譯注：James Boswell 1740～1795，以詳實記錄英國大文豪 Sa-	

	muel Johnson 一生聞名於世。)	
	• 富雷德門：《一個母親的親吻》(A Mother's Kiss)。	
	• 霍克斯：《第二層皮膚》(Second Skin)。	
	• 麥克魯漢(Marshall McLuhan)：《古騰堡銀河系》(The Gutenberg Galaxy)。(譯注：Johann Gutenberg 1398？～1468 德國活字印刷發明人)。	
	• 蒙塞斯(Charles Simmons)：《粉狀蛋》(Powdered Eggs)	
音 樂	• 巴比特(Milton Babbitt)：「夜鶯」(Philomel)	
	• 拉蒙揚(La Monte Young)：「烏龜」，「他的夢與旅程」(His Dreams and Journeys)	
	• 史塔克胡笙(Karlheinz Stockhausen)：「揚聲器1」(Mikrophonie 1)	
	• 瑞雷(Terry Rilev)：「在 C 裏面」	
攝 影	• 賈拉漢：「照片一組」	
	• 扎柯斯基(John Szarkwski)：「攝影家之眼」紐約現代美術館(MOMA)展出	
劇 場	• 布魯克推出彼得魏斯(Peter Weiss)的「馬拉／薩德」(Marat/Sade)(譯註：Jean Paul Marat, 1743～1793，法國革命領袖；Sade, 1740～1814，法國軍人，小說家，性變態，虐待狂。)	
	• 謝帕德(Sam Shepard)：「牛仔們」，「奇石花園」	
	• 「生活劇場」因與美國國稅局發生糾紛而遷往歐洲。	
	• 艾爾比：「小小愛麗絲」(Tiny Alice)。	
	1965	
建 築	• 路易士・罕(Louis Kahn)：「周納斯・薩爾克研究所」，加州，羅耀拉市。	• 美國詹森總統宣佈「大社會」(Great Society)計畫。
	• 強森(Philip Charles Johnson)東：「紐約州立劇場」，紐約市，林肯中心。	• 馬丁路德金在阿拉巴馬市領導示威遊行。
	• 查爾斯・摩爾(與林登(D. Lyndon)合作)：「海洋農場」(Sea Ranch)，加州。	• 美國出兵多明尼加共和國。
	• 科布西爾(Le Corbusier)卒(本名 Charles Edward Jeanneret，1887 生)。	• 醫療保險投票權法案，完成立法程序。
藝 術	• 羅森貴(James Rosenquist)：「The F-111」。福閣美術館(Fogg Art Museum)推出「美國畫家三人展：諾蘭德，奧理斯基，史帖拉」(Three American Painters: Noland, Olitski, Stella)目錄由菲德爾(Michael Fried)寫導言。	• 洛杉磯的瓦茲地區發生種族暴亂。
	• 美國政府資助成名藝術家及藝術品之收藏。	• 大型電廠故障造成東西部大停電。
	• 奧理斯基(Jules Olitski)：「巴圖斯基親王視事圖」	• 邱吉爾(Winston Churchill)卒(1874 生)。
	• 柯史士(Joseph Kosuth)：「一把椅子和三把椅子和一把椅子和。」	• 史帝文生(Adlai Stevenson)卒(1900 生)。
舞 蹈	• 布朗：「馬達」	

<table>
<tr><td rowspan="2">電 影</td><td>• 查理斯（Robert Morris）：「船員換班」（Waterman Switch）</td><td rowspan="13"></td></tr>
<tr><td>• 薩爾普（Twyla Tharp）：「特技跳水」
• 貝理（Bruce Baillie）：「唐吉柯德」
• 布雷黑基（Stan Brakhage）：「靈視之暗喻」</td></tr>
<tr><td>文 學</td><td>• 布勞提根（Richard Brautigan）：《最高階層來的聯邦大將》（A Confederate General From Big Sun）。
• 傅柯（Michel Foucault）：《瘋狂與文明》。
• 梅勒（Norman Mailer）：《一個美國夢》。
• 馮內果：《上帝保佑你，玫瑰先生》
• 艾略特（T. S. Eliot）卒（1885 生）。</td></tr>
<tr><td>音 樂</td><td>• 柯藍柏（George Crumb）：「秋天的十二種回聲」
• 羅奇伯格（George Rochberg）：「對抗死亡與時間」（Contra Mortem et tempus）</td></tr>
<tr><td>攝 影</td><td>• 席斯金德（Aaron Siskind）：「席斯金德：攝影家」
• 魏斯頓（Edward Weston）：「愛德華・魏斯頓：認知之火」（紐荷 Nancy Newhall 編）</td></tr>
<tr><td>劇 場</td><td>• 品特：《歸鄉》（The Homecoming）
• 謝帕德：《芝加哥》（Chicago）
• 「生活劇場」推出《同科學怪人佛蘭肯斯坦》。</td></tr>
</table>

1966

<table>
<tr><td>建 築</td><td>• 摩爾（Charles Moore）：「摩爾之死」，康乃爾迪克州，新港市（New Haven）
• 魯道夫（Paul Rudolph）：「藝術與建築物」，康乃爾迪克州，新港市。
• 羅西（Aldo Rossi）：「城市建築」（L'Architettura dclla Citta）
• 范塔利：「同業公會大廈」（Guild House），費城。「建築中的複雜性與矛盾性」。</td><td>• 奈德（Ralph Nader）出版「任何然速度皆不安全」（Unsafe at Any Speed）出版，通用汽車總裁下令公司對該書所提的批評詳加檢討。
• 在米蘭達對亞利桑那州政府的案子中，最高法院裁定警察在偵詢嫌犯時先要告知對方其應有之權利。
• 華德迪斯耐（Walt Disney）卒（1901 生）。</td></tr>
<tr><td>藝 術</td><td>• 勒維提（Sol LeWitt）：「連續計劃第一號」猶太美術館（The Jewish Museum）推出「基本結構」（Primary Structures）大展。
• 霍夫曼（Hans Hofmann）卒（1880 生）。</td><td></td></tr>
<tr><td>舞 蹈</td><td>• 孟可（Meredith Monk）：「十六毫米之差」
• 皮瑞茲（Rudy Perez）：「倒數計時」
• 薩爾普：「重新移動」（Re-Moves）
• 「九個夜晚」（Nine Evenings）：推出「劇場與科技」（Theater and Technology）</td><td></td></tr>
<tr><td>電 影</td><td>• 庫貝歐卡（Peter Kubelka）：「我們的非洲旅行」
• 康拉得（Tony Conrad）：「閃爍不定」（The Flicker）
• 沃侯：「天鵝絨地下鐵」（The Velvet Underground）「察爾希女郎」（Chelsea Girls）</td><td></td></tr>
<tr><td>文 學</td><td>• 庫佛（Robert Coover）：《布隆主義者源起》
• 麥克艾羅（Joseph McElroy）：《走私者的聖經》</td><td></td></tr>
</table>

音 樂	• 艾爾金：《沿街叫賣與瞎攪和，瞎攪和與沿街叫賣》(Criers and Kibbitzers, Kibbitzers and Criers) • 佛來(Northrop Frye)：《批評之解剖》 • 品尚：《命運 49 號之納喊》 • 崔林(Lionel Trilling)：《超過文化之外》 • 瑞奇(Steve Reich)：「快要下雨了」，「出來！」	
攝 影	• 札柯斯基：「攝影家之眼」(Photographer's Eye) • 李昂斯(Nathan Lyons)編著：「當代攝影家：社會風景初探」	
劇 場	• 艾爾比：《微妙的平衡》(A Delicate Balance) • 尚紀內(Jean Genet)：《布幕》(The Screens) • 韓基(Peter Handke)：《攻擊觀眾》，《預言》，《自我批判》 • 「開放劇場」(Open Theatre)在「大媽媽」劇院推出 • 泰瑞(Megan Terry)的《越南搖滾》(Viet Rock)，同時也推出范依塔利(Jean-Claude van Itallie)的《美國萬歲》，《面談》，《汽車旅館》。	

1967

建 築	• 葛瑞夫斯(Michael Graves)：「韓索門大廈」，印第安那州，維恩堡。	• 底特律，紐渥克發生種族暴亂，後來愈演愈烈，傳遍全美。
藝 術	• 賴斯來(Alfred Leslie)：「阿福瑞德‧賴斯來」 • 勒維提(Sol LeWitt)：「關於觀念藝術的幾段文字」(Paragraphs on Conceptual Art) • 瑞恩哈特(Ad Reinhardt)卒(1913 生) • 霍克尼(David Hockney)：「一團更大的潑彩」(A Bigger Splash)	• 馬 謝 爾 (Thurgood Marshall)成為美國第一位黑人最高法院照官。
舞 蹈	• 佛帝：「各種面孔的曲調」，「衣物」(Cloths)。 • 海依：「第一組」(Group I)。 • 派克斯頓(Steve Paxton)：「讓人滿意的情人」。	• 撒特恩五號(Saturn 5)火箭發射成功，美國阿波羅登月計劃邁出第一步。
電 影	• 史諾(Michael Snow)：「波長」(Wavelengths)。 • 吉多(Peter Gidal)：「房間」(多媒體雙重表演)。	• 美國人口突破兩億大關
文 學	巴撒爾姆：《白雪公主》(Snowe White) • 巴撒特(Roland Barthes)：《寫作 0 度》 • 布勞提根：《溪釣鱒魚在美國》，《在西瓜糖之內》 • 邦珀斯(Jerry Bumpus)：《熱帶森林大蟒蛇》 • 查運：《到耶路撒冷的路上》(Going to Jerusalem) • 蓋斯(William Gass)：《預兆安排者的運氣》 • 梅勒：《我們為什麼到越南？》(Why Are We in Vietnam?) • 羅斯：《她沒變壞以前》(When She Was Good)	• 中東六日戰爭，以色列擊敗阿拉伯聯軍。 • 比亞法拉(Biafra)宣佈脫離奈及利亞(Nigeria)獨立。
音 樂	• 福斯：「巴洛克變奏」(Bar Oque Variations) • 瑞奇：「慢動作聲音」(Slow Motion Sound)	
攝 影	• 紐約現代美術館推出「新記錄攝影展」(New Documents)	

劇 場	• 卡朋尼格羅(Paul Caponigro)：「保羅・卡朋尼格羅」 • 謝帕德(Sam Shepard)：《觀光客》(La Turista) • 史塔巴德(Tom Stoppard)：《羅森克藍與基頓史登死了》(Rosencrantz and Guildenstern Are Dead)	
	1968	• 越共發動總攻，南侵順化。
建 築	• 貝聿銘(I. M. Pei)：「愛佛森美術館」，紐約，西瑞求斯。 • 路易士・罕：「醫學研究大樓」，費城 • 史特林(James Stirling)：「劍橋大學歷史系大樓」，英格蘭，劍橋	• 美國波布路號海軍間諜船遭北韓逮捕。 • 麥卡西參議員(Eugene McCarthy)在新罕姆示爾州贏得民主黨總統候選人初選得票超過百分之四十二。
藝 術	• 泰伯德(Wayne Thiebaud)：「穿藍鞋子的女孩」。 • 寶拉・古柏畫廊(Paula Cooper Gallery)推出「為和平而藝術」(Art for Peace)大展，賴維提首次推出「牆壁畫」(Wall drawings) • 塞拉（Richard Serra）：「道具」(Prop)	• 芝加哥民主黨大會中發生暴力事件。 • 華理斯(George Wallace)以第三黨的選票支持競選總統，拉梅將軍(Curtis LeMay)為其競選夥伴。
舞 蹈	• 柴爾茲：「無題之人舞」(Untitled Trio)。 • 唐納斯(William Dunas)：「鴻溝」(Gap)。 • 佛帝：「夢遊者」(Sleepwalkers) • 藍尼爾：「心智是一塊肌肉」(The Mind is a Muscle)。 • 布朗：「平面」(Planes)	• 蘇俄及華沙公約國家入侵捷克。 • 美國最高法院同意賓州鐵路與中央鐵路合併為一。
電 影	• 沙茲(Paul Sharts)：「N.O.T.H.I.N.G.」(無)	• 尼克森當選美國第三十七任總統。
文 學	巴斯(John Barth)：《在遊樂園中走失了》 • 巴撒爾姆：《不能提的作為，不自然的行動》(Unspeakable Practices, Unnatural Acts)。 • 彭貝池(Jonathan Baumbach)：《下一個是什麼》 • 卡爾維諾(Italo Calvino)：《宇宙之宇宙》(Cosmicomics)。 • 庫佛：《環球棒球聯盟》，《傑・亨利・渥》，《道具》 • 蓋斯：《在鄉村心臟的心臟中》，《魏利・麥斯特的寂寞太太》(Willie Master's Conesame Wife)。 • 卡茲(Steve Katz)：《彼得・普林斯吹的牛皮》 • 梅勒(Norman Mailer)：《夜間軍隊》 • 阿普代克(John Updike)：《一對》(Couples)	• 法國成為第五個核能國家。 • 羅勃・甘迺迪遭暗殺，(1925 生)。 • 馬丁路德金被刺殺(1929 生)。
音 樂	• 羅奇柏格：「圖表」(Tableaux) • 史塔克胡笙：「位置」(Stimmung)。 • 戴崔迪西(David Del Tredici)：「腐爛之歌」 • 瑞奇：「音樂就是漸的過程」	
攝 影	• 韓奈肯(Robert Heinecken)：「你是真的嗎？」	
劇 場	• 彼得布魯克在「國家劇院」(Théâtre des Nations)推出莎劇《暴風雨》 • 葛柯斯基(Jerzy Grotkowski)：《啓示錄成真》 • 韓基：《小精靈》(Kaspar) • 「活的劇場」推出《大神秘──小玩意兒》(Mysteries	

	——and Smaller Pieces）
	• 「開放劇場」：推出《大蛇》（The Serpent）
	• 謝奇那（Richard Schechner）組織「表演團」（The Performance Group）推出《1969 年的酒神》

1969

建　築	• 葛瑞夫斯：「班氏大厦」，紐澤西州，普林斯敦市	• 伯閣（Warren Burger）為最高法院大法官。
	• 史登（Robert A.M. Stern）：「美國建築中各式各樣的新空間」（New Dimensions in American Architecture）。	• 阿波羅二號送人類首次登陸月球。
	• 范塗理：「賴布之屋」，紐澤西州，長灘市。	• 三十萬人參加紐約的武德史塔（Woodstock）音樂節。
	• 葛魯皮斯（Walter Gropius）卒（1883 生）	
	• 范德諾（Ludwig Mies van der Rote）卒（1886 生）	
藝　術	• 安德黑（Carl Andre）：「鉛作品」（Lead Piece）	• 泰特（Charles Manson）所領導的教派所殺。
	• 惠特尼美術館（Whitney Museum）推出「反幻象：過程／材質」大展。（Anti-Illusion：Procedures/Materials）	• 「芝加哥八大金剛」（Chicago Eight）大審開始。
	• 克里斯多（Christo）：「海岸包紮」（Wrapped Coast）澳洲，雪黎，小海灣。	• 衞生、教育及社會福利等部門決定禁止用甘味為人工甜精。
	• 歐登堡（Claes Oldenburg）：「口紅劃下毛蟲蟲走過所留下的痕跡」裝地點爲耶魯大學。「巨無霸冰袋」。	• 艾森豪（Dwight D. Eisenhower）卒（1890 生）
舞　蹈	• 布朗：「一個男人在樓房邊走下」	
	• 孟可：「汁液」（Juice）。	
	• 塔基（Kei Takei）：「光」，「第一章」（Light, Part Ⅰ）。	
電　影	• 布雷黑基：「伊甸園中的機器」（The Machine of Eden）。	
	• 傑可布：「湯姆，湯姆，吹笛手的兒子」	
	• 西特尼（P.Adams Sitney）：「結構主義電影」	
	• 史諾：「←→」	
	• 沃侯：「黃色電影」（Blue Movie）	
文　學	卡爾維諾：《T　零》（T Zero）	
	• 庫佛：《刺耳之歌與合唱》（Pricksongs and Descant）。	
	• 齊佛：《子彈公園》（Bullet Park）	
	• 麥克艾羅，《長工的綁票》（Hind's Kidnap）。	
	• 那布可夫：《艾達》（Ada）	
	• 羅斯：《波特諾伊的不滿》（Portnoy's Complaint）	
	• 李得（Ishmael Reed）：《黃色老收音機壞了》	
	• 馮內果：《第五號屠宰場》（Slaughterhouse Five）。	
	• 渥立澤（Rudolph Wurlitzer）：《木栓》（Nog）。	
	• 汪可泥克（Ronald Sukenick）：《小說之死及其他故事》（The Death of the Novel and Other Stories）	
	• 歐慈：《他們》（them）	
	• 貝克特獲諾貝爾獎。	

攝　影	• 里昂(Danny Lyon)：「曼哈坦南半端之毀滅」(The Destruction of Lower Manhattan) • 懷特(Minor White)：「鏡子，留言，宣言」 • 溫諾葛藍(Garry Winogrand)：「動物們」(The Animals)
劇　場	• 貝克特：《呼吸》(Breath)。 • 「開放的劇場」推出《公路總站》(Terminal)。

1970

建　築	• 貝里(Ceasar Pelli)：「太平洋設計中心」，加州，洛杉磯。	• 美國軍隊入侵柬埔塞。
藝　術	• 艾斯特斯(Richard Estes)：「雜貨店」(Drugstore)。	• 國家衞隊對美國肯特州立大學學生開火。
	• 第班孔(Richard Diebenkorn)：「海洋公園 36 號」。	• 參議院廢止東京灣決議案。
	• 史密斯班森(Robert Smithson)：「盤旋而上的尖頂」(Spiral Jetty)	• 因黑人暴力殺害加州法官之牽連，戴維斯
	• 賈得(Donald Judd)：「無題」(電鍍鋁材料，八個方盒形物件組成」	(Angela Davis)被捕。
	• 羅斯科(Mark Rothko)自殺(1903 生)	• 密雷大屠殺中涉嫌的美軍移送法院審判。
	• 紐曼(Barnett Newman)卒(1905 生)	• 環境保護總署(Environmental Protection
舞　蹈	• 「大團圓」(Grand Union)推出：「即興表演」(Improvisational Performances)(一直到 1976 年)	Agency)成立。
	• 藍尼爾：「不斷的投射──每天不同」。	• 戴高樂(Charles de Gaulle)卒(1890 生)
	• 所羅蒙斯(Gus Solomons, Jr.,)：「貓 # ccs70-10/ /13NSSR-gsj9M」。	• 納塞(Gamal Abdel Nasser)卒(1918 生)
電　影	• 佛來姆頓(Hollis Framton)：「索恩的大標題」(Zorn's Lemma)(譯注：索恩 1860~1920 瑞典畫家及雕刻家)	
	• 給耳(Ernie Gehr)：「安靜的速率」(Serene Velocity)	
	• 「電影資料集成」創設(Anthology Film Archives)	
文　學	巴撒爾姆：《城市生活》(City Life)。	
	• 貝婁：《山姆勒先生的恆星》(Mr. Sammler's Planet)	
	• 柏格(Thomas Berger)：「要命的部分」(Vital Parts)	
	• 發勞提根：《隆美爾將軍朝埃及內陸進軍》(Rommel Drives on Deep Into Egypt)	
	• 波赫士：《開始以及其他故事》(The Aleph and Other Stories)	
	• 蓋斯：《小說及生命之圖畫》(Fiction and the Figures of Life)	
	• 卡茲：《軟膩又好吃》(Creamy and Delicious)	
	• 歐慈：「愛之輪」《The Wheel of Love》	
	• 索倫亭諾(Gilbert Sorrentino)：《鋼製品》(Steelwork)。	
	• 懷德門(Eugene Wildman)：《蒙茲馬的球》	
	• 渥立澤：《呆子們》(Flats)。	

音 樂	• 阿普代克：《貝樓，一本書》(Bech: A Book)。 • 多斯派索斯(John Dos Passos)卒(1896 生) • 柯藍布：「黑天使」(Black Angels)，「時間及河流的 　廻聲」，「兒童遙遠蒼古的聲音」。 • 史塔克胡笙：「密宗壇城」(Mantra)。	
攝 影	• 菲德蘭德(Lee Friedlander)：「自畫像」。 • 米提阿得(Ralph Eugene Meatyard)：「米提阿得」。 • 麥可斯(Duane Michals)：「一系列」(Sequences) • 尤斯曼(Jerry Uelsmann)：「傑瑞‧尤斯曼」 • 懷特(Minor White)：「赤裸不穿衣的存在」(Being 　Without Clothes)	
劇 場	• 布魯克推出莎翁名劇：《仲夏夜之夢》	

1971

建 築	• 艾斯曼(Peter Eiseman)：「大廈第三號」(爲米勒 　Robert Miller 所設計)，康乃迪克州，湖谷。 • 史特林：「富羅瑞大樓」，英格蘭，牛津。 • 范塔利：「布藍內大廈」，康州，格林維奇。 • 彭謝夫：「LBJ 圖書館」，德州‧奧斯丁	• 在「史汪對夏隆教育局」 　(Board of Education) 　的案子中，最高法院判 　定學校應有載送學生上 　學。
舞 蹈	• 布朗：「累積」(Accumulation)「屋瓦一片」(Roof 　Piece) • 孟可：「器皿」(Vessel) • 薩爾普：「八個果凍麭包」(Eight Jelly Rolls)	• 加利(William Calley) 　因「密雷大屠殺」(M- 　ylai Massacre)而判刑 　。
電 影	• 佛來姆頓：「懷舊」(nostalgia) • 史諾：「中央地帶」(La Région Centrale) • 藍道(George Landow)：「治療性的聽寫」(Remedial 　Reading Comprehension)	• 「美國郵政服務」(U. S. 　Postal Service)取代了 　「郵政部」(Post Office 　Department)。
文 學	• 布勞提根：《草地大復仇》(Revenge of Lawn)，「墮 　胎：一個歷史性的羅曼史 1966」 • 卡爾維諾：《守夜的以及其他的故事》(The Watcher 　and Other Stories) • 查運：《艾森豪，我的艾森豪》 • 底利歐(Don DeLillo)：《美國誌》(Americana) • 艾爾金：《迪克‧吉布森舞台秀》 • 菲德門(Raymond Federman)：《一雙或零蛋》 • 霍克斯：《血橘子一堆》(The Blood Oranges) • 哈山：《奧菲斯之解體》(The Dismemberment of 　Orpheus) • 李維斯陀：《神話學》(Mythologiques) • 馬拉末：《夥計》(The Tenants) • 歐兹克(Cynthia Ozick)：《異教猶太經師及其他故 　事》(The Pagan Rabbi and Other Stories) • 麥克魯漢：《瞭解媒體》(Understanding Media) • 羅斯：《我們這一幫》(Our Cang) • 索倫亭諾：《實際事物中的想像品質》(Imaginative	• 憲法第二十六條修正案 　同意降低投票年齡從 　21 歲改爲 18 歲。 • 阿提加監獄(Attica 　Prison)爲犯人佔領， 　四天後亂始平。 • 航海家第九號(Marin- 　er 9)繞火星飛行。 • 尼克森下令物價工資凍 　結九十天。 • 阿姆斯壯(Louis Arm- 　strong)卒(1900 生)。

音　樂	Qualities of Actual Things）	
	• 瑞奇：「擊鼓」（Drumming）	
	• 凱吉：「六十二個肢體動作，有感於康寧漢」（Merce Cunningham）	
	• 馬提諾（Donald Martino）：「虔誠七章」	
	• 史塔克胡笙：Sternklang	
	• 余曼（Strart Sherman）：「這裏那裏」（Here and There）	
	• 卡特爾（Elliott Carter）：「弦樂四重奏第三號」	
	• 史特拉文士基（Igor Stravinski）卒（1882 生）	
攝　影	• 里昂：「與死者對談」（Conversations with the Dead）	
	• 秀耳（Stephen Shore）：「城市」（The City）	
劇　場	• 韓基（Peter Handke）：《航過康湖》（The Ride Across Lake Constance）	

1972

建　築	• 艾斯曼：「大厦第六號」（佛蘭克之家），康州，克恩渥市。	• 尼克森訪中共。
	• 路易士・罕：「基姆貝美術館」，德州，渥斯堡。	• 紐約道瓊指數（Dow Jones average）突破一千點大關。
	• 葛瑞夫斯：「辛德曼之屋」，印地安那州，維恩堡。炸毀「普提依荀住宅計劃組屋」（Pruitt-Igoe Housing Project）此為 Minoru Yamasaki 在 1955 年所設計建造的。	• 尼克森下令以水雷攻擊北越海防港。
	• 范塗理，史考特布朗（Denise Scott-Brown），依仙奴（Steven Izenour）合著：「向拉斯維加斯學習」。	• 阿拉巴馬州州長華理斯遇刺受重傷。
藝　術	• 李帕得（Lucy Lippard）：「六年：藝術對象之非物質化」（Six Years: The Dematerialization ot the Art Object）	• 阿塞德（H. al Assad）當選絞利亞（Syria）總統。
	• 唐亭罕（Robert Cottingham）：「羅克西」（Roxy）	• 紐約時報開始發表五角大厦文件，追溯美國介入越戰之原因。
舞　蹈	• 迪恩（Laura Dean）：「圓圈舞」（Circle Dance）	• 水門事件爆發，涉嫌者被起訴。
	• 高登（David Gordon）：「這件事」（The Matter）	• 最高法院廢除死刑。
	• 海依：「圓圈舞一套」（Circle Dances），波克斯頓及其鮮伴：「接觸之即興」（一直演下去）	• 中共加入聯合國。中華民國遭到排除。
電　影	• 藍尼爾：「演員們的生活種種」（Lives of Performers）	• 參議院批准戰略武器限制條約（Strategic Arms Limitation Treaty SALT I）第一階段。
	• 梅卡斯（Jonas Mekas）：「電影雜誌」（Movie Journal）	
文　學	• 巴斯：《主教的大法衣》（Chimera）	• 費舍（Bobby Fischer）成為第一個得到西洋棋世界冠軍的美國人。
	• 巴爾特：《神話種種》（Mythologies）	• 尼克森擊敗麥高文（George McGovern）
	• 波赫士：《波地博士之報告》（Dr. Rrodie's Report）	
	• 底利歐：《終點線》（End Zone）	
	• 查運：《柏油寶寶》（The Tar Baby）	
	• 傅柯：《知識考古學》（An Archaeology of Knowledge）	
	• 卡玆：《看過了》（Saw）	
	• 歐慈：《結婚與外遇》（Marriages and Infidelities）	

音　樂 攝　影 劇　場	• 李得：《胡言亂語》(Mumbo Jumbo) • 羅森(Gerald Rosen)：《為將亡之國唱哀歌》 • 依撒辛格：《敵人們》(Enemies) • 渥立澤：《戰慄》(Quake) • 盧卡奇(Georg Lukács)卒(1885 生) • 柏閣：「吉他三重奏」，「小提琴與鋼琴」 • 阿布斯(Diane Arbus)：「丹尼·阿布斯」(由教室上 　課錄影帶上的畫面剪輯編成) • 法蘭克(Robert Frank)：「我手掌中的紋路」 • 福爾門(Richard Foreman)：《劇場宣言第一號》 • 謝帕德：《罪之牙》(The Tooth of Crime)	連選任美國總統。 • 史必玆(Mark Spitz)成 　為有史以來第一個在奧 　運游泳項目一人獲得七 　面金牌的選手。 • 廠商大力推展自然穀類 　食品。 • 杜魯門(Harry S. Tru- 　man)卒(1884 生)赫魯 　雪夫(Nikita Khrush- 　chev)卒(1894 生)。
	1973	
建　築 藝　術 舞　蹈 電　影 文　學	• 彌爾(Richard Meier)：「道格拉斯之家」，密西根州 　，港泉市 • 貝聿銘：「約翰·韓考克大樓」麻薩諸塞州，波士頓市 　(設計人，科布 Henry Cobb) • 烏從(Jørn Utzon)：「雪梨歌劇院」，澳洲，雪梨市。 • 第班孔(Richard Diebenkorn)：「海洋公園第六十七 　號」(Ocean Park No. 67) • 克羅斯(Chuck Close)：「理查」畫像。 • 畢卡索(Pablo Picasso)卒(1881 年生) • 史密森(Robert Smithson)卒(1938 年生) • 柴爾玆：「棉布衣服大會串」(Calico Mingling)，「特 　種旋轉舞」(Particular Reel)(譯註：Reel 為一種蘇格 　蘭舞蹈) • 迪恩(Laura Dean)：「邊走邊跳舞」，「穩定的脈搏變 　化著跳」，「旋轉之舞」(Spinning Dance) • 鄧恩(Douglas Dunn)：「中場休息時間」(Time Out) • 威爾森(Robert Wilson)：「約瑟夫·史達林之一生與 　其時代」 • 查米爾(Batya Zamir)：「翻下牆」 • 吉多(Peter Gidal)：「室內電影 1973」 • 巴撒爾姆：《悲哀》(Sadness) • 德利歐(Don DeLillo)：《大瓊斯街》(Great Jones 　Street) • 艾爾金(Stanley Elkin)：「偵察與逮捕」(Searches 　and Seizures) • 卡玆：「柴泥河邊的野泥路」(Cheyenne River Wild 　Track) • 索倫提諾(Gilbert Sorrentino)：《豪華大飯店》 　(Splendid Hotel) • 以撒辛格：《羽冠》(A Crown of Feathers) • 蘇侃尼克(Ronadl Sukenick)：《出去》(Out) • 品尚：《吸引力彩虹》(Gravity's Rainbow)	• 最高法院在「羅依對魏 　德」(Roe v. Wade)的 　案例中，裁定政府不得 　干預在懷孕三個月以內 　的婦女墮胎。 • 美國與北越簽署停火協 　定。 • 尼克森總統之助理海德 　曼與艾立克曼，還有總 　統顧問迪恩一起辭職。 • 庫克斯被任命為特任檢 　察官。不久，便在「週 　末夜間大屠殺」(Satur- 　day Night Massacre) 　行動中被革職。 • 太空站發射成功，太空 　實驗室計劃開始。 • 尼克森總統之白宮錄音 　帶被人探知。 • 季辛吉出任美國國務卿 　。 • 尼克森的副總統安格紐 　解職，由福特繼任。 • 絞利亞與埃及聯合攻擊 　以色列，中東戰火再起 　。 • 產油國家會議組織實施 　石油禁運，造成第一次 　石油危機。 • 貝倫(Juan Perón)當 　選阿根廷總統。 • 美國前總統詹森卒

	• 馮內果：《英雄們的早餐》(Breakfast of Champions)	(1908 年生)
音　樂	• 瑞奇：「爲木槌樂器，各種聲音，風琴所寫的音」(Music for Mallet Instruments. Voices, and Organ)	
攝　影	• 雷西(Michael Lesy：「威斯康辛死亡之旅」 • 史泰琴(Edward Steichen)卒(1879 年生)	
劇　場	• 貝克特：「不是我」(Not I)。 • 「開放劇場」(Open Theatre)解散。	
	1974	• 派翠西亞赫斯特(Patricia Hearst)被綁架。 • 波士頓法院規定學校用校車載所有的學生(不分黑白)，造成民衆暴動。 • 印度首次核子試爆。 • 塞普路斯島大主教總統馬卡里奧斯被推翻，土耳其派軍侵入塞島。 • 道瓊斯工業指數跌至700 點以下。 • 阿根廷總統貝倫(Juan Perón)卒(1859 年生)，貝倫夫人艾維塔(Evita)繼任總統。 • 渥倫(Earl Warren)卒(1891 年生)。 • 班尼(Jack Benny)卒(1894 生)。
建　築	• 葛瑞夫斯：「克來洪大厦」，紐澤西州，普林斯頓市。 • 摩爾：「克瑞斯吉學院」，加州大學，山塔克魯斯分校；「伯恩斯大厦」，加州，洛杉磯，聖塔摩尼卡峽谷。 • 路易士・罕(Louis Kahn)卒(1901 年生)	
舞　蹈	• 佛帝：「爬行」，「動之手册」(Handbook in Motion)。 • 高登：「椅子」，「1 到 5，任君選擇」(Alternatives 1 through 5)「翻倒了的牛奶之變奏」 • 藍尼爾：「1961～73 作品」 • 鄧恩：「101」，「章魚」。	
電　影	• 李葛瑞斯(Malcolm Le Grice)：「草地上的午餐，倣莫奈」(Déjeuner sur l'herbe, after Manet)，「基奧基奧尼」(Giorgione) • 毛維(Laura Mulvey)與伍倫(Peter Wollen)：「潘西西里亞」(Penthesilea) • 西特尼(P. Adams Sitney)：「靈視電影」(Visionary Film)	
文　學	• 艾比史(Walter Abish)：《以字母排列非洲》(The Alphabetical Africa) • 卡爾維諾：《隱形城市》(Invisible Cities) • 布勞提根：《鷹派怪獸》(The Hawkline Monster) • 包姆貝克(Jonathan Baumbach)：「重播」(Reruns) • 霍克斯：《死，睡與旅人》(Death, Sleep, and the Traveler) • 海勒：《某事發生了》(Something Happened) • 歐慈：《女神以及其他女人》(The Goddess and Other Women) • 帕莉(Grace Paley)：《最後一分鐘時發生了巨大的改變》(Enormous Changes at the Last Minute) • 麥克艾佬(Joseph McElroy)：《小心槍彈》(Lookout Cartridge) • 李得(Ishmael Reed)：《紅路易亞安納的末日》(The Last Days of Louisiana Red) • 羅斯：《我當男人的一生》(My Life as a Man) • 「小說小集」(Fiction Collective)創設，此乃由作家合組而成的出版事業。	

音 樂	• 克朗布(George Crumb):「為某一個夏夜所作」 • 馬提諾(Donald Martino):「俉塗俉」(Notturno) • 瑞奇:「論樂隨筆」(Writings About Music) • 卡特(Elliott Carter):「提琴鋼琴二重奏」	

1974

攝 影	• 依格斯頓(William Eggleston):「照片十四張」 • 克林姆斯(Les Krims):「做鷄湯」(Making Chicken Soup)	
劇 場	• 韓基:「他們快死光了」(They Are Dying Out) • 謝帕德:「一個愛馬狂之地理學」(Geography of a Horse Dreamer) • 史塔巴德:「打油滑稽化」(Travesties)	

1975

建 築	• 范塗理:「塔克之家」,紐約州,基斯可山。 • 紐約現代美術館(MOMA)推出「美術派」(Ecole des Beaux-Arts)建築大展 • 提哥門(Stanley Tigerman):「熱狗屋」(Hot Dog House)依利諾州‧哈佛得市	• 米其爾、海德曼、艾瑞克曼三人因水門事件被判刑。 • 美國汽車製造商開始實施購新車打折政策。
藝 術 舞 蹈	• 奧利斯基(Jules Olitski):「耶和華庇護所—2」 • 迪恩:「擊鼓」(Drumming) • 鄧恩:「紅色的姿勢」(Gestures in Red) • 金恩(Kenneth King):「電池」(Battery) • 高登:「乘以四」(Times Four) • 《戲劇評論》(The Drama Review)推出「後現代舞蹈專輯」(T-65)	• 紐約市因得到教師公會的協助而安然渡過法律困境。 • 聯邦調查局逮捕派翠西亞赫斯特。 • 美國自越南撤軍,西貢被北越改為胡志明市。
電 影	• 藍道(George Landow):「機構組織品質之革新」(New Improved Institutional Quality)	• 美國再度捕獲從柬普寨駛出的馬亞古玆號貨輪。
文 學	• 巴撒爾姆:《死去的父親》(The Dead Father) • 柏格:《偷偷摸摸的人們》(Sneaky People) • 阿比史:《心靈交會》(Minds Meet) • 邦珀斯《Jerry Bumpus》:「地域風物誌」(Things in Place) • 查運:《一對藍眼睛》(Blue Eyes) • 蓋帝斯(William Gaddis):《J.R.》 • 歐慈:《飢餓的鬼魂》(The Hungry Ghosts) • 以撒辛格:《熱情》(Passions) • 李得:《逃向加拿大》(Flight to Canada) • 菲德門(Raymond Federman):《超小說:小說的今日與明日》(Surfiction: Fiction Now and Tomorrow) • 貝婁(Saul Bellow)以《韓波的禮物》一書(Humboldt's Gift)得普立玆獎(Pulitzer Prize) • 崔靈(Lionel Trilling)卒(1905年生) • 包爾(Heinrich Boll)得諾貝爾文學獎	• 傑米胡發(Jimmy Hoffa)宣告失蹤。 • 西班牙的佛朗哥(Francisco Franco)卒(1892年生)。 • 謝拉希(Haile Selassie)卒(1892年生)。 • 蔣介石卒(1887年生)

攝　影	• 克林姆斯：「Fictcryplokrimsographs」 • 尤斯曼(Jerry Uelsmann)：「傑瑞・尤斯曼：銀色之冥想」(Jerry N. Uelsmann: Sliver Meditations) • 喬治伊士曼大厦，攝影國際美術館(International Museum of Photography)推出「新型態學大展」(New Topographics Exhibition)	
劇　場	•「車庫表演劇團」(The Performing Garage)推出布雷希特(Brecht)的《勇氣之母》(Mother Courage)	
	1976	
建　築	• 羅格斯(Richard Rogers)與皮亞諾(Renzo Piano)設計巴黎龐畢度中心(Pompidou Center) • 羅西(Aldo Rossi)：「蓋拉瑞提住宅計劃」，義大利・米蘭 • 范塗理：「佛蘭克林法院」，賓西法尼西州 • 阿爾多(Alvar Aalto)卒(1898 年生)	• 協和式超音速飛機(Concorde)開始飛行定期班機。 • 以色列突襲烏干達恩德比機場(Entebbe)營救人質成功。 • 美國歡迎爲慶祝建國兩百週年的大船隊。 • 海盜一號太空探測船首度探測火星上的地形。 • 海德格(Martin Heidegger)卒(1889 年生) • 毛澤東卒(1893 年生) • 卡特(Jimmy)打敗福特(Gerald R. Ford)當選美國總統。
藝　術	• 蘇珊・羅絲褒(Susan Rothberg)：「蝴蝶」 • 奥登堡(Claes Oldenburg)：「曬衣夾子」(Clothes-pin) • 拉維提(Sol LeWitt)：「欄柵點劃之歌」(Lines to Points on a Grid) • 巴特賴(Jennifer Bartlett)：「獵鷹街」、「人行道」、「維特街」、「加維斯街」、「綠街」	
舞　蹈	• 柴爾妶：爲「沙灘上的愛因斯坦」(Einstein on the Beach)編舞。(此歌劇是威爾森 Robert Wilson 與葛拉斯 Philip Glass 的作品) • 孟可：「採石場」(Quarry) • 金恩：RAdeo A. C. tive(ID)ty(1976~78) • 謝爾夫(Jim Self)：「擦凈底部」(Scraping Bottoms) • 柏龍(Wendy Perron)：「每日一鏡」(The Daily Mirror)	
電　影	• 藍尼爾：「克莉絲提納有聲影片」(Kristina Talking Pictures) • 奥尼爾：(Pat O'Neill)：「索加斯系列」(Saugus Series) • 吉多(Peter Gidal)：「結構電影選集」(Structural Film Anthology)	
文　學	• 布勞提根(Richard Brautigan)：《闊邊帽式的輻射塵》(Sombrero Fallout) • 比提(Ann Beattie)：《冬景處處》(Chilly Scenes of Winter) • 艾德勒(Renata Adler)：《快速賽艇》(Speedboat) • 卡佛(Raymond Carver)：《請安靜點好不好，拜託》(Will You Please Be Quiet, Please?) • 查運：《野丫頭瑪麗蓮》(Marilyn the Wild)	

音　樂	• 德利歐：《瑞提納的星星》(Ratner's Star) • 艾爾金：《連鎖店經銷商》(The Franchiser) • 菲得門：《要或者不要》(Take It Or Leave It) • 歐玆克(Cynthia Ozick)：《流血以及三個中篇小說》(Bloodshed & Three Novellas) • 昆諾(Raymond Queneau)卒(1903 年生) • 貝裏(Saul Bellow)得諾貝爾文學獎 • 凱吉：「公寓房子，1776」、「分支」(Branches) • 卡特：「有關三個音樂會的交響樂」 • 葛拉斯「沙灘上的愛因斯坦」 • 崔迪西(David Del Tredici)：「定本愛麗絲」(Final Alice)	
攝　影	• 亞當斯(Ansel Adams)：「西南攝影集」 • 賈拉漢：「賈拉漢」(Callahan)由札可斯基(John Szarkowski)編著 • 菲德蘭德：「美國紀念碑」(The American Monument) • 高溫(Emmet Gowin)：「高溫：攝影集」 • 席斯金德(Aaron Siskind)：「攝影集：1966～75」，由海斯寫導言由海斯(Thomas B. Hess)寫導言：「處處」(Places) • 懷特(Minor White)卒(1908 年生)	
劇　場	• 謝帕德：《天使城》(Angel City) • 馬麥(David Mamet)：《性變態在芝加哥》(Sexual Perversity in Chieago)、《水鴨變奏》(Duck Variations)	
建　築	**1977** • 葛瑞夫斯：「普拉斯克堂」(發多·莫里得文化中心計劃)，紐澤亞州，維倫市。 • 詹克斯(Charles Jencks)：《後現代建築語言》(The Language of Post-Modern Architecture) • 朋恩斯(Edward L. Bames)：「IBM 大樓」，紐約市。	• 美國與阿拉斯加油管線接通。 • 比金(M. Begin)當選以色列第六任總理。埃及總統沙達特在以色列國會發表演說。 • 發電廠一連串事故造成紐約市大停電。
藝　術	• 巴德列特(Jennifer Bartlett)：「兩條小修道院的步道」(2 Priory Walk) • 安德黑(Carl Andre)：「Trabum」 • 伊斯特斯(Richard Estes)：「安棱尼亞市」(Ansonia) • 加斯頓(Philip Guston)：「派系」(Cabal)	
舞　蹈	• 布朗：「排成一排」(Line Up)。 • 海依：「堂皇之舞」(The Grand Dances) • 派克斯頓：「文化沙漠：雙人舞」(Backwater: Twosome)與莫斯(David Moss)合編。 • 瑞妓：「旅行：從 1 到 7」(Journey: Moves 1 through 7)	

電　影	• 毛維與伍倫：「獅身人面獸之謎」（Riddles of the Sphinx）	
	• 賴葛理斯（Malcolm LeGrice）：「抽象電影以及超抽象電影」（Abstract Film and Beyond）	
	• 雪曼（Stuart Sherman）第一部電影：「星球顆顆、史考提與史塔特」（Globes, Scotty and Stuent）	
	• 查理・卓別林（Charlie Chaplin）卒（1889 年生）	
	• 羅塞里尼（Roberto Rossellini）卒（1906 年生）	
文　學	• 巴爾特：《意象音樂文章》（Image Music Text），希斯（Stephen Heath）譯。	
	• 伯格：《誰是泰迪・維倫諾瓦》（Who is Teddy Villanova?）	
	• 布勞提根：《夢見巴比倫》（Dreaming of Babylon）	
	• 卡爾維諾：《註定命苦的城堡》（The Castle of Crossed Destinies）	
	• 查運：《富蘭克林之疤》（The Franklin Scare）	
	• 齊佛：《養鷹人》（Falconer）	
	• 庫佛：《當衆焚燒》（The Publie Burning）	
	• 德利歐：《演員》（Players）	
	• 卡妓：《可以拆卸的部份》（Moving Parts）	
	• 羅斯：《慾望教授》（The Professor of Desire）	
音　樂	• 奧立佛羅斯（Pauline Oliveros）：「玫瑰月亮」（Rose Moon）	
	• 巴畢德（Milton Babbitt）：「玩時間遊戲」（Playing for Time）。	
	• 卡吉：「入口」（Inlets）	
	• 馬提諾：「三拍協奏曲」（Triple Concerto）	
	• 各種發聲第一次印刷成書出版（First Publication of Sounding）	
攝　影	• 亞當斯：《安瑟・亞當斯攝影集》（The Portifolio of Ansel Adams）	
	• 依格斯頓：「選舉前夕」（Election Eve）	
	• 米契爾（Duane Michals）：「眞實的夢」（Real Dreams）	
	• 蘇珊・宋塔（Susan Sontag）：《論攝影》（On Photography）	
	• 溫諾葛藍（Garry Winogrand）：「公共關係」（Public Relations）	
劇　場	• 謝帕德：《在 B 棟公寓中自殺》（Suicide in B Flat）	
	• 馬密特：《美國野牛》（American Buffalo）	
	1978	
建　築	• 葛瑞夫斯：「舒曼家屋」，紐澤西州，普林斯頓市。	• 以色列與埃及達成「大衞營協定」。
	• 貝聿銘及其同仁：「華盛頓特區，國家畫廊擴建之東翼展覽廳」	• 紐約股票交易所以六億

藝　術	• 摩爾：「義大利廣場」，新奧爾良市。 • 提格門：「動物餅乾之屋」，依利諾州，海藍公園。 • 杜瑞奧・史東(Edward Durrell Stone)卒(1902 年生) • 艾米斯(Charles Eames)卒(1907 年生) • 安德烈：「同等 V Ⅲ」(Equivalent Ⅷ) • 克羅斯：「Phil/指紋 Ⅱ」 • 默瑞(Elizabeth Murray)：「孩子們的聚會」(Children Meeting) • 史帖粒：「印地安飛禽」(Indian Birds) • 齊瑞可(Giorgio de Chirico)卒(1888 年生) • 惠特尼美術館推出「新意象繪畫」(New Image Painting)	三仟五百萬的交易量創新紀錄。 • 巴拿馬運河條約簽定。 • 在蓋亞納瓊斯城的公社中，人民廟堂(People's Temple)之教徒集體自殺。 • 義大利總理莫洛(Aldo Moro)在義大利爲「赤軍旅」(Red Brigade)恐怖份子所謀殺。 • 最高法院宣判，貝克(Allan Bakke)是「反種族歧視」中的反方面受害者。 • 世界第一個試管嬰兒誕生。 • 教宗保祿一世(Albino Luciani)卒(1912 年生)。 • 波蘭的渥提拉(Karol Wojtyla)被選爲教宗是爲約翰保祿二世。
舞　蹈	• 布朗：「水馬達・史普藍」(Water Motro Splang) • 柴爾妶：「Katema」 • 高登：「目標不一定非明顯不可」(Not Necessarily Recognizable Objectives)，「發生了什麼」(What Happened) • 葛樂特(Andy de Groat)：「撞毀」(Get Wreck) • 歐佛里(Mary Overlie)：「畫家之夢」	
電　影	• 賽壯(Michelle Citron)：「女兒儀式」(Daughter Rite) • 貝克曼(Ericka Beckman)：「我們模倣」(We Imitate)，「我們分手」(We Break Up) • 「新電影劇場」(The New Cinema)開幕，位於紐約東區。	
文　學	• 查運：《秘密的依撒》(Secret Isaac) • 德利歐：《走狗》(Running Dog) • 貝提：《秘密與驚喜》(Secrets and Surprises) • 西蒙(Charles Simmons)：《皺紋》(Wrinkles) • 依撒・辛格得諾貝爾獎。 • 科禪(James Gould Cozzens)卒(1903 年生)	
音　樂	• 瑞奇：「八重唱，爲一次大聚會所譜寫」(Octet)	
攝　影	• 依格頓：「禍水」(Troubled Waters) • 菲藍德：《攝影集》 • 札可斯基：在紐約現代美術館(MOMA)推出「鏡像與窗子」特展。	
劇　場	• 馬密特：《水引擎》(The Water Engine) • 品特(Harold Pinter)：《背叛》(Betrayal) • 謝帕德：《被埋了的小孩》(Buried Child)	
	1979	
建　築	• 紐約現代美術館(MOMA)推出「最佳建節成品展」 • 提格門：「麥瑞昂家屋」，依利諾州，利斯雷。 • 彌爾：「學苑」，印地安那州，新協和市。	• 佘契爾夫人(Margaret Thatcher)成爲英國第一任女性首相。

藝　術	● 羅絲婓（Susan Rothenberg）：「龐提亞克，紋身」(Pontiac, Tattoo)	● 戰略核子武器限制談判第二階段條款簽訂。
	● 賴門（Robert Reyman）：「搬運工」(Carrier)	● 金價漲到每盎司美金五百二十八元。
舞　蹈	● 史帖拉：「Kastura」	● 國會同意撥擔保借款給克萊斯勒（Chrysler Corporation）公司。
	● 布朗：「冰河誘餌」(Glacial Decoy)	
	● 柴爾妓：「舞」(Dance)	
	● 迪恩：「音樂」(Music)	
	● 瓊斯（Bill T. Jones）與禪妮（Arnie Zane）：「手舞，猴子奔跑」(Hand Dance, Monkey Run)	
	● 瑞索斯（Susan Rethorst）：「長長無眠的下午」(Long Sleepless Afternoons)	
電　影	● 史考特（Scott）與拜慈比（Beth B.）：「黑盒子」(The Black Box)	
	● 費德瑞克（Su Friedrich）：「冷手，熱心」(Cool Hands, Warm Heart)	
	● 賴葛理斯：「愛密麗──第三者的玄思」(Emily-Third Party Speculation)	
	● 波特（Sally Potter）：「嚇死人」(Thriller)	
文　學	● 巴斯：《書信一束》(Letters)	
	● 包姆貝克：《夏洛特與艾密莉》(Chez Charlotte and Emily)《回歸服務業》(The Return of Service)	
	● 柏格：「亞瑟王」(Arthur Rex)	
	● 邦珀斯：《蟲子們在歌唱》(The Worms Are Singing)	
	● 菲得門：《櫥櫃裏的聲音》(The Voice in the Closet)	
	● 霍克斯：《熱情藝術家》(The Passion Artist)	
	● 海勒：《眞金不怕火》(Good as Gold)	
	● 甘吉米（Kenneth Gangemi）：《皮不拉的火山羣》(The Volcanoes of Puebla)	
	● 葛雷夫（Gerald Graff）：《自我否定的文學》(Literature Against Itself)	
	● 美杰（Clarence Major）：《太平門》(Emergency Exit)	
	● 馬拉末：《杜賓多采多姿的生活》(Dubin's Lives)	
	● 羅斯：《捉刀人》(The Ghost Writer)	
	● 蘇侃尼克：《講苦日子的長歌》(Long Talking Bad Conditions Blues)	
	● 馮內果：《監獄犯人》(Jailbird)	
音　樂	● 奧利佛羅斯：「El Rilicario de los Animales」	
	● 瑞奇：「風，弦，鍵之變奏」	
劇　場	● 福爾曼（Richard Forceman）的《環境劇場》(Environmental Theater)結束。	
	● 謝泰納（Richard Schechner）推出法國劇作家紀內（Genet）的《陽台》(The Balcony)	
	● 《劇場評論》(The Drama Review)推出《自動表演》	

<table>
<tr><td rowspan="2">劇　場</td><td>(autoperformance)專號：討論史密斯(Jack Smith)、葛雷(Spalding Gray)及魏斯(Jeff Weiss)的作品。</td><td></td></tr>
<tr><td>• 麥恩斯(Mabou Mines)推出阿卡頼提斯(JoAnne Akalaitis)的《不通小子》(Dead End Kide)
• 謝帕德：《正牌西部》(True West)</td><td></td></tr>
</table>

1980

建　築	• 史登「各種觀點」(Points of View)，緬因州，沙漠山。 • 提格門：「反暴力協會大樓」(Anti-Cruelty Society Building)，依利諾州，芝加哥市。 • 威尼斯雙年展(Venice Biennale)推出「首屆建築展：過去在眼前」(The presence of the Part: First Exhibition of Architecture)。 • 奈其(Walter Netsch)：「美術館」，俄亥俄州，牛津市。 • 摩爾：「羅妓家屋」，加州，洛杉磯市。	• 貸款利率升到百分之21.5。 • 波蘭工人在葛丹斯克(Gdansk)造船廠罷工。 • 無名旅行家一號(Unmanned Voyager)飛航經過土星。 • 披頭四之一的約翰儂(John Lennon)遇刺身亡。 • 蘇俄總理柯錫金(Aleksei Kosygin)卒(1904年生)。
藝　術	• 史納伯：「宗教狂喜中的聖法蘭西斯」 • 史泰芬(Gary Stephan)：「心靈、星環、教義、歌劇，輪唱」(Sator, Arepo, Tenet, Opera, Rotas)。 • 柯克西卡(Oskar Kokoschka)卒(1886年生)	
舞　蹈	• 班尼斯(Sally Banes)：「奧運動鞋的希臘歌舞女神：後現代舞蹈」(Terpsichore in Sneakers: Post-Modern Dance) • 包衣斯(Johanna Boyce)：「從平凡出發」(Out of the Ordinary) • 鄧恩：「包希尼拉」(Pulcinella) • 范蕾(Molissa Fenley)：「加油打氣的人」(Energizer) • 毛爾頓：(Charles Moulton) • 謝爾夫(Jim Self)：「標示時間」(Marking Time)，「家常插曲」，「沈默的伙伴」。	
電　影	• 狄藍達(Manuel DeLanda)；「年輕氣盛」(Raw Nerves) • 亭達爾(Tyndall)，麥考爾(McCall)，伯佳斯可娃斯卡(Pajaczkowska)，魏恩史塔(Weinstock)等人合拍：「佛洛依德的情人朵拉」(Sigmund Freuds Dora) • 藍尼爾：「從柏林出發去旅行/1971」	
文　學	• 艾比史：《這是多麼的德國呀！》(How German Is It) • 柏格：《鄰居們》(Neighbors) • 比提：《戀地方》(Falling in place) • 布勞提根：《東京蒙他納特快線》(The Tokyo Montana Express) • 哈山：《普羅米修士正大光明之火》(The Right	

	Promethean Fire)
	● 羅森（Gerald Rosen）：《艾醫生的書及酒舖子》（Dr. Ebenezr's Book and Liquor Store）
	● 索倫亭諾：《錯亂的星光》（Aberration of Starlight）
	● 沙特（Jean Paul Sartre）卒（1905 年生）
	● 巴爾特（Roland Barthes）卒（1915 年生）
音　樂	● 伯恩斯坦（Leonard Bernstein）：「輕拂慢彈」（Touches）
	● 葛拉斯「現代之愛華爾滋」（Modern Love Waltz）
	● 瑞奇：「我的名字是：劇團團體照片」
	● 羅奇伯格（George Rochberg）：「秋之文火」（Slow Fires of Autumn）：「豎琴，提琴，鋼琴小夜曲」
	● 史汪特納（Joseph Schwantner）：「風，柳，細語……」
攝　影	● 賈拉漢：「水之湄」，「賈拉漢；彩色」（H. Callahan：Color）
	● 韓奈肯：「羅勃・韓奈肯」，「他/她」
	● 奧特布里治（Paul Outerbridge. Jr.）：「奧特布里治・二世：攝影集」
	● 梅耶諾維玆（Joel Meyerowitz）：「聖路易市及其拱門」
	● 魏諾葛藍：「家畜攝影：渥斯堡肥壯家畜大展以及牛仔大會串」
	● 札可斯基：「美國山水」
	● 史科龍（Sandy Skoglund）：「金魚之復仇」（Revenge of the Goldfish）

1981

建　築	● 葛瓦斯梅/西格爾（Gwathmey/ Siegel）：「維瑞克家屋」紐約州，長島：「塔浮家屋」，俄亥俄州、辛辛納提市。	● 奧康諾女士（Sandra Day O'Conner）成爲美國歷史上第一位最高法院的大法官。
	● 布魯耳（Marcel Breuer）卒（1902 年生）	● 美國外債高達一千億美元。
藝　術	● 巴德列特（Jennifer Bartlett）：「夜晚遇難的泳者」爲海斯 Tom Hess 而作）	● 沙達特遇刺（Anwar Sadat）卒（1918 年生）
	● 波洛夫斯基（Jonathan Borofsky）「2,719,997 所做之自畫像」	● 波蘭實施軍事戒嚴法。
	● 奇亞（Sandro Chia）：「西西佛斯閒散圖」（The Idleness of Sisyphus）	● 拉崗（Jacques Lacan）卒（1901 年生）。
	● 堅尼（Neil Jenney）：「中國春」（Sino-Spring）	● 土耳其籍刺客企圖謀殺天主教宗約翰保祿二世未成。
	● 默瑞：「畫家之過程」	
	● 曼哥（Robert Mangold）「X 中的三個紅 X」	
	● 佩爾斯坦（Philip Pearlstein）：「竹椅中兩位手拿鏡子的模特兒」	
	● 撒利（David Salle）：「長長的一生」（A Long Life）	
	● 施奈伯（Julian Schnabel）：「史前：榮耀，名譽，特	

舞　蹈	權以及窮困」
	• 阿米塔基(Karole Armitage)：「偏激的古典主義」
	• 包衣斯：「事件」(年歲大了時所發生的)
	• 拙姆(Yoshiko Chum)：「不耐煩了」(Champing at the Bit)
	• 佩多(Judy Padow)：「複雜的慾望」
	• 柏龍：「隨著很棒的樂隊起舞……這也是一種自畫像之展示」(Dancing to Good Bands……As Revealing Self Portraits)
電　影	• 費德瑞克(Su Friedrich)：「慢慢順流飄」(Cently Down the Stream)
	• 史諾：「禮物」(Presents)
	• 桑頓(Leslie Thornton)：「珍妮佛，妳在何處？」
文　學	• 柏格：《藍恩哈的女朋友們》(Reinhart's Women)
	• 邦珀斯：《特別優待》(Special Offer)
	• 德希達(Jacques Derrida)：《散播論》(Dissemination)
	• 摩理森(Tony Morrison)：《焦油寶寶》(Tar Baby)
	• 羅斯：《查科曼之釋放》(Zuckerman Unbound)
	• 史泰維基(Philip Stevick)：《歡樂連連來》(Alternate Pleasures)
	• 索倫亭諾：《水晶靈視》(Crystal Vision)
	• 馮內果：《棕櫚星期天》(Palm Sunday)
音　樂	• 福斯：「夜曲，為銅管樂五重奏及管弦樂隊而作」
	• 葛拉斯：「攝影師」(The Photographer)
	• 葛雷瑟(Stuart Glazer)：「對話」(Dialogue)
	• 傑可布(Gordon Jacob)：「第二號協奏曲，笛子與弦樂隊」
	• 羅奇伯格：「三重奏」(Trio)
攝　影	• 尤克來(Sally Eauclaire)：「新彩色攝影」
	• 丹利蘭德(Lee Friedlander)：「花與樹」
	• 里昂(Danny Lyon)：「新世界的照片」

1982

建　築	• 葛雷夫斯：「波特蘭市政大廈」，奧勒崗州，波特蘭市。	• 第一件永久換心手術成功(人工心臟)。
藝　術	• 艾森門(Peta Eisenman)：「X 家屋」	• 阿根廷侵佔福克蘭羣島，英國出兵，阿根廷戰敗，退出該羣島。
	• 包諾夫斯基：「五個鎚打東西的人」	
	• 奇雅：「傷感的露營」(Melancholic Encampent)	
	• 默瑞：「濫情教育」(Sentimental Education)	• 布蘭尼芙航空公司及門維利公司宣佈破產；寇羅倫汽車公司(貝爾費斯德廠)遭政府監管。
舞　蹈	• 羅絲爽：「無止無盡」(Endless)	
	• 范蕾：「我找到了！」(Eureka)	
	• 金恩：「橋/平/仄/平/仄」(Bridge/S-C-A-N)(舞蹈馬達，Dance Motor)	• 參院通過籌款建造 MX 飛彈。
	• 謝爾夫：「小心」，「鳳凰城的故事」	

	• 酒德森舞蹈劇場(Judson Dance Theatre 1962～66)舞展以及舞蹈重新出發，由班寧頓學院(Bennington College)的「酒地森研究計劃」推出。 • 丹斯貝斯(Danspace)舉行「黑人後現代舞蹈系列」(Black Postmodern dance seies)	• 「權利平等修正案」(Equal Rights Amendment)在全國未能以四分之三的州數通過。 • 在芝加哥有七個人因食用泰利諾補品膠囊(Extra-Strength Tylenol Capsules)而導致氰化物(Cyanide)中毒死亡。 • 以色列入侵黎巴嫩南部。 • 美國海軍戰隊及國際部隊至貝魯特監看巴勒斯坦游擊隊撤出黎巴嫩。 • 黎巴嫩基督教軍事組織侵入沙霸及沙提拉巴勒斯坦難民營大肆屠殺。 • 安德洛波夫人當選爲蘇俄領導人。
電　影	• 毛維與伍倫：「艾米！」(Amy!) • 史考特與貝斯比(Scott and Beth B)：「旋風」(Vortex) • 史諾：「如此這般」(So Is This)	
文　學	• 巴斯：《安息日》(Sabbatical) • 包括貝克：《多多少少是我父親》(My Father More or Less) • 比提：《燃燒的房屋》(The Burning House) • 布勞提根：《如此這般風沒有把這些全吹跑》(So the Wing Won't Blow it All Away) • 齊佛：《哦，這是多麼的像天堂呀》(Oh What a Paradise It Seems) • 查運：《情婦瑪麗亞》(Donna Maria) • 艾爾金：《喬治米耳斯》(George Mills) • 菲德門：《雙重變奏》(The Twofold Vibration) • 霍克斯：《佛琴妮：她的兩種生活》(Virginie: Her Two Lives) • 馬拉末德：《上帝的榮寵》(God's Grace) • 歐慈：《血腥情史》 • 歐玆克：《飄浮：五篇小說》(Levitation: Five Fictions)	
音　樂	• 柯藍布：「格言詩」(Gnomic)鋼琴之變奏。 • 卡特：「夜之狂想」(Night Fantasies) • 哈比森(John Harbison)：「黑管，小提琴，鋼琴之變奏」(Variations for Clarinet, Violin and Piano)。 • 若瑞姆(Ned Rorem)：「長久沈默之後：聲音，雙簧管，鋼琴」(譯註：After Long Silence 爲愛爾蘭以故大詩人葉慈之名詩) • 瑞奇：「特希里姆」(Tehillim) • 俄爾夫(Carl Orff)卒(1895 年生)	
攝　影	• 丹利蘭德：「工廠山谷」(Factory Valleys) • 秀耳：「不平凡的地方」(Uncommon Places)	
劇　場	• 魏斯(Peter Weiss)卒(1916 年生)	
	1983	
建　築	• 柏基(John Burgee)，菲力普強森：「PPG 廣場」，賓西法尼亞州，匹玆堡市。 • 赫斯曼(Holzman)，哈蒂(Hardy)，費佛(Pfeiffer)：「WCCO—電視大樓」，明尼蘇達州，明尼亞波里斯市。	• 美國不顧加勒比海六國之反對，單獨對葛林納達(Grenada)用兵。 • 南韓商用客機在蘇俄領空被擊落。

藝　術	• 葛雷夫斯：「三皇卡匹斯串諾圖書館」，加州，三皇卡匹斯串諾市。 • 彌爾：「高地美術館」，喬治亞州，亞特蘭大城。 • 范特利，繞契(Rauch)，布朗(Scott Brown)：「吳歌登餐廳」，紐澤西州，普林斯頓市。 • 李奇斯坦：「綠街壁畫」(Green Street Mural) • 默瑞：「帆纜寶寶」，「你有許多事都不知道」 • 羅絲裘：「落石」，「僧侶」(Falling Rock, The Monk) • 撒利：「父親之暴行」，「野獸哥哥」 • 史納伯：「國王」，「清客妓」(Chinkzee) • 賽門斯(Lauri Simmons)：「古希臘雅典衛城」(Acropolis) • 里夫卡(Judy Rifka)：「論雅典衛城之三」，「皇后谷」
舞　蹈	• 巴克利(Timothy Buckley)：「從藍色出發」，「穀倉熱病」(Out of the Blue, Barn Fever) • 休士頓‧瓊斯與何欄(Ishmael Houston-Jones and Fred Holland)：「唠唠叨叨說不清：對白人的第一印象」(Babble : First Impressions of the White Man) • 凱衣與羅絲(Pooh Kay and Elisabeth Ross)：「棍子開始跳動了」(電影舞蹈 Cinedance) • 柏龍：「兒童法官/砸宴會的/呆板的奸計/倒霉天/小怪人/玩具眼睛」(Child Judge/Party Crasher/Stiff Tricks/Bad Day，小怪人，玩具眼睛」 •「運動研究教學計劃」(Movement Research Studies Project)在各校推行。
電　影	• 貝克曼：「你比較好」(You the Better) • 桑頓：「阿迪納塔」(Adynata) • 查克曼(Slava Tsukerman)：「液體天空」(Liquid Sky)
文　學	• 阿德勒(Renata Aldler)：《黑暗極了》(Pitch Dark) • 柏格：《仇恨》(The Feud) • 卡佛：《大教堂》(Cathedral) • 查運：《木偶潘諾奇歐的鼻子》(Pinocchio's Nose) • 歐克妓：《吃人族》(The Cannibal Galaxy) • 羅斯：《解剖課》(The Anatomy Lesson) • 高丁(William Golding)得諾貝爾獎。
音　樂	• 巴畢德：「權威形式」(Canonical Forms) • 卡特：「變化，爲吉他獨奏而作」 • 傑可布：「慈悲到處眞理生」(Mercy and Truth are met) • 凱(Ulysses Kay)：「戰車：演奏會狂想曲」 • 羅奇伯格：「兩個世界之間：五種意象，爲笛子與鋼琴而作」(Between Two Worlds)
攝　影	• 梅耶諾維玆：「野花」(Wild Flowers)

• 恐怖份子在貝魯特攻擊美國海軍陸戰隊，造成美軍二百四十一人死亡。

• 美國地方法院裁定二十二家貝爾系統的公司可以脫離 AT&T 母公司而獨立。

劇 場	• 秀耳：「奇佛尼的花園」(The Gardens at Giverny) • 馬奈：《船型帽》，《蘇格蘭玫瑰》(Glengarry, Glen Ross) • 謝帕德：《愛情傻子》(A Fool for Love) • 史塔巴德：《貨真價實》(The Real Thing)(譯註：據亨利詹姆斯同名短篇小說改編) • 史奈德(Alan Schneider)推出貝克快：《俄亥俄臨時大災難，什麼什麼地方》(Ohio Impromptu Catastrophe, What Where) • 田納西•威廉斯(Tennessee Williams)卒(1911 年生)	

1984

建 築	• 菲力普•强森：「AT&T 大樓」，紐約市。 • 史特林：「新建國家畫廊」(Neue Staatsgalerie)德國，斯徒加市。	• 安德洛波夫(Andropov)卒(1915)由契耳年河(Konstantin Chernenko)繼任。
藝 術	• 默瑞：「你能聽到我嗎？」(Can You Hear Me?) • 紐約現代美術館(MOMA)推出「近代繪畫雕刻國際概況展」(An International Survey of Recent Painting and Sculpture) • 惠特尼美術館推出「紐約畫家五人展」(Five Painters in New York.)託瑞諾 John Torreano，史提芬 Gary Stephan，戴維斯 Brad Davis，詹參 Bill Jensen，默瑞等五人參展。	• 費拉蘿(Geraldine Ferrao)成為第一個被大黨提名競選副總統的女性。 • 雷根(Ronald W. Reagan)連選連任，孟代爾失敗。
舞 蹈	• 褒赤(Pina Bausch)與無譚舞羣(The Wuppertaler Tranztheater)首次到美國演出。 • 酒庫(Sankai Juku)日本白虎社至美國表演。 • 巴藍琴(George Balanchine)卒(1904年生)	• 甘地夫人(Indira Gandhi)被刺殺身亡(1917年生)。
電 影	• 庫克斯(Alex Cox)：「Repo 人」(Repo Man) • 余曼：「派索」，「艾先生建議的」(又名：喬治的畫像)(Portrait of Benedicte Pesle, Mr. Ashly Proposes, Portrait of George) • 楚浮(Francois Truffaut)卒(1932 年生)	• 印度，波伯耳地方，聯合卡拜德廠 (Union Carbide Plant)毒瓦斯外洩，造成超過 1,600 人死亡的慘劇。
文 學	• 貝婁：《他把他的脚踩入他的嘴巴裏》(Him With His Foot in His Mouth)(譯註：說錯話的意思) • 海勒：《天曉得》(God Knows) • 歐慈：《神秘的冬桑》(Mysteries of Winterthurn) • 羅沙(Mario Vargas Llosa)：《世界末日之戰》(The War of the End of the World) • 齊佛(John Cheever)卒(1912 年生) • 科塔札(Julio Cortázar)卒(1915 年生) • 柯傅(Michel Foucault)卒(1927 年生) • 布勞提根(Richard Brautigan)卒(1935 年生)	
音 樂	• 伯恩斯坦：「哈利」，笛子獨奏，短笛，高音笛，打擊樂器，豎琴，弦樂器合奏夜曲。	

| 劇 場 | • 柯普蘭(George Copland)：「鋼琴宣言」(Proclamation for Piano)
• 羅奇伯格：「鋼琴弦樂四重奏」
• 史汪特納：「馬加邦答：畢沙洛詩四首」
• 楚曼(William Schuman)：「朱廸絲：爲演奏會所寫的編舞之詩」，「夜遊」(Night Journey)
• 瑞奇：「沙漠音樂」(The Desert Music)
• 葛拉斯：「阿克那坦」(Akhnaten)
• 科比特(Arthur Kopit)：《世界末日》(The End of the World)
• 布魯克(Peter Brook)推出《卡門》(Carmen)，維威恩波芒劇場(Vivian Beaumont Theatre)
• 拉比(David Rabe)：《騷擾喧囂》(Hurlyburly)
• 史奈德推出貝克特的《搖擺過》(Rockaby)及《腳步》(Footfalls)於山姆爾貝克特劇場(Samuel Becket Theatre) | |

編者前言

　　「台灣地區後現代狀況大事年表」是我研究台灣過去二十五年來文化、文藝發展狀況的一個參考表。台灣地區從 1949 到 1989 短短四十年間，發展了三種不同的社會型態，也就是**從農業的（1949-1965）工業的（1966-1975），到後工業的（1975 以後）**，而這三種社會型態是交織在一起發展的，到目前還同時並存，互有消長，其中還滲雜了一些遊牧社會的因素。這幾乎種不同型態的社會所產生的文化認識與意識型態，也混合存在台灣地區各色各樣人物的腦海裏，很難加以釐清。因此年表的編寫也以反映上述三種社會型態發展的重要事件為主：有浪漫的，有現代的，及後現代的，而其中所收有關後現代的條目較多（1975 年以後），目的在提醒大家注意，台灣走向後工業社會（或資訊社會）的腳步，是如此的快速，真令人有目不暇給的感覺。我們面對這麼多事實及數據，不得不調整我們對台灣當前狀況及未來發展的看法與態度，在遊牧、農業、工業後工業的混合當中，台灣未來將無可避免的，全速奔向以資訊、後工業為主的道路，十年之後，一個高度後工業化的社會，必會出現在你的眼前。

　　本表從 1960 雷震等籌組「中國民主黨」，要求政治多元化開始，至 1987 ，政府宣佈解除戒嚴，開放黨禁為止，共二十七年，充份的顯示出台灣地區民主化、多元化、工業化，後工業化的過程。1988 年蔣經國總統逝世，台灣正式進入「後蔣經國時代」，各種與後現代有關的事件如「五二○農民遊行事件」，「圍園事件（開創鉅額賠償公害模式）」「逐步放寬的大陸政策」，「雷震、孫立人事件翻案」，「股票突破九千點大關」，「後現代主義建築大師查理摩爾

來台展出作品模型」,「傑西李蒙舞蹈團來台」,「美國後現代主義、研究者如詹明信、哈山等來台演講」,「輕文學的流行」,「彈性外交政策」……等等,已不勝枚舉,故列表的事件以 1987 年以前為準,後來以後的事件,讀者可以依照前例自行蒐集編輯。

台灣地區後現代狀況大事年表 1960-1987

台 灣 地 區 大 事	中 國 大 陸 大 事	世 界 大 事
民國 49 年(1960) **政治** △美國總統艾森訪台北。 △國大二讀修正臨時條款，議決總統連任不受限制。 △召開第一屆國民大會第三次會議，蔣中正任第三任總統。 △美、故、菲三國元首分別訪華。 △雷震等籌組「中國民主黨」。 △《自由中國》雜誌發行人雷震及其職員被捕入獄。 △空軍開始使用美全天候戰機。 △我國與古巴斷交。 **經濟** △本省開始推動籌設置「六堵工業區」。 △投資研究小組通過「獎勵投資條例」，以補「十九點財經改革方案」之不足。繼續執行去年通過的「十九點財經改革方案」，使台灣從進口代替，轉變為出口擴張與國際市場導向的經濟。 △台鐵貨運公路通車。 △台灣人口突破一千一百萬，生育率為4.2％。 △第二期經建計劃完成，出口金額達到 1.64 億美元。外匯存底為七千六百萬美元。	**政治** △中共與蘇俄開始交惡，蘇俄撤回專家千餘人。 △西藏發生抗暴運動。 △中共認為大陸從 1958 年便進入社會主義時期，展開三面紅旗「大躍進運動」，成立「人民公社」，要在 15 年內超過英國「20 至 30 年內超過美國。結果，造成三年自然災害。 △中共公開宣佈在大陸城市建立 1027 個「人民公社」，企圖以「人民公社」的手段，由「社會主義過渡期」躍入共產主義，(從 1957 年就開始實施單一公有制)。 △中共砲轟金門。 △《人民日報》指出「三級所有制爲基礎」是現階段人民公社的基本制度。」 △中共與古巴建交。 **經濟**	**政治** △甘迺迪當選美國第 35 任總統。 △美國 U-2 偵察機在蘇聯上空被擊落。 △非洲國家相繼獨立；比屬剛果獨立。 △李承晚第四度連任韓國總統，後因學生示威而辭職，由外長組看守內閣。 △美日安全新約生效。 **經濟** △美國 GNP 佔全球 33 %，日本佔 3 %。 △石油生產國家組成「石油國家會議組織」(OPEC）開始與歐洲各大石油公司對抗。 △歐洲共同市場成立三週年，開始發揮功效。 **科技** △美國發射第一枚氣象衛星。 △黑魯雪夫在羅共大會上指出，和平共

台　灣　地　區　大　事	中　國　大　陸　大　事	世　界　大　事
文化 △覃子豪《論現代詩》。 △余光中《英詩譯註》。 △《文學雜誌》停刊，共出48期。 △《現代文學》（季刊）創刊。 △鍾理和卒（1995～1960）。 **民國50年(1961)** **政治** △台灣省二十一縣市議會正式成立。 △第五屆縣市議員票選順利產生。 **經濟** △李國鼎推動「美援小型工業貸款」，發展外銷工業。 △行政院推行第三個四年經建計劃，出口大幅成長。 △徐柏園主持中央銀行復業，掌管貨幣及金融政策。 △國民平均所得151美元。 **科技** △陸軍試射「勝利女神」飛彈成功。 △交大裝置IBM 650型電腦。 △清華大學原子科學研究所完成我國第一座核子反應器裝置。 △葛賢寧卒（1915～1961）。	**文化** △開始從西方國家進口設備。 △中美舉大辯論，形成朱光潛、蔡儀、李澤厚三大派別。 △中共「中央」發出《關於推廣注音識字的指示》。 **政治** △中共「大躍進」失敗，二千萬人下放農村。 △香港出現大陸難民逃亡潮。 △中共九屆九中全會「中央局」。 △中共經濟政策轉變。 △中共與美國舉行華沙第103次「大使」級會談。 △中共宣佈與南非斷絕經濟貿易關係。 △中共支持蘇俄恢復核子武器試驗，稱為「捍衛和平的重大步驟」。 **文化** △《文藝報》由月刊改成半月刊（1949年創刊）。 △中共國務院公佈全國第一批重點文物	△存是可能的，機械運用列寧的《帝國主義論》是錯誤的。 △第一次「綠色革命」開始。 **政治** △第三次柏林危機發生。 △蘇共第21屆黨代表大會，赫魯雪夫宣稱「社會主義必將在全世界各角落取代資本主義，這是社會發展的客觀法則」，他指出生產毛額將在1970年代國民平均生產毛額超越美國，1980年以前在蘇聯建立真正的共產社會。 △美國引起蘇羅羅羅事件。 △美國與古巴斷交。 △赫魯雪夫攻擊蘇俄為「修正主義」，兩國正式分裂。 △中共抨擊蘇俄舉行不結盟國家會議。 △南斯拉夫在貝爾格勒動舉行不結盟國家會議。 △中、菲、韓、越四國外長會議在馬尼拉舉行，團結對付共黨侵略。

△韓國政變，朴正熙出任國家元首。

△俄共舉行第22次代表大會，黑魯雪夫公開指責阿爾巴尼亞勞動黨，周恩來發言，指責大會批評阿勞動黨不當。

科技

△美國太空船載人飛行成功。

△華生與克立克（Watson, Crick）因發現繪製 DNA 分子之立體圖型而得諾貝爾獎。

△美國能源計劃署提出十億美元防核工業計劃。

△美國模籌工廠製造並運用第一台「工業機器人」。

△美國人造通訊衛星發射成功。

文化

△美和平青年救世團(Peace corp)成立。

△西雅圖世界博覽會以「太空時代的人類」為主題。

政治

△古巴飛彈危機。

△越戰開始，美軍介入。

△黑魯雪夫公開指責中共為美俄衝突的挑撥者，並諷刺中共不運兵港澳。

經濟

△日俄簽訂貿易協定。

政治

△劉少奇掌權，與鄧小平、陳雲推動「三自一包」新經濟政策。

△藏印邊界發生大戰。

△中共「政協」決定在「三面紅旗」下進一步加強工作。

△中共反控蘇俄製造分裂，並促俄召開會議，消弭共黨集團的分裂。

保護單位名稱。

文化

△覃子豪主編《藍星季刊》創刊。

△余光中發表《天狼星》，及《再見，虛無》。

△聯合報發行突破十萬份。

△《筆匯》停刊。

△《現代文學》第六期吳爾芙夫人專輯。

△張愛玲訪台。

△台廣、聯華等廣告公司創設。

民國 51 年（1962）

政治

△蔣廷黻出任駐美大使。

△黃杰出任台灣省主席。

經濟

△辜振甫籌設台灣證券交易所，台泥股票第一個上市。

△李國鼎策訂「技術合作條例」。

世　界　大　事	中　國　大　陸　大　事	台　灣　地　區　大　事
科技 △美國製造偵察衛星及義勇兵洲際飛彈成功。 △美國太空人再度發射成功。 **文化** △貝爾（D. Bell）發表「後工業社會」1985年以後的推測」。（開「美國知識」研究之先河）。 △麥祺勳著：《美國知識的生產和分配》。 △黑雪夫夫地推發表索忍尼辛中篇小說「寂靜中營的一天」（集中營的一天）。 △美國卡遜女士出版「寂靜的春天」引發了今後來的環保意識。 △全球人口超過三十億。 **政治** △美俄古巴問題，在僵持中宣告結束。	△中共與寮國、烏干達建交。 △中共十中全會，毛澤東退居第二線，實權完全取消。 △劉少奇在《人民日報》重刊《論共產黨員的修養》。 △中共「十中全會」强調現代鬥爭修正主義，重新修訂農村人民公社工作條例草案。 △中國大陸難民十餘萬人逃往港澳。 **文化** △中共推出「簡化字總表」。（簡體字兩千二百餘個） △王伯敏：《中國版畫史》。（上海） **政治** △中共在《紅旗》雜誌上，攻擊莫斯科。	△台北成立股票證券交易所，有49家公司上市。 △行政院成立「經濟動員計劃委員會」（以出口為導向的經濟政策開始形成）。 **科技** △大同公司開始生產電視。 △三陽機車自製引擎、活塞、汽缸。 △國軍自製 T2 火箭舉行試射。 **文化** △中西文化論戰爆發。 △台灣電視公司成立。 △七等生發表《黑眼珠與我》。（聯合報） △王世杰任「中央研究院」院長。 △《詩、散文、木刻》創刊。 △我國第一次慶祝出版節。 △劉紹唐創辦《傳記文學》月刊。 △《中華大辭典》首册出版，由師大教授高明、林尹主編，中國文化學院印行，為我國目前規模最大的中文辭典。 △中央研究院院長胡適因心臟病突發逝世，享年七十二歲。 **民國 52 年（1963）** **政治** △陳誠辭職，嚴家淦出任行政院長。

△法德結束敵視態度，簽訂合作條約。
△美英俄三國外長在莫斯科簽訂局部核子禁試條約。
△印尼發生排華事件。
△馬來西亞正式成立。
△越南政變，吳廷琰遇害。

經濟

△義大利「六三集團」（Gruppo 63）成立，是為「新現代派」或「新前衛派」。
△日本以賒款方式售與中共價值二千萬美元的人造纖維工廠，並派貿易團赴大陸。

科技

△美水星計劃完成。
△美太空人古柏繞地球 22 圈後安然歸來。

文化

△傅瑞丹（Betty Friedan）出版《女性氣質的奧秘》（The Feminine Mystique），為美國女權運動揭開序幕。

政治

△新加坡獨立，李光耀任總統。

△中共與蘇俄舉行首次會談失敗，中共全面反俄。俄《真理報》展開反擊，斥中共為教條主義者。
△中共去北平歡迎美國流亡古巴左傾黑人領袖羅伯特·威廉，並召開大會支持美國黑人鬥爭。
△中共「政協」會議通過：根據「民主集中制」，進一步密切同各界聯繫。
△中共公佈「關於國際共產主義運動總路線的建議」，開始走分裂道路，反列寧綱領。

科技

△中共完成核子試爆工作。

政治

△中共與法國建交。

△第三屆省議員選舉。
△蔣經國訪美與甘迺迪、麥克阿瑟會談。
△十八屆大開始辯論「中國代表權」問題。

經濟

△「美援會」改組成「行政院國際經濟合作發展委員會」，李國鼎任秘書長，及「經合會」副主任委員，策劃推動整體經濟建設計劃。
△台灣工業生產總額首度超過農業生產總額，從此台灣脫離以農業為主力的經濟結構，進入以工業產品為主力的結構。
△「耕者有其田」十年成果展。
△中美雙方對台灣棉紗協美，達成四年長期協議。
△台幣對美元開始維持穩定的四十比一。

文化

△《詩、散文、木刻》停刊，共出 6 期。
△瓊瑤二十五歲出版「窗外」。
△第一批文星叢刊出版，採用四十開本，帶動台灣出版界四十開本口袋書的出版潮流。
△楊傳廣在美創十項運動世界紀錄。
△王尚義卒（1936-1963）
△覃子豪卒（1912-1963）
△尹仲容卒。

民國 53 年（1964）

政治

△中華美訂友好條約。

世 界 大 事	中 國 大 陸 大 事	台 灣 地 區 大 事
△印度總理尼赫魯卒。 △越南發生不流血政變，阮慶掌權。 △蘇聯黑魯雪夫下台，布里茲涅夫上台。 △狄托猛烈攻擊毛澤東，斥其妄圖操縱世局。 △黑魯雪夫向中共提出暫停爭論建議，遭中共拒絕。 △蘇共指中共乃行軍國主義，並抨擊中共在文學藝術上的立場。 **經濟** △國際糖價高漲。 △日本超越美國，成爲我國最大的進口供應國。 **科技** △蘇俄將世界上第一個載人太空船發射進入軌道。 △美太空船成功登陸月球，首次攝得月球表面真面特寫照片。 △第三代電腦出現。美國萬國商業公司（IBM）開始生產混合集體電路，以 M-360 系列機種爲代表，預見了微電腦時代的到來。 △正安電腦公司（1951 創立）推出全球第一台桌上型電子計算機。	△中共「春季出口商品交易會」在廣州舉行。 △中共開闢巴基斯坦民航航線。 △中共「國務院」撤銷達賴喇嘛「西藏自治區籌備委員會主委」職務。 △中共與尚比亞建交。 △中共與巴勒斯坦游擊組織來往，並供給武器及物資援助。 △中共開始批判「走資派」。 △中共「中央」拒絕參加在俄擬召開的「世界共黨會議」。 **科技** △中共召開「北京科學討論會」，共有亞、非、拉丁美洲科學家 347 人與會。 △中共舉行第一次核子試爆。 △中共設立「國家海洋局」、「中國版行遊覽管理局」、「科學技術幹部局」。 △中共在內陸進行大規模備戰建設。	△台灣軍管區正式成立。 **經濟** △美國通用電子來台設廠。 △我國貿差距減至 5.3 倍。 △光復以來首次有五百萬美元的順差。 △美國開始經合會人力資源小組召集人，將人力資源發展，納入第四期經建四年計劃。 △美國務院宣布對華經授將於 1965 年中期停止。 △台灣省實施都市平均地權「公地放領」。 △台灣經濟成長首次出現二位數（12.3%），公地地價。 △年的財政赤字首度突破 200 美元。 △國民平均所得突破 200 美元。 **科技** △石門水庫建成。 △我國第一條高速公路—北基高速公路通車。 △中美科學合作會議在中央研究院舉行。 **文化** △《台灣文藝》季刊創刊。 △聯合報發行國外航空版。 △《現代詩》停刊，共出 45 期。 △《笠》詩雙月刊創刊。 △《鼓星》季刊創刊，羅門主編。 △文星書店出版《古今圖書集成》，合計 101 冊。 △索引 1 冊，號稱爲「全世界最大的百科全書」。 △每百戶有十六份報紙。

政治

△國際共黨在莫斯科召開「協商會議」，共有十九國參加。

△越南、緬甸、印尼不斷發生政變。

△日韓結束十四年談判，建立外交關係。

△越戰大規模爆發，美國以台灣為後勤基地。

△蘇俄及東德開始自稱「高級社會主義國家」。

科技

△美國「水手四號」太空船發回第一張火星近距離照片。

△電腦「線上系統」（On line system）作業、開發完成上市，IBM推出360s型電腦上市，引起了微電腦革命。

文化

△杜夫勒（Alvin Toffler）《未來之衝擊》（Future Shock）出版。

△「環保意識」在西方工業國家開始出現。

△奈德（Ralph Nader）在美國開始推動保護消費者運動。

政治

△聯合國大會決議拒中共入會。

△中共與蘇俄鬥爭升高，中共發表文件斥責俄共，要求對俄鬥爭到底。

△中共「人代會」選劉少奇為國家主席，劉任命周恩來為「國務院總理」。

△大陸與印尼直達民航開航。

△「西藏自治區」宣告成立。

△中共「國務院」將僮族改稱「壯族」，並將該地區改稱「廣西壯族自治區」。

△中共與印度在邊界發生射擊戰。

△中共舉行中央工作會議，毛澤東完全失勢。

△中共決定取消「軍銜制度」。

△「新華社」稱為籌備世界共黨會議，舉行的莫斯科會議，是導致共黨運動大分裂的第一步。

科技

△中共舉行第二次核子試爆。

文化

△姚文元（解放日報總編輯）在上海

△戴杜衡卒。

民國 54 年（1965）

政治

△駐美大使蔣廷黻辭職。

△蔣經國出任國防部長，並第三次訪美。

△陳誠卒。

經濟

△美國停止對華經援，共援助 15 億美元。

△李國鼎出任經濟部長。

△北基高速公路開始興建。

△高雄加工區開始設立。

△經濟部公布「工業輔導準則」。

△行政院推行第四個四年經建計劃，對外貿易突破十億美元。

△中美兩國成立「中美經濟社會發展基金」。

△王永慶成立「台灣化纖乙公司」。

△美商在台設廠生產聚乙烯。

△李國鼎推動在台灣南北成立石油化學工業中心。

△勞保人數突破 63 萬。

△紡織品超級稅捐，成為出口大宗，賺取七千萬美元的外匯。

△嬰兒出生率開始減少，影響日後人口結構改變。

△經濟成長率為 11%。

△國民平均所得 216 美元。

科技

台灣地區大事	中國大陸大事	世界大事
△第一屆「科學會議」在台北召開。 △電話每百人一位用戶。 △中油全面推廣石化天然氣為家庭燃料。 △聯合國助我國成立「航業發展中心」。 △政府籌設國防科學院。 **文化** △冰丘譯《艾略特的世紀》（聯副）。 △朱橋接編《幼獅文藝》（第22卷1期）。 △《讀者文摘》中文版創刊。 △台灣銀行經濟研究室編印的《台灣經濟金融月刊》創刊。 △李瑞騰創辦「美亞書版公司」，專營出版獲得台灣及亞洲地區的版權之原版西書，並代國外書店承印西書出口。 △張系國在台大《大學新聞》發表「孔子之死」。 △文星雜誌停刊，共出版98期。（54年12月） △柏楊主編的《中國文藝年鑑》出版。（55年1月） △夏濟安卒。（民5年生） **民國 55 年（1966）** **政治** △蔣中正就職第四任總統，嚴家淦擔任第四任副總統。 △台北市改制為院轄市。	《文匯報》發表評新編歷史劇「海瑞罷官」對吳含發動清算。 **政治** △鄧小平被文革派鬥倒。 △中共發動「文化大革命」，「紅衛兵」在大陸各城市發動暴亂。	**世界** △蘇共阿錫金要求中共參加世界共黨籌備會議遭拒。 △蘇共把我農業失敗之責任推請黑魯雪夫。 △邱吉爾卒（1874～1965） **政治** △西歐十五國家共黨在維也納舉行會議，企圖擺脫蘇俄控制。 △北韓發表獨立宣言，有意擺脫匪俄控

△制。
△美國年輕人開始反越戰。
△佐藤榮作連任日本首相。

科技
△俄「月球九號」無人太空船登陸月球。
△美國「測量員一號」太空船在月球登陸。

文化
△美國女權運動者貝蒂‧傅瑞丹（《女性氣質的奧秘》一書的作者）成立「全國婦女會」（National Organization for Women）推動婦運。
△1954─1966年爲蘇聯文學「解凍期」。
△卡通片王華德‧迪斯奈卒（1901─1966）。

△俄共全面驅逐中共留學生。

科技
△中共在華西作第三、四、五次核子試爆，並宣佈試射核子彈頭向飛彈。

文化
△老舍跳湖自殺。
△劉賓雁被打入牛棚。
△中共對文化界大整肅，中共中央宣傳部部長陸定一被撤，由陶鑄接任。
△中共「中央」正式成立「文革小組」，陳伯達爲組長，江青爲第一副組長。
△北平青少年羣組「紅衛兵」出動串連。
△《文藝報》停刊。
△大陸出現大字報批判劉少奇、鄧小平。
△毛澤東於五月七日致函林彪，認爲幹部應從事軍力勞動，是爲「五七幹校」之開端。
△中共大學廢止研究生制度。
△《解放軍報》批判鄧拓、吳含、廖沫沙的《三家村札記》《燕山夜話》《海瑞罷官》是「反黨反社會主義的大毒草」。
△大陸開關上海巴黎航線。

經濟
△重工業產值首次超過經工業，佔工業產值52%。
△高雄加工出口區正式成立，積極推動出口導向經濟政策。
△對日貿易逆差高達一億美元。
△國民不均所得236美元。

科技
△北段橫貫公路完成通車。
△我國第一座氣象雷達站正式啓用。

文化
△中華文化復興委員會籌辦。
△《女性》創刊。
△《文藝季刊》創刊。
△《文學季刊》創刊。
△業珊：《關於卡謬和他的札記》（聯副）。
△聯合報發行量突破20萬份，每百戶擁有六份雜誌。
△第五屆「亞洲廣告會議」在台北召開。
△《書目季刊》創刊，由學生書局獨資印行。
△余光中「青春之歌」是全台第一個西洋歌曲廣播節目。

台　灣　地　區　大　事	中　國　大　陸　大　事	世　界　大　事
民國 56 年（1967） **政治** △台北改制，成為我國第 13 個院轄市。人口超過一百萬。總統指派無黨派的高玉樹為首任台北市長。 △孫運璿出任交通部長。 △王作榮呼籲「第三次土地改革」。 △高清愿創統一企業、徐有庠創遠東百貨、吳火獅掌大台北瓦斯公司。 **經濟** △「中日貿易經濟會議」在台北召開。 △工業成長率 17 %，農業成長率 7 %，電力普及率 92 %。 △「台灣經濟發展委員會議」在台北召開。 △工業品出口比例超過 60 %，比農業培植工業策略成功。 △國民平均所得 266 美元。 **科技** △RCA 在桃園生產電子計算機。 △中山科學研究院成立。 △王安在台設立王安電腦廠。 △吳大猷出掌「國家科學委員會」。（由胡適「長期發展科學委員會」改組）。 **文化**	**政治** △「紅衛兵」開始武鬥。 △中共與蘇俄在新疆發生邊界衝突，雙方集結兵力，情勢緊張。 △毛澤東解散九個「紅衛兵」組織。 △劉少奇公開發表第三封他對此的指責，拒絕接受毛派出來的指責。 △江青領導新「革命委員會」成立，加強對中共中央黨務及政府機構的奪權鬥爭。 **文化** △中共通過「教育革命」要案，要新學校改為公社。 △毛派成立「北京人民公社」及「上海市人民公社」，後省旋改又改為「上海市革命委員會」。 △中共在新疆羅布泊舉行第 17 次空中核爆。 △中共宣佈在大陸西部試爆第一顆氫彈成功。	**政治** △中東戰爭爆發，以埃方大戰，國宣佈對英、美、西德禁油。 △北越拒絕和不談判。 △東南亞國協成立。 △東西德向西德提出建立正常關係草約。 △美總統詹森與俄總理再度會談。 △印尼與中共斷交。 **經濟** △歐洲共同市場成立十週年。 **科技** △美國國會通過「資訊法案」。 △「捷克科學院」的「學院整合研究小組」（Interdisciplinary Team）發表《文明在十字口：科學與技術革命的會與人文意義》（Civilization at the crossroads：Social and Human Implications of Scientific and Technological Revolution）。 **文化** △英國社會科學研究協會（The British Social Science Research Coun-

cil）成立「今後三十三年委員會」（Committee on the Next Thirty Three rears）1967,3文

△美國音樂教育協會發表「譚戈塢宣言」（Tanegqewood Declaration）肯定電子電腦音樂在未來的發展：「所有時代、所有風格、所有形式、以及所有不同文化的音樂，都應該屬於（音樂教育的）課程之內。音樂的曲目、應該包括我們這個時代中多采多姿的作品在內，包括……前衛的音樂。」

政治

△美國民權運動領袖金恩遇刺。四十餘城發生暴動。

△巴黎學潮、罷工、暴亂不斷。法國成為第五個癱瘓國。

△西德各大學一片混亂，學生反對國會通過緊急法案。

△尼克森當選美國第三十七任總統。

△蘇俄提出「和平共存」。

△美國與北越在巴黎軍和談。

△美國學生與警察把衝突、罷工、暴動

政治

△中共宣佈撤除劉少奇一切職務。

△中共將「紅衛兵」送往邊遠地區墾荒。

△中共與南葉門建交。

△中共以來彈裝備運交坦桑尼亞。

△寧夏回族「自治區革命委員會」成立。

△毛澤東在北平要求共軍徹底批判和粉碎「反動的資產階級多中心論」。

△人民日報指蘇俄為「社會帝國主

△《純文學》創刊，林海音主編。

△梁實秋譯《莎士比亞全集》出版（遠東）。

△彭歌《談小說》（中央副刊）。

△《現代文學》第31期：都柏林人研究專輯；第33期：中國古典文學研究專輯。

△教育部成立文化局。

△「中華文化復興運動推行委員會」成立。

△《經濟日報》創刊。

△《國立中央圖書館館刊》復刊，原刊於卅六年三月創刊於南京（季刊）。台灣學生書局印行。

△光復書局出版《科學百科叢書》首開國內出版百科叢書之先例。

△《觀聽廣播月刊》（Audio-Visual Communications）創刊。

△文盲人口降至20％以下。

民國 57 年（1968）

經濟

△高雄港開始發展成東南亞最大的貨櫃運輸轉運集散站。

△工業製造業單項產值佔24.11%，首次超過過農業，台灣正式跨入工業經濟時代。

△製造業產值比例首度超過農業，佔24％，農業22%。

△訊委會成立，由劉大中主持。

△對美貿易出現持續順差，本年為三千九百萬美元。

△張榮發創「長榮海運」，後成為世界最大的航運公司。

台　灣　地　區　大　事	中　國　大　陸　大　事	世　界　大　事
△趙權東回鑄建中鋼。 △台灣第一家速食麵「生力麵」成立。 △立法院通過「原子能法」。 △國民平均所得 302 美元。 **科技** △「原子能應用示範展」在台北揭幕。 △中油、台電等企業一共裝置十二部 IBM 電腦系統。 △行政院電子處理業務籌畫小組成立。 △蔣總裁指示要全面使用電腦。 △台大醫院完成腎臟移植手術。 **文化** △《文學雜誌》創刊。 △林語堂《論東西思想之不同》（聯副）。 △「世界中文報協」在香港成立。 △《徵信新聞》改爲《中國時報》。 △台灣地區開始實施「九年國民義務教育」。 △《中華文化復興月刊》創刊。 △專爲中學生創辦的《學生科學半月刊》成立（光復）。 △《大學雜誌》創刊，由陳弘達擔任主編。 △張任飛創辦《婦女雜誌》。 △張道藩卒（1898～1968）。 △吉錚卒（1937～1968）	義」。 △中共抨擊柳行「新經濟體制」，旨在復辟資本主義。 △中共宣佈南京長江大橋完工通車。 **經濟** △日本、中共簽訂貿易協定。 **文化** △中共紅衞兵鬥爭巴金，指其爲反革命份子。 △中共在上海整備豐子愷、周信芳、華以臺等人。 △中共《紅旗》雜誌停刊，改組後又復刊。 △中共八屆十二中全會，永久開除劉少奇黨籍。	△捷克共黨走向自由化，蘇俄入侵捷克，攜走捷共首領。 △國際共黨會議籌備委員會在布達佩斯舉行。 使法國陷於混亂。 **經濟** △日本 GNP 超過西德，成爲世界第三大經濟強國，僅次於美、蘇。 **科技** △美國麻省理工學院證明中文電腦的可行性。 △美國平均每百萬人有兩百套電腦。日本爲一百套。 △南非醫生巴納德從事換心手術成功。 **文化** △法國女性主義理論開始快速發展。

政治

△二十年來首次增額中央民代選舉。

△台北市首屆市議員選舉。

△嚴家淦任行政院院長。

△蔣經國出任行政院副院長，兼經合會副主任委員，訪問韓國。

經濟

△李國鼎出任財政部長，推行國民儲蓄運動，利用電子計算機處理稅務資料，修定關稅法，增加彈性稅率條款。

△行政院推行第五個四年經建計劃，以發展電子工業為目標。

△台塑羅居營業額最大的公司。

△「中華民國消費者協會」成立。

△國民所得 343 美元。

△自耕地比例增至 80%，佃農跌到 9%。

△孫運璿出任經濟部長，敘國軍任中央銀行總裁。

科技

△創設空軍航空發展中心。

△台灣開始生產彩色電視機。

△中美簽訂「中美科學技術合作協定」。

文化

△金龍少棒隊擊敗美國奪得世界冠軍。

政治

△中共與蘇俄在珍寶島發生邊界衝突。

△中共召開「九全大會」。

△中共與蘇俄在北平召開邊界談判，無結果而休會。

△中共抨擊蘇俄佔捷克。

△中共指蘇俄「社會主義大家庭」是「強盜理論」。

△中共在山西右玉縣建「家村建「五、七」幹校。

△中共助坦桑尼亞建設鐵路向鐵路。

△中共國際共產路線的策略與手法，開始改變，採取河於「帝國主義」力量交戰任的做法。

△劉少奇死於河南開封。

△李宗仁病死北平。

科技

△中共進行首次地下核試爆。

政治

△胡志明卒。

△馬可仕當選連任菲律賓總統。

△狄托拒絕蘇俄所謂「有限主權」理論。

△世界共黨會議在莫斯科召開，中共、北韓、北越，都未參加，會後通過「現階段反帝國主義鬥爭的任務和共產黨、工人黨如所有反帝力量聯合行動」，多明尼加共黨拒絕在文件上簽字。

經濟

△美國貿易首次出現逆差。

科技

△美國通過國家環境政策法。

△美國太空人登月成功。

△美國工程師韋夫在長 $1\frac{6}{8}$、寬 $\frac{1}{8}$ 的矽晶片上，製做成積體電路，預示第四代電腦的來臨。

文化

△德拉克在其《斷代》一書中，以專章討論「知識社會」。

台灣　地　區　大　事

△洛夫發表〈超現實主義和中國現代詩〉（幼獅文藝）
△英千里卒（1900～1969）
△左舜生卒（1893～1969）
△羅家倫卒（1897～1969）

民國 59 年（1970）

政治
△外交部聲明釣魚台列嶼主權屬我。

經濟
△經濟成長超過11%。農業人口降至35%。
△成立「對外貿易發展協會」。
△行政院發起國民儲蓄運動。
△行政院通過獎勵投資條例。
△國民平均所得387美元。
△經濟部成立工業局。農業人口降至全人口的35%。
△中華航空公司開闢中美航線。

科技
△清華大學、交通大學裝置大型電腦，然功能不高。
△我國造船史上第一艘十萬噸巨型油輪「有巢」號下水。

中　國　大　陸　大　事

政治
△中共與義大利、衣索匹亞、加拿大建交。
△華國鋒當選湖南省黨委第一書記
△中共上層領導分裂，陳伯達、葉羣、林彪開始反對毛澤東。
△中共抗議蘇俄稱台灣為中華民國政府。
△毛澤東發表聲明「全世界人民團結起來打敗美國侵略者及其一切走狗」
△中共解散「紅衛兵」
△中共向羅馬尼亞「提供無償物資接助」
△議定書」在北平簽字。
△中共與北歐在北平簽訂「經濟技術協及軍事接助」
△中共與美國在華沙開始恢復「大使

世　界　大　事

△瑞典通過「報業榮譽法庭改革法案」。
△30萬人在紐約為德史塔德加流行音樂節。
△蘇俄舉行世界上最大的地下核爆。
△博瑞丹成立「全國墮胎權利行動聯盟」（National Abortion Rights Action League）

政治
△以色列、敘利亞作戰爭。
△波蘭發生工人暴動。
△美國學生舉行反越戰示威。
△東德總理史托夫前往西德，與西德總理布朗作二次會談。
△美軍入侵束埔寨。
△西德與蘇俄簽定「互不侵犯」條約。

經濟
△石油開始漲價。

科技
△電腦因積體電路之發明與運用，而進入個人化時期，電腦開始參與社會服務，如圖書管理自動化、CAI教育

文化

系統、交通管制、區域醫療系統、Plato系統。

△全球「中文電腦化」大會在倫敦召開，中華民國派代表參加。

△日本以十年時間，開發3840字中文電腦上市，售價35萬美元。

文化

△美國報章雜誌上開始大量出現「知識社會」「資訊社會」的探討。

△美國設立環境品委員會，並成立環境保署。

△國際科聯總會在東京召開會議，主題為「如何保護地球」並發表「東京宣言」。

△戴高樂卒（1890～1970）。

政治

△美國以「和解政策」代「圍堵政策」，以「談判代替對抗」。

□季辛吉秘密訪問大陸。

△世界金融危機。

科技

級」會議。

△林彪下令把「中國科學技術大學」遷到安徽合肥。

△中共自造第一艘新型潛艇驅逐艦完成加入服役。

△中共西泉衛星發射中心用長征一號火箭發射第一顆人造衛星「東方紅一號」。

政治

△「林彪事件」爆發。

△中共以武器援助巴基斯坦、印度與巴基斯坦邊境連續發生軍事衝突。

△美總統國家安全事務助理季辛吉一行

文化

△《大學雜誌》創刊。

△「詩宗」社於台北成立。

△羅青發表《吃西瓜的六種方法》（幼獅文藝）

△第一屆全國圖書展覽在台北舉行。

△夏志清《現代中國文學感時下憂國的精神》（純文學）

△大學雜誌「青年國是座談會」

△美國太空人訪華。

△第五次全國教育會議通過「在大學文學院增設文學創作系」案。

△「中華民國期刊論文索引」創刊，由國立中央圖書館編印。

△由國語日報社、傳記文學出版社長劉紹唐、大學雜誌社社長陳達弘、天人出版社社長胡子丹和水牛出版社社長彭歌見彭歌發起，在台北成立「中國書城」。

△紀政在曼谷亞運得金牌。

△作家陳西瀅（本名陳源）卒（1895～1970）。

△金溟若卒（1906～1970）。

民國 60 年(1971)

政治

△聯合國批准「中共」入會，我國退出聯合國。

△台灣大學生因釣魚台事件向美日大使館抗議。

經濟

台　灣　地　區　大　事	中　國　大　陸　大　事	世　界　大　事
△對外貿易 39 億美元，是世界第 29 貿易國。 △台灣汽水廠開始生產可口可樂。 △台灣對外貿易開始有順差，出口值比進口值多了兩億美元。 △國民平均所得 441 美元。 **科技** △台大與電信研究所合作，以電信信碼，輸入中文電腦。 △中型電算機問世，開始迅速流行。 △我國第一座自建原子爐開始正式運轉。 **文化** △第一屆「國際比較文學會議」在淡江大學舉行。 △洪健全教育文化基金會成立。 △第二屆工業展覽會在台北揭幕。 △台秀運在報端提倡新女性主義。 △阿恭上成立「藝術圖書公司」。 △文星哲出版社開始營業，創辦人爲彭正雄，以出版圖書史、目錄學、藝韻學和藝術圖書爲主，並定期出版《圖書與圖書館》季刊。 △雄獅公司董事長李阿目創辦《雄獅美術》月刊，由次子李賢文出任發行人。 △由吳美雲、黃永松、姚孟嘉合資創辦漢聲《ECHO》英文版雜誌，宗旨在發揚中國傳統文化。	十四人、至北平訪問。 △中共與奈及利亞、土耳其、祕魯、黎巴嫩、比利時、冰島、伊朗、獅子山、喀麥隆、魯安達、智利建交。 △「新華社」指日本圖佔釣魚台，並追隨美國製造「兩個中國」。 △中共「支持石油輸出國的正義鬥爭」。 △中共發表「中國領土主權不容侵犯」，首次對釣魚台羣島主權表示意見。 △中共宣佈明年尼克森訪大陸。 △中共在酒泉發射科學實驗衛星。	△十個石油國家聯合提高油價。 △美航海家九號繞火星飛行。 △俄發射環繞地球軌道飛行科學太空站。 △美將琉球行政權交還日本。 △我在《真理報》指周恩來爲反蘇運動的主持人之一。 △密特朗成爲法國社會黨的實際領導人。 **經濟** △美國對我國出口的非棉紡織品設限。 △美政府開放與中共貿易。 △阿姆斯世卒（1900～1971）。 **文化** △IBM發展具有三千六百多鍵的中文電腦，可輸入一萬多中文字。 △博瑞丹成立「全國婦女政治預備會」（National Women's Political Caucus）。 △匈牙利文學批評理論家盧卡奇（Georg Lukács）卒。

政治

△美參院批准戰略武器限制條約第一階段。

△日本與外蒙古建交。

△南北韓同時宣布終止雙方間敵對態度。

△美國「水門事件」爆發。

△東西德簽訂基本關係條約，互相承認對方為獨立國。

△蘇共指責中共「背叛了一九六○年各國共產黨代表會議的聲明」，認為中共提出由第三世界集團來反對「社會主義大家庭」、「拼湊反蘇對」，在北平簽字。

經濟

△琉球歸日本所有。

△尼克森主張「談判時代」來到、訪問北平、簽訂上海公報。

△美最高法院廢除死刑。

△田中角榮出任日本首相、訪問中共。

文化

△穀物歉收漲價危機。

△紐約道瓊指數突破一千大關。

△美國商人大力推展自然穀類食品。

政治

△中共與美國簽訂「上海公報」。

△中共宣布：林彪陰謀政變失敗，於逃亡至蘇聯途中，飛機失事。

△中共改變對西歐政策，以「反霸反蘇」為題，加強對西歐國家。

△中共與阿根廷、墨西哥、西德、馬爾他、毛里求斯、牙買加、迦納、盧伊、希臘、查德、盧森堡、日本、澳洲、紐西蘭建交。

△中共與北越「無償補充供應軍事裝備及經濟物資簽議書」在北平簽字。

△中共利用國際通訊設備星系統與各區通訊。

民國 61 年 (1972)

政治

△臨時條款修訂，舉辦自由地區增額中央民意代表選舉。

△增額中央民意代表選舉每三至六年一選。

△舉辦「國建會」。

△中日斷交。

△蔣中正、嚴家淦分別當選第五任總統、副總統。提出「莊敬自強、處變不驚、慎謀能斷」口號。

△蔣經國出任行政院長，開始推動十項建設及「十項行政革新」，展開廉能革新。

經濟

△福特六和汽車公司成立。

△人口增加率降至 2%。

△出口貿易佔全國生產毛額的 45%。

△開始推動十大建設，首先著手興建南北高速公路。

△國民平均所得 519 美元。

科技

△台大實驗電子計算機一千型完成，每秒執行十萬個指令。

△行政院研發 "水產養殖"，由零一久推動。

△施振榮籌創「榮泰電子」。

△國內學術界發展出 2400 字中文電腦。

文化

△朱邦復開始研究「倉頡輸入法」。

台　灣　地　區　大　事	中　國　大　陸　大　事	世　界　大　事
△第一屆海外學人國家建設研究會在台北召開。 △《後浪》詩社成立。 △巨人出版社出版《中國現代文學大系》八冊。 △《大地詩社》創立。《詩宗》停刊。 △《中國筆會季刊》(Chinese Pen)創刊，譯介現代文學作品。 △《中外文學》創刊。《純文學》停刊。 △《現代文學》46期出版「現代詩回顧專號」。 △《中外文學》創刊，繼承《純文學》傳統、由朱立民、胡耀恆、顏元叔等台大外文系教授主編，創立大學院校對外發行雜誌先例。 △洪建全教育文化基金會創辦《書評書目》雜誌社，為雙月刊，由隱地任總編輯。 △黎烈文卒（1904～1972）。 **民國 62 年 (1973)** **經濟** △第一次能源危機。 △行政院長蔣經國提出十大建設計劃：重要的有鐵路電氣化、高速公路、核能電廠、石化工業、大煉鋼廠。 △台北市「消費者協會」成立、開始推動消費資訊之傳播。 △政府開設「糧食平準基金」保障農民收益。 **科技**		△羅馬俱樂部出版《成長的極限》。 △第一屆「世界詩人大會」在菲律賓舉行。 △美國奈德成立「大眾公民」公益團體，並催促聯邦政府成立消費者保護局。 △美國版法保護發音片、錄音帶的著作權。 △聯合國成立「世界環境計劃組織」在斯德哥爾摩召開會議發表「人類環境宣言」
	政治 △鄧小平、胡耀邦首度復出。 △中共與美國發表《聯合公報》互設「聯絡辦事處」，做科技文化交流。 △中共秘密召開「十全大會」。 △中共號召人民「深挖洞、廣集糧」積極備戰。 △中共向美購買 50 萬噸小麥。 △中共與加拿大、瑞典簽訂民航空運協定。	**政治** △美尼克森連任總統。 △辛苦出任美國國務卿。 △美在巴黎宣布結束越戰，達成協定。 △越戰停火生效、美軍撤離越南、結束美在越十一年之軍事介入。 △美「水門事件」日益擴大。 △美國總統尼克森與蘇俄總書記布里茲涅夫在華盛頓會談，先後簽屬九項協定發表公報，認為世界冷歌已結束。

△敍利亞與埃及聯合攻打以色列，引發第石油危機。

△蘇聯與中共談判完全停頓。

△智利政變，親共阿葉德政權倒台，軍事獨裁政團與中共黨國家絕交。

經濟

△產油國將原油價格增加一倍。

△產油國家會議施行石油禁運，造成第一次能源危機。

文化

△美國貝爾（Danil Bell）出版《後工業社會的來臨》（The Coming of Industrial Society）一書。

△美與中共「友好議員聯盟」在東京成立。

△美國在北平設「聯絡辦事處」。

政治

△美總統尼克森因「水門事件」辭職。

△日自民黨分裂成兩大派。

△日本首相田中角榮因貪汙案辭職。

△英大選工黨佔優勢。

△中共重劃「內蒙自治區」，縮小面積，減少蒙胞，加強控制。

△中共在新疆全面推行「新文字」。

△中共發動「找米下鍋」運動，應付糧荒。

△中共掀起「批林批孔」及「批孔揚秦」運動。

△中共黨第十屆代表大會，趙紫陽為中央委員。

文化

△中共各大學重新「開設科研」項目。

△北京大學開展大批判，推動「革命教育」。

△中共下放上海文藝界人士。

△中共「高能物理考察組」赴美訪問。

△美國國家科學者觀光團訪北平。

△美籍中國學者觀光團訪北平。

△中共不斷進行序子於香港。

△章士釗卒於香港。

政治

△北京日報批判孔子「中庸之道」是「反對社會變更的哲學」。

△《紅旗雜誌》承認中共無法控制「黨員思想」。

△全國電腦系統增加為四十部，包括大專學校用電腦。

△國內開始有中文電腦，使用鍵型四、五百個中文字根輸入中文系統。

△航發中心設計中興號教練機成功。

文化

△立法院通過裁撤「文化局」，中華民國「比較文學會」成立。

△《現代文學》停刊，共出 51 期。

△第二屆「世界詩人大會」在台北舉行。

△《民意》月刊創刊。

△中華民國圖書出版事業協會於台北成立。

△《出版家》雜誌創刊。

△李煥出任中國反共救國團主任。

△第二屆國建會召開。

△林懷民創「雲門舞集」。

民國 63 年 (1974)

政治

△中日斷航。

△宋楚瑜自美學成回國。

經濟

台灣地區大事 | 中國大陸大事 | 世界大事

台灣地區大事

△行政院宣布支援外銷事業十項辦法，對外貿易易突破100億美元。
△行政院推動把「加工出口」爲主的工業型態，轉變成以「原料工業」爲主。
△台北美國貿易中心成立。
△中小企業信用保證基金成立。
△十大建設之一——高速公路三重至中壢段正式通車。
△勞保人數突破140萬。
△石油危機，經濟嚴重衰退。
△行政院宣布繼續推動「十項建設」。
△消費物價上升48%。
△國民平均所得913美元。

科技
△國科會正式將中文電腦化列入國家計劃。
△工研院成立電子研究所。
△台灣開始發展電子資訊工業。
△台大醫院開始做核子分離術。

文化
△「中華民國新聞評議委員會」成立。
△中國經濟通訊社成立。
△聯合副刊改版擴大。
△《文學季刊》再度停刊。(華欣)
△「第一屆中國現代詩獎」頒獎。
△「出版法」於62年底由 總統修正公佈。
△台北電視轉播出義大利導演安東尼‧奧尼在大陸實地

中國大陸大事

△中共與南政在西沙羣島發生戰鬥。
△中共加強「批林批孔」運動。
△中共指責蘇俄向第三世界推銷「國際分工論」。
△死於新疆的下放青年已達42萬人。
△鄧小平在聯合國大會特別會議發言抨擊美、俄霸權。
△中共與利比亞、尼日、巴西建交。
△中共發動小學生批判「孔老二」。
△中共與日本簽訂「航空運輸協定」。
△四人幫展開批「黑畫」運動。
△李可染、豐子愷、黃永玉的畫，均遭江青點名批判。
△趙紫陽掌廣東省黨務。

文化
△中共發掘秦始皇於西安。
△毛澤東會見美籍中國物理學家李政道。
△中共對《荊軻刺秦》、《一捧雪》、《九重霄》、《三娘教子》等傳統國劇，展開大批判。
△廣州出現「李一哲」大字報。
△彭德懷卒。

世界大事

經濟
△三木武夫出任日本首相。
△美國成立能源研究發展總署。
△中東戰爭再度發發。
△石油危機。

科技
△印度首次地下核子試爆。
△蘇俄反共作家索忍尼辛遭放逐、來到自由世界。
△東南亞安全會議在新加坡揭幕，由本光權主持，十二國戰略家與學者與會。
△尼克森訪問波、雙方強調將致力加強「和解」。
△朴正熙總統在漢城遇刺，未死。
△美國「水手十號」太空船傳回水星近貌。

政治

△新加坡開放與中國大陸從事各項交流。
△越戰結束，越南海上出現難民潮，美國撤出越南。
△寮國高棉陷於共黨之手。
△蘇聯入侵阿富汗。
△美國總統福特訪問中共。
△印度併吞錫金，國王西南哈爾被降爲平民。
△西班牙佛朗哥卒（1892～1975）。

科技

△美俄太空船在地球軌道上會合成功。
△美日兩國開始大規模生產積體電路。
△第四代電腦上市，微電腦、微處理時代開始。
△家用電腦流行，個人電腦時代開始。
△CATV系統及攝影系統開發完成。

政治

△鄧小平二度上台，協助周恩來制定四個現代化計劃。
△中共與斐濟、泰國、波扎那、西薩摩亞、菲律賓建交。
△中共「第四屆全國人民代表大會」秘密舉行，通過修改憲法案，規定「人代會」爲共黨領導下之全國最高權力機關。
△趙紫陽出任四川省黨書記。
△中共禁止前往大陸旅客使用16厘米電影攝機。
△中共「國務院」授權「新華社」新華社公告，採用拉丁字母拼人名及地名。
△中共「批評水滸所宣揚的投降主義路線」。
△中共開始推行計劃生育。
△中共指「蘇修是當代最大的一個國際剝削者。」

拍攝的「中國」紀錄片。
△第三屆國風建會召開。
△每百戶有34份報紙。
△中央研究院、台灣大學、政治大學設立三民主義研究所。
△中美合製F5E噴射戰鬥機成功。
△中國大陸問題資料研究中心在台北成立。

民國 64年（1975）

政治

△蔣中正去世（1887～1975）。嚴家淦繼任總統。蔣經國出任國民黨主席。
△增額立法委員舉行投票，共選出立委37人。
△中菲斷交。

經濟

△台灣肉類市場首次出現供過於求現象。
△行政院宣佈十項建設如期完工。
△國民平均所得956美元。
△貧富差距縮至4.2倍。
△外匯存底十億七千多萬美元。
△石油危機、出口衰退。

科技

△台灣與美國經入造衛星完成太平洋兩岸間首次中文自動交換電報作業。
△影印機開始普遍流行。
△國內開始生產電子錶。

台灣地區大事	中國大陸大事	世界大事
△北市自來水處與台大合作，以中文電腦處理水質。 △國際核能發電研討會在台舉行。 △建弘電子成立。 △台灣第一座矽水塔在基隆六堵工業區完工。 **文化** △立法院通過「廣播電視法」。 △楊弦在中山堂舉辦「現代民謠創作演唱會」，掀起了民歌運動，使當時的現代新詩與歌有了首度的結合。 △光復書局出版《世界美術館全集》共十五冊。 △洪建全教育文化基金會成立之「洪建全視聽圖書館」開幕。收藏各類期刊、圖書、唱片、錄音帶及錄影帶，供民眾閱覽觀賞。 △羅青《神州豪俠傳》現代詩集出版（武陵）。 △「十年來暢銷書籍回顧展」揭幕，由全省書城舉劃。 △青棒、青少棒贏得世界錦標賽冠軍。 △陳映真出獄。 △豐子愷卒。 **民國 65 年(1976)** **經濟** △政府開放民眾出國觀光。 △中央銀行指出我對外貿易大幅成長，外匯存底達28億美元。	△中共「科學院化學工作者代表團」訪西德。 △中共重播「漢語拼音廣播講座」。 △中共與法國「商標註冊互惠協議」在北平簽字。 △中共宣稱辦了一千四百多所「七・一」工人大學。 △中共「科學院北平天文台」發現天鵝星座一顆新星。 △《紅旗雜誌》指出「熱情支持社會主義新生事物，即使獻點差再多，也應滿腔熱情的對待」。 △中共於酒泉以長征二號火箭發射第一顆衛星。又分別發射兩顆技術試驗衛星。 **政治** △「天安門事件」（四月五日）爆發。 △鄧小平、胡耀邦因天安門事件再度陷台，永遠開除黨籍。	**政治** △第五屆不結盟國家高層會議在可倫坡揭幕。 △法國退出歐洲共同防衛體系，恢復自

△埃及廢除與蘇俄友好合作條約。
△卡特為美國39任總統，非社會主義政由。
△瑞典大選，左派失利，蘇聯盟獲勝。
△福田赳夫出任日本首相。

經濟
△英國經濟危機嚴重，工黨內部分裂。

科技
△美國 SR-71 間諜機時速達 3529 公里，靠本身動力從地球上起飛的最高速度。
△世界第一枚直播衛星發射成功。
△協和式超音速飛機開始飛行定期班機。
△美海盜一號首度探測火星。

文化
△美國學者派克指出世界面臨「資訊革命」。
△海德格卒（Martin Heidegge 1889—1976）。

△中共展開反對鄧小平「右傾反案風」批判「修正主義」、「階級鬥爭熄滅論」、「唯生產力論」及折中主義的「詭辯論」。
△中共通過華國鋒為共黨第一副主席。
△國務院總理周恩來卒（1976），華國鋒繼任總理。
△毛澤東卒（九月）（1893—1976）。
△四人幫被捕（十月）。
△唐山大地震，死亡六十五萬多人。
△《紅旗雜誌》指出「社會主義時期，存在不可避免的存在資產階級法權，等級差別。這就使領導幹部享有黨和人民給予的職權，變為個人特權的可能。」
△華國鋒出任中共黨主席。

文化
△中共在北平紀念孫中山先生 110 週年誕辰。
△新華書店統計十年來發行馬、列、毛著作 48 億冊。
△中共自文革以來出版蒙古文圖書一千多種，發行 2330 多萬冊。
△白樺發表劇本《曙光》。
△中共發射第六、七顆人造衛星。
△朱德卒。

△「台灣經濟發展方向及策略研討會」在台北舉行。
△第一家票券金融公司中興票券成立。
△行政院修正核定「經濟建設六年計畫」，發展資本技術密集工業。
△對美貿易出現 10 億順差。
△行政院計劃推動十二項建設。
△台中港第一期工程完工通航。
△國民平均所得 1122 美元。

科技
△神通電腦成立。
△環保意識抬頭，環境政策制定開始以保育為主。
△違法的電視頻道第四台開始出現。
△美國開出任行政院政務委員，設立應用科技研究發展小組。
△台北與新竹間舉辦第一屆電腦圍棋賽，人腦對電腦。
△施振榮成立宏碁電腦公司。

文化
△陳若曦發表《尹縣長》（聯合報）。
△台北美國新聞處主辦洪通畫展。
△七等生發表《沙河悲歌》。
△余英時發表《反智論與中國政治傳統》。
△第一屆圖書雜誌金開獎。
△林煥彰編《近三十年新詩集目》。
△國內開始掀起古屋保護運動，進而形成古蹟保護運動。
△《世界日報》創刊。
△楊牧發表《現代的中國詩》（聯合報）。

台　灣　地　區　大　事	中　國　大　陸　大　事	世　界　大　事
△董保中《台灣文學與現代中國文學傳統》。 △第一屆全國比較文學會議在台大舉行。 △文復會「文藝研究班」第一期開課。 △《幼獅少年》創刊，為國內第一份專為青少年辦的綜合性刊物。 △年輕醫生合資創辦醫學普及雜誌——《健康世界》，王溢嘉主編。 △洪通在美國新聞處展畫。 △朱銘在歷史博物館展雕刻。 △台中明道中學創辦《明道文藝》，發行人為正廣平。 △光復書局出版《家庭的醫學》叢書六冊。 △幽默大師林語堂卒（1895—1976）。 **民國 66 年 (1977)** **政治** △台南長老會發表「人權宣言」。 △「中壢事件」爆發。 △嚴總統訪問沙烏地阿拉伯。 **經濟** △中美經濟合作策進會成立。 △羅光男羽球拍進軍國際市場。 △行政院長蔣經國宣布十項建設後，將推動十二項建設計劃。 △行政院經濟建設委員會成立，開始以資訊工業為發展重點，俞國華出任主委。	**政治** △中共召開「十屆三中全會」，趙紫陽入選中共政治局候補委員。 △鄧小平再度復出，並召開「十屆一中全會」。極左勢力，開始整肅四人幫及會」。 △中共公佈：「第二次漢字簡化方案」，通過簡體字 853 個。（第一次是 1950 年）。 △大陸出現了「傷痕文學」。 △中共「中國科學院考古研學所」在安陽廢墟發現殷股代貴族墓葬，有大批	**政治** △巴基斯坦發生政變，由陸軍參謀哈克領導的四人軍事委員會接管政權。 △美共產黨主席克朗斯基及副主席克萊爾，率領美共中央代表團訪問北平。 △蘇俄公佈新憲法草案。 △東南亞公約組織正式解散。 **科技** △美國生產中子炸彈。 △美發射「空中間諜」衛星，監視蘇俄。

△國民平均所得 1288 美元。

科技

△我與日本建合灣琉球間海底通訊電纜。

△中鋼一貫作業大鋼廠完成投入生產。

△我國第一座積體電路工廠正式落成。

△核能發電廠第一部機組開始發電，進入核能發電時代。

△行政院原子能委員會核能研究所開始生產供應鈷六十，以配合國內大量需求。

△宜蘭首座清水熱電廠完成，在發電史上開創新紀元。

△輔仁大學試辦暑期教師電腦研習班。

△清華大學利用自行開發中文系統，進行學生大學註冊。

△海功號試驗船完成南極探測使命，離南非返航。

文化

△高職學生比例首度超過高中學生 51 比 49。

△教育部通過「文化建設規劃大綱」，決定各縣市文化中心在五年內分區設立。

△彭歌發表《不談人性，何有文學》余光中發表《狼來了》。

△鄉土文學論戰。

△金韻獎開始，校園民歌進入商業市場。

△反共音樂家馬思聰夫婦來台。

△黃俊雄布袋戲在配樂方面融合古典偏和現代中外音樂，後來，又把北管音樂現代化。

△教育部公佈特殊教育推行辦法。

△楊弦將余光中、楊牧、羅青等人的詩作譜成曲，發

「奴隸」殉葬的祭祀坑，稱殷代為「奴隸社會」。

△人民日報指出要㈠批揭四人幫㈡要把毛澤東思想在組織上、作風上整頓好㈢改組革命的各級領導㈣把國民經濟搞上去㈤組織革命「文化革命論」方針㈥強化國家機器㈦發揚民主、建全民主集中制㈧落實各項政策。

△胡耀邦出任中央黨校副校長。

△華國鋒清查「四人幫」餘黨、北大教授馮友蘭被率入旋渦，遭軟禁。

△中共撤消「中央五七藝術大學」恢復各級藝術學校。

△中共與約旦、斐濟、吉布地、利比亞建交。

△中共下放高中畢業生到農村勞動。

△歐洲共同市場萬噸級「遠洋科學調查船」到太平洋海域從事科學研究。

△「北京電台」開播英語教學，廣受歡迎。

△安徽率先試行農村承包責任制。

和中共的軍事活動。

△日本開始努力發展資訊工業，迎接「資訊時代」的來臨。

△英國經濟學家舒馬赫（E. F. Schumacher）卒，先前以《小就是美》(Small is Beautiful) 暢銷一時。

台　灣　地　區　大　事	中　國　大　陸　大　事	世　界　大　事
行唱片、舉辦演唱會、並出版「楊弦的歌」（洪建全教育文化基金會出版）把民歌運動推向高潮。 △董保中發表：〈金木權比〉與〈金木權比評〉〈談工農兵文藝〉。 △吳靜吉「蘭陵劇坊」成立。 △沈剛伯卒。（1896-1977） **民國67年(1978)** **政治** △林洋港出任省主席。 △宋楚瑜任新聞局局長。 △孫運璿出任行政院長。 △李登輝出任台北市長。 △蔣經國、謝東閔為第六任總統、副總統。 **經濟** △經濟成長率突破以來最高紀錄高達14%。 △彩色電視機突破二百萬台。 △出口成長率世界第一，高達35.7%。 △統一超級商店連鎖店成立。 △南北高速公路正式通車。 △內政部施行「國民出國觀光規則」，全面開放國民出國旅遊。 △高屏溪雙園大橋上下游違法魚塭開始迅速蔓延。（1987年樓發拆除事件）。 △國民平均所得1559美元。	**政治** △中共、越南開始分裂，關閉越南三個「領事館」、與越共關係惡化。 △中共與美國正式建交。 △中共對台灣發動和談攻勢。 △鄧小平訪日本。 △北京「民主之春」展開思想啟蒙運動。 △留美學生與香港九青年集會示威遊行，抗議中共出賣釣魚台。 △嚴家其提出廢除「黨和國家領導人終身制」。 △彭真復出。 △丁玲獲得平反釋放。 △胡耀邦出任中共中央秘書長。 △中共「十一屆三中全會」宣布「新的長征」歷史轉折」開始改革反左；逐漸放棄單一公有制。	**政治** △以色列總理比金、埃及總統沙達特美國務卿范錫就中東和平問題在中東展開會談，後達成「大衛營」協議。 △美國總統卡特宣佈十二月十日為「人權日」。 △越南佔領高棉四分之一的領土。 △伊朗國王巴勒維出奔。 △菲律賓廢棄美式政府「行新體制」馬可仕總統任總理及國會議長。 **經濟** △第二次能源危機：石油戰爭。 **科技** △世界第一個試管兒出生。

經濟
△中共推行兩胎化「人口政策」。
△實施「四個現代化」進行全面經濟體制改革。

科技
△中共宣布恢復中斷十二年的研究生制度，召開「全國科學大會」。
△中共發射人造衛星，並按預定計劃收回。

文化
△中共恢復大學入學考試。
△中共批准「全日制十年制中小學教學計劃試行草案」。
△中共批判反動小說《我們這一代》。
△劉心武主編《探索》，推展「青年思想」。
△總京主編民主刊物《四五論壇》。
△理論刊物發表有關「異化論」的文章。
△馮友蘭因與「四人幫」掛鈎，政治做「自我檢討」「自我改造」。
△浙江省河姆渡發現距今七千年的原始社會遺址。
△中共恢復「文聯」「美術家協會」……等各級文藝協會、《文藝報》復刊。
△中共允許農村集市貿易。
△中共開始大量派學生出國留學。

科技
△開放東歐貿易。
△國防部發展「雄蜂」飛彈成功。
△本國開與國科會籌開第一屆全國科學技術會議。
△旅美學人葉長穗投資設立東海科技公司，生產中文電腦。
△電子錶開始流行。

文化
△縣市文化中心計畫開始施行。
△李達三《比較文學研究之新方向》（聯經）。
△「西班牙二十世紀名家畫展」在台北市展出。
△台灣學術界開始譯介《新馬斯主義》及法蘭克福學派。
△顏元叔發表《社會寫實文字的首思》。
△《漢聲》中文版創刊。
△聯合副刊提倡「新聞詩」。
△尉天聰主編《鄉土文學討論集》。
△靜宜文理學院設立「中國古典小說研究中心」。
△聯合報之妹妹報《民生報》創刊，首關《文化新聞版》為國內讀者提供百科圖鑑與藝文資訊，共計九鉅冊。
△光復兒童人「龍的傳人」發表。
△侯德健「龍的傳人」發表。
△淡水紅樹林事件，使生態保育運動開始形成，導致後來國家公園的設立。
△每百戶擁有十二份雜誌。

台　灣　地　區　大　事	中　國　大　陸　大　事	世　界　大　事
	△中共「社會研究院」增設新聞研究所。 △胡喬木任「中國社會科學院院長」、郭沫若任「中國科學院院長」、黃鎮任「文化部部長」。 △中共第一批赴美留學的「訪問學者」50人到達美國。 △「李一哲」大字報的作者李天、陳一陽、王希哲即將獲釋。 △中共經過 20 年整理由中華書局出版全套新校標點《二十四史》。 △郭沫若卒（1892~1978）。	
民國 68 年(1979) **政治** △中美斷交，政府在美設立「北美事務協調會」。美國會通過「台灣關係法案」。 △高雄「美麗島」事件爆發。高雄改制為院轄市。 **經濟** △工業產品佔總出口值 90%。 △中正國際機場落成啟用。北迴鐵路完成。 △十大建設計劃完成，開始十二項建設。 △對外貿易突破三百億，為世界第 21 大貿易國。 △私用轎車突破 20 萬輛。 △開放對東歐五國直接貿易，改採彈性實質外交。	**政治** △葉劍英公開指出「毛澤東的大躍進和文化大革命是兩場大災難。」 △中共跟美國建交，鄧小平訪美。 △中共二十五位高級將領，要求開除詩人葉文福的軍籍。 △中共與越共衝突，中共發動「教訓戰爭」。 △王若望平反，提出「異化倫」問題。 △中共實行「一胎化」政策。 △劉賓雁獲平反，卞之琳訪美。	**政治** △柯梅尼正式宣布伊朗為回教共和國。 △美國通過中美關係法案。 △英國大選，保守黨獲勝。柴契爾夫人出任英國第一任女性首相。 △戰略核子武器限制條約第二階段條款簽訂。 △蘇俄侵併阿富汗。 △掌國、高棉、越南組織聯合陣線對抗中共。 **經濟**

△OECD 將中華民國、韓國、香港、新加坡列入世界新興工業國。

△美經濟學家凱恩(Kahn)出版《世界經濟發展》，將東亞經濟會員，歸因於儒家思想。此後哈佛教授麥法夸(Macfarqahar)提出「後儒家假說」：「西方個人主義、適合初期工業化時代；儒家集體主義，更適合大量工業化的兩種型態論」，認為東亞國家發展出了一種西方以外的新型現代化。

科技

△美國舉行第一屆「電腦展大賽」。

△鄧小平在「黨的理論工作務虛會」上，宣佈「堅持四項基本原則」：①堅持社會主義、②堅持無產階級專政、③堅持共產黨領導、④堅持馬列毛澤東思想。

△中共「人大常委會」發表「告台灣同胞書」。

△胡耀邦出任中共「中央秘書長」及宣傳部長。

△北京「民主之春」結束，傅月華、魏京生入獄。

△中共實施對外開放政策，並對縣級提出「關係正常化」建議。

△解散人民公社、推廣「聯產承包責任制」。

△中共開始經濟體制改革，開深圳、珠海、汕頭三市為經濟特區。

△中共與美國簽訂貿易協訂。

△中共停止對金門砲擊。

△廣州中山大學舉行民意調查，94%中國人要求實現民主法治政體。

經濟

△中共開始農業改革，解散人民公社，推廣「聯產承包制」。

△公布「中外合資法」，成立深圳、珠海、汕頭等經濟特區。

△中共允許企業有經營自主權。

△中央銀行採取機動匯率。

△「資策會」成立。

△台灣出現期貨公司。

△國民平均所得 1895 美元。

科技

△台大醫院完成連體嬰分割手術。

△台鐵西部幹線電氣化完工。

△行政院正式明文將「資訊」列為現階段科技研究的最高指導原則。

△工研院電子所電腦中心發表國內電腦四年發展計劃。

△中美合作第一架 F－五 E型戰鬥機完成試飛。

△台灣開始出現雷射藝術及全像攝影。

△中美、中星、台灣之間，直撥電話正式啟用。

△政府以類似加工出口區的計劃，在新竹設立科學園區。

△國內第一座地熱發電廠啟用。

△李國鼎研訂了「科學技術發展方案」，並聯合政府學界成立財團法人「資訊工業策進會」，出任董事長，同時，成立行政院科技顧問小組。

△電話每百人十位用戶。

△廣譽城創誠洲電子，為第一家國人生產電腦終端機公司。

文化

△林懷民「雲門舞集」推出「薪傳」。

△鄧小莊成立「雅集小集」。

△台全縣市開始籌建文化中心。

△高上秦、鄭直選註：《中國大陸抗議文學》。

世　界　大　事	中　國　大　陸　大　事	台　灣　地　區　大　事
	△中共軍方以軍品轉民用方式來改革國防工業體制。 **文化** △大陸出現關於「朦朧詩」的熱列辯論。 △「星星畫會」王克平、馬德升等人在北京中國美術館東側小花園鐵柵外展出，後遭官方禁止。 △中共開始辦電視大學。 △劉賓雁《人妖之間》出版。 △中共批判黃安思《向前看啊！文藝》、李劍《歌德與缺德》。 △李澤厚出版：《中國近代思想史論》、《批判哲學的批判──康德述評》。 △中共宣佈改用「漢語拼音字母方案」為人民地名羅馬字母的拚寫統一方法。 △中共召開「中國漢字編碼學術交流會」。 △中共派大批留學生出國。 △中共正式出版刊載台灣文學作品，並由人民出版社編印《台灣小說選》、《台灣散文選》。 △中共在廣州成立「辛亥革命史研究會」。 △金觀濤、劉青峯，完成論文：「中國封建社會的結構：一個超穩定系統」。	△葉洪生主編《九州生氣恃風雷──大陸醒覺文學選集》。 △冬冬等著《反修樓──紅衛兵的浩劫文學》。 △電影圖書館成立。 △《彼得電腦時代》雜誌創刊。 △永漢國際書局開幕。 △出版界的導師、商務印書館董事長王雲五先生病逝。 △藍蔭鼎卒（1903～1979）。 △屈萬里卒（1907～1979）。

民國 69 年（1980）

政治

△增額中央民意代表選舉。
△中美協防條約中止。

經濟

△貧富差距 4.1 倍。
△對日貿易逆差高達 30 億美元。
△行政院長孫運璿提出十二項建設計劃，重點在建核能、三廠，設置農業機械化基金，促進農業全面機械化。
△國內物價上漲。

社會

△退出世界銀行及國際貨幣基金會。
△做冒牌事件層出不窮（假酒、假酒進口名牌……）。
△美國務院不再承認我國輸美商品標識國名。
△行政院通過台灣經濟建設十年計劃。
△國民平均所得 2312 美元。

社會

△李國鼎在中國社會學講呼籲配合工業社會，建立新的「臺北關係」倫理。
△立法院通過「殘障福利法」、「國家賠償法」。
△李伸一等創辦「消費者文教基金會」由柴松林出任第一屆秘書長，成為國內影響力最大的公益團體。

△中共出版《中華民國史檔案資料編輯》。
△吳晗、彭德懷恢復名譽獲得平反。

政治

△中共通過「刑法」並開始施行。
△趙紫陽取代華國鋒出任國務院總理，胡耀邦出任中共書記處總書記。
△中共理論家蘇紹智提出「社會主義初級階段論」。
△中共展開「十惡大審」。
△鄧小平發表「黨和國家領導制度的改革」。
△中共決定「隆重紀念辛亥革命七十週年」。
△胡耀邦指出「文革」時遭殺害者約一人。
△魏京生因推動民主運動遭判刑 15 年。
△中共舉行「文革」以來第一次地方選舉。
△中共加強推行「一胎化」政策。

經濟

△中共生產毛額不足 300 美元，在世界銀行所列 174 國中，名列 151 位。
△中共副總理余秋里發表「經濟學台灣」的看法。

政治

△蘇俄入侵阿富汗。
△伊朗、伊拉克戰爭爆發。
△西德大選，施密特的聯合政府再度獲勝。
△波蘭工潮擴大，導致自由工會之建立，華勒沙為其領袖。
△全斗煥出任韓國總統。
△韓國收攬逮捕金大中等 26 人。

經濟

△石油危機再度出現，油價比七年前上漲十倍。
△美國 GNP 佔世界 22%（二十年前為 33%）日本佔 10%（二十年前為 3%）。
△美國首次出現貿易逆差，高達三百億元。

社會

△美國社會經濟分配成為農業 5%、工業 20%、服務業 30%、資訊業 45%。
△美國政府出版《二○○○年的地球》。

台灣地區大事	中國大陸大事	世界大事
△行政院通過實施「老人福利法」。 △離婚率曾加至 8%。 **科技** △蘋果二號電腦大為風行。 △政府公佈各機關應用電子計算管理辦云。 △有灣故份之稱的新竹科學工業園區成立。 △聯華電子成立，開始大量生產積體電路。 △王安在科學園區成立王安電腦。 △全友電腦成立。 △佳佳科技開始發展。 △朱邦復介紹「倉頡中文輸入法」。 △所研發出 16000 個常用中文字。 △政府決定將能源、材料、資訊……生產自動化列為八大國家重點科技。（這是自民國七十年李國鼎為主要發展策略。） △台灣電腦及電子資訊業，開始有外銷的實績。 △首屆「資訊週」活動展開，以「資訊與生活」為主題。 △資訊工業策進會、中華民國資訊軟體協會先後成立。 **文化** △《資訊與電腦》創刊。 △信誼基金會出版社主辦「學前兒童圖書展」。 △金土樹推出「荷珠新配」（蘭陵劇坊）。 △金馬獎舉辦外國名作介紹。 △黃木麟譯《第三波》（Alvin Toffler: The Third	△國民平均所得 200 美元。 △實施中央、地方三級財政制。 △緊縮建設計劃，調整步伐。 △中共加入國際貨幣基金及世界銀行組織。 △大陸各行各業興起購買電腦熱。 **文化** △大陸北部陰山西段山洞壁上，發現游牧民族文化珍品「岩畫」。 △劉賓雁《事兒有聲勝有無》、《一個人和他的影子》出版。 △大陸唯一不受中共直接控制的報紙「世界經濟導報」創刊，由秋本立任總編輯。 △「星星畫會」正式成立，向北京市美協註冊，在中國美術館舉行展覽，吸引八萬餘名觀眾，打破展覽記錄。 △中共恢復身孔。 △中共批判沙葉新劇本《假如我是真的》、王靖劇本《在社會的檔案裏》、盧易祥《黑玫瑰》。 △大陸各地開始拆除毛澤東像。 △大陸各名勝包括黃山遭受嚴重污染。 △大陸出現「走讀形式」的自費大學。 △廈門大學成立台灣研究室。 △武漢大學開始以 12WZ-2 型文字處	**科技** △美國立法保護電腦軟體著作權。 △美無名旅行家一號，飛行經過土星。 △蘇我入侵阿富汗。 △美國正式通知台灣從今年起繼續出售武器。 △蘇俄不滿分子物理學家沙卡洛夫，遭俄政府拘捕放逐於高爾基城。 △美國防部宣佈，批准出售武器裝備給大陸，並授權美公司在大陸建立電子工業及製造直昇機工廠。 △法國藥廠研製 RU486「墮胎丸」。 △美國出現MTV音樂電視。此後廣出現24小時播放的有線電視MTV系統。 對未來做預測。

Wave）由遠景出版。

△司馬長風卒（1922～1980）。

△徐訏卒（1908～1980）。

△陳克棨卒（1920～1980）。

民國 70 年(1981)

政治

△蔣經國連任中國國民黨主席。

△李登輝出任省主席。

經濟

△錄影帶出租業如雨後春筍出現。

△全國經濟會議通過資訊工業為策略性工業。

△趙耀東任經濟部長。

△拆船量 300 萬噸世界第一。

△做買事件如假車票、假汽油不斷出現。

△國民平均所得 2632 美元。

△對外貿易突破 400 億，為世界第 19 大貿易國。

科技

△清華大學投入中文 OCR 光學字型辨認系統之研究。

△個人電腦開始流行，中文電腦開始大量上市。

理系統，研究現代文學並進行語言自動處理研究。

△中共人民出版社編印《台灣詩選》。

△李孝厚出版：《美學論集》。

△北平成立「中國共產黨黨史研究會」。

△中共多次向太平洋定海域成功發射運載火箭。

△劉少奇獲平反。

政治

△胡耀邦出任中共黨主席。於建國以來黨的若干歷史問題的決議」：「物質文明不發達是社會主義初級階段的基本特徵」。

△中共「十一屆六全大會」通過決議認為「文化大革命的十年」是「完全錯誤的」。

△中共葉劍英對台灣宣布「和平統一的九項要點」。

△中共指責美蘇為霸權國家。

△民主鬥士王希哲在廣州任教初。

△中共通過「關於建國以來黨的若干歷史問題的決議」；提出「社會主義初級階段」論，並提倡「實踐是檢驗真理的唯一標準」。

△中共在縣級單位舉行直接選舉。

政治

△美國雷根當選總統，主張以「實力政策取代綏和政策」、以「公開競爭代替互助合作」。

△奧康諾成為美國歷史上第一位女性最高法院大法官。

△波蘭學生加入工潮要求廢除共產主義。

△戒令波蘭共黨嚴厲鎮壓工潮。

△菲律賓總統馬可仕續任總統。

△密特朗首度當選總統，為法國第一位社會黨籍的國家元首。

經濟

△日本對汽車輸美自動設限。

△美國外債高達一千億。

△聯合國統計報告公布全球人口將近四

台　灣　地　區　大　事	中　國　大　陸　大　事	世　界　大　事
△台北市統計資料：台北市每千戶家庭有一部電腦。 △行政院召開第三次科技顧問會議。 △交通部電信局成立「數據通信所」。 △中國鐵路局創建一百週年。 △行政院長孫運璿公布新訂十年計劃，全力發展資訊工業。 △清華大學投入中文 OCR 讀取系統。 **文化** △行政院「文化建設委員會」成立。 △黃明堅《第三波》由聯經出版。 △台灣文化界掀起印度、中東、埃及旅遊熱。 △消費者文教基金會發行月刊。 △國內第一本為維護消費者權益的《消費者報導》創刊，分別以產品的安全性、需要性給予評價，供消費者購物的參考。由「中華民國消費者文教基金會」投資創辦。 △首創專業財經雜誌、高售價的《天下》創刊，高希均任社長，殷允芃為發行人兼總編輯。 △席慕蓉的詩集《七里香》造成搶購熱潮，突破現代詩是「票房毒藥」的觀念。 △洪建全教育文化基金會資助創辦的《書評書目》宣佈休刊，共發行九年，一百期。 △中華民國雜誌事業協會與國立中央圖書館台灣分館共同舉辦「全國雜誌大展」展出雜誌「和「大專院校期刊」和「現今發行雜誌」和「大專院校期刊」等六個單元。 △《0與1》科技月刊創刊。	△中共推動「減罪運動」。 △中共開始「批判資產階級自由化」。 **經濟** △中共推行鄉鎮農村辦企業。 △中共「旅遊總局」宣佈歡迎台灣人民赴大陸探親、觀光。 △中共仍禁止私人土地買賣。 **科技** △中共自行設計建造第一座大型高通量原子反應堆完工。 △中共自力完成第一台「同步輻射加速器」。 △中共以風暴一號火箭發射一組（三顆）空間物理探測衛星。 **文化** △中共批判牛正寰小說《風雪茫茫》。 △中共有計劃出版《中山先生全集》及其他相關著作及研究。 △中共批判巴金等文福詩作「將軍、好好洗一洗」。 △作家白樺發表電影劇本《苦戀》遭批判。 △孫靜軒發表長詩（一個幽靈在中國大陸游蕩）（《長安》第一期）。 △李澤厚《美的歷程》出版。	十五億。 **科技** △美國發現首位愛滋病患（AIDS）。 △美國哥倫比亞太空梭發射升空。 △拉岡卒（Jacquer Lacan 1901—1981）。 △荷蘭決定售予中華民國兩艘潛艇。 **文化** △傅瑞丹出版「女性主義第二章」（The Second Stage）。

△文盲降至總人口 10% 以下。

△羅大佑「鹿港小鎮」歌曲發表。

△「中華民國建國史料討論會」在台北揭幕。

△「中山學術會議三民主義學術討論會」在台北揭幕。

△「三民主義統一中國研討會」在台北舉行，籌劃建立「三民主義統一中國大同盟」。

民國 71 年 (1982)

政治

△行政院長孫運璿呼籲中共領導人「加緊努力改變生活方式」只要大陸上的政治、經濟、社會、文化各方面與自由中國的差距不斷縮小，中國和平統一的條件就自然會趨成熟。」

經濟

△李國鼎、方賢齊、楊世緘推動「資訊工業」把電腦、電話、電訊配合在一起，使台灣正式進入「資訊時代」。全面發展電訊工業政策定案。

△台灣產業工會有 1213 個，人數為七十萬七千餘人。職業工會 501 個，人數為四十九萬九千餘人。

△政府開始對電眼放寬問題，著手進行反放寬冒及自創品牌運動。

△經濟部宣佈 1500 種消費品不得自日本進口。

△幕萬長出任國貿局長。

△國民平均所得 2597 美元。

△台塑美國廠開始生產塑膠粉粒。

△中共編印《望君早歸——台灣短篇小說選》、《台灣作家小說選》（四冊）、《月是故鄉明》（台灣散文集）、《台灣兒童文學短篇小說選》、《台灣愛國懷鄉詩詞選》、《台灣中青年作家小說集》。

△宋慶齡病卒，臨終被接受加入中國共產黨。

△蘇秉琦在《文物》發表《關於考古學文化區系類型問題》即"多元互動論"取代"一元散播論"之先河。

政治

△中共「十二大」通過新黨章，把「四個堅持」列入總綱，並通過新「憲法」，納入「四個堅持」，使之具法效力。

△中共提出「建設有中國特色的社會主義」。

△中共通過新的修正憲法規定國家主席，總理不得再連任。

△中共召開「十二大」改「主席制」為「總書記制」由胡耀邦出任。

△蘇聯公開承認中共是社會主義國家，並與中共舉行「磋商」。

△中共再度修訂選舉法。

△中共開始進一步對外開放。

△胡如立入選為中央委員，進入中央書記處工作。

△中共開始「清除精神污染運動」。

政治

△英國、阿根廷爆發福克蘭島大戰。

經濟

△美國、中共發表「八一七公報」。

△美國出現大量貿易赤字。

△世界貿易保護主義抬頭。

科技

△美國提出興建世界最大的同步輻射加速器計劃。

△電腦當選時代雜誌 1982 年風雲人物。

△Clark 克拉克提出「形象聯結」理論，CAI 電腦輔助教學提供進一步的現細基礎。

△日本成立新世代電腦開發中心，研究第五代電腦。

世　界　大　事	中　國　大　陸　大　事	台　灣　地　區　大　事
△第一件永久換心手術成功（人工心臟）。 △威廉士（Reymond Williams）《邁向二千年》出版。 **軍事** △美國建造MX飛彈。 △尼加拉瓜反抗軍開始攻擊左派率定政權。	**經濟** △鄧小平提出「一國兩制」的構想。 △中共計劃到本世紀末，工農產值「翻兩翻」。 **文化** △大陸掀起鄧麗君流行歌曲熱，顯示台灣通俗文化獲得大陸人民的廻響。 △中共批判退羅銷自傳體小說《春天的童話》。 △中共在廣州召開「台灣香港文學學術討論會」(第一屆)。 △上海製片廠推出井海谷的《城南舊事》(次年獲菲律賓電影展首獎）。 △中共出版《台灣和海外華人女作家作品選》、《鍾理和小說選》、《三毛作品選》。 **科技** △中共第十次發射衛星成功。	**科技** △聯合報社採用國人開發的中文自動編排系統作業，取代人工排字。 △個人電腦開始普遍化、中文電腦流行。 △光華商場及中華商場的舊書業漸漸為電腦業取代，成為高中生及大學生的消費市場。 △全國開推動第二次全國科技會議，會後決定修訂科技發展方案。另加B型肝炎防治、生物技術、食品、光電為六大重點科技。 △政府選定電腦、機械……等工業，為加速工業自動化的「策略性工業」，大力推動工業自動化。 △資訊界召開中文資訊系統研討會。 △宏碁公司與零壹公司宣佈開放省頭編入法給國人使用。 **文化** △《第三波》雜誌創刊。 △我國有史以來的第一張圖書禮券在應曆春節前推出。首期由商務印書館承辦、行政院新聞局贊助發行一千萬元。 △第一部由國人撰寫、印刷、出版的中文百科全書──《環華百科全書》於月底出版。 △索忍尼辛來華訪問。 △阿老編《大陸傷痕文學選集》。 △林也牧編《在廢墟地下刊物小說選》。

政治
△美、蘇恢復限武談判。
△恐怖份子在貝魯特攻擊美軍造成 241 人死亡。

經濟
△美國地方法院裁定屬於貝爾系統的子公司，應脫離 AT&T 母公司而獨立。

科技
△日本提出「科技立國」的口號，並發射 BS-Z 直播衛星。
△日本工業大量運用「工業機器人」，造成 308 件事故災害，被稱為「鋼領階級」興起。

環境
△印度聯合卡拜德化學工廠毒氣外洩，造成許多人死亡。

政治
△中共鄧小平不再度提出「一國兩制」聲明。
△中共加強發動「清除精神污染」運動，由胡喬木指揮，開始整肅黨的風。
△胡耀邦宣稱要培養接班的「第三梯隊」，主張年輕化、知識化、專業化、革命化。
△中共批判王若水「社會主義異化論」及人道主義思想，並免去他「人民日報」副總編輯職務。

經濟
△中共開始容許多種經濟成份並存，部份以私營、容許剝削存在、發展商品經濟。
△企業試行以稅金代替利潤上繳。
△中共開始翻譯西方經濟學著作。

科技
△北京決定建造同步輻射加速器。
△中共發射返回式衛星。

文化
△台灣《吳王金戈越王劍》（劇本）
△台灣現代民歌及校園歌曲在大陸流行。

民國 72 年（1983）

政治
△錢復出任北美事務協調會駐美代表。

經濟
△國民平均收入達 2744 美元。
△聯華電子奪下台、港、韓，半個電話 IC 市場。
△商品進出口總額達 160 億美元。
△私家轎車突破 60 萬輛。
△實施「加強基層建設，提高農民所得方案」。
△台灣製傘、鞋、拆船、自行車、網球拍等十一項產品，列為「世界冠軍產業」。

科技
△國科會「資訊工業策進會」通過「通用碼」及「全漢字碼」（通用於圖書館及文字學）為標準交換碼，試用兩年。
△李國鼎推動「同步輻射中心計劃」，任指導委員，並支援屏東鄉村成立基礎醫療中心，及經濟健保服務中心。
△經濟部決定興建電子資訊大樓，第一年經費五千萬元。
△經濟部長趙耀東指出，每百萬台灣人有 72 部電腦，日本 750 部，美國 2200 部電腦。
△工研院電子所進行第二期電腦發展計劃，開發 16 位元、32 位元電腦，奠定台灣電腦工業基石。
△台灣成為微電腦供應國。

世　界　大　事	中　國　大　陸　大　事	台　灣　地　區　大　事
	△中共批判戴厚英小說《人啊，人！》	△「工業自動化技術服務團」成立，協助國內廠商推行自動化。石滋宜任團長。
	△對秸盛《台灣小說主要流派初探》、《台灣文學評論集》。	△台灣生產 IBM 相容個人電腦開始銷往美國。
	△中共出版《展系國短篇小說選》、《台灣遊記選》、《台灣小說新選》、《台灣與海外華人作家小傳》。	△宋邦復省額輸入法成為電腦輸入法的主流。
	△金觀濤、樊洪業、劉青峯等發表論文《文化背景與科學技術結構的演變》。（陝西科學技術）。	**文化**
		△孔達夫譯《第四波潮案》（美國新聞與世界報導：未來五十年專號）金逸出版，林懷卿譯《第四波》（Herman Kahn: The Fourth Wave）逸臺出版。
		△「電影法」公佈實施。蔡影省及車道20.2%。
		△周英雄《結構主義為中國文學》（東大）。
		△台灣大學生人數高達 39 萬人，占人口的 2.1％。
		△由高砂紡織企業投資，首開國內書店現代化、企業化經營型態的「金石文化廣場」開幕。
		△故宮博物院編印《故宮文物》月刊創刊。
		△引自日本版同名的《牛頓》雜誌創刊。
		△以「爲子子孫孫留下一片美好的鄉土」爲宗旨的《大自然》季刊創刊，這是國內第一份提倡生態環境保育的雜誌，由中華民國自然生態保育協會出版發行。
		△以畫評、作家專訪和文學理論爲主的《文訊月刊》創刊，由中央文化工作會贊助。
		△《光復科學圖鑑》出版，共世五鉅冊。（光復書局）
		△譯自美國《科學畫刊》和《尖端科技》兩雜誌的《二〇〇》月刊創刊。
		△《新書月刊》創刊，發行人爲劉紹唐，周浩正擔任總編輯。
		△《自動化科技》月刊創刊。

△張大千卒。

△以「中國字利魯斯」贏得美譽的張任飛病逝（1916～1983）。

民國 73 年(1984)

政治

△蔣經國、李登輝當選第七任正副總統。

△立法院通過「勞基法」。

△吳伯雄任內政部長。

△行政院長由俞國華出任，提出十四項建設計劃，重點在電信現代化、都會大衆捷運系統、核能四廠、自然生態保護、國民生態旅遊、醫療保健、環境保護。

△作家江南被暗殺。

經濟

△對外貿易超過 500 億美元，是世界第 16 大貿易國。

△俞國華提出經濟自由化、國際化、制度化的口號。

△張繼正任央行總裁，趙耀東出任經建會主委，王建烜任經濟部次長。

△麥當勞速食店以及其他外國速食店入侵台灣市場。

△電子產品首度成為外銷大宗首位，佔 22%。

△台北市人口淨繁殖率已達一位婦女終生只養育 0.75 個兒女，預示台灣地區人口老化之開始。

△國民平均所得 3046 美元。

社會

政治

△中共、英國協議香港於 1997 年由中共接管。

△趙紫陽訪問美國。

△蘇聯副總理阿契波夫訪北平。

△中共批判胡耀邦而周而復，開除其黨籍。

經濟

△中共「十二屆三中全會」通過趙紫陽發表「關於經濟體制改革的決定」，將城市的經濟改革推向面向的總體經濟環境及制度改革。

△中共宣佈農村改革成功，開始城市經濟綜合改革。

△中共加入「多種纖維協定」。

△中共開始實施企業廠長責任制。

△中共進一步開放沿海十四港口城市，推動「城市經濟體制改革」。

△中共將財政預算、信貸、工資、等政策開始過度膨脹，盲目擴張；通貨開始膨脹。

科技

政治

△印度總理拉吉夫甘地上任，開始努力使印度走向後工業社會。

經濟

△印度政府與外國高科技公司合作，進行改革。

△台灣為「接收直播衛星天線」的主要生產供應國。

△美國國會通過「貿易關稅法案」，對外國不公平貿易行為認定轉趨嚴格，貿易保護主義抬頭。

科技

△IBM電腦公司全力拓展 5550 中文電腦入侵亞洲市場。

△邊寫邊輸入中文的「模板書寫輸入機」在美、日問世。

世　界　大　事	中　國　大　陸　大　事	台　灣　地　區　大　事
	△中共以長征三號火箭第一次成功發射地球同步定點通訊衛星；並發射其他兩顆衛星。 **文化** △中共開始做民意調查。 △中共成立「中國消費者協會」在大陸。 △台灣民歌手侯德健建設大陸。 △方勵之出任合肥中國科技大學副校長，開始試驗「民主辦學」。 △中共召開「台灣文學學術討論會」（第二屆） △劉賓雁訪美國洛杉磯，當選中國作協理事。 △大陸翻印高陽通俗歷史小說。 △中共《人民日報》發表《理論與實際》，不認爲馬列思想不能解決當前問題，不是神至不可侵犯的。 △金觀濤、劉青峰著《興盛與危機》出版（湖南人民），同時發表《科學技術促進經濟進步機制的探討》（論文）。 △福建出版《台港文學選刊》雙月刊。	△龍發堂精神病患事件爆發，精神分裂患者增多。 △農村勞力之興起，形成插秧隊、割稻隊、代耕隊等包工勞力，成爲農村勞力使用的重要型態。 △人口超過1900萬。 △第一家中國式MTV視聽中心出現。 **科技** △試管嬰兒在台北誕生。 △佳生、林列堂研究鼠目魚人工繁殖獲重大突破。 △國科會工程感應編列預算推動資訊研究，以系列設計爲重點，並推動「中心衛星資訊工業系統」。 △台灣開發16位元電腦成功。 △清華大學許文星教授投發展中文稿光學掃識系統。 △台灣每年生產個人電腦數量達40萬部。 △政府決定動用新台幣22億進行二代米超大型積體電路研究，支援國內電腦工業所需重要元件。 △行政院頒佈「加強培育及延攬高科技人才方案」。 △資策會提報告：中文電腦發展不可忽視簡體字市場。 △中共仿習台灣的16位元中文電腦。 △政府決定同時試用全漢字標準交換碼和通用漢字交換碼，爲期兩年，決定未來中文電腦的標準交換碼。 **文化** △國小、國中就學率達99%以上，高中升大學就學率達82%。 △教育部通過「大學通識教育選修科目實施要點」（分文學、藝術、歷史與文化、社會學、哲學、數

△蘇聯戈巴契夫（五十四歲）上台，開始推行新經濟措施，擴大企業自主權，「自籌資金」迫員盈虧，改革物價，同時宣佈片面停子禁試。

科技
△ＩＢＭ電腦公司決定在在日本、新加坡加強中文電腦的開發。
△電視史上第一個利用電腦合成技術製作出來的脫口秀主持人（數位人）馬克斯‧賀德倫（Max Heedroom）誕生，大受觀衆歡迎，在美、日、芬蘭等幾個國家陸續推出。

政治
△蘇聯戈巴契夫

政治
△中共副總理姚依林訪莫斯科。
△中共大力向台灣宣傳「一國兩制」。
△中共「軍委擴大會議」決定裁軍一百萬員。

經濟
△放寬城市副食品價格控制。
△中共與歐洲共同市場簽訂「貿易及經商合作協定」。
△中共允許股票上市。
△經濟問題論爭：「馬丁事件」胡喬木批判馬丁。
△中共企業界出現「關廣梅現象」。

學運轉、物理、生命科學、應用科學、應用科學與技術七大項），古漆洪《記號詩學》（東大）。
△《尖端科技》雜誌創刊。
△《全球防衛》雜誌創刊。
△《小牛頓》雜誌創刊。
△國內首套《世界建築全集》由光復書局出版，共八册。
△由新書月刊策畫的國內出版界聯合《新書發表會》。
△由聯合報系支持、發行的《聯合文學》創刊。

民國74年（1985）

經濟
△省立水產試驗所研究草蝦人工繁殖法成功，使業者每年省四億多元經費。
△專業農戶降至八萬戶。
△十信金融事件、引起擠兌。
△台灣成為世界第四大成衣出口國。
△台北世界貿易中心啓用。
△「長榮海運」成為世界第一大貨櫃海運公司。
△對美貿易順差突破一百億。
△中美匽酒談判開始。
△傳次攤出任台電董事長。
△金懋暉出任中鋼董事長。
△國民平均所得3144美元。

社會
△中國式的ＭＴＶ視聽中心開始大量出現。

世 界 大 事	中 國 大 陸 大 事	台 灣 地 區 大 事
△以遺傳工程技術製造成「人體生長素」成功的上市。 △以生物工業技術和遺傳工程為主的「第二次綠色革命」開始。 **文化** △《時代周刊》選鄧小平為當年年度風雲人物。 △瑪丹娜以一曲「你情我女」開始走紅歌壇。 **經濟** △五國高峯會議，決定以人為方式干預美元下跌。（當時美元對日幣1：236。對台幣1：39.85。）	**科技** △中共開始科技體制改革。 △中共通訊衛星地面接收站增加至53個。 △中共第15次發射衛星成功。 **文化** △鄧萬隆發表「我的根」，韓少功發表「文學的根」開啓「尋根文學」熱潮。 △劉賓雁《第二種忠誠》出版。 △中共出版托夫勒《未來的衝擊》中譯本。 △大陸翻印金庸武俠小說。 △吳冠中在北京組織「東方美術交流學會」，以中青年畫家為主，在北京「中國美術館」展出。 △季澤厚：《李澤厚哲學美學文選》、《中國古代思想史論》 △中共出版《台灣香港文學論文選》（全國第二次台灣香港文學學術討論會專輯） △中國社會科學院成立「政治科學研究所」。 △上海開辦第一屆「性教育講習班」。 △上海成立模特兒「服裝表演隊」。	△龍發堂事件使社會注意到台灣精神病患的數目大增。 △「餿水油」案爆發，「消費者文教基金會」開始倍受大衆重視。 △台大醫院開始啓動「器官捐贈」。 △摹務後現代式設計的「舊情綿綿」咖啡館開幕。 **科技** △中美智慧財產權談判開始。 △國喬電腦公司開發第一套磁碟式中文系統。 △台灣每年生產個人電腦數量達60萬部。 △電腦展16位元個人電腦降價至三萬五千元以下。 △國內電腦業者成立國產16位元個人電腦小組，解決無敵牌電腦維修問題。 △宏碁電腦推出天龍五○16位元中文電腦，造成資訊界震撼。 △資策會提出資訊工業五年發展歷史。 △台灣微電腦裝機數達十九萬四千部，平均每千人10部，而日本為50部，美國為100部。 △洪榮昭《電腦輔助與教學設計原理與應用》（松崗） △工研院與華智合作開發成功256K記憶超大型積體電路。 △台成成為世界農業先進國，養蝦人才外流東南亞。造成技術外銷，政府明令禁止應聘出國。 **文化** △夏宇《備忘錄》。（自印）

△李小江教授與河南省婦女幹部學校合辦「好家教班」公開進行「女性自我認識」教育。

△龍應台《野火集》出版。

△教育部開放大學及獨立學院之申請。

△陶大偉流行歌曲「猜猜我是誰」（用不制的調子）、岳勳「甘草」（用數來寶調子）、陳揚「看戲」（用北管調子）紛紛推出，流行一時。

△廖炳惠《解構批評論集》（東大）。

△賴聲川、李國修、李立羣成立《表演工作坊》推出「那一夜，我們說相聲」。

△熊秉明《展覽會的觀念》（雄獅畫廊）。

△熊秉明《展覽會的觀念、觀念的展覽會》（中國時報〈人間〉）

△光復書局之關係企業——光統圖書百貨公司在重慶南路書店街成立，為國內第一家圖書百貨公司。

△光復書局以電腦編譯《大英科技百科全書》，首開中文電腦編書的先河。

△光復書局出版兩大冊的《資訊式全國圖書分類目錄》，以電腦排版編印，內含國內 650 家出版社出版之圖書七萬六千冊，依「中國圖書分類法」分類整理，並附標題索引。

△經濟與生活出版公司推出第一本「有聲叢書」——《追求卓越》。

△國立中央圖書館於五月四日至十九日止，假南海學園舉辦「當代文學史料展」，展出「三十年文壇大事圖片」，其中七百冊「作家資料卷」更是我國文學史料的一項創舉。

△立法院於六月廿八日三讀通過著作權法修正案，並由總統明令公布實施。修正案擴大著作權保障範圍及權利的內容，將過去「註冊主義」改為「創作保護主義」，並提高罰則所定刑度與罰金，以期對非法圖利者產生嚇阻作用。

台　灣　地　區　大　事	中　國　大　陸　大　事	世　界　大　事
△三民書局歷時十年，終於推出耗資千萬元的《大辭典》三大鉅冊。 **民國75年(1986)** **政治** △國民黨宣佈「六大革新」決定廢除「戒嚴令」，開放黨禁。 △趙少康、朱高正當選立委。 △中正國際機場暴力事件。 △華航與中共民航在香港談判貨機歸還台北問題。 △「民主進步黨」正式成立，並參加增額民意代表選舉。 △國民黨首次開放與民進黨舉行溝通黨會。 △李煥接任國民黨中央委員會中央委員會秘書長，宋楚瑜任黨會副秘書長。 **經濟** △立委趙少康成立「民間審販中美不等貿易促進會」赴美溝通。 △郵政儲金超過6000億台幣。 △服務業人口首次超過工業人口，為我國就業人數多的行業。農業人數17.03%，工業為41.47%，服務業為41.50%。 △歐洲議會依「對外經濟關係委員會」的決議，通過「對台灣貿易決議案」。 △GNP超過732億美元。	**政治** △中共「十二屆六中全會」，正式提出「政治體制改革」。 △英女王訪北平。 △中共大學生掀起「民主學潮」。 △中共掀起「反對資本主義自由化運動」。 △中共與東德關係解凍。 △趙紫陽支持成立官方民意調查組織。 △中共公佈基層幹部「選舉法」。 **經濟** △私營工商業不斷出現「溫州模式」及「關廣梅現象」。 △大陸鋼產量居世界第四位，石油產量居世界第六位。 △中共通過「破產法」，但因民工人反對，而暫停執行。 △中共「國家經濟體制改革委員會」選定16個城市，進行政黨分工改革。 △中共頒布「個人收入調節稅暫行條例」。	**政治** △法國出現「左右共治」局面，右派聯盟在國會選舉獲勝，右派領袖席哈克出任總理，而總統仍由左派社會黨籍。 △美國雷根政府秘密出售武器給國際恐怖活動的伊朗。 △菲律賓馬可仕出奔，柯拉蓉順利出任總統。 **經濟** △印度吸收國外投資達兩億六千四百萬美元。開始出口電子零件及周邊設備，外銷金額至235萬美元。 △石油價格跌破10美元一桶。 △世界人口突破50億。 △日本及西德成為世界經濟主要力量。 △太平洋經濟區的重要性首次超過歐洲。 △美國貿易逆差達「1600萬之多」貿易保護主義抬頭。 △美元大幅貶落，美國喪失競爭力。論

為世界最大債務國。積欠2500億美元。對不斷要求貿易對手國開放市場，匯率不斷升值。
△日幣不斷升值。
△美國每人ＧＮＰ為17000多美元。

科技

△「數位人」不斷在英美電視上出現，十分轟動，大受歡迎。
△「手提電腦」問世。
△美國「旅行家號」完成不著陸太空加油，環繞世界一週飛行。
△韓國開始發展「資訊工業」。
△美國聯邦航空總署就中國民航飛機在阿拉斯加上空看到不明飛行物體之事展開調查。
△美國矽谷「象點器公司」在電腦圖片專家會議上，發表「兩隻恰橙學手」倒像皮膚」數位影片。
△美國發展「電腦人工現實模樣裝置」。
△日本電氣知識研究所發展出「伊萊」電腦慢畫家。
△電腦外科整型手術開始流行，電腦型設計開始流行。
△美生化學家柯恩及黑薾，蒙法尼發現「生長因子」得諾貝爾醫學獎。
△「簡易電腦中文輸入板」由ＩＢＭ開發成功。
△韓國漢城大學舉行「資訊社會的挑

△中共公布「關於鼓勵外商投資的規定」及「外資企業法」。

科技

△中共成立「中國長城工業公司」，為國際提供運載火箭代發射衛星業務。
△中共在西昌發射第一顆通訊廣播衛星。
△中共與美國合作改良民用航機及戰鬥機。

文化

△中共《人民日報》海外版發表〈關於社會主義哲學現代化〉。
求馬克斯主義哲學現代化〉。
△遏羅錦向西德尋求政治庇護。
△遏羅錦《冬天的童話》德文本出版。
△中共在上海舉行首屆「國際中國現代文學研究」。
△中共「中國日報」通過衛星傳真在全歐洲發行。
△陸昭環《雙鐲》（同性戀小說）
△中共廢除「第二次漢字簡化方案」，恢復使用正體字。
△金觀濤主編季刊《走向未來》雜誌創刊。
△王晉民《台灣當代文學》出版。
△廈門大學台灣文學研究所出版黃重添等著《台灣新文學概觀》。
△中共《歷史研究》提出「史學危機」問

社會

△人口自然增加率降至千分之十一。
△國內第一周民意調查基金會成立。
△破獲林宗誠殺人強盜集團，做案百件以上。
△「大家樂」賭博流行。
△體殺堂信眾環島旅行。
△行政院成立環保小組，由林洋港任召集人，趙耀東為副召集人。
△台灣防治協會成立，為台灣地區第一個防治愛滋病民間團體。
△彰化鹿港民眾反對杜邦設廠。
△教育單位決開放中學生禁菸。

△股票突破1000點。
△長榮海運「貨櫃運輸」能量躍居世界第一。
△私家轎車成長至90萬輛。
△開放外國菸酒進口。
△高雄貨櫃吞吐量達到250萬個，居世界第3位，僅次於鹿特丹及香港。
△國內自助旅行風行，行腳遍及世界各大洲。
△國內成衣業發展在台灣接到大陸生產外銷。
△新台幣升值突破35元對一美元。黃金、外幣開放進口買賣。
△「經濟革命家」成立，趙耀東、蔣碩傑為召集人。
△資策會統計：微電腦躍居十大資訊出口產品，每年3億美元。台灣電子資訊產品外銷值21億美元，佔出口總值6.6%，佔世界市場1.45%，名列世界第7位。
△國民平均所得4784美元。

世界大事	中國大陸大事	台灣地區大事
戰：與人類的關係」研討會。 △美國太空梭「挑戰者」號在天空爆炸。 **文化** △比利時詩刊《定點》(Point)推出台灣現代詩專集，由比利時詩人池根布魯特主編，並為畫家、劉奇偉、羅青、陳明善等在布魯塞爾舉辦 CHINA・CHINA 畫展。 △「台灣文學討論會」在西德召開，由西德魯爾大學東亞系主任馬漢茂主持 (Helmut Martin)。 △「第三屆台港及海外華文文學學術討論會」。 △馬拉末 (Benard Malamud) 卒 (1914年生)。 △阿根廷作家波赫士 (Jorge Luis Borge 1899-1986) 卒。 △張光直由那大學出版《中國古代考古學》(The Archaeology of Ancient China) 第四版，對中國文明起源採 "多元互動" 說。	題。 △張默芸《憶戀・哲理・親情——台灣文學散論》。 △封租盛《台灣現代小說評析》。 △劉賓雁《第三十七層樓上的中國》出版。 △文藝理論爭議：《劉再復事件》(陳涌批判劉再復)。 △中共禁止嚴家其、高皋合著《中國文革十年史》出版。 △大陸掀起瓊瑤小說熱。 △四川魏明倫推出「荒誕川劇——潘金蓮」。 △畫家關良卒 (1900年生)。 △丁玲卒 (1904年生)。 △朱光潛卒。	△新制營業稅實施，一年後宣告失敗。 △軍火販大量走私槍械入台案偵破。 △北高兩市市府為青少年舉辦大型舞會。 △「舊情綿綿」咖啡屋展現後現代風格，風行一時。 △環境污染自力救濟案件增多。如鹿港反杜邦設廠，三晃農藥廠污染事件。 **科技** △台北市電腦公會邀請各方代表商討二百三十條電腦名詞中文化統一譯名，電子計算機建立為電腦。 △第三次科技會議」召開。 △IBM提出個人電腦專利授權問題，國內業者為維護權益」成立談判小組。 △三軍總醫院發展精明輸血管技術 (GIFT)，已使五名婦女懷孕成功。 △資訊大展出現空前人潮。 △第一屆「中國科學史研討會」在台北召開。 △資訊工業策進會研製成功「光學中文印刷字辨認系統」。 △國防部推出「國防科技兵工生產展」。 △台北舉辦首屆「電腦鼠大賽」。 △國產電腦機及數位電視在台灣上市。 △電信局完成「視訊會議系統」之開發。 △王倬初任任中央研究院分子生物學綜合研究室。 △楊世緘出任工業局長，為最年輕的局長。 △雷射唱機及高傳真錄放影機開始流行。 △洪敏泰成立泰瑞電子，二年後推出世界上最先進的彩色電視機機權。

△資訊工業策進會進會感長柯志昇宣佈特研製「文句翻譯語音系統」13051個字，並開發一套「聽話」系統。

△工業技術研究所以七億新台幣興建第一座超大型積體電路工廠。於今年完工開放服務，在五年內發展電路設計能力，可進行1.25微米寬度的蝕刻線條製做。

△中華民國科技整合研會成立。

△台灣電腦終端機、顯示器、電話、電算機等七項資訊電子產品，產量世界第一。

△林務局以科技完成杜丹栽培，在台灣舉辦首次「牡丹花展」。

△中山科學研究院發展「天弓」、「天箭」電子導向飛彈成功。

△國內多所大學電腦聯辦線作業。

△國科會公佈「通用漢字碼」為中文資訊標準交換碼。

△中央氣象局採用東南亞第一座大型電腦，進入數值預報新紀元。

△台北出現「智慧型」辦公大樓。

△台灣開發32位元電腦成功（安著）。

△電信局引進數位交換機。

△裕隆公司用 CAD 電腦輔助設計系統，設計出第一部國產「飛羚」小轎車。

文化

△文化大學成立國內第一所「廣告系」，由「廣告組」改制而成。

△語文類（外語學習）書籍雄踞市場首位。

△楊德昌「恐怖份子（電影）」。

事　大　界　世	事　大　陸　大　國　中	事　　　大　　　區　　　地　　　灣　　　台
		△羅青發表〈七十年代新詩與後現代主義的關係〉（四月）。 △幅華畫廊「脫、現代主義設計展」。 △漢寶德《從現代主義到後現代主義》（雄獅美術）。 △羅青譯《繪畫中的後現代主義》（雄獅美術）。 △黃正憫譯：《分眾的誕生——大眾社會解體後的分眾現象》（日本博報堂生活綜合研究所）（遠流）。 △中研院史語所開始把史籍、考古、語言學資料輸入電腦。 △七等生《重回沙河——1981年生活札記‧續影》（遠景）。 △行政院會通過著作權法則施行細則修正案，共計二十九條。其要點：明訂審驗著作原件規定、規定合著的註冊程序、併列著作權轉讓、繼承及設定實權註冊程序、擴增法律適用過渡條款等。 △翻譯作家陳蒼平、沙永玲等人共同發表聲明，控訴九晨出版公司侵害其著作權，掀起翻譯權利問題的論爭，這也是國內譯者第一次公開具體的抗議。 △光統圖書百貨公司開關「空中書訊」時間，邀請作者以錄音的方式介紹自己的新書，每天固定時間在書店內播出。 △因西書中譯權問題，中華書局宣佈放棄進行一半的《大英百科全書》中譯。 △停止翻印西書，翻譯權引起爭論。 △第二回中美智慧財產會議召開。 △李祖原「東王漢宮」大廈落成。 △「當代傳奇劇場」演出改制式的《慾望城國》（莎劇

政治

△美國加州出現許多私人法律公司，開設法庭，聘請退休法官，審理一般民事訴訟，加速司法審判過程。

△美國經國民複決投票通過新憲法。

△韓國發生大罷工及學潮。

△東德元首首次訪問西德。

政治

△中共召開「十三大」趙紫陽報告「中國現在需求社會主義初級階段」，從國現在需求社會主義初級階段下的現代化過程，在以公有制為主的情況下，進一步發展非公有公有部門，包括私有部門，是這一階段所必要的，並認為初級階...

民國 76 年 (1987)

政治

△「台灣政治受難者聯誼會」成立，公開主張台灣獨立，台灣高等法院檢察院以該組織涉嫌叛亂罪而提起公訴。

△釋放政治犯部分政治性案件受刑人。

△政府決定開放民眾赴大陸探親。

△政府正式宣佈解除戒嚴，取消外匯管制，開放對港...

《馬克白》）

△蔡志忠：《自然的簫聲——莊子說》（漫畫）聯經。

△王伯敏：《中國版畫史》（修訂版），蘭亭書店影印。

△南蕪《中國古代版畫百圖》（修定版）。蘭亭書店影印

△黃凡《如何測量水溝的寬度》（短篇小說）。

△西西：《肥土鎮灰闌記》。

△「表演工作坊」推出「暗戀．桃花源」。

△《時報新聞週刊》、《美國新聞與世界報導》。

△《南方》雜誌創刊、《宇宙》雜誌創刊《當代》雜誌創刊。

△《文星》雜誌復刊。

△《文訊月刊》舉辦「第二屆現代詩學研討會」（台北、文苑）。

△政大心理學研究所尚仁教授用行為科學之方法研究書法、國畫。

△圖書百貨公司相繼出現。

△趙波署卒。

世界大事	中國大陸大事	台灣地區大事
△蘇聯戈巴契夫在建國七十週年紀念會大肆抨擊史大林並出版著書說明他的改革政策。 **經濟** △紐約股市崩盤、下跌30%。 △印度將坂代位丁美洲及中國大陸成為投資熱門國。 △蘇聯開始允許私人商店的出現。 △日本平均每人所得達19500美元、超出美國國民不均所得600美元。 **科技** △蘇聯新聞記者莫賈耶夫利用東芝中型電腦及柯達印表機創辦地下刊物「人民裁決雜誌」。 △南非四十八歲的派蒂‧安東尼為女兒產下試管三胞胎、成為世界第一位生產自己孫子的代理母親。 △日本東京大學醫學院產科完成「人造子宮」、並使山羊胎兒在人造子宮中順利誕生。 △美國商業機器公司（IBM）推出會聽話的個人電腦。 △美國空軍將矽晶片植入狗腦內、研究如何為飛行員加裝「額外的感應器官」。 △美國華盛頓州花商推出可以保鮮八年之久的盆栽和花木。	△段將持續一百年的時間。 △中共脅迫吳祖光退黨、並要求「人民日報」副總編輯王若水退黨。福建社會科學院院長李洪林、社會科學院馬列主義研究所所長、蘇紹智及馬列研究室主任張顯揚、北平《新觀察》半月刊總編輯戈揚、《科技日報》副總編輯孫長江、北平《法律諮詢》月刊社長于浩成、均被開除黨籍。 △中共大學生「民主學潮」愈演愈烈。 △共黨開始領導、推動「反資產階級自由化」運動。 △「中國科學技術大學」校長管惟炎、副校長方勵之遭撤職、並開除黨籍,同時也開除理論家王若望「作家劉賓雁黨籍;關閉上海《社會報》、《特區文學》《深圳青年報》、《特區工人報》。 △胡耀邦下台。 △方勵之的妻子李淑嫻以最高票當選北京海淀區「人民代表」。 △鄧小平指出中共自1957到1976二十年間,採取極左路線是錯誤的,並認為「搞社會主義、一定要生產力發達、貧窮不是社會主義。」 △中共三權修改「選舉法。」 △中共與越於雲南邊界再起烈戰軍事衝突。	△熱觀光、實施國家安全法、開放保險市場、開放黃金進口及自由買賣。 △「民進黨」成立。 △「工運黨」成立。 △民進黨討論台灣獨立的自由」。 △問應敘率(1888~1987)。 **經濟** △新台幣升值突破30美元(29.8美元)。 △大陸漁船曾集台灣快艇近海要求易物或以上姓。 △政府決定廢除實施數千年之國賦。 △台灣對東歐貿易成長至3億美元。 △農業人口已下降至300萬,而且逐年減少。 △營建業缺乏工人近四成,建議政府開放外籍勞工進入。 △大陸勞工非法流入台灣。 △水耕栽培清潔疏菜銷售成功,果農在產品上印上姓名電話、希望直接與消費者交易。 △股票市場每日交易額超過200億元、股票點數突破4300點。 △股市大崩盤降至3000點以下、不久指數又張至7000點。 △外匯存底超過750億美元、外貿超過880億美元,是世界市場上第13大貿易國。 △台灣出現工商資訊服務公司。 △廢除舊票據法。 △政府放寬外匯管制、個人可以自由持有外匯。

△日本三洋公司推出價格大眾化的CLI-2000印刷體／手寫漢字讀取系統（OCR）。

△英國試管雙胞女嬰相隔十八個月的時間內先後出生。

△美加州大學柏克萊分校生理學者與生物物理學者將一隻3歲狼犬逐漸冰凍15分鐘，然後使之復活。

△英國愛丁堡大學史密斯教授發明「光學邏輯電路」，為電子計算機系統帶來革命。

△瑞典醫師進行世界首次移植人類腦組織手術。

△美國「生物工業技術」開發出ONA植物工業技術公司開始推出產品。

△「交互作用玩具」（電腦）在本國上市。

文化

△美國出現用電腦閱讀的磁碟片小說：迪斯克（Disch）推出小說《健忘症》（Amnesia）；不斯基（Pinsky）推出《心輪》（Mind-Wheel）相繼問世。

△第一位女性美術館長在美國蓋頓成立。

△安迪沃卒（Andy Warhol），享年59歲。

經濟

△中共整頓「社會科學院」經濟學家于光遠、劉國光、北大經濟學教授厲以寧（主張改革所有制）。

△作家王若水發表《社會主義異體制存在》。

△中共再掀起「反對資產階級自由化」運動。

△中共全面推動國營企業廠長責任制。

△中共開始六條高速公路建設。

△中共開始建立國家公務員制度，及社會協商對話制度。

△關廣梅當選「十三大」代表。

△中共再度下放學生人農村。

△中共「政改」重點放在「黨、政分開」。

△西藏發生近三十年來最大的抗議活動。

△趙紫陽：「從五十年代生產資料私有制的社會主義完成，到社會主義現代化的基本實現……至少需要上百年的時間，都屬於社會主義初級階級論」（1956年中共「八屆人代大會」到「2050年中期」「100年」。

△《工人日報》指出在現代化過程中，必然要破除馬列主義快速成協議，分享黑龍江及額爾古納河約的資源。

△中共售伊明大量火軍火飛彈。

科技

△台灣決定興建同步輻射加速器。

△國科會工程院選大幅提高資訊學門預算，加強基礎理論研究。

△國內引進電腦「人工現實」模擬裝置。

△直播衛星（DBS）直播天線在台灣出現，可收視日本電視節目。

△國內採用金融卡自動付款機共用系統。

△高雄愛河整治部分成功，水中重見游魚。

△台灣水產試驗所以精萊移植草蝦人工交配繁殖。

△國科會生物處開始利用新稻遺傳工程技術發展「超級稻」。

△新台幣流出台灣境外日益擴大。每人每年可以匯出500萬美元，但匯入美元最高不得超過5萬。

△桃園農業改良場推出牛種，收活比移植牛增加48%。

△省畜試驗所自製冷凍胚胎技術突破，試管牛將大量問世。

△長庚醫院生物學家科主任陳家槙發展頭髮細胞培養成功，可以根治禿頭。

△加油站開放民營，陸止屠牛稅。

△國民平均所得4991美元。

△台北市開始興建新垃圾運系統。

△交通部決定正式開放路權及航空主權。

△產業工會減少至120.3個，人數為五十六萬一千餘人，職業工會激增為1032個，人數為一百零三萬八千餘人。

△「台灣積體電路製造公司」成立，是全球第一家完……

世 界 大 事	中 國 大 陸 大 事	台 灣 地 區 大 事
	△大陸製香港品牌電視機登陸台灣市場。 △台灣除了與大陸貿易外，開始向大陸投資設廠，投資速度增長的相當快速。 △大陸雙槽洗衣機年產量達900萬台，是全球最大的生產國。 △美國聯邦快遞公司在大陸開設第一家速食店，日售額傲世界記錄。 △趙崇陽堅稱土地所有權及使用權可以轉讓、拍賣。 △中共社會商品在零售總額中佔20.7%（1978年是0.2%） △在個體商業中，飲食業、服務業網點增至一千零二十五萬八千個（比1978年增加58倍） △中共生產600萬台彩色電視機產量僅次於日、美、西德。黑白電視機產量達1000萬台。 △中共物價急速高漲。 △大與安徽出現少見的大型森林火災。 △四川率先試點企業承攬權成功，全面推行。 △農民每人平均收入463元人民幣（相當130美元） △國民平均收入280美元。 科技	全程受訂製生產超大型積體電路的工廠。 △「宏碁」開發完成國內第一部雷射印表機，32位元個人電腦也正式上市。同時推出號稱世界第一部擁有十個32位元68020中央微處理機（CPU）的迷你電腦系統二十一。 △「全友」完成第一部「中文處理」、無原稿個人電腦電視影像編輯機；目前是世界上最大的電視影像編輯機公司。 △電話連線全球影像編輯機公司。 △新竹工業技術研究院內第一座百億元超大型積體電路（VLSI）發展計畫第一廠完工、試車完畢。 △李國鼎在中常會報告「我國科技發展進入第三波」。 △清華大學開發成功「三度空間立體醫學影像」。 △電信局開辦「電子號簿」服務。 △佳冬鄉民林烈堂試驗飼養石斑魚苗，獲得重大突破。 △國內四分之一企業改採自動化生產 △台大醫院完成心臟移植。 △台灣進一步推展CAD電腦輔助設計製造系統。 △提倡立體電視，大力推動「少量多樣化」，各型電腦系統裝置量共四千五百四十四套，成長率高速54%是有史以來成長最快的一年，而民營企業裝置成長最高勝榜首，達75%。 △1987資策會開發「Ⅲ中文輸入系統」成功，號稱「懶人中文輸入法」，只要會查字典就會輸入，完全不必學習。 △電信研究所開發表中文電腦語音辨識、字型辨識及多樣字型成果。

△國內電腦業者決定今年為行動年，積極推展對歐洲國家貿易通路。

△16位元個人電腦價格降至新台幣兩萬元以下。

△政府決定七十七年展開全民電腦普及應用推廣計劃，以新台幣八億三千萬元經費，促成學校家庭普及，預計增加電腦十萬套。

△電腦業者籌組亞太電腦聯盟，加強與東南亞國家合作。

文化

△行政院決定成立「勞工委員會」。

△行政院通過「消費者保護法案」。

△「財團法人民意調查文教基金會」成立。

△內政部解除「一貫道」禁令，並建議開放「一貫道第一次民意惡調查結果馬」。

△民眾控訴華航拒絕接受國外購買的飛機票。

△中學生「髮禁」解除。

△教育部決定開放中學生出國留學，並考慮開放小留學生出國。

△「借明生子」在國內出現，造成法律問題。（組姐將明子情結味味使用）。

△自力救濟運動不斷出現。

△停止發行「愛國獎券」。

△衛生署公佈「人體器官移植條例」。

△台北出現免費贈閱的街頭資訊供現站。

△行政院通過「現階段環境保護政策綱領」，成立「環保署」。

△衛生署草擬「人工生殖技術管理辦法」。

△政府制定人民團體組織法。

△中共社會科學院文學研究所，研製成「全漢字電腦系統」將全集兩萬魏晉唐北朝，唐詩輸入電腦。

△中共「航天工業部」與美國「億克産斯器公司」聯合研製 CSIPS200 型能聽會說能忘憶漢文的漢語音信息處理系統。

△中共通訊衛星地面收訊站由 53 個增加至 5000 個。

△江西萬仁芳發明「前三末一」電腦漢字輸入法。

文化

△香港大學主辦「人的革命——中國現代化中的思想與文化問題」。

△合肥科技大學溫元凱（化學家）提出中國國民性改造三大標準：①創造性②個性與人際和諧③進取性；並提出新的價值觀：如交往、冒險、競爭、民主、自由、多元等觀念。

△中共深圳大學將《紅樓夢》《全唐詩》及相關資料輸入電腦。

△中共在西藏推行藏語、規定藏人一定要習藏語。公文標準應漢藏對照。

△中共舉辦首屆「藝術節」。

△中共經濟學家劉國光發表論文，認為馬克斯樓夫與史達林時代的蘇俄不是社會主義建設的唯一道路，認為當前中國建立社會主義的整個社會狀況，與馬克斯當年的想像是南轅北

事　大　界　世	事　大　陸　大　國　中	事　　大　　區　　地　　灣　　台
	轍。 △上海京劇院演出「經京劇」。 △黃河流域不是唯一的中華民族發祥地，西南地區是另一發祥地區。 △中共電影「黃土地」、「老井」、「芙蓉鎮」在國際影壇受到好評。 △胡平赴哈佛大學攻讀政治，參加「中國之春」運動。	△青少年飆車成風，攻打警察、警局。 △台北學生聯署「台灣大學生爭取校園言論自由聯合宣言」。 △台大學生發起「自由之愛」運動至立法院請願，並舉辦「台大學生日」。 △市立美術館推出歐洲「眼鏡蛇」畫派回顧收藏展。 △新聞局決開放報禁。 △文建會在桃園縣立文化中心設置「中國家具博物館」。 △「國際教育成就評估協會」公佈初中數學教育，香港、日本領先，美國排名第十四。 △教育部電算中心啓用國際學術網路 BITNET，開放給所有學術研究人員使用。 △中正紀念堂國家音樂廳開幕。 △國立中央圖書館新館落成啓用。 △我們正在寫歷史──《方勵之自選集》在台正式出版。 △新聞局開放大陸出版品在台發行。 △新聞局贊成廣播電視「多語化」。 △「有聲書」卡帶開始流行。 △毛高文任教育部長。 △《民生報》與《中國論壇》合辦「女性知識分子與台灣發展」研討會。 △中美展開第二屆著作權、智慧財產權會議及談判。 △光復書局出版《醫學保健百科全書》，為國內第一套有關醫學知識的「百科全書」。 △中華民國七十五年全國圖書館暨有聲出版品展覽，今天起在台北國父紀念館展出十五天，共展出圖書四

萬餘冊、有聲出版品二千多種。

△葉石濤「台灣文學史綱」出版。

△「臺灣筆會」成立，並推選楊青矗爲會長，李魁賢為副會長。

△《聯合報》主辦：「中國結與台灣結」研討會。

△梁實秋卒。（1901～1987）

△洪通卒。（68歲）

△李方佳卒。（86歲）

附錄一　後現代詩人──羅青

（原刊上海華夏詩報 1991 年 4月20日）

鍾曉毅

　　羅青，本名羅青哲，生於1948年，原籍湖南湘潭。現任國立台灣師範大學英語系暨研究所主任副教授。

　　羅青從1969年開始進行文學創作，1975年獲第一屆「現代詩創作獎」。他是七十年代後台灣現代詩壇的關鍵性人物，曾於1976年創辦《草根》詩月刊，發表《草根宣言》，1985年2月《草根》復刊，發表《草根宣言》第二號，強調「心懷鄉土，獻身中國、放眼世界」應爲詩人們共同的抱負，期待一個「專精又能廣博，有秩序又有變化的詩壇」。同時，他也是台灣首先引入現代主義整體觀念的學者；「後現代主義」一詞在台灣文壇正式出現，是1986年的事情，在這一年中，羅青翻譯了莫道夫的《繪畫中的後現代主義觀念》，在課堂上講授李奧塔的《後現代狀況》一書，創辦了《後現代狀況》磁碟雜誌，並整理後現代主義年表，發表了《後現代狀況出現了》一文檢討幾位台灣青年詩人作品中的後現代傾向。以求先在理論研究方面的台灣後現代詩奠下基礎。

　　羅青認爲，所謂後現代主義，其關鍵所在，簡單的說，就是：哲學上：解構思想的出現；文學上：後設語言的發展；社會上，消費導向的趨勢。在五、六十年代的農業社會時期，現代主義的確有其必要，主要的功能，在於和傳統明快的、果斷的決裂，藝術家必須以反傳統的模式突破。但現代主義亦造成了文學和大眾的疏離感。而現在，台

灣社會正走向資本社會，並與西方主要的經濟文化力量，同步發展，因為科技以及累積知識的方式改變，促使我們全面正視後現代主義的創作方式。這樣的趨勢，有其正面的意義，也有其負面的影響，然而一切都在進行當中，大家現已走上了這條不歸路，那就只有拿出最大的智慧及勇氣來，儘量面對所有的問題，時時希望並勉勵自己能做出最佳的選擇與決定。

　　這不但是羅青對後現代主義理論的歸納與闡發，也是他創作後現代詩的「宣言」。他是理論與實踐並重的詩人，早在1972年他的處女詩集《吃西瓜的方法》出版時，其中許多詩作已具備後現代主義的特色；由於他當時嶄新的表現，象徵着台灣現代詩發展的一個全新開始，即受余光中撰文譽爲「新現代詩的起點」。繼後，他又以新生代詩人的銳氣，開坵了「科幻詩」、「錄影詩」等具有都市精神的作品。他於1988年出版的《錄影詩學》一書，是一本同時呈現詩作與獨特詩學理論的詩集。他的「錄影詩」，加入了視角與音響，並且挪用電影分鏡頭的操作形式，突破了現代詩的三大類型（分行詩、分段詩與圖象詩）；在語滙的擷取和調度上，採用大量「技術性語言」，使得文體走向透明清晰的知性層次，「用器物文明的手段打開新人文主義的另一扇窗口」。當然，「錄影詩」並非僅僅放置在將現代詩製作成錄影帶的考慮上，其眞正企圖，在於將電影的技巧、構成和美學觀點有機地溶入詩的形式和結構中，使得語言的抽象記號和影像的具體記號建立聯盟關係，在這樣的前提下，「錄影詩」不但能夠成爲一種獨立運作的文類，另一方面又可以適時結合大衆化的錄影文化，「爲現代詩攻代下一塊新的殖民地。」

　　「錄影詩」作爲後現代詩的一種，是後工業社會的產物，所描繪反映的一般也屬後工業社會高度物質化了的現實狀況，除直接的表現外，還常像迅猛發展的都市社會與純淨未染的鄉村大自然作爲對比，從而對現代工商社會存在的種種弊端進行省思，乃至批判。《錄影詩學》卷一中的《錄影詩學舉例‧天淨沙》就是一首較典型的文本示範。

羅青巧妙地以一首元朝雜劇作家馬致遠的著名小令《天淨沙‧秋思》為評判對象，伸縮自如地運用「電子攝影鏡頭所改裝的新型畫筆，」配以「各種不同節奏」的音樂；通過古今強烈的對比，自然鄉村與現代都市矛盾的反差：「枯藤老樹昏鴉」演變成「糾纏不清的電線」、「水泥柱的電線桿」、「飛機的尾燈」以及「千百支電視天線」，雜亂不堪；「小橋流水人家」幻化成了人行天橋上隨處可見的標語口號和由各種車輛組成的「黑色流水」以及住在淡水河邊的人家極惡劣的環境；……一組組自然中極不自然的畫面，反襯出了因現代科技的高度發展，日益威脅着人類的生存環境，而「人的物性欲望的朣腫」又導致了「人文精神主體性的失落」，羅青在這首「新型詩」中，以一份敏感和勇氣，向讀者（觀眾）展示了一幅「當代都市生態的危機圖」，充分表現了他的憂患意識和敢想善想的創作個性。

　　羅青除了文學理論與創作外，也是臺灣新人文畫的代表人物，經營與實踐水墨畫多年，尋找出連接傳統與未來的繪畫理論基礎，由記號學、語言學中語意學所提供的方法，歸納出中國水墨畫的「繪畫語意學」理論。在詩與畫的創作實踐中，他提出了中國藝術家應回顧本身的文化傳統，因為中國文化內在的素質中已含有許多前衛的，後現代的因子。可見，他對後現代主義的認識和後現代詩的創作。是力求以臺灣本土的社會經濟、文化的發展趨勢與中國傳統文化的提煉、融會為基點的。在這一方面，他已開風氣之先，至於實踐的成就與經驗，都必須受到詩與美的檢驗。一切的探索和實驗都必須是詩的、美的。

附錄二　創作與理論並舉

（原刊上海書訊報 1991 年 1 月 14 日）

張儉峰

　　作家學者化是當今文壇有識之士的一大呼籲。什麼事鬧到要嘶聲高叫的程度，在足以證明它岌岌可危的同時，似乎更顯出它的價值和地位來。台灣詩人、批評家羅青就是這樣一位在台灣文壇上不可多得的鮮亮人物。羅青，原名羅青哲，1948年生於青島，原籍湖南湘澤，台灣輔仁大學英文系畢業。他雖步入中年，但他在詩歌創作上的先鋒地位和在理論探索上的圓熟程度，使人不得不佩服他兩面登峰的極高天賦。

　　平心而論，羅青並不是詩童，他的詩歌創作，起步並不早：1969年（廿歲）開始發表詩作。但却很快成爲一個出名詩人。他的第一本詩集《吃西瓜的方法》得到了前輩余光中的大力贊賞。以後又有詩集《飛躍與超越》、《神州豪俠傳》、《捉賊記》、《隱形藝術家》、《水稻之歌》，及詩畫集《不明飛行物來了》等相繼出版。他在詩歌創作上的大面積豐收，得力於他對詩歌理論的研究。七十年代初期他在美國西雅圖華盛頓大學攻讀比較文學碩士學位，該校遠東圖書館藏有大量的中國現代白話詩，這使他欣喜若狂。他將所有的課餘和假期時間都交給圖書館，在那裏影印珍本，抄寫片斷，沉思研究。於是便有了專著《從徐志摩到余光中》（台北·爾雅版）。在該書中，他將中國新詩的三種形態：分行、分斷、圖像詩，放在世界詩壇和中國古典詩歌傳統的大背景下，加以研究、考證，時有精闢閃光之語冒出。

該書又體現了他眞正學者的公允人格。在他所專章論及的廿多位人中，只留下一首詩歌的業餘作者曉風，及無名青年詩人李男也成爲他大費筆墨的人物。他的這種從學術研究出發，腳踏實地的批評風格，使得台灣幾家報刊以最高的稿酬聘他爲專欄作家。

令文壇爲之一震的是，羅青1987年在《中外文學》上乾脆以《後現代詩》爲題，發了兩首後現代主義風格的詩。爲此，他成了台港後現代主義文學創作的領頭羊。那首《一封關於訣別的訣別信》，沒有絲毫通常訣別時的那種留戀、傷感情緒，而表現了一種瀟灑的豁達和機智的戲謔；另一首《關山亭觀滄海》，詩人面對大海抒發道："平平坦坦的大海上／好像什麼都沒有……就是因爲原來什麼都沒有／才知道根本什麼都沒有。"顯然，它是對曹操"東臨碣石，以觀滄海，水何澹澹，山島竦峙……"的反動。那種反崇高、反英雄的平民生存意識得到了淋漓盡致的發揮。

好一個羅青，他認準了後現代主義大有文章可做，1988年便出版了譯著《繪畫中的後現代主義》（台北·徐氏基金會版），1989年擲出了他的拳頭產品，卅五萬言的專著《什麼是後現代主義》（台北·五四書店版，300元台幣）。該書是中國第一本有關"後現代主義"的理論專著。它包括了對文學、藝術、哲學等三方面的探索及研究。作者既介紹和評價了當今世界這一領域內權威專家的理論，又立足台灣本省，作出示範性的、拓展性的研究。尤其是那份《台灣地區後現代狀況大事年表》更具絕佳的資料價值。該書在台灣學術界聲譽極好，二月後便再版。正如書名所問，你只要認眞讀完它，你便了解了什麼是後現代主義。這對大陸文化人尤爲重要，因爲儘管1985年北大樂黛雲教授已在着手這方面的介紹工作，1986年美國弗·杰姆遜教授的講演錄《後現代主義與文化理論》又由陝西師大出版社出版，但這方面的研究工作，尤其是結合大陸後現代主義文學現象的研究，畢竟沒有走上軌道。因而該書無疑是我們的一本重要的參考書，它所提供的理論基礎和研究方法，會像磁鐵那樣吸引我們。

國立中央圖書館出版品預行編目資料

什麼是後現代主義／羅青著--初版. --臺北市：臺灣學
生，民78
面； 公分.
ISBN 957-15-0576-5（精裝）.--ISBN 957-15
-0577-3（平裝）

1.哲學—西洋—現代（1900- ）

143.89   82007488

什麼是後現代主義（全一冊）

著 作 者：羅　　　　　　　　青
出 版 者：臺 灣 學 生 書 局
本書局登
記證字號：行政院新聞局局版臺業字第一一〇〇號
發 行 人：丁　　　文　　　治
發 行 所：臺 灣 學 生 書 局
　　　　　臺北市和平東路一段一九八號
　　　　　郵 政 劃 撥 帳 號 0 0 0 2 4 6 6 8
　　　　　電　話：3 6 3 4 1 5 6
　　　　　FAX：(0 2) 3 6 3 6 3 3 4
印 刷 所：常 新 印 刷 有 限 公 司
　　　　　地　址：板橋市翠華街8巷13號
　　　　　電　話：9524219・9531688
香港總經銷：藝 文 圖 書 公 司
　　　　　地址：九龍偉業街99號連順大厦五字
　　　　　樓及七字樓　電話：7959595

定價　精裝新台幣三六〇元
　　　平裝新台幣三〇〇元

中 華 民 國 七 十 八 年 十 月 初 版
中 華 民 國 八 十 二 年 十 月 二 版 一 刷

ISBN 957-15-0576-5（精裝）
ISBN 957-15-0577-3（平裝）